Caro aluno, seja bem-vindo à sua plataforma do conhecimento!

A partir de agora, está à sua disposição uma plataforma que reúne, em um só lugar, recursos educacionais digitais que complementam os livros impressos e foram desenvolvidos especialmente para auxiliar você em seus estudos. Veja como é fácil e rápido acessar os recursos deste projeto.

1 Faça a ativação dos códigos dos seus livros.

Se você NÃO tem cadastro na plataforma:
- acesse o endereço <login.smaprendizagem.com>;
- na parte inferior da tela, clique em "Registre-se" e depois no botão "Alunos";
- escolha o país;
- preencha o formulário com os dados do tutor, do aluno e de acesso.

O seu tutor receberá um *e-mail* para validação da conta. Atenção: sem essa validação, não é possível acessar a plataforma.

Se você JÁ tem cadastro na plataforma:
- em seu computador, acesse a plataforma pelo endereço <login.smaprendizagem.com>;
- em seguida, você visualizará os livros que já estão ativados em seu perfil. Clique no botão "Códigos ou licenças", insira o código abaixo e clique no botão "Validar".

Este é o seu código de ativação! → **D42PE-26NBR-A2QHP**

2 Acesse os recursos

usando um computador.

No seu navegador de internet, digite o endereço <login.smaprendizagem.com> e acesse sua conta. Você visualizará todos os livros que tem cadastrados. Para escolher um livro, basta clicar na sua capa.

um dispositivo móvel.

Instale o aplicativo **SM Aprendizagem**, que está disponível gratuitamente na loja de aplicativos do dispositivo. Utilize o mesmo *login* e a mesma senha que você cadastrou na plataforma.

Importante! Não se esqueça de sempre cadastrar seus livros da SM em seu perfil. Assim, você garante a visualização dos seus conteúdos, seja no computador, seja no dispositivo móvel. Em caso de dúvida, entre em contato com nosso canal de atendimento pelo **telefone 0800 72 54876** ou pelo *e-mail* atendimento@grupo-sm.com.

BRA190937_3632

Geração Alpha Português 6° Ano - BNCC - Fundamental 2 - Livro Digital do Aluno. 3ª Edição 2019

GERAÇÃO ALPHA

Língua Portuguesa 6

Cibele Lopresti Costa
Bacharela em Letras, Mestra em Literatura e Crítica Literária
pela Pontifícia Universidade Católica de São Paulo (PUC-SP).
Doutora em Literatura Portuguesa pela Universidade de São Paulo (USP).
Professora de Língua Portuguesa e Literatura na rede particular.

Greta Marchetti
Bacharela e Licenciada em Letras, Mestra em Educação pela USP.
Doutora em Linguística Aplicada pela PUC-SP.
Professora e Coordenadora de Língua Portuguesa na rede particular.

São Paulo, 3ª edição, 2019

Geração Alpha **Língua Portuguesa 6**
© Edições SM Ltda.
Todos os direitos reservados

Direção editorial M. Esther Nejm
Gerência editorial Cláudia Carvalho Neves
Gerência de *design* e produção André Monteiro
Edição executiva Andressa Munique Paiva
Colaboração técnico-pedagógica: Andréa Gomes de Alencar e Raquel Lais Vitoriano
Edição: Ana Spínola, Beatriz Rezende, Carolina Tomasi, Isadora Pileggi Perassollo, Laís Nóbile, Lígia Maria Marques, Rosemeire Carbonari
Suporte editorial: Fernanda Fortunato
Coordenação de preparação e revisão Cláudia Rodrigues do Espírito Santo
Preparação e revisão: Berenice Baeder, Izilda de Oliveira Pereira, Maíra de Freitas Cammarano, Ana Paula Perestrelo
Apoio de equipe: Lívia Taioque e Marco Aurélio Feltran
Coordenação de *design* Gilciane Munhoz
***Design*:** Carla Almeida Freire, Tiago Stéfano, Victor Malta (Interação)
Coordenação de arte Ulisses Pires
Edição de arte: Andressa Fiorio e Bruna Hashijumie Fava
Coordenação de iconografia Josiane Laurentino
Pesquisa iconográfica: Ana Stein
Tratamento de imagem: Marcelo Casaro
Capa João Brito
Ilustração da capa: Denis Freitas
Projeto gráfico Rafael Vianna Leal
Editoração eletrônica Arbore Comunicação
Infografia William H. Taciro, Mauro César Brosso, Diego Rezende, Alan Dainovskas Dourado, Wagner Nogueira
Pré-impressão Américo Jesus
Fabricação Alexander Maeda
Impressão Pifferprint

Dados Internacionais de Catalogação na Publicação (CIP)
(Câmara Brasileira do Livro, SP, Brasil)

Costa, Cibele Lopresti
 Geração alpha língua portuguesa : ensino fundamental : anos finais : 6º ano / Cibele Lopresti Costa, Greta Marchetti. — 3. ed. — São Paulo : Edições SM, 2019.

 Componente curricular: Língua portuguesa.
 ISBN 978-85-418-2346-3 (aluno)
 ISBN 978-85-418-2350-0 (professor)

 1. Português (Ensino fundamental) I. Marchetti, Greta. II. Título.

19-26433 CDD-372.6

Índices para catálogo sistemático:
1. Português : Ensino fundamental 372.6

Iolanda Rodrigues Biode – Bibliotecária – CRB-8/10014

3ª edição, 2019
4ª impressão, dezembro 2022

SM Educação
Rua Tenente Lycurgo Lopes da Cruz, 55
Água Branca 05036-120 São Paulo SP Brasil
Tel. 11 2111-7400
atendimento@grupo-sm.com
www.grupo-sm.com/br

Apresentação

Cara aluna, caro aluno,

Ser jovem no século XXI significa estar em contato constante com múltiplas formas de linguagem, uma imensa quantidade de informações e inúmeras ferramentas tecnológicas. Isso ocorre em um cenário mundial que apresenta grandes desafios sociais, econômicos e ambientais.

Diante dessa realidade, esta coleção foi cuidadosamente pensada tendo como principal objetivo ajudar você a enfrentar esses desafios com autonomia e espírito crítico.

Atendendo a esse propósito, os textos, as imagens e as atividades nela reunidos oferecem oportunidades para você refletir sobre o que aprende, expressar suas ideias e desenvolver habilidades de comunicação para as mais diversas situações de interação em sociedade.

Assim são apresentados, em situações e atividades reflexivas, aspectos sobre valores universais como justiça, respeito, solidariedade, responsabilidade, honestidade e criatividade. Esperamos, desse modo, que você compartilhe dos conhecimentos construídos pela **Língua Portuguesa** e os utilize para fazer escolhas de forma consciente em sua vida.

Desejamos, também, que esta coleção contribua para que você se torne um(a) jovem atuante da sociedade do século XXI, que seja capaz de questionar o mundo à sua volta e de buscar respostas e soluções para os desafios presentes e para os que estão por vir.

Equipe editorial

Conheça seu livro

ABERTURA DE UNIDADE

No início de cada unidade, você é apresentado(a) aos gêneros que vai estudar.

Primeiras ideias
Algumas questões vão estimular você a pensar e trocar ideias sobre os conteúdos da unidade.

Uma imagem vai instigar sua curiosidade.

Leitura da imagem
As questões orientam a leitura da imagem e permitem estabelecer relações entre o que é mostrado e o que você conhece do assunto.

Geração Alpha Digital
O livro digital oferece recursos e atividades interativas para desenvolver habilidades e aprofundar conteúdos.

Questão de valor
Uma pergunta vai incentivar você a refletir sobre valores como justiça, respeito, solidariedade, entre outros.

CAPÍTULOS

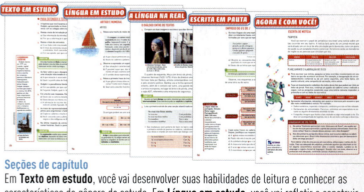

Abertura de capítulo
As unidades são compostas de dois a três capítulos. Cada capítulo traz um **texto de leitura** do gênero que você vai estudar. O boxe **O que vem a seguir** apresenta algumas informações sobre o texto e propõe levantar hipóteses antes da leitura.

Seções de capítulo
Em **Texto em estudo**, você vai desenvolver suas habilidades de leitura e conhecer as características do gênero de estudo. Em **Língua em estudo**, você vai refletir e construir seu conhecimento sobre a língua portuguesa. **A língua na real**, por sua vez, amplia esses conceitos por meio de diferentes situações de uso da língua. A **Escrita em pauta** oferece atividades para você ampliar e colocar em prática seus conhecimentos sobre ortografia, acentuação e pontuação. Na seção **Agora é com você!**, será a sua vez de produzir um texto do gênero proposto.

Atividades
Ao final da seção **Língua em estudo**, as atividades vão ajudar você a desenvolver diferentes habilidades. Elas estão agrupadas em dois conjuntos: *Retomar e compreender* e *Aplicar*.

Uma coisa puxa outra
Essa seção permite que você estabeleça o diálogo entre textos, ampliando suas possibilidades de leitura.

Boxes

A VERACIDADE DA INFORMAÇÃO
Muitos boatos são disseminados na *web* com aparência de notícia, levando boa parte das pessoas a pensar que essas informações são verdadeiras.

Valor
Promove a reflexão sobre temas relacionados a valores universais para você se posicionar.

MANUAIS DE REDAÇÃO
Os grandes veículos da imprensa brasileira costumam produzir um guia para orientar os

Ampliação
Traz dados que complementam e ampliam o assunto exposto.

RELACIONANDO
Em textos do gênero entrevista, é comum o uso de verbos no modo subjuntivo, pois o entrevistado costuma apresentar hipóteses, desejos

Relacionando
Relaciona os conteúdos da seção **Língua em estudo** ao gênero textual visto no capítulo.

SÉTIMA ARTE
O lar das crianças peculiares. Direção: Tim Burton. EUA, 2016 (127 min).
O filme narra as aventuras incríveis do jovem Jake, que parte

Indicação
Livro aberto, **Passaporte digital**, **Sétima arte**, **Fone de ouvido** e **Fora da escola** oferecem sugestões de livros, *sites*, filmes, músicas e lugares para visitação relacionados ao assunto em estudo.

coberta: pavimento de um navio.
convés: qualquer piso ou pavimento do navio, aberto ou protegido por toldo.

Glossário
Explica palavras e expressões que talvez você não conheça.

FECHAMENTO DE UNIDADE

Investigar
Nessa seção, você vai entrar em contato com algumas metodologias de pesquisa, diferentes modos de coleta e análise de dados. Além disso, vai praticar variadas formas de comunicação ao compartilhar os resultados de suas investigações.

Atividades integradas
Oferece atividades que integram os assuntos da unidade para você testar seus conhecimentos. Ao final da seção, uma **questão de valor** retoma a reflexão feita no início da unidade.

Ideias em construção
Apresenta questões que vão ajudar você a fazer uma autoavaliação sobre seu aprendizado. Assim, você pode identificar o que precisa ser revisto ou reforçado.

NO FINAL DO LIVRO VOCÊ TAMBÉM VAI ENCONTRAR:

Interação
A seção propõe um projeto coletivo por semestre para gerar um produto que será destinado à comunidade escolar, estimulando o trabalho em equipe.

De olho no Enem
Dois blocos de questões com formato semelhante ao do Enem para você testar seus conhecimentos.

GERAÇÃO ALPHA DIGITAL

O livro digital oferece uma série de recursos classificados de acordo com a habilidade que você vai desenvolver. São vídeos, galerias de imagem, atividades interativas, animações, entre outros. Sempre que aparecer uma destas chamadas, acesse o recurso e faça o que se pede.

Sumário

Unidade 1 — NARRATIVA DE AVENTURA 9

1. Personagens em ação 12
- Texto: "Moby Dick", de Herman Melville 12
- Texto em estudo 14
- Uma coisa puxa outra: Aventuras em um universo peculiar 16
- Língua em estudo: Língua e linguagem 18
- Atividades 20
- A língua na real: O diálogo entre os textos 21
- Agora é com você!: Continuação de narrativa de aventura 22

2. Espaço de desafios 24
- Texto: "O lobo do mar", de Jack London 24
- Texto em estudo 26
- Língua em estudo: Fatores de textualidade e gêneros textuais 28
- Atividades 30
- A língua na real: O gênero e o contexto de produção 31
- Escrita em pauta: Letra e fonema 32
- Agora é com você!: Escrita de narrativa de aventura 34

ATIVIDADES INTEGRADAS: "As aventuras de Huckleberry Finn", de Mark Twain 38
IDEIAS EM CONSTRUÇÃO 40

Unidade 2 — CONTO POPULAR 41

1. Histórias daqui 44
- Texto: "Os dois papudos", de Ruth Guimarães 44
- Texto em estudo 47
- Uma coisa puxa outra: Diversão na roça 49
- Língua em estudo: Variação linguística: variedades regionais 50
- Atividades 51
- A língua na real: A variação linguística e a caracterização de personagens 52
- Agora é com você!: Contação de conto popular 54

2. Contos de lá 56
- Texto: "O *kow* de Hedley", de Ethel Johnston Phelps 56
- Texto em estudo 59
- Língua em estudo: Variação linguística: variedades situacionais e sociais 62
- Atividades 64
- A língua na real: O registro e a adequação à situação discursiva 65
- Escrita em pauta: Encontro consonantal e dígrafo 66
- Agora é com você!: Reescrita de conto popular 68

ATIVIDADES INTEGRADAS: "O homem pequeno", de Henriqueta Lisboa 70
IDEIAS EM CONSTRUÇÃO 72

Unidade 3 — HISTÓRIA EM QUADRINHOS 73

1. Clássico em nova roupagem 76
- Texto: HQ sem título, de Benett 76
- Texto em estudo 77
- Uma coisa puxa outra: Evolução de personagens 80
- Língua em estudo: Substantivo 82
- Atividades 86
- A língua na real: O substantivo em classificados e poemas 87
- Agora é com você!: Elaboração de história em quadrinhos (parte 1) 88

2. O cotidiano em quadrinhos 90
- Texto: "É... olhando assim, faz sentido", de Orlandeli 90
- Texto em estudo 92
- Língua em estudo: O substantivo e suas flexões 94
- Atividades 96
- A língua na real: O valor semântico dos graus do substantivo 97
- Escrita em pauta: Separação de sílabas 98
- Agora é com você!: Elaboração de história em quadrinhos (parte 2) 100

ATIVIDADES INTEGRADAS: "Calvin e Haroldo", de Bill Watterson 102
IDEIAS EM CONSTRUÇÃO 104

Unidade 4

NOTÍCIA 105

1. Giro da informação 108
- Texto: "Cientistas apresentam maior dinossauro do Brasil", de Roberta Jansen 108
- Texto em estudo 110
- Uma coisa puxa outra: Dinossauros no cinema 112
- Língua em estudo: Adjetivo 114
- Atividades 116
- A língua na real: O adjetivo na notícia 117
- Agora é com você!: Escrita de notícia 118

2. Seis perguntas básicas 120
- Texto: "Entre cientistas do ano, uma brasileira" (*O Estado de S. Paulo*) 120
- Texto em estudo 121
- Língua em estudo: O adjetivo e suas flexões 124
- Atividades 126
- A língua na real: O valor semântico da flexão dos adjetivos 127
- Escrita em pauta: Sílaba tônica e acentuação das oxítonas e das proparoxítonas 128
- Agora é com você!: Notícia radiofônica 130

INVESTIGAR: As mulheres na ciência 132
ATIVIDADES INTEGRADAS: "Babuínos fazem sons semelhantes às vogais a, e, i, o, u, diz estudo" (*Folha de S. Paulo*) 134
IDEIAS EM CONSTRUÇÃO 136

Unidade 5

RELATO DE VIAGEM E DE EXPERIÊNCIA VIVIDA 137

1. Pelo mundo afora 140
- Texto: "Os piratas existem!", de Heloísa Schürmann 140
- Texto em estudo 142
- Uma coisa puxa outra: A viagem de Magalhães 145
- Língua em estudo: Artigo e numeral 146
- Atividades 148
- A língua na real: A determinação e a indeterminação em relatos 149
- Agora é com você!: Escrita de relato de viagem 150

2. Experiências que marcam 152
- Texto: "Amyr Klink fez do prazer de viajar a sua profissão", de Amyr Klink (*Fantástico*) 152
- Texto em estudo 155
- Língua em estudo: Interjeição 158
- Atividades 159
- A língua na real: A interjeição na construção de sentidos 160
- Escrita em pauta: Acentuação das paroxítonas 162
- Agora é com você!: Relato oral de experiência vivida 164

ATIVIDADES INTEGRADAS: "Transpatagônia", de Cauê Steinberg 166
IDEIAS EM CONSTRUÇÃO 168

Unidade 6

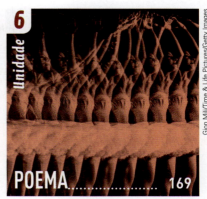

POEMA 169

1. Poesia e poema 172
- Texto: "Infância", de Carlos Drummond de Andrade 172
- Texto em estudo 173
- Uma coisa puxa outra: *Robinson Crusoé* 176
- Língua em estudo: Pronomes pessoais e pronomes de tratamento 178
- Atividades 182
- A língua na real: Os pronomes de tratamento e seus usos 183
- Agora é com você!: Reescrita de poema 184

2. Cotidiano poético 186
- Texto: "Ritmo", de Mario Quintana 186
- Texto em estudo 187
- Língua em estudo: Pronomes demonstrativos 190
- Atividades 192
- A língua na real: O pronome na coesão do texto 193
- Escrita em pauta: Acentuação de hiatos e ditongos 194
- Agora é com você!: Escrita de poema 196

ATIVIDADES INTEGRADAS: "Fotografia", de Eucanaã Ferraz 198
IDEIAS EM CONSTRUÇÃO 200

Unidade 7 — BIOGRAFIA E ANÚNCIO DE PROPAGANDA ... 201

1. A vida em destaque ... 204
- Texto: "Chiquinha Gonzaga", de Edinha Diniz ... 204
- Texto em estudo ... 206
- Uma coisa puxa outra: O carnaval de antigamente ... 208
- Língua em estudo: Verbo ... 210
- Atividades ... 213
- A língua na real: Os usos de verbos no presente ... 214
- Agora é com você!: Escrita de biografia ... 216

2. A arte de engajar-se ... 218
- Texto: Anúncio de propaganda da Justiça Eleitoral ... 218
- Texto em estudo ... 219
- Língua em estudo: Verbo: modo indicativo ... 222
- Atividades ... 224
- A língua na real: O modo indicativo no anúncio de propaganda ... 225
- Escrita em pauta: Alguns casos de acentuação ... 226
- Agora é com você!: Elaboração de anúncio de propaganda ... 228

INVESTIGAR: História da televisão no Brasil ... 230
ATIVIDADES INTEGRADAS: "Heitor Villa-Lobos", de Loly Amaro de Souza ... 232
IDEIAS EM CONSTRUÇÃO ... 234

Unidade 8 — ENTREVISTA ... 235

1. Bate-papo com poesia ... 238
- Texto: "Cidade de Leitores", Leila Richers entrevista Bruna Beber ... 238
- Texto em estudo ... 240
- Uma coisa puxa outra: Gentileza gera gentileza ... 243
- Língua em estudo: Verbo: modo subjuntivo e modo imperativo ... 244
- Atividades ... 247
- A língua na real: O modo subjuntivo na construção de argumentos ... 248
- Agora é com você!: Entrevista oral ... 250

2. Conversa com escritor ... 252
- Texto: "Sinto falta de autores negros no Brasil, diz Ondjaki", de Daniela Castro ... 252
- Texto em estudo ... 254
- Língua em estudo: Período composto por coordenação ... 256
- Atividades ... 257
- A língua na real: Relações de sentido entre orações coordenadas ... 258
- Escrita em pauta: Emprego do *g* e do *j* ... 260
- Agora é com você!: Entrevista escrita ... 262

ATIVIDADES INTEGRADAS: Entrevista com Fernando Vilela, de Bruno Molinero ... 264
IDEIAS EM CONSTRUÇÃO ... 266

Interação: Grêmio Estudantil ... 267
Feira de HQ ... 273
De olho no Enem ... 279
Bibliografia ... 295
Créditos obrigatórios ... 296

UNIDADE 1

NARRATIVA DE AVENTURA

Na literatura e no cinema, há várias histórias repletas de ação com personagens que vivem aventuras de tirar o fôlego. Essas personagens não medem esforços para enfrentar obstáculos e alcançar seu objetivo. Você se recorda de alguma história com esse perfil? Nesta unidade, você vai estudar a construção do enredo, as características das personagens e o espaço das narrativas de aventura. Pronto para encarar esse desafio?

CAPÍTULO 1
Personagens em ação

CAPÍTULO 2
Espaço de desafios

PRIMEIRAS IDEIAS

1. Em sua opinião, que tipo de situação caracteriza uma aventura?
2. Como descreveria a personagem principal de uma narrativa de aventura?
3. Você imagina que alguém lê uma narrativa de aventura com que objetivo?
4. É possível interagir com um amigo sem usar palavras? Como?
5. Você costuma postar conteúdos na internet? Se sim, qual é sua intenção com essas postagens?

LEITURA DA IMAGEM

1. Nessa imagem, que elementos podem indicar a possibilidade de uma aventura em alto-mar?

2. Que tipo de desafio pode ser vivenciado nesse lugar? Você já ouviu histórias que passam em alto-mar?

3. Que características uma personagem pode ter para superar o desafio que você imaginou nesse espaço?

4. Em sua opinião, viver uma aventura pode mudar a visão de mundo e os sentimentos de uma pessoa? Por quê?

5. **COMPREENDER** Conheça alguns **heróis de narrativas de aventura** na galeria de imagens. Depois, pesquise mais informações sobre eles.

Veleiro no Mar Egeu, Grécia. Foto de 2013.

Capítulo 1

PERSONAGENS EM AÇÃO

O QUE VEM A SEGUIR

O trecho que você vai ler é um capítulo de uma adaptação da obra clássica *Moby Dick*, escrita por Herman Melville (1819-1891) e publicada em 1851. Essa narrativa gira em torno da batalha do capitão Ahab, líder de um navio baleeiro, contra a baleia Moby Dick, que lhe arrancara a perna. O título desse capítulo é "Primeiro dia da caça". Para você, o que ocorrerá com Ahab nesse episódio?

TEXTO

Moby Dick

Então começa a <u>derradeira</u> perseguição. Ahab já não come nem dorme, não sai da cabine. Dia e noite, com a perna de marfim enfiada num buraco, ele <u>perscruta</u> com olho febril a linha do horizonte.

Uma manhã, seu rosto se torna feroz. Como um cão de caça, ele fareja:

— Isso cheira a baleia!

E logo, de fato, sentimos o odor característico. O capitão manda virar o navio naquela direção.

— Vigias a postos! Todo mundo na ponte!

Marinheiros jorram da <u>escotilha</u>.

— Vocês a veem? — grita Ahab, levantando a cabeça.

— Não, capitão, nada! — respondem-lhe do alto os vigias.

Ahab manda <u>içar</u> todas as velas para que o <u>Pequod</u> siga mais rápido. Ele mesmo se faz içar ao mastro sobre a <u>gávea</u> num cesto de <u>cânhamo</u>. Enquanto o retiramos lá do alto, a meio caminho ele solta um grito:

— Ela esguicha! Ela esguicha! Vejam lá, aquela massa elevada e branca como uma montanha de neve! É Moby Dick!

Todos os homens se precipitam para ver enfim a famosa baleia que há tanto tempo procuram. Eles a avistam a mais de um quilômetro e meio à frente: a ondulação que a levanta revela bem a grande massa espumante e seu jato, regular e silencioso.

— Fui o primeiro a vê-la — triunfa Ahab. — A moeda é minha!

Ele é descido até a ponte.

— Preparem três botes! Starbuck, você fica a bordo guardando o navio. Os botes estão prontos? Desçam-me, mais rápido, mais rápido!

Imediatamente descem as embarcações, os remos se movem e os botes disparam — o de Ahab na dianteira. Como o mar está calmo, logo nos aproximamos da baleia, que nada tranquilamente envolta por redemoinhos de água e por nuvens de aves que a sobrevoam. Enorme, majestosa, de ofuscante brancura, parece uma ilha sobre o mar. Em seu <u>dorso</u>, como um mastro, uma lança quebrada.

---

alarido: barulho excessivo.

assalto: ação de atacar inesperadamente.

astuto: esperto, que não se deixa enganar.

cânhamo: planta cuja fibra é usada para produzir tecidos e cestos.

derradeiro: último, final.

desfraldar: soltar, abrir, despregar.

dorso: costas; região da parte de cima do tronco.

escotilha: alçapão ou abertura em alguma parte do navio.

gávea: plataforma colocada no alto do mastro de um navio, utilizada como posto de observação.

içar: levantar, erguer.

Pequod: nome do navio comandado por Ahab.

perscrutar: investigar ou analisar de maneira detalhada.

popa: parte traseira de uma embarcação.

proa: parte dianteira de uma embarcação.

De repente, ela eleva, mergulha e desaparece nas ondas. Com tensão, aguardamos que ressurja.

— Uma hora de espera — murmura Ahab, conhecedor dos hábitos das baleias.

Mas, de repente, Tashtego exclama:

— As aves, vejam!

Com efeito, todas as aves voam em direção ao bote de Ahab. Com <u>alarido</u>, rodopiam sobre ele. Agem assim porque, antes dos homens, viram subir com toda a rapidez a massa branca cada vez maior, a enorme boca com dentes brilhantes, aberta bem debaixo do bote.

Com um golpe de leme, Ahab faz girar o bote e se posiciona, arpão em punho diante da fera. Moby Dick, porém, <u>astuta</u> como o diabo, novamente se enfia sob o bote e, com sua imensa mandíbula, apanha-o pela <u>proa</u> e o sacode como um gato sacode um rato! Os tripulantes despencam, e, aterrorizados, escondem-se na <u>popa</u>. Então Ahab, louco furioso, agarra com ambas as mãos o osso da mandíbula e tenta soltar o bote. Claro que a mandíbula lhe escapa e volta a se fechar, partindo o bote ao meio.

Ahab mergulha de cabeça e a tripulação, refugiada no que resta da popa, procura não afundar, afastando-se com a força dos remos.

Moby Dick começa a girar ao redor dos destroços, batendo na água como a preparar o <u>assalto</u> mortal. Traça círculos cada vez mais fechados, cada vez mais rápidos. No centro do redemoinho, Ahab flutua o melhor que pode com sua única perna, e nenhum dos botes ousa chegar perto, com medo de atiçar a raiva do monstro.

Por fim, Pequod avança e consegue afastar a baleia. Ela acaba indo embora, enquanto o bote de Stubb recolhe os marujos e Ahab. Este se abate um momento, mas logo recobra o ânimo:

— Ajudem-me a me erguer! Ah, Moby sempre foge! Atrás dela!

Os botes são içados e, <u>desfraldando</u> todas as velas, o Pequod se lança no encalço da baleia-branca. A caça leva o dia inteiro, Ahab inspeciona a ponte sem parar, interrogando os vigias. A noite cai sem que a reencontremos. Ahab diminui a velocidade e fica ali, de pé, o chapéu sobre os olhos, aguardando o raiar do dia.

Herman Melville. *Moby Dick*. Adaptação de Fouca Dabli e tradução de Carlos Frederico Barrere Martin. São Paulo: SM, 2013.

AUTOR DE *MOBY DICK*

Nascido nos Estados Unidos em 1819, Herman Melville publicou romances, poemas e ensaios. Em 1841, viveu a bordo do baleeiro Acushnet e desembarcou na Polinésia Francesa. Essa aventura ficou registrada no romance *Typee* (1846). Depois, embarcou no baleeiro Lucy Ann, e essas aventuras também viraram livro, *Omoo* (1847). Na época, essas obras fizeram muito sucesso. O autor faleceu em 1891.

↑ **Herman Melville em pintura de 1870.**

TEXTO EM ESTUDO

PARA ENTENDER O TEXTO

1. Antes da leitura, você pensou no que ocorreria com o capitão Ahab no capítulo "Primeiro dia da caça". Sua hipótese se confirmou? Justifique.

2. No início do texto, são apresentadas as personagens principais da narrativa de aventura *Moby Dick*: o capitão Ahab e a baleia Moby Dick.

   a) Com base no primeiro parágrafo, é possível afirmar que o capitão Ahab estava ansioso pela batalha com a baleia? Justifique sua resposta.

   b) Identifique trechos do texto que caracterizam a baleia Moby Dick. Depois, resuma em duas palavras as principais características dessa personagem.

3. Quem é o protagonista da narrativa, ou seja, aquele que lidera as ações principais?

4. Quem é o antagonista da narrativa, ou seja, aquela personagem que se opõe ao protagonista e a seus valores, ameaçando a concretização de seus objetivos?

5. Nas narrativas de aventura, o espaço oferece desafios às personagens.

   a) Qual é o espaço em *Moby Dick*?

   b) Como você caracterizaria esse espaço?

   c) Como o espaço contribui para dar mais emoção à narrativa?

6. Os fatos narrados são apresentados em uma ordem cronológica? Justifique.

7. No caderno, preencha o quadro com os elementos da narrativa do capítulo.

Elemento	Pergunta	Resposta
Ação	Qual é o acontecimento principal?	
Motivação	Por que as personagens estão vivendo essa aventura?	
Modo	Como se desenrolam os acontecimentos da história?	
Consequência	A personagem principal consegue atingir seu objetivo?	

8. Quando o capitão Ahab sente o cheiro da baleia Moby Dick, o leitor sabe que o confronto está prestes a ocorrer. O que esse momento pode representar, fundamentalmente, para o andamento da narrativa?

9. Quando o capitão e seus tripulantes correm maior perigo? Justifique.

10. Como a aproximação do navio Pequod encaminha o conflito para seu desfecho?

ANOTE AÍ!

Uma narrativa, em geral, apresenta a seguinte estrutura:

Situação inicial: apresentação das personagens, do espaço e do tempo.

Complicação: virada na narrativa; os conflitos surgem para as personagens principais.

Desenvolvimento: série de acontecimentos que levam as personagens ao evento principal.

Clímax: ponto alto de tensão na narrativa.

Desfecho: momento em que a complicação é solucionada.

Situação final: nova situação de equilíbrio é estabelecida na narrativa.

SÉTIMA ARTE

Moana: um mar de aventuras. Direção: John Musker e Ron Clements. EUA, 2016 (113 min).

O cinema está repleto de narrativas de aventura. Nessa animação, a filha do chefe de uma tribo da Polinésia parte em busca da história de seus ancestrais. Os antepassados moram em uma ilha mítica que ficam em um lugar desconhecido.

O CONTEXTO DE PRODUÇÃO

11. Em que ano foi publicado *Moby Dick*?

12. Em sua opinião, por que o mar é um cenário frequente nas obras dessa época? Para você, nos tempos atuais, qual seria o espaço mais desafiador para as personagens de uma história de aventura? Justifique.

> **ANOTE AÍ!**
>
> Os **contextos econômico** e **social** podem determinar os desafios de cada época. O modo como o ser humano enfrenta os perigos transforma-se com as novas descobertas. As **narrativas de aventura** podem ser inspiradas por essas mudanças.

A LINGUAGEM DO TEXTO

13. Releia o trecho a seguir e responda às questões.

> — Vigias a postos! Todo mundo na ponte!
> Marinheiros jorram da escotilha.
> — Vocês a veem? — **grita** Ahab, levantando a cabeça.
> — Não, capitão, nada! — respondem-lhe do **alto** os vigias.

a) Com qual finalidade o ponto de exclamação foi utilizado no trecho acima?

b) O que as palavras em destaque indicam?

14. Releia mais um trecho.

> Com um golpe de leme, Ahab faz girar o bote e se posiciona, arpão em punho diante da **fera**. Moby Dick [...] com sua **imensa** mandíbula, apanha-o pela proa e o sacode como um gato sacode um rato! Os tripulantes despencam, e, **aterrorizados**, escondem-se na popa. Então Ahab, **louco furioso**, agarra com ambas as mãos o osso da mandíbula e tenta soltar o bote.

a) Que tipo de ambiente e sentimento as palavras destacadas sugerem ao leitor?

b) Identifique no trecho palavras relacionadas ao universo marítimo.

> **ANOTE AÍ!**
>
> O uso de **pontos de exclamação** e de determinadas **expressões** contribui para criar o **clima de emoção** da história. Já o emprego de determinadas palavras ajuda a **ambientar o leitor**. No caso de *Moby Dick*, há predomínio de termos relacionados ao universo marítimo que marcam o espaço da narrativa.

PROTEÇÃO ÀS BALEIAS

Nos séculos XVIII e XIX, era comum o consumo de carne de baleia; seu óleo alimentava, ainda, os lampiões das cidades, atividade, atualmente, condenada por ambientalistas. Com os colegas e o professor, discuta as seguintes questões:

1. Como o comportamento de Ahab seria avaliado na atualidade?

2. Qual é a importância da luta das ONGs pela proteção às baleias?

REGULAÇÃO DA ATIVIDADE BALEEIRA

A Convenção Internacional para a Regulação da Atividade Baleeira foi assinada em Washington, em dezembro de 1946, e teve por objetivo assegurar a conservação das populações de baleias. No âmbito dessa convenção, foi criada uma comissão que estabelece medidas de proteção, como áreas com santuários onde a caça é proibida. Também foram regulamentadas regras para a caça, como a proibição de capturar filhotes ou animais até determinado tamanho e peso.

15

UMA COISA *PUXA OUTRA*

Aventuras em um universo peculiar

O trecho do conto que você vai ler se passa na China Antiga e narra a aventura de Zheng, um chinês que deseja descobrir a ilha misteriosa de Cocobolo, onde seu pai teria desaparecido. Zheng acredita que a ilha possui valiosos tesouros e a cura para sua estranha doença. Será que Zheng encontrará a ilha?

Cocobolo

Ao longo da expedição, a tripulação entrou em contato com outras embarcações, em busca de informações sobre Cocobolo. [...]

E assim a viagem prosseguiu por meses. A tripulação ficou inquieta, e houve ameaças veladas de motim. O imediato insistiu com Zheng para que ele desistisse.

— Se a ilha fosse real, a essa altura já a teríamos encontrado — disse o imediato.

Zheng suplicou por mais tempo. Ele passou aquela noite rezando por sonhos proféticos e, no dia seguinte, se dirigiu à coberta e encostou a orelha na parede do casco, tentando ouvir o canto de baleias. Sem ouvir cantos ou ter sonhos, Zheng começou a entrar em desespero. Se voltasse para casa de mãos vazias, sem dinheiro e sem uma cura, certamente a esposa o deixaria, a família o evitaria e os investidores se recusariam a financiá-lo, levando-o ao fracasso completo.

Zheng parou na proa do navio, desanimado, e ficou contemplando a turbulenta água verde. Sentiu uma vontade repentina de nadar. E, dessa vez, não a reprimiu.

Ele atingiu a água com uma força incrível. A corrente forte e absurdamente gelada o puxava para baixo.

Zheng não lutou contra a força da água. Então percebeu que estava se afogando.

Da escuridão emergiu um olho gigante suspenso em uma parede de carne cinza. Era uma baleia, indo rapidamente na direção de Zheng. Quando ia colidir com ele, a baleia mergulhou e desapareceu de vista. Na mesma hora os pés de Zheng atingiram algo sólido — era a baleia o empurrando por baixo, impulsionando-o para cima.

Eles romperam a superfície juntos, com Zheng tossindo água dos pulmões. Alguém do navio jogou uma corda para ele, que a amarrou na cintura, mas, quando estava sendo puxado, ouviu a baleia cantar.

Seu canto dizia: *Siga-me*.

Quando estava sendo erguido para o convés, Zheng viu que a baleia saíra nadando. Estava tremendo de frio e sem fôlego, mas encontrou energia para gritar:

— Sigam aquela baleia!

Weberson Santiago/ID/BR

O Improvável desfraldou as velas e partiu em perseguição. Eles a seguiram por todo aquele dia e também durante a noite, marcando a posição da baleia pela névoa de seu respiradouro. Quando o sol nasceu, avistaram uma ilha no horizonte — uma ilha que não aparecia no mapa.

Só podia ser Cocobolo.

Eles navegaram naquela direção o mais rápido que o vento permitia, e o que havia sido um mero ponto no horizonte foi crescendo com o passar do dia. Mas a noite caiu antes que conseguissem alcançá-la, e quando o sol tornou a nascer, a ilha não passava de um ponto distante.

— É exatamente como disseram: ela *se move* — maravilhou-se Zheng.

Foram três dias perseguindo a ilha. A cada dia eles chegavam a uma proximidade tentadora, só para vê-la escapar toda noite. Então um vento forte os empurrou, deixando o Improvável mais veloz que nunca, e finalmente conseguiram chegar até ela. Ancoraram em uma <u>enseada</u> arenosa bem quando o sol se punha no horizonte.

Fazia meses que Zheng sonhava com a ilha Cocobolo, e deixara que seus sonhos corressem soltos, mas a realidade não era parecida com nada do que ele imaginara: não havia cachoeiras de ouro se derramando no mar, nenhuma encosta reluzindo com árvores carregadas de rubis. Era uma coleção irregular de colinas desinteressantes cobertas de vegetação densa, similar às milhares de ilhas pelas quais ele havia passado em suas viagens. O mais decepcionante foi não haver sinal da expedição de seu pai. Zheng havia imaginado encontrar o navio de Liu Zhi [pai de Zheng] semiafundado em alguma enseada, e o próprio homem, isolado em uma ilha deserta por vinte anos, esperando pelo filho em uma praia, com a cura nas mãos. Mas só havia uma meia-lua de areia branca e um muro de palmeiras ondeando ao vento.

[...]

Ransom Riggs. *Contos peculiares*. Rio de Janeiro: Intrínseca, 2016. *E-book*.

coberta: pavimento de um navio.

convés: qualquer piso ou pavimento do navio, aberto ou protegido por toldo.

enseada: pequena curvatura na costa que serve normalmente de porto.

imediato: oficial que ocupa o segundo lugar no comando de um navio.

Improvável: nome do navio.

motim: revolta; ação de desobediência contra as autoridades.

⬤ **SÉTIMA ARTE**

O lar das crianças peculiares. **Direção: Tim Burton. EUA, 2016 (127 min).**
O filme narra as aventuras incríveis do jovem Jake, que parte em busca da senhorita Peregrine para atender ao último pedido de seu avô. Chegando ao País de Gales, descobre outro mundo, onde a senhorita Peregrine mantém uma casa para cuidar de crianças dotadas de poderes especiais. A narrativa "Cocobolo" integra um livro de histórias que a senhorita Peregrine lia para essas crianças.

---

1. Que motivos levaram Zheng a seguir em expedição para Cocobolo?

2. Nesse trecho, Zheng teve sucesso na busca pela ilha? Justifique.

3. Para encontrar Cocobolo, Zheng teve a ajuda de uma baleia, que o salvou de um afogamento e o guiou até a ilha.
   a) Esse acontecimento é algo possível de acontecer na vida real?
   b) Nas narrativas, quando os eventos não obedecem à lógica do mundo real, dizemos que há um elemento fantástico na história. Identifique outro elemento com essa característica na narrativa lida.

4. Qual foi o maior obstáculo encontrado por Zheng para atingir seu objetivo?

5. O elemento fantástico teve papel decisivo no conto? Por quê?

6. Compare o conto "Cocobolo" com *Moby Dick*, considerando o espaço da narrativa, a personagem principal, o clímax e os elementos fantásticos.

7. Qual é sua personagem favorita: Ahab ou Zheng? Justifique sua resposta.

LÍNGUA EM ESTUDO

LÍNGUA E LINGUAGEM

1. Releia este trecho de *Moby Dick*:

> Uma manhã, seu rosto se torna feroz. Como um cão de caça, ele fareja:
> — Isso cheira a baleia!
> E logo, de fato, sentimos o odor característico. O capitão manda virar o navio naquela direção.
> — Vigias a postos! Todo mundo na ponte!

a) Ao afirmar "Isso cheira a baleia!", Ahab diz para si mesmo ou apenas para comunicar algo a alguém?
b) Na segunda fala de Ahab, a quem ele se dirige?
c) Como você imagina os gestos e a expressão de Ahab na segunda fala?
d) Ahab poderia comunicar essa ordem sem usar as palavras?

As pessoas interagem por meio da linguagem, expressa por diferentes sistemas de signos: gestuais, sonoros, gráficos, etc. Ao falar, gesticular, escrever, desenhar, olhar, não só comunicamos algo, como também agimos sobre o outro. Pela linguagem, podemos transformar o comportamento, as atitudes e as opiniões das pessoas com as quais interagimos. No trecho lido, por exemplo, o capitão identifica que a baleia se aproxima e, ao comunicar o fato aos tripulantes, influencia-os a se preparar para o combate.

Assim, os sentidos são construídos a partir da interação entre os indivíduos, chamados de interlocutores.

> **ANOTE AÍ!**
> **Linguagem** é uma atividade de **interação**. Por meio da linguagem, os **indivíduos se comunicam**, **constroem sentidos** e agem uns sobre os outros. **Interlocutores** são os sujeitos que participam de uma **interação**.

LINGUAGEM VERBAL E LINGUAGEM NÃO VERBAL

2. Observe as imagens e depois responda às questões.

↑ Gustavo Coubert. *O homem desesperado*, 1843-1845. Óleo sobre tela, 45 cm × 54 cm.

↑ Mauricio de Sousa. *Turma da Mônica*.

a) Que sentimentos as personagens das duas imagens expressam?
b) O que há em comum entre a pintura e a HQ?

CINEMA MUDO

Os primeiros filmes produzidos não tinham falas nem som. A encenação era feita por meio de gestos, expressões e ações dos atores. A música e outros sons eram, inicialmente, realizados por uma orquestra que tocava ao vivo, na sala de cinema. Posteriormente, antes que houvesse fala, a música foi incorporada aos filmes. Além disso, havia também algumas frases projetadas que interrompiam as cenas para situar o espectador em relação à história ou para comunicar os diálogos das personagens. O cinema mudo durou de 1895, quando surgiu, até 1927, quando foi exibido o primeiro filme falado. A atuação no cinema mudo é um exemplo de linguagem não verbal.

Nas imagens da atividade **2**, há predomínio da linguagem não verbal, ou seja, a personagem representada na pintura e as personagens da história em quadrinhos da *Turma da Mônica* não usam a palavra escrita na comunicação, que ocorre por meio da expressão facial e dos gestos.

Em nosso dia a dia, é comum utilizarmos linguagem não verbal para nos comunicar. Os *emoticons* e os *emojis,* presentes nas interações virtuais, são bons exemplos disso. Outra linguagem não verbal comum são as placas de trânsito, que informam aos motoristas e aos pedestres as regras para o bom andamento do tráfego. Há ainda formas mistas da linguagem que mesclam a verbal e a não verbal: no espetáculo teatral, por exemplo, os movimentos dos atores, suas expressões faciais e seus gestos somam-se às falas das personagens, à iluminação, ao cenário e à trilha sonora. Juntas, essas linguagens ajudam a construir os sentidos da peça apresentada.

> **ANOTE AÍ!**
>
> A **linguagem verbal** estabelece a comunicação por meio de **palavras escritas** ou **faladas**.
> A **linguagem não verbal** estabelece a comunicação por meio de outros **sinais**: **gestos**, **expressões faciais**, **imagens**, **cores**, **sons**, etc.

EMOJIS E EMOTICONS	
😄	Rindo
😫	Triste
😊	Feliz
😉	Piscando
😴	Dormindo
X-)	Com vergonha ou tímido
:-))))	Gargalhando
>:-||	Zangado
:'''-(	Inundação de lágrimas
:-@	Gritando

A LÍNGUA

A forma específica como a linguagem verbal é compartilhada socialmente entre um grupo de pessoas em determinada região ou país é denominada **língua**. Em algumas comunidades, a língua é apenas falada, não sendo representada por um sistema de escrita.

As línguas são primeiramente orais, ou seja, **faladas**. A **escrita** é uma representação gráfica, posterior ao surgimento da língua falada. Tanto a língua falada como a escrita possuem características próprias.

Cada língua possui um conjunto de palavras e regras de combinação dessas palavras, a fim de que os falantes possam interagir entre si e se compreender. Essas regras variam conforme a situação em que utilizamos a língua. Todas as línguas são capazes de expressar significados, mas não fazem isso da mesma maneira. Por exemplo, embora a palavra *saudade*, do português, não exista em inglês, falantes do inglês são capazes de expressar esse significado por meio do verbo *to miss*, que significa *sentir falta*.

No Brasil, a **língua portuguesa**, mais especificamente o **português brasileiro**, foi herdada dos colonizadores portugueses, sofrendo, ao longo do tempo, diversas modificações devido às práticas sociais e ao contato com outras línguas, incluindo as indígenas e as africanas. O português brasileiro é uma língua diferente do **português europeu**, que também vem sofrendo modificações, o que nos revela que as línguas mudam e se transformam. A diversidade em relação às línguas é o que motiva cientistas a estudá-las. A **linguística** é a ciência que tem como objeto central de estudo a língua.

LÍNGUAS INDÍGENAS

O português não é a única língua falada no Brasil. De acordo com dados do Censo de 2010, há mais 150 línguas indígenas faladas em território nacional, como a língua guarani-kaiowá, a xavante, a yanomami e a kaingang.

> **ANOTE AÍ!**
>
> A **língua** é uma forma de **comunicação verbal** composta por um sistema de **signos** e **estruturas gramaticais**. Ela permite que seus falantes possam interagir entre si.

19

ATIVIDADES

RETOMAR E COMPREENDER

1. Observe a tira e responda às questões.

Mauricio de Sousa. *Turma da Mônica.*

a) Apesar de não haver palavras, o leitor entende a informação apresentada. Que linguagem foi usada para construir essa tira?
b) Explique o que cada personagem imaginava ao cultivar a planta.
c) Dos três desejos manifestados pelos balões de cada personagem, quais expressam benefícios comuns que uma árvore pode proporcionar?
d) Qual dos três desejos gera o humor da tira?
e) Para compreender o humor da tira, você usou seu conhecimento sobre uma das personagens. Que conhecimento foi esse?
f) Qual é a característica mais conhecida do cacto, no último quadrinho?
g) Caso desconheça a característica, da personagem ou do cacto, o leitor conseguirá compreender bem a tira? Por quê?

2. Observe estas placas:

a) Quais são as diferenças e as semelhanças entre as placas?
b) Qual das placas tem maior capacidade comunicativa? Por quê?
c) Se a segunda placa fosse colocada em uma rua na França, ela cumpriria a função de comunicar?
d) O que a resposta da pergunta acima nos revela sobre a linguagem verbal?

APLICAR

3. Em grupo, produzam uma placa para incentivar a coleta seletiva de lixo na escola, tendo como referência as placas que vocês já conhecem. Utilizem as linguagens verbal e não verbal.

4. **APLICAR** Faça as **atividades interativas** para praticar seus conhecimentos.

A LÍNGUA NA REAL

O DIÁLOGO ENTRE OS TEXTOS

1. Compare as duas imagens e escreva o que elas têm em comum.

↑ Johannes Vermeer. *Moça com brinco de pérola*, cerca de 1655. Óleo sobre tela, 44,5 cm × 39 cm.

↑ Grafite de Banksy inspirado no quadro *Moça com brinco de pérola*. Stencil, Bristol, Inglaterra.

O quadro da esquerda, *Moça com brinco de pérola*, é do pintor holandês Johannes Vermeer (1632-1675). A foto da direita é uma releitura da obra de Vermeer feita por Banksy, artista contemporâneo conhecido pelos grafites e pelo ativismo político. Banksy usa a forma apresentada por Vermeer; no entanto, além de o contexto ser outro, uma parede de uma rua em Bristol, o artista incorporou, no lugar do brinco de pérola, uma caixa de alarme com a sigla ADT, referente a uma empresa de segurança.

ANOTE AÍ!

Quando um texto **dialoga** com outro, dizemos que eles mantêm entre si uma relação de **intertextualidade**. Essa referência pode ser **explícita** ou **implícita**.

2. Leia a primeira estrofe de uma canção infantil tradicional.

Se essa rua fosse minha	
Se essa rua	Com pedrinhas
Se essa rua fosse minha	Com pedrinhas de brilhante
Eu mandava	Para o meu
Eu mandava ladrilhar	Para o meu amor passar

• Que mudanças você gostaria de fazer no bairro onde vive? A seguir, copie a primeira estrofe do poema no caderno, substituindo as estrelinhas pelas suas ideias e criando um novo texto que dialoga com a canção infantil.

Se esse bairro	Com ★
Se esse bairro fosse meu	Com ★
Eu ★	Para ★
Eu ★	Para ★

21

AGORA É COM VOCÊ!

CONTINUAÇÃO DE NARRATIVA DE AVENTURA

PROPOSTA

Você leu uma narrativa em que as personagens enfrentam perigos e não obtêm sucesso na busca de um objetivo. Releia o final do trecho de *Moby Dick*:

> Os botes são içados e, desfraldando todas as velas, o Pequod se lança no encalço da baleia-branca. [...] Ahab diminui a velocidade e fica ali, de pé, o chapéu sobre os olhos, aguardando o raiar do dia.

O que terá acontecido ao raiar o dia? Agora, escreva a continuação dessa história, descrevendo o reencontro de Ahab com a baleia. Em seguida, você e os colegas farão uma roda de leitura para compartilhar as produções.

GÊNERO	PÚBLICO	OBJETIVO	CIRCULAÇÃO
Narrativa de aventura	Colegas da turma	Narrar a continuação da história lida, com base nos elementos da narrativa de aventura	Roda de leitura na escola

PLANEJAMENTO E ELABORAÇÃO DO TEXTO

1. Imagine que Ahab tem de enfrentar a baleia. Relembre a história e descreva, no caderno, as características dessas duas personagens.

2. Copie o quadro abaixo e preencha-o de acordo com a continuação da história.

PARTES DA NARRATIVA	
Situação inicial	Ahab continua obcecado pela ideia de caçar Moby Dick e, ao raiar do dia, sente novamente o cheiro da baleia no ar.
Momento de virada	
Desenvolvimento	
Clímax	
Desfecho	
Situação final	

3. Anote no caderno algumas cenas e diálogos que poderão compor a continuação.

4. Agora, escreva seu texto. Lembre-se de desenvolver os aspectos levantados no planejamento e crie um título para a história.

LINGUAGEM DO SEU TEXTO

1. Em *Moby Dick*, você observou o uso dos sinais de pontuação? Você se lembra de algum sinal cujo uso tenha sido marcante? Se sim, qual?

Ao escrever seu texto, procure evidenciar as emoções das personagens por meio do uso de sinais de pontuação.

AVALIAÇÃO E REESCRITA DO TEXTO

1 Agora é o momento de revisar seu texto. Para isso, siga estas dicas:
- Leia silenciosamente o que escreveu.
- Faça os ajustes necessários, observando ortografia e pontuação.
- Releia o texto em voz alta e observe se a história que você quis contar está clara e se há algo que gostaria de mudar para transmitir outras emoções.
- Verifique se o título se relaciona a algum aspecto da história.
- Se necessário, faça alterações.

2 Em seguida, forme duplas e troque o texto com o colega.

3 Faça uma revisão silenciosa da produção do colega, avaliando-a de acordo com as seguintes questões:

ELEMENTOS DA NARRATIVA DE AVENTURA
O protagonista tem valores, objetivos e ações que aparecem em primeiro plano?
O antagonista se opõe ao protagonista, procurando vencê-lo?
Há um momento de conflito entre as duas personagens?
O protagonista alcança seus objetivos?
Você identifica o momento da virada na história?
Há o momento do clímax na narrativa?
A situação das personagens ao final deixa claro que se trata do desfecho da história?

4 Depois da leitura, reflita sobre as questões a seguir.
- **a)** O que achei mais interessante no texto do colega? Acrescentaria ou mudaria algo nessa história para adequá-la ao gênero narrativa de aventura?
- **b)** O que achei mais interessante em meu texto? Como posso melhorá-lo?

5 Em seguida, elabore a versão final do texto, de acordo com a avaliação de seu colega e a orientação do professor.

CIRCULAÇÃO

1 Organize com os colegas uma roda de leitura. Antes do dia combinado para a roda de leitura, ensaie em casa, seguindo as orientações apresentadas nos tópicos abaixo:
- Crie uma voz para cada personagem e outra para o narrador.
- Busque uma entonação que transmita o clima de suspense e perigo.
- Leia em um ritmo adequado, nem muito devagar, nem muito rápido, e com fluência, para que o ouvinte acompanhe a história sem ruídos.
- Atente-se à pontuação, respeitando as pausas, as hesitações e a entonação indicada. Controle o tom e a altura da voz para ganhar a atenção do público.
- Lembre-se de fazer contato visual e gestos durante a leitura.

2 Depois do ensaio, coloque em prática as dicas para a leitura em voz alta.

3 Ao final, façam uma roda de conversa para expressarem suas opiniões e sensações em relação à atividade e aos textos dos colegas. Lembrem-se de respeitar a fala do colega, escutando-o com atenção.

Capítulo

2 ESPAÇO DE DESAFIOS

O QUE VEM A SEGUIR

A história a seguir é parte do quarto capítulo do livro *O lobo do mar*. Publicado em 1904, o romance conta as aventuras de Humphrey van Weyden, um jovem resgatado pelo navio Ghost após um naufrágio. Na embarcação, ele é obrigado a assumir funções pesadas e tem de lidar com o capitão Wolf Larsen. O que poderá acontecer com Humphrey ao servir chá e pães ao capitão Larsen?

TEXTO

O lobo do mar

O que aconteceu comigo na <u>escuna</u> de caça à foca Ghost a partir daquele momento, à medida que eu tentava me adaptar ao ambiente, é uma história de dores e humilhações. O cozinheiro, que era chamado de "doutor" pela tripulação, "Tommy" pelos caçadores e "Mestre-Cuca" por Wolf Larsen, se transformou em outra pessoa. Minha mudança de posição no grupo correspondeu a uma mudança de seu tratamento. Antes servil e bajulador, agora se revelava tirânico e <u>belicoso</u>. Em suma, eu já não era mais o belo cavalheiro com uma pele "de moça", mas apenas um <u>camaroteiro</u> ordinário e totalmente imprestável.

Ele insistia, absurdamente, que eu me dirigisse a ele como sr. Mugridge, e enquanto me explicava os meus deveres assumiu uma postura e um comportamento insuportáveis. Além de trabalhar na cabine, com seus quatro pequenos camarotes, eu deveria servir de assistente na cozinha, e minha colossal ignorância no que dizia respeito a coisas como descascar batatas ou lavar panelas engorduradas dava pano para intermináveis alfinetadas. Ele se recusava a levar em consideração quem eu era, ou antes o tipo de vida e as coisas às quais eu estava acostumado. Essa foi em parte a atitude que ele decidiu adotar com relação a mim, e confesso que antes de o dia acabar eu já o odiava como nunca odiei alguém na vida.

O primeiro dia foi ainda mais difícil para mim porque o Ghost, com as velas <u>enrizadas</u> (tipo de termo que só fui aprender mais tarde), <u>arfava</u> através do que o sr. Mugridge chamou de "um sudoeste cortante". Às cinco e meia, seguindo suas orientações, botei a mesa na cabine, distribuindo as bandejas de segurança apropriadas ao mau tempo, e trouxe o chá e a comida pronta da cozinha. Não posso deixar de relatar aqui a minha primeira experiência com um mar que invadia o navio.

— Preste atenção ou vai tomar um banho — foi a <u>injunção</u> proferida por Mugridge quando saí da cozinha trazendo um grande bule de chá em uma das mãos e vários pães recém-saídos do forno embaixo do outro braço. Naquele momento um dos caçadores, um sujeito alto e desengonçado chamado Henderson, estava vindo da baiuca (como os caçadores denominavam jocosamente seus aposentos situados a <u>meia-nau</u>) em direção à cabine na parte traseira do navio. Wolf Larsen estava fumando seu charuto eterno na popa.

— Lá vem ela! Saiam da frente! — gritou o cozinheiro.

Estanquei na mesma hora, ignorando o que se passava, e vi a porta da cozinha fechar com estrondo. Depois vi Henderson pular como louco até o mastro maior e trepar nele até ficar um metro acima da minha cabeça. Também vi uma onda enorme e espumante se erguendo bem acima do nível da amurada, prestes a quebrar. Eu estava bem embaixo dela. Minha mente não reagiu a tempo, tudo era ainda muito estranho e novo. Compreendi que corria perigo, e só. Fiquei ali parado, tremendo. Finalmente, Wolf Larsen gritou na popa:

— Segure-se em alguma coisa, Hump!

Mas era tarde demais. Me precipitei em direção aos mastros, aos quais poderia ter me agarrado, mas antes disso a parede d'água despencou em cima de mim. O que aconteceu depois foi bastante confuso. Eu estava submerso, sem ar, me afogando. Tinha sido derrubado e estava sendo revirado e arrastado não sei em direção a quê. Me choquei contra diversas coisas duras e sofri uma pancada terrível no joelho direito. De repente, a inundação foi embora e voltei a respirar o bendito ar. Tinha sido jogado contra a cozinha e arrastado ao redor da escada da baiuca, de <u>barlavento</u> até o <u>embornal</u> a <u>sotavento</u>. A dor no joelho ferido era atroz. Não podia mais apoiar meu peso nele, ou pelo menos foi o que pensei; tive certeza de que minha perna estava quebrada. Mas o cozinheiro já vinha atrás de mim, gritando da porta da cozinha que abria a sotavento:

— Ei, você! Vai ficar aí ganindo a noite toda? Onde está a panela? Deixou cair no mar? Teria sido melhor ter quebrado o pescoço!

Levantei com dificuldade. Ainda estava com a chaleira grande na mão. Voltei mancando até a cozinha e a entreguei para ele. Mas ele estava tomado de indignação, real ou fingida.

— Que Deus me cegue se você não é o maior palerma que já nasceu. Me diga, você serve pra alguma coisa? Hein? Você serve pra alguma coisa? Não consegue nem levar um pouco de chá até a popa sem derrubar tudo. Agora preciso ferver mais. E por que está choramingando? — ele continuou com fúria renovada. — É porque machucou a patinha, não é, queridinho da mamãe?

Eu não estava choramingando, embora fosse provável que meu rosto estivesse enrugado e retorcido de dor. Mas fiz das tripas coração, cerrei os dentes e continuei cambaleando de um lado a outro, entre a cozinha e a cabine, sem mais surpresas. O acidente teve dois resultados: uma <u>rótula</u> contundida, que ficou sem cuidados e continuou doendo por meses, e o apelido de Hump, por causa da maneira como Wolf Larsen havia se dirigido a mim no <u>tombadilho</u>. Este passou a ser meu nome de uma ponta à outra do navio. Com o tempo, a alcunha fincou raízes em meu pensamento e passei a me identificar com ela, me vendo como Hump, como se Hump eu fosse e sempre houvesse sido.

Jack London. *O lobo do mar*. Tradução de Daniel Galera. Rio de Janeiro: Zahar, 2013. *E-book*.

arfar: balancear, oscilar.

barlavento: borda do barco que fica para o lado onde o vento sopra nas velas.

belicoso: aquele que gosta de incitar a violência e a guerra.

camaroteiro: empregado do navio que atende aos camarotes.

embornal: buracos por onde se escoa a água do convés.

enrizar: diminuir a vela por meio de rizes, que são cabos finos fixos às velas.

escuna: tipo de veleiro que utiliza velas em dois ou mais mastros.

injunção: ordem precisa e formal.

meia-nau: parte da embarcação entre dois mastros.

rótula: osso da parte inferior do joelho.

sotavento: borda do barco oposta àquela onde o vento sopra nas velas.

tombadilho: parte mais elevada do navio.

ESCRITOR AVENTUREIRO

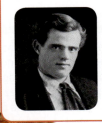

Nascido na Califórnia, Estados Unidos, em 1876, Jack London foi marinheiro. Também viajou de trem pelo seu país. É considerado um escritor que viveu o que escreveu. Em vida, ficou conhecido apenas como o autor de *Caninos brancos*. O reconhecimento só veio após sua morte, ocorrida em 1916. Hoje suas obras inspiram várias adaptações para o cinema.

TEXTO EM ESTUDO

▣ PARA ENTENDER O TEXTO

1. Antes da leitura, você imaginou o que poderia acontecer com Humphrey ao servir chá e pães ao capitão Wolf Larsen. Sua hipótese se confirmou? Justifique.

2. Releia o primeiro parágrafo. O que evidenciou a mudança de comportamento do sr. Mugridge em relação a Humphrey?

3. No episódio lido, qual era o desafio de Humphrey? Ele conseguiu cumpri-lo?

4. Copie no caderno e complete o quadro abaixo, destacando as ações e as características de cada personagem no trecho lido.

Personagens	O que faz na narrativa?	Quais são suas características?
Humphrey		
Sr. Mugridge		
Wolf Larsen		
Henderson		

5. Com base na questão anterior, responda:

   a) Quem são o protagonista e o antagonista no trecho lido?

   b) Personagens secundárias são aquelas que têm uma participação menor na história. Quem são elas na narrativa que você leu?

6. Releia o trecho a seguir.

> Eu não estava choramingando, embora fosse provável que meu rosto estivesse enrugado e retorcido de dor. Mas fiz das tripas coração, cerrei os dentes e continuei cambaleando de um lado a outro, entre a cozinha e a cabine, sem mais surpresas.

   a) Como você descreveria, após ler o trecho, a relação de Humphrey com os desafios vividos?

   b) Em narrativas de aventura, geralmente, as personagens apresentam qualidades como coragem, força, habilidade, inteligência e determinação. Entre essas características, quais se aplicam a Humphrey? E quais não se aplicam?

7. Que marca Wolf Larsen deixa na vida de Humphrey?

8. Qual é o espaço em que se passa o episódio contado por Humphrey?

9. Quais são os desafios que esse espaço e o contexto oferecem ao protagonista?

10. Você acha que essa aventura teria sido diferente se Humphrey tivesse ido parar em uma ilha deserta? Explique.

⬤ LIVRO ABERTO

A ilha do tesouro, de Robert Louis Stevenson. Porto Alegre: L&PM, 2013.

Um dos romances de aventura mais célebres da literatura, publicado em 1883, *A ilha do tesouro* conta a história de Jim Hawkins, um jovem que participa de uma expedição em busca de um tesouro escondido. Ao lado de seus companheiros, ele enfrenta terríveis perigos em uma disputa com piratas assustadores.

ANOTE AÍ!

A **caracterização das personagens** e **do espaço** ajuda a construir o enredo. Nas narrativas de aventura, além de **características externas** (aparência), as personagens destacam-se por características **internas** (sentimentos e personalidade), como coragem e determinação, necessárias para a superação de obstáculos. O **espaço**, por sua vez, não é apenas mero cenário onde se desenvolve a história, mas pode **gerar desafios** às personagens e contribuir para a **criação do suspense** em uma narrativa.

O CONTEXTO DE PRODUÇÃO

11. Releia o boxe com informações sobre o autor. Que acontecimento da biografia de Jack London possibilitou que ele escrevesse *O lobo do mar*?

12. Na época em que a obra foi escrita, não havia internet ou *smartphones*, e a comunicação se dava por meio de cartas ou de jornal impresso. Se a história ocorresse nos dias atuais, como seria a situação de Humphrey?

A LINGUAGEM DO TEXTO

13. Quando o narrador anuncia "uma história **de dores** e **humilhações**", qual é a finalidade dos termos em destaque?

14. Releia o trecho abaixo e responda às questões.

> O cozinheiro, que era chamado de "doutor" pela tripulação, "Tommy" pelos caçadores e "Mestre-Cuca" por Wolf Larsen, se transformou em outra pessoa. [...] **Antes** servil e bajulador, **agora** se revela tirânico e belicoso. Em suma, eu **já** não era mais o belo cavalheiro com uma pele "de moça", mas apenas um camaroteiro ordinário e totalmente imprestável.

a) O que as aspas indicam no trecho acima? Por que esse recurso é utilizado?
b) Em relação às palavras destacadas, qual é a função delas no texto?

COMPARAÇÃO ENTRE OS TEXTOS

15. Observe a sequência narrativa do trecho que você leu de *Moby Dick*.

Situação inicial	Complicação	Desenvolvimento	Clímax	Desfecho
Ahab está impaciente esperando por um sinal de Moby Dick.	Ahab sente o cheiro de baleia.	Ahab e os tripulantes perseguem Moby Dick.	Confronto entre Moby Dick, Ahab e os tripulantes. Moby Dick destrói o barco.	Ahab, decepcionado, continua sua perseguição a Moby Dick.

No caderno, complete a tabela com informações do trecho de *O lobo do mar*.

Situação inicial	Complicação	Desenvolvimento	Clímax	Desfecho

16. O que há em comum entre as situações iniciais e os desfechos das duas narrativas que você leu?

17. Qual dessas histórias teve o clímax mais emocionante? Para você, qual protagonista foi mais corajoso? Justifique.

UMA QUESTÃO DE CARÁTER

Na obra *O lobo do mar*, Humphrey sofre com os tripulantes do barco, que são hostis e não o ajudam em seus desafios. Discuta estas questões:

1. Como você avalia a atitude da tripulação do Ghost em relação a Humphrey?
2. Os tripulantes poderiam ter ajudado Humphrey a se adaptar à vida na embarcação?
3. **COMPREENDER** Assista ao vídeo sobre **solidariedade** e responda: Em sua escola, prevalece o sentimento solidário? Dê exemplos.

LÍNGUA EM ESTUDO

FATORES DE TEXTUALIDADE E GÊNEROS TEXTUAIS

INTENCIONALIDADE E CONTEXTO DE PRODUÇÃO

1. Leia a seguir o trecho de uma resenha sobre *O lobo do mar*, publicado no *blog* Literature-se. Nesse *blog*, Mellory Ferraz apresenta as principais impressões sobre suas leituras literárias.

> **Minhas impressões**
>
> *O lobo do mar* foi uma grande surpresa para mim. Eu já esperava uma história repleta de aventuras a bordo de um navio, mas eu não esperava que seria uma aventura aliada a muitas passagens filosóficas. A experiência que tive com este livro foi além da imaginada de antemão: depreendi muitas lições de vida que me fizeram refletir por um bom tempo.
>
> Com uma escrita cativante e tranquila, Jack London nos transporta para a vida de um marinheiro de primeira viagem tão vivamente, que é difícil não imaginar como seria estar a bordo de uma escuna no meio do Pacífico e rodeado por focas.
>
> A narrativa acrescenta e encanta, sendo os personagens o que o livro tem de melhor: o autor cria um elenco tão único e completo, que é difícil não gostar deles, até mesmo do vilão. Wolf Larsen é o melhor personagem com o qual tive contato na literatura. Muito bem construído, sua personalidade, seus pensamentos e seu físico são expostos de uma forma crua ao leitor. [...]

Mellory Ferraz. *Resenha*: O lobo do mar. Disponível em: <http://www.literature-se.com/2014/01/resenha-o-lobo-do-mar.html>. Acesso em: 17 ago. 2018.

a) Qual é o objetivo de se produzir essa resenha para postá-la em *blog* literário?

b) Você acredita que a autora da resenha atingiu esse objetivo? Por quê?

Na atividade acima, você pôde refletir sobre a intenção da autora da resenha e se, para você, ela atingiu o objetivo a que se propôs. Portanto, refletiu sobre dois fatores da textualidade: a intencionalidade e a aceitabilidade.

> **ANOTE AÍ!**
>
> A **intencionalidade** é a intenção do produtor do texto em atingir o objetivo pretendido e de fazer-se entender pelo seu interlocutor. Já a **aceitabilidade** é o esforço do interlocutor de entender o sentido do texto.

2. Leia a sinopse do livro *As loucas aventuras do Barão de Munchausen*:

> **Sobre a obra**
>
> É possível virar um lobo do avesso? Dá para fugir da barriga de uma baleia? Nosso divertido herói sempre consegue sair-se bem das confusões em que se mete. Bem, pelo menos é isso o que ele afirma... Com tradução realizada a partir da versão integral do século XVIII, e adaptação da escritora Heloisa Prieto, as 12 aventuras deste livro são garantia de boa e divertida leitura.

Catálogo da editora Salamandra. Disponível em: <http://www.salamandra.com.br/main.jsp?lumPageId=4028818B2F212E9B012F2C6BF30801C2&itemId=BAA679612AAC4460ADE553A96A75C066>. Acesso em: 17 ago. 2018.

a) Onde esse texto foi publicado?

b) Considerando que esse livro é indicado para alunos do 6º ano, a que público você acha que a sinopse é direcionada? Justifique sua resposta.

Para compreender um texto, é importante conhecer, além da intencionalidade, os contextos de produção, publicação e circulação, que estabelecem a maneira como o texto se comunica com os interlocutores. É preciso, portanto, que o interlocutor acione seus conhecimentos prévios e o que sabe sobre a situação de comunicação em que o texto foi falado ou escrito para a construção de sentidos. Essa situação é denominada **contexto de produção**.

Ao ler a sinopse do livro *As loucas aventuras do Barão de Munchausen*, é possível concluir que ela foi escrita para possíveis leitores que gostam de histórias de aventuras ou para pais ou professores que desejam escolher livros para pessoas da faixa etária entre 11 e 12 anos, idade dos alunos do 6º ano do Ensino Fundamental.

> ### ANOTE AÍ!
>
> O **contexto de produção** envolve as condições em que um texto é produzido: quem fala, para quem fala, de que modo é transmitido e em que momento.

GÊNEROS TEXTUAIS

Para cada ato comunicativo, usamos formatos específicos de texto. Sabemos, muitas vezes, por intuição e por experiência, qual deles é mais adequado a uma situação. Outras vezes, aprendemos formalmente, na escola, alguns desses formatos específicos de texto.

Quando queremos, por exemplo, avisar a familiares que vamos chegar em casa mais tarde, sabemos que um bilhete é adequado, pois trata-se de uma situação informal que possibilita recados mais rápidos. Por outro lado, para manifestar a insatisfação com um produto ou serviço, não podemos escrever um bilhete: é necessário empregar um gênero de texto chamado carta de reclamação.

Também utilizamos formatos específicos de texto oral. Você já deve ter acompanhado pela televisão um debate ou uma entrevista. Cada um deles tem características específicas e pode ser reconhecido pelas pessoas.

A essas diferentes formas de organização dos textos damos o nome de **gênero textual**. Para escolher o gênero que deve ser empregado em determinada situação, é importante saber o público que precisa ser atingido e o objetivo que se pretende alcançar.

As conversas em aplicativos de mensagens, por exemplo, apareceram graças às novas tecnologias contemporâneas. A carta, por sua vez, deixou de ser utilizada por diversos grupos sociais. Outro exemplo muito usual e comum é o universo jornalístico, que possui seus gêneros típicos, como a notícia e a reportagem.

> ### ANOTE AÍ!
>
> Chamamos de **gênero textual** as diversas maneiras como os textos se apresentam. Cada um dos gêneros apresenta uma forma diferente de organização em relação ao **registro da linguagem**, aos **interlocutores**, ao **contexto de produção** e à **intencionalidade**. Esses elementos são chamados de **fatores de textualidade** e são utilizados como parâmetro para analisarmos as características de cada gênero.

ATIVIDADES

RETOMAR E COMPREENDER

1. Leia o texto a seguir, inscrito em uma etiqueta de blusa de seda.

   a) Qual é a informação principal do texto ao lado?
   b) Quem você supõe ter escrito essas instruções da etiqueta?
   c) Quem é o possível leitor desse texto?
   d) Qual é a finalidade das instruções?
   e) Que tipos de linguagem a etiqueta usa para veicular sua mensagem?

2. Leia a tira.

Fernando Gonsales. *Níquel Náusea*: tédio no chiqueiro.

   a) No caderno, descreva o que acontece em cada um dos quadrinhos.
   - Quadrinho 1
   - Quadrinho 2
   - Quadrinho 3
   b) Qual é o significado da frase "Essa vassoura está me matando!" em cada quadrinho? Reescreva as falas de modo a expressar esse significado.
   c) O que faz com que a mesma frase tenha diferentes sentidos?

APLICAR

3. Leia o texto abaixo e responda às questões.

   > **Uma viagem extraordinária**
   > *The Young and Prodigious T. S. Spivet*. França/Canadá, 2013. Direção: Jean-Pierre Jeunet. Com: Kyle Catlett, Helena Bonham Carter e Robert Maillet. 105 min. Livre.
   > T. S. Spivet é um garoto superdotado que ganha um prestigioso prêmio científico. Para recebê-lo, ele cruza os EUA, sem avisar os pais, e passa por várias aventuras no trajeto.
   > Caixa Belas Artes 2 – [sala] Cândido Portinari, legendado: sex. a qua.: 16h30.

   Disponível em: <http://www1.folha.uol.com.br/guia/ci2811201405.shtml>. Acesso em: 6 mar. 2017.

   a) O texto apresenta quais informações?
   b) Onde esse texto foi publicado?
   c) Qual é a finalidade do texto?
   d) Qual é o gênero do texto?

4. **APLICAR** Faça as **atividades interativas** para praticar seus conhecimentos.

A LÍNGUA NA REAL

O GÊNERO E O CONTEXTO DE PRODUÇÃO

1. Leia o texto abaixo e responda às questões.

> **Segunda-feira**
> Acho tudo isso muito engraçado, mas hoje a dona Clotilde falou: "Já que a Betty resolveu faltar às aulas nos últimos dias, Clarice Bean vai fazer dupla com o Carlos".
> Claro que fiquei absolutamente muda.
> Para piorar as coisas, quando uma certa pessoa que começa com G, chamada Graça Grapello, descobriu que eu tive permissão para fazer um projeto sobre a Ruby Redfort, ela disse que também quer fazer, e que a ideia foi dela, e eu estou copiando.
> E disse que vai fazer um projeto sobre Ruby Redfort também.
> A dona Clotilde diz: "De maneira nenhuma, nada disso!"
> E falou: "Na verdade, nem sei se vou deixar alguém fazer um projeto baseado num monte de besteiras".
> A dona Clotilde começou a ser muito crítica em relação a minha ideia.
> Ela falou: "A série Ruby Redfort não é um bom exemplo da literatura dos nossos dias".
> Como ela pode dizer isso????? [...]
> E ainda falou: Se você insistir em fazer esse livro da Ruby Redfort, vai ter que falar com seu Tomás. Quem sabe ele consegue fazer você criar juízo".
> Mas o seu Tomás só falou: "Acho que há nada de mal em fazer um projeto sobre os livros da Ruby, pois gostar de ler é uma coisa importante. Sou totalmente a favor. Entretanto, parte do projeto é escolher um livro que ensine alguma coisa. E você só pode ter chance de ganhar a taça e o prêmio misterioso se conseguir dizer o que foi que você aprendeu com esses livros". [...]
> Na **quarta-feira** eu e Carlos estamos trabalhando no nosso projeto.
> Vai ser ótimo.
> Tenho certeza.
> O Tobias pediu pra dona Clotilde pra entrar no nosso grupo, e prometeu se comportar de uma maneira ab-so-lu-ta-men-te impecável.
> E dona Clotilde disse: "Na-na-ni-na-não! De jeito nenhum, senhor Tobias!" E soltou uma gargalhada. Não gosto da risada da dona Clotilde – me dá um frio na espinha. [...]

Lauren Child. *Tipo assim, Clarice Bean*. Tradução de Isa Mara Lando. São Paulo: Ática, 2004, p. 96; 97; 98; 111.

↑ Lauren Child. *Tipo assim, Clarice Bean*. São Paulo: Ática, 2004.

SÉRIE RUBY REDFORT

Ruby Redfort é uma agente secreta de 13 anos e suas histórias são contadas em uma série de livros. Cada capítulo surpreende o leitor, que se envolve pela paixão de Ruby em solucionar mistérios. No papel de protagonista, Ruby, uma genial detonadora de códigos e detetive ousada, e seu mordomo, Hitch, trabalham para uma organização secreta de combate ao crime, a *Spectrum*. Ruby, ao longo da série, enfrenta, com sucesso, muitos vilões.

a) Qual é intencionalidade desse texto?
b) O texto acima aproxima-se de textos produzidos em que meio?
c) Quem fala no texto expressa suas emoções e sentimentos por meio da escrita. Identifique as marcas linguísticas que caracterizam esse contexto de produção.
d) Observando as expressões "De maneira nenhuma, nada disso!", "Como ela pode dizer isso?????", "ab-so-lu-ta-men-te", "Na-na-ni-na-não!", pense em que contexto elas podem ter ocorrido e, em seguida, reflita sobre o sentido manifestado em cada uma dessas expressões.

ANOTE AÍ!

O **contexto de produção** não só influencia o gênero textual a ser utilizado, ou seja, a organização e a estrutura do texto, como também a seleção do vocabulário, a escolha da pontuação e o modo como o interlocutor decide expressar seus sentimentos.

ESCRITA EM PAUTA

LETRA E FONEMA

1. Observe as imagens a seguir.

a) No caderno, escreva as palavras com as quais nomeamos esses animais.
b) Quantas letras cada uma dessas palavras apresenta?
c) Quantos sons cada uma das palavras tem?

A **palavra** é a unidade básica da comunicação verbal e pode ser dividida em unidades menores, como **sílabas** e **fonemas**. Quando pronunciamos as palavras *pato* e *gato*, observamos que elas são muito parecidas. Ambas são formadas por quatro sons, e os três últimos são idênticos. A simples distinção no primeiro som dessas palavras gera a diferença de significado.

Observe, ainda, que o primeiro som de cada palavra é representado por letras diferentes: a letra *p* na palavra *pato* e a letra *g* na palavra *gato*.

> **ANOTE AÍ!**
>
> As **menores unidades sonoras** da língua capazes de estabelecer diferenças de significado entre as palavras são chamadas de **fonemas**.
> Os **sinais gráficos** utilizados para representar os fonemas são as **letras**.

2. Observe os nomes dos animais no quadro abaixo.

P	A	T	O
G	A	T	O
R	A	T	O

- No caderno, organize as palavras indicadas a seguir em dois quadros, de acordo com a semelhança dos fonemas. Assim como no modelo acima, acrescente uma palavra em cada um dos quadros que apresente apenas um fonema diferente das demais.

| mola | tela | cola | sela |

Os fonemas são representados entre barras inclinadas. Assim, na palavra *pato*, temos os seguintes fonemas: /p/ /a/ /t/ /o/.

Note que o número de letras e fonemas da palavra *gato* é igual, bem como o das palavras da atividade **2**. No entanto, o número de letras e o número de fonemas nem sempre correspondem. Para descobrir mais sobre esse assunto, faça as atividades a seguir.

ALFABETO DA LÍNGUA PORTUGUESA

O alfabeto da língua portuguesa é composto de 26 letras. Algumas não faziam parte do nosso alfabeto, mas foram incorporadas à língua portuguesa recentemente. São elas *k*, *w* e *y*. Essas letras são usadas em palavras emprestadas de outras línguas (como *show*, de origem inglesa), em abreviaturas (*kg*) e em grafias de nomes estrangeiros (*Wellington*) ou palavras deles derivadas (*shakespeariano*). Embora *w* e *y* sejam consideradas consoantes, são letras que representam sons vocálicos.

3. Os objetos abaixo foram representados por meio de ilustrações. Escreva no caderno as palavras que nomeiam cada um deles.

- Quantos fonemas há em cada uma das palavras que você escreveu?

4. No caderno, copie as letras das palavras abaixo que representam o primeiro fonema da palavra *sapo*.

passarinho	sítio	nascer	exceto
sela	ciúme	sótão	açúcar

5. A letra *x* pode representar diferentes fonemas. Copie as palavras a seguir, agrupando-as de acordo com o fonema que a letra *x* representa.

xícara	enxuto	exame	experiência
exemplo	excelente	ameixa	exagero

ANOTE AÍ!

Um único **fonema** pode ser representado graficamente por uma ou por mais de uma letra.
Uma mesma **letra** pode representar diferentes fonemas.

6. **APLICAR** Faça as **atividades interativas** para praticar seus conhecimentos.

ETC. E TAL

Palavras se modificam com o tempo

Os sons das palavras sofrem mudanças ao longo da história de uma língua, assim como sua escrita. A mudança dos sons recebe o nome de *metaplasmo*. Vejamos abaixo alguns exemplos de palavras do latim que tiveram seus sons e escrita modificados, dando origem aos vocábulos conhecidos hoje em língua portuguesa:

nocte > noite   *male* > mal   *lupu* > lobo

regno > reino   *bonu* > bom

Assim como os sons, a escrita também muda. No entanto, nem toda mudança ortográfica é motivada pela mudança no som. O trema é um exemplo disso. Antes do Novo Acordo Ortográfico, em vigor desde 2009, palavras como *linguística* e *frequência* eram grafadas com trema, indicando, nas sequências *gue/gui* ou *que/qui*, que o som do *u* deveria ser pronunciado. Na nova ortografia, o trema não é mais utilizado, com exceção de nomes próprios estrangeiros, como Müller. Essa norma, porém, não é reflexo da mudança na sonoridade das palavras, que permanecem com a mesma pronúncia.

AGORA É COM VOCÊ!

ESCRITA DE NARRATIVA DE AVENTURA

ESPAÇOS DE AVENTURA

Os desafios que o protagonista tem de enfrentar em uma narrativa de aventura muitas vezes são impostos pelo espaço em que a ação ocorre. As dificuldades podem estar ligadas a condições climáticas, desastres naturais, etc. Para vencer essas barreiras, a personagem principal precisa mostrar suas habilidades e desenvolver muitas outras no caminho.

Conheça, a seguir, alguns espaços, seus desafios e as características do protagonista necessárias para superar as adversidades desses ambientes. Fique atento às dicas que podem ser úteis para você elaborar seu texto. Que tal começar a imaginar possíveis aventuras em um desses lugares?

EM UMA RUÍNA HISTÓRICA

Desafios:
- língua desconhecida
- portas trancadas
- pedras soltas
- armadilhas

O que é preciso para superá-los:
- conhecimento de outras línguas
- conhecimento histórico
- persistência
- atenção

NA METRÓPOLE

Desafios:
- multidão
- congestionamento
- barulho
- pessoas desconhecidas

O que é preciso para superá-los:
- tranquilidade
- rapidez
- concentração
- sociabilidade

Cinco sentidos

As pessoas relacionam-se com o lugar em que estão por meio da visão, da audição, do olfato, do tato e do paladar, certo? Portanto, uma forma possível de caracterizar o espaço e os desafios que ele apresenta é pensar em elementos que estimulem os cinco sentidos da personagem. No caso de uma grande metrópole, o barulho, o cheiro de fumaça, os esbarrões nas ruas cheias de gente. Dessa forma, você cria uma atmosfera para a narrativa e mexe com as emoções do leitor.

34

Caracterização das personagens

Na hora de planejar a caracterização das personagens, é importante pensar no espaço em que elas estão inseridas e como esse lugar pode influenciar em seus aspectos físicos e psicológicos: seu corpo, suas habilidades e seu modo de vestir, de pensar e de falar. Uma característica da personagem pode ser mais importante para superar um desafio em certo momento da história; outra pode ser decisiva em uma situação diferente.

NO ESPAÇO

Desafios:
- falhas na nave
- tempestade de meteoros
- falta de tempo
- oxigênio em queda

O que é preciso para superá-los:
- conhecimento de pilotagem
- agilidade
- concentração
- calma

NA FLORESTA

Desafios:
- correnteza do rio
- calor intenso
- animais venenosos
- tempestade tropical

O que é preciso para superá-los:
- destreza
- senso de direção
- coragem
- inteligência

COMPREENDER

Saiba mais sobre **narrativas de aventura** no recurso digital.

NAS MONTANHAS

Desafios:
- frio intenso
- terreno íngreme
- ar rarefeito
- avalanches

O que é preciso para superá-los:
- resistência física
- confiança
- atenção
- persistência

NO DESERTO

Desafios:
- tempestade de areia
- ausência de sinal de celular
- frio e calor intensos
- falta de água

O que é preciso para superá-los:
- resistência física
- senso de direção
- confiança

Peixe fora d'água

Quando as personagens estão em um espaço muito estranho, para o qual não estão preparadas, elas são como "peixes fora d'água". Em narrativas desse tipo, é importante pensar como a personagem, com suas características e seus recursos, pode lidar com os desafios perante o desconhecido.

Fonte de pesquisa: Gotham Writer's Workshop. *Writing fiction*. Nova York: Bloomsbury, 2003. p. 150-170.

PROPOSTA

Agora, você vai escrever uma narrativa de aventura! Inspire-se nas narrativas desta unidade e nas sugestões apresentadas nas páginas 34 e 35 para imaginar a caracterização das personagens e do espaço.

Sua produção fará parte de uma coletânea dos textos da turma. O livro poderá ser doado para a biblioteca da escola; assim, toda a comunidade escolar terá a oportunidade de se divertir com as aventuras que você inventou.

GÊNERO	PÚBLICO	OBJETIVO	CIRCULAÇÃO
Narrativa de aventura	Comunidade escolar	Emocionar a comunidade escolar por meio de uma narrativa de aventura	Biblioteca da escola

PLANEJAMENTO E ELABORAÇÃO DO TEXTO

1. Antes de escrever sua narrativa, pense em uma aventura que possa envolver quatro personagens.

2. Agora, pense quando e onde ocorrerá essa aventura.
   - Em que tempo sua narrativa acontece?
   - Em que espaço ela se desenvolve?
   - Quais são as características principais desse espaço?
   - Esse espaço possibilita desafios para as personagens?
   - Faça uma lista de desafios que as personagens podem enfrentar nesse espaço.

3. No caderno, liste as características externas e internas das personagens. Lembre-se de que as personagens podem desempenhar diferentes papéis.
   - **Personagens principais** são o protagonista e o antagonista, que têm papel central na história. Elas precisam ter valores opostos.
   - **Personagens secundárias** são os coadjuvantes, que auxiliam as personagens principais a realizar seus objetivos, e os figurantes, que costumam ter ações que pouco ou nada alteram o desenvolvimento da narrativa.

4. Além das caracterizações, é preciso refletir a respeito das ações das personagens principais e das secundárias.
   - Qual é a motivação e o desafio do protagonista? E do antagonista?
   - Qual é o conflito entre essas personagens?
   - Qual será a ação do coadjuvante?
   - Qual será o papel do figurante na narrativa?

5. Definidos o conflito e as personagens, é hora de planejar o enredo.
   - Como as personagens e os espaços serão apresentados?
   - O que acontece de inesperado e que desestabiliza a situação inicial?
   - Como as personagens reagem ao momento de complicação?
   - Qual é o ponto alto de tensão da narrativa (clímax)?
   - Qual é a resolução do clímax?
   - No desfecho, o protagonista atinge seus objetivos?

6. Elabore seu texto e desenvolva os aspectos levantados no planejamento. Dê um título atrativo para sua história.

LINGUAGEM DO SEU TEXTO

1. Em *O lobo do mar*, você observou o uso dos sinais de pontuação nos diálogos? Esse recurso foi utilizado na história para expressar que tipo de emoção?

2. Que palavras foram utilizadas para marcar a passagem de tempo no texto?

Agora, ao escrever sua narrativa, utilize a pontuação expressiva para revelar o clima de aventura. Além disso, empregue palavras que marcam a passagem de tempo no desenvolvimento de sua história.

AVALIAÇÃO E REESCRITA DO TEXTO

❶ Copie e preencha no caderno o quadro a seguir. Ele deve servir de base para a autoavaliação de sua narrativa de aventura.

ELEMENTOS DA NARRATIVA DE AVENTURA
As personagens principais têm um objetivo?
A caracterização das personagens principais permite identificar aspectos internos e externos delas?
O enredo apresenta situações de perigo e tensão?
O espaço contribui para as situações de perigo e tensão?
Protagonista e antagonista se enfrentam no clímax da história?
O texto traz uma resolução do clímax?

❷ Leia o texto em voz alta, observando se as palavras e a pontuação empregadas contribuem para a tensão da narrativa. Com base no quadro de autoavaliação e nas orientações do professor, reescreva seu texto, fazendo as alterações necessárias. Se possível, digite o texto e imprima.

CIRCULAÇÃO

❶ Você e os colegas vão produzir uma coletânea das narrativas de aventura. Esse livro será doado à biblioteca da escola.

❷ A turma será dividida em quatro grupos com funções específicas.

- O **grupo 1** organizará os textos do livro. É possível ordená-los por sequência alfabética, autor, título ou espaço de aventura em que se passam as narrativas.

- O **grupo 2** fará o sumário do livro, em que constarão os títulos das narrativas, o nome dos autores e o número das páginas correspondentes.

- O **grupo 3** será responsável pela capa e pelas ilustrações. A capa deve conter um desenho que represente o universo das narrativas de aventura. As narrativas também podem receber ilustrações produzidas pela turma.

- O **grupo 4** ficará responsável pela montagem do livro. Sugestão: fazer dois furos nas laterais das folhas e utilizar fita ou cordão para amarrá-las.

❸ Quando o livro ficar pronto, organize, com os colegas e o professor, um dia para a apreciação das histórias e das ilustrações.

❹ Ao final, com a ajuda do professor, entreguem a publicação à biblioteca.

ATIVIDADES INTEGRADAS

No livro *As aventuras de Huckleberry Finn*, do escritor estadunidense Mark Twain, publicado em 1855, a personagem Huck Finn narra suas aventuras ao longo do rio Mississippi. Leia a seguir um trecho do livro e depois responda às questões.

As aventuras de Huckleberry Finn

[...]

Parei um pouco e quase desmaiei. Encurralado nos destroços de um barco a vapor com um bando desses! Mas não era hora de ficar se sentimentalizando. Agora a gente *tinha que* encontrar esse bote – precisava dele pra gente. Então a gente seguiu tremendo e vacilando pelo lado de estibordo, e foi também um deslocamento lento – tive a impressão que a gente levou uma semana pra chegar na popa. Nem sinal do bote. Jim disse que achava que não podia ir adiante – tava tão assustado que não tinha mais força sobrando, disse ele. Mas eu disse vamos, se a gente fica pra trás nesse barco destruído, aí sim a gente tá numa sinuca. Então a gente foi em frente, a esmo. Começou a procurar a popa do tombadilho e encontrou, e aí seguiu tateando pra frente em cima da claraboia, nos agarrando de <u>estore</u> em estore, porque a beirada da claraboia tava dentro d'água. Quando a gente chegou bem perto da porta do corredor transversal, lá tava o bote, sem tirar nem pôr! Eu mal podia ver ele. Nunca me senti tão agradecido. Mais um segundo e eu já me via a bordo, mas bem nesse momento a porta se abriu. Um dos homens enfiou a cabeça pra fora, só mais ou menos a meio metro de mim, e pensei que eu tava perdido. Mas ele puxou de novo a cabeça pra dentro e disse:

— Tira esta lanterna desgraçada da vista, Bill!

Atirou um saco de alguma coisa dentro do bote, depois entrou na embarcação e se sentou. Era Packard. Aí Bill *ele* apareceu e entrou no bote. Packard disse em voz baixa:

— Tudo pronto... toca o barco!

Eu quase não conseguia me agarrar nos estores, tava fraco demais. Mas Bill diz:

— Espera... ocê revistou ele?

— Não. E ocê?

— Não. Ele ainda tem a parte dele do dinheiro.

— Bem, então, vamos lá... num adianta levar as coisas e deixar o dinheiro.

— Ei... será que ele não suspeita o que tamo fazendo?

— Talvez não. Mas temos que pegar o dinheiro de qualquer jeito. Vamos.

Então saíram do bote e entraram no navio.

A porta bateu, porque tava no lado <u>adernado</u>, e em meio segundo eu tava no bote, e Jim veio aos trambolhões atrás de mim. Tirei a minha faca e cortei a corda, e aí a gente foi embora!

A gente não tocou em nenhum remo, e a gente não falou nem sussurrou, quase nem respirou. Deslizou rápido, num silêncio mortal, passando pela ponta do tambor da roda e passando pela popa; depois, em mais alguns segundos, a gente tava cem metros além do vapor naufragado, e a escuridão tomou conta de tudo, apagou até o último sinal dos destroços. A gente tinha se safado e sabia disso.

[...]

Mark Twain. *As aventuras de Huckleberry Finn*. Tradução de Rosaura Eichenberg. Porto Alegre: LP&M, 2011. *E-book*.

adernado: inclinado.

estore: cortina que se rola e desenrola por meio de dispositivo.

Bruno Nunes/ID/BR

ANALISAR E VERIFICAR

1. Responda às questões acerca do trecho lido:

   a) Quem são os interlocutores na história? Quem narra a história?

   b) Identifique as personagens principais. Como podemos reconhecer os protagonistas e os antagonistas? Qual é a personagem secundária e seu papel na narrativa?

   c) Em que espaço a narrativa se passa?

2. O que motiva a ação das personagens no trecho lido?

3. No clímax, protagonista e antagonistas chegam a se enfrentar realmente? Explique.

4. Com base na resposta acima, explique: Por que o clímax dessa cena é o momento mais emocionante do trecho transcrito?

5. Releia o trecho a seguir e responda às questões.

> Um dos homens enfiou a cabeça pra fora, só mais ou menos a meio metro de mim, e pensei que eu tava perdido. Mas ele puxou de novo a cabeça pra dentro e disse:
> — Tira esta lanterna desgraçada da vista, Bill!
> Atirou um saco de alguma coisa dentro do bote, depois entrou na embarcação e se sentou.
> Era Packard. Aí Bill *ele* apareceu e entrou no bote.

   a) Quem são os interlocutores do diálogo no trecho?

   b) Qual é a intencionalidade do interlocutor em: "Tira esta lanterna desgraçada da vista, Bill!". Justifique mencionando uma marca linguística presente na frase.

6. Releia este trecho:

> A porta bateu, porque tava no lado adernado, e em meio segundo eu tava no bote, e Jim veio aos trambolhões atrás de mim. Tirei a minha faca e cortei a corda, e aí a gente foi embora!
> A gente não tocou em nenhum remo, e a gente não falou nem sussurrou, quase nem respirou.

   - Aqui o narrador explica que todas as ações se sucederam sem que as personagens dissessem uma palavra. Huck estava liderando a ação. Como você imagina que Jim sabia o que devia fazer? Que tipo de linguagem não verbal eles podem ter usado?

7. No desfecho da história, o protagonista alcança seu objetivo? Que imagem ilustra mais adequadamente o fim do perigo nessa situação?

CRIAR

8. Que tal colocar no papel uma conversa imaginária? Escreva uma carta curta, em torno de três parágrafos, que supostamente seria enviada ao autor da sua narrativa preferida.

9. Retome sua resposta à questão **4** da seção *Leitura da imagem*. Com base nessa resposta e nas reflexões feitas ao longo dos capítulos, discuta com os colegas sobre as mudanças que as narrativas de aventura lidas causaram em você.

IDEIAS EM CONSTRUÇÃO – UNIDADE 1

Gênero narrativa de aventura
- Seleciono características das narrativas já conhecidas para ler e compreender narrativas de aventura de forma autônoma?
- Identifico características do gênero narrativa de aventura?
- Concluo que as narrativas de aventura apresentam situações de perigo e tensão?
- Analiso a forma de composição da narrativa de aventura, identificando:
    - a escolha lexical usada para caracterizar os cenários, as personagens e o tempo?
    - os desafios enfrentados pela personagem principal e suas estratégias?
    - o conflito entre protagonista e antagonista?
- Compreendo a importância dos recursos como pontuação expressiva e utilização de termos para expressar a emoção da história?
- Ao elaborar uma continuação para a narrativa de aventura *Moby Dick*, observo os elementos próprios à estrutura da narrativa (situação inicial, complicação, desenvolvimento, clímax e desfecho)?
- Ao participar da roda de leitura, escuto atentamente e com interesse as histórias escritas pelos colegas?
- Ao elaborar uma narrativa de aventura, compreendo a importância do espaço para o desenvolvimento dos desafios vividos pelas personagens?
- Consigo me engajar no planejamento, na elaboração, na revisão e na reescrita do texto, respeitando a proposta de produção?

Conhecimentos linguísticos
- Compreendo os conceitos de língua, linguagem verbal e linguagem não verbal?
- Estabeleço relação entre textos?
- Reconheço a importância do contexto de produção, da intencionalidade e dos gêneros textuais para a construção dos sentidos do texto?
- Compreendo a relação entre letra e fonema?

 RETOMAR
Veja o **mapa de conteúdos** da unidade 1.

UNIDADE 2

CONTO POPULAR

Cada povo manifesta seus costumes, suas crenças e seus valores por diversos meios: dança, música, festas, artesanato, forma de falar e de gesticular. As narrativas também retratam vários aspectos da cultura de um grupo. As histórias que são transmitidas oralmente de geração a geração são conhecidas como contos populares. Nesta unidade, você vai estudar as principais características desses contos, bem como contar e reescrever histórias.

CAPÍTULO 1
Histórias daqui

CAPÍTULO 2
Contos de lá

PRIMEIRAS IDEIAS

1. Por que algumas narrativas são transmitidas de geração a geração?

2. Você já ouviu ou leu algum conto popular? Em caso afirmativo, compartilhe-o com os colegas.

3. "Quem conta um conto, aumenta um ponto." Qual é o significado desse provérbio? Você concorda com ele? Explique.

4. Você conhece os falares de outra região do Brasil? Cite exemplos.

5. Você costuma usar gírias em seu dia a dia? Onde aprendeu e com quem?

LEITURA DA IMAGEM

1. Descreva a cena retratada na imagem e comente com os colegas as sensações que ela provoca em você.

2. Das narrativas que você conhece, quais poderiam se passar nesse cenário?

3. Como você conheceu as narrativas citadas na atividade anterior?

4. Contar uma história é algo tão antigo quanto a vida em sociedade. Para você, qual é a importância de contar, atualmente, histórias que valorizem as tradições populares?

5. **COMPREENDER** Acesse o recurso digital sobre **contação de histórias** e responda: O que a leitura ou a escuta de diferentes versões de uma mesma história pode nos ensinar?

Floresta temperada no nordeste da França. Foto de 2012.

Capítulo 1
HISTÓRIAS DAQUI

O QUE VEM A SEGUIR

O conto que você vai ler foi registrado de forma escrita por Ruth Guimarães, no entanto, trata-se de uma história do imaginário popular brasileiro, transmitida oralmente de geração para geração. A escritora realizou uma vasta pesquisa pelo país para selecionar e organizar narrativas tradicionais, que, posteriormente, foram publicadas em livro. Antes de ler o conto a seguir, observe a ilustração que o acompanha. Depois, leia o título do texto e responda: Como você imagina que são os dois papudos?

TEXTO

Os dois papudos

Vivia numa povoação um alegre papudo, estimado de todos, muito folgazão e boêmio. Não o impedia o papo de soltar grandes risadas. Pouco se lhe dava que o achassem feio, ou o chamassem de papudo. A verdade é que o tal papo o incomodava, mas o que não tem remédio remediado está, filosofava ele. E vamos tocar viola, e vamos amanhecer nos fandangos, viva a alegria, minha gente, que se vive uma vez só.

Certo dia, foi ao povoado vizinho, a uma festa de casamento, levando embaixo do braço a inseparável viola. Demorou mais que de costume, bebeu uns tragos a mais, porém não deixou de voltar para casa, pois era tão trabalhador quanto festeiro, e tinha que pegar no serviço no outro dia bem cedo.

Havia luar. Num grande estirão avistava a estrada larga, as touceiras de mato. Passava o gambá por perto dele, e o tatu, roncando, e voava baixo, silenciosamente, a corujinha campeira. O papudo não sentia medo. Andava em paz com Deus e com os homens. Os animais, que adivinham nele um homem de coração compassivo, também não tinham medo dele.

De repente, ao virar numa curva, viu embaixo da figueira-brava, ramalhuda, uma roda de anões cantando. Todos com capuzes vermelhos, cachimbo com a brasa luzindo, a barba branca comprida, descendo até a altura do peito.

— O que será aquilo?

Por um instante teve algum temor. Mas era tarde para fugir. Os foliões já o tinham visto. E, se se tratava de festa, isto era com ele. Saltou decidido para o meio da roda, empunhando a viola.

— Eu também sei cantar.

Enquanto pinicava as cordas, prestava atenção às palavras dos dançarinos. Eles entoavam:

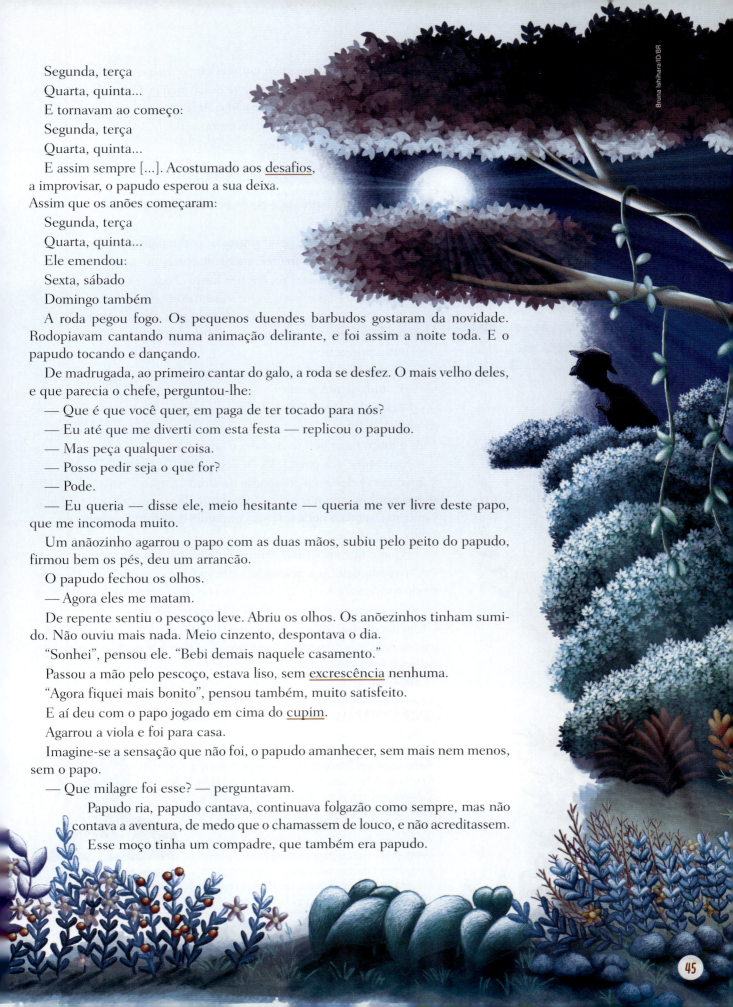

Segunda, terça

Quarta, quinta...

E tornavam ao começo:

Segunda, terça

Quarta, quinta...

E assim sempre [...]. Acostumado aos <u>desafios</u>, a improvisar, o papudo esperou a sua deixa. Assim que os anões começaram:

Segunda, terça

Quarta, quinta...

Ele emendou:

Sexta, sábado

Domingo também

A roda pegou fogo. Os pequenos duendes barbudos gostaram da novidade. Rodopiavam cantando numa animação delirante, e foi assim a noite toda. E o papudo tocando e dançando.

De madrugada, ao primeiro cantar do galo, a roda se desfez. O mais velho deles, e que parecia o chefe, perguntou-lhe:

— Que é que você quer, em paga de ter tocado para nós?

— Eu até que me diverti com esta festa — replicou o papudo.

— Mas peça qualquer coisa.

— Posso pedir seja o que for?

— Pode.

— Eu queria — disse ele, meio hesitante — queria me ver livre deste papo, que me incomoda muito.

Um anãozinho agarrou o papo com as duas mãos, subiu pelo peito do papudo, firmou bem os pés, deu um arrancão.

O papudo fechou os olhos.

— Agora eles me matam.

De repente sentiu o pescoço leve. Abriu os olhos. Os anãezinhos tinham sumido. Não ouviu mais nada. Meio cinzento, despontava o dia.

"Sonhei", pensou ele. "Bebi demais naquele casamento."

Passou a mão pelo pescoço, estava liso, sem <u>excrescência</u> nenhuma.

"Agora fiquei mais bonito", pensou também, muito satisfeito.

E aí deu com o papo jogado em cima do <u>cupim</u>.

Agarrou a viola e foi para casa.

Imagine-se a sensação que não foi, o papudo amanhecer, sem mais nem menos, sem o papo.

— Que milagre foi esse? — perguntavam.

Papudo ria, papudo cantava, continuava folgazão como sempre, mas não contava a aventura, de medo que o chamassem de louco, e não acreditassem.

Esse moço tinha um compadre, que também era papudo.

aleijão: deformidade física.

campeiro: próprio ou natural do campo.

compassivo: que tem ou revela compaixão.

cupim: ninho de insetos, cupinzeiro.

desafio: disputa musical em que dois cantadores se alternam com versos improvisados.

estirão: trajeto extenso.

excrescência: saliência, o que cresce a mais.

fandango: baile popular, festa com dança.

folgazão: brincalhão.

ramalhudo: repleto de ramos.

touceira: grande touça, moita ou vegetação.

trago: aquilo que se bebe, gole.

E tanto apertou o amigo, e tanto falou:

— Eu também quero me ver livre desse aleijão. Quero ficar bonito, e arranjar uma namorada. Você não é amigo.

Foi assim, até que o moço lhe contou tudo.

O outro encarou, incrédulo.

— Verdade?

— Verdade.

— O anão falou que você podia pedir o que quisesse?

— Falou.

— E você, em vez de pedir riquezas, pediu para ficar sem o papo?

— Ora, pobreza não me incomoda, mas o papo incomodava.

— Mas você é louco. Você é um burro. Pedisse riqueza. Quem é rico, que é que tem o papo? Quem se incomoda com papo? Eu, se fosse rico, me casaria com uma mulher bonita, do mesmo jeito. Você é bobo. Onde é esse lugar, onde você encontrou os fantasmas?

O outro preveniu:

— Compadre, você vai lá com esganação, vai ofender os anõezinhos, e ainda se arrepende.

— Nada disso. Você o que é, é um egoísta. Está formoso, que se danem os outros.

Aí o moço encolheu os ombros e falou:

— Sua alma, sua palma. Vá lá, depois não se queixe.

Ensinou onde era, o compadre invejoso agarrou a viola e foi, noite alta, direitinho como o outro tinha feito. Também era noite de luar. Também dançou a noite inteira, cantando. Ao primeiro cantar do galo a roda se desfez.

— Que é que você quer, em paga de ter tocado para nós?

O papudo deu uma piscadela maliciosa para o anão e falou, esfregando o indicador e o polegar, no gesto clássico, que significa dinheiro:

— Eu quero aquilo que o meu compadre não quis.

Um anãozinho foi ao cupim, tirou o papo do outro que estava lá, e grudou em cima do papo do invejoso. E assim, por sua louca ambição, ele ficou com dois papos.

Ruth Guimarães (Org.). *Lendas e fábulas do Brasil*. 4. ed. São Paulo: Cultrix, 1972.

RUTH GUIMARÃES: UMA CONTADORA DE HISTÓRIAS

Ruth Guimarães nasceu em 1920, em Cachoeira Paulista, no interior de São Paulo. Formou-se em Filosofia e Letras e frequentou a Escola de Arte Dramática. Conviveu com Mário de Andrade, escritor que se interessava muito pelo folclore nacional. Desde esse encontro, dedicou-se aos estudos dos contos populares brasileiros. Ao longo da vida, escreveu vários livros sobre o assunto e gostava de reproduzir a linguagem do povo e as imagens presentes no imaginário popular. Faleceu em 2014, na mesma cidade onde nasceu e viveu.

↑ Ruth Guimarães, em São Paulo. Foto de 2011.

TEXTO EM ESTUDO

◼ PARA ENTENDER O TEXTO ⌡

1. Sua hipótese sobre como eram as personagens se confirmou? Justifique.

2. O conto tem como personagens dois homens com uma característica peculiar.
   a) Que característica é essa? Os dois homens se sentem satisfeitos com ela?
   b) Como as pessoas da história reagem a essa característica das personagens?
   c) Ao longo do conto, há uma oposição entre as duas personagens principais. Qual é a diferença entre elas?

3. Releia o sexto parágrafo do texto.
   a) Por que os foliões provocam medo no homem?
   b) Que estratégia a personagem usa para enfrentar a situação?
   c) Como se caracteriza, no texto, o ambiente onde se passa a ação?

4. Por que os anões transformaram os homens?

5. No fim do conto, as duas personagens principais foram modificadas.
   a) Que mudanças ocorrem com cada personagem?
   b) Por que elas aconteceram?

> ### ANOTE AÍ!
>
> Os **contos populares** são narrativas da **tradição oral** que expressam costumes, ideias, valores e tradições de um povo ou de determinada cultura. Uma característica frequente nos contos populares é a presença de seres com **poderes sobrenaturais**, que pronunciam palavras mágicas e lançam feitiços ou encantos.

O TEMPO NARRATIVO

6. Observe as expressões iniciais do primeiro e do segundo parágrafos: "Vivia numa povoação" e "Certo dia".
   a) Qual delas indica que ocorrerá uma mudança na história?
   b) Qual delas marca quando acontece a narrativa?

7. Que expressões indicam quando terminam os encontros com os anões?

8. Se as expressões apontadas nas questões **6** e **7** não fossem utilizadas, que efeito isso causaria no conto?

9. Em quanto tempo se desenvolveram as ações narradas na história?

> ### ANOTE AÍ!
>
> Nos contos populares não é especificado o **momento histórico** em que o fato acontece. Para indicar o tempo nessas narrativas, costuma-se usar expressões que sinalizam um passado distante e impreciso, como nos contos de fadas. Essas expressões temporais remetem a um **tempo imaginário**, e não a um tempo real.
>
> Nos contos também são usados **marcadores de tempo**, expressões que indicam o **tempo narrativo**, dando ideia do momento em que determinadas ações acontecem e da ordem em que os fatos se desenvolvem na história.
>
> Em geral, o tempo narrativo segue uma **ordem linear** ou **cronológica** (passado – presente – futuro). No entanto, nem toda história segue essa ordem, ou seja, os fatos também podem ser apresentados de modo **não linear**.

47

O CONTEXTO DE PRODUÇÃO

10. Leia uma fala de Ruth Guimarães sobre como recolher boas narrativas.

> [...] "Não chegue pedindo para que te contem uma história", dizia. "Conte uma primeiro. Os que pensarem que você é louco, irão embora. Os que têm histórias para contar, vão se aproximar e dividi-las com você."

Veja.com. Disponível em: <http://veja.abril.com.br/blog/augusto-nunes/imagens-em-movimento-ruth-guimaraes-botelho-uma-mestra-na-arte-de-contar-historias/>. Acesso em: 30 jul. 2018.

a) Como Ruth Guimarães descobria as histórias que registrava em livros?

b) É possível saber, por esse trecho, se as pessoas que reagiam contando outras histórias eram necessariamente as produtoras da narrativa que contavam?

11. Releia este trecho do conto:

> Certo dia, foi ao povoado vizinho, a uma festa de casamento, levando embaixo do braço a inseparável viola. [...] tinha que pegar no serviço no outro dia bem cedo.

a) Por esse trecho, o que podemos perceber sobre a vida da personagem?

b) Em que ambiente é comum a viola ter destaque?

A LINGUAGEM DO TEXTO

12. Reescreva esta frase substituindo os termos destacados conforme indicado.

> — **Compadre**, você vai lá **com esganação**, vai ofender os anõezinhos [...].

a) Use termos com sentido parecido, considerando que a frase seria dita pela própria personagem do conto, mas de forma diferente.

b) Use termos com sentido parecido, considerando que a frase seria dita por você para um colega.

c) Nas respostas aos itens *a* e *b*, você utilizou as mesmas palavras? Por quê?

13. Observe o trecho a seguir: "O papudo deu uma piscadela **maliciosa** para o anão [...]". Ao utilizar a palavra em destaque, o narrador parece revelar que ideia sobre a personagem?

PROVÉRBIOS

No conto "Os dois papudos", são mencionados dois provérbios conhecidos: "O que não tem remédio, remediado está" e "Sua alma, sua palma". O primeiro é usado para referir-se a uma situação irremediável, ou seja, que é preciso aceitar, pois não há como mudá-la. O segundo é empregado para dizer a alguém que, ao fazer uma escolha, precisa estar preparado para as consequências. Provérbios são ditos populares curtos e diretos que tratam de assuntos diversos sobre o cotidiano.

ANOTE AÍ!

Os contos populares relacionam-se à **memória** e à **cultura** de uma comunidade. São contados **oralmente** em **situações informais**. Por serem **criações coletivas**, não há como determinar como surgiram e quem os criou. Quem os reconta pode introduzir mudanças e também costuma manter o modo de falar das regiões e comunidades nas quais as histórias se originam, bem como as marcas da época em que as narrativas foram recolhidas.

OS CONTOS POPULARES E A TRANSMISSÃO DE VALORES

Em geral, os contos populares apresentam uma lição a quem os ouve ou lê. Eles costumam transmitir os valores de determinada comunidade.

1. Que valores são transmitidos no conto "Os dois papudos"?

2. Qual a importância de os contos populares transmitirem valores a quem os ouve ou lê?

UMA COISA PUXA OUTRA

Diversão na roça

Muitos contos populares se passam em ambiente rural, e é nesse cenário que também se desenrola o conto "Os dois papudos". Como você viu, ao voltar de uma festa carregando sua viola, uma das personagens principais encontrou anões na mata e, com sua cantoria, proporcionou-lhes muita diversão e acabou tendo seu desejo realizado.

A viola é um instrumento musical que anima muitas reuniões e festas na roça. Nas rodas de viola, as pessoas se reúnem em torno dos violeiros para ouvir suas músicas e improvisos.

1. Observe atentamente a imagem a seguir e responda às questões.

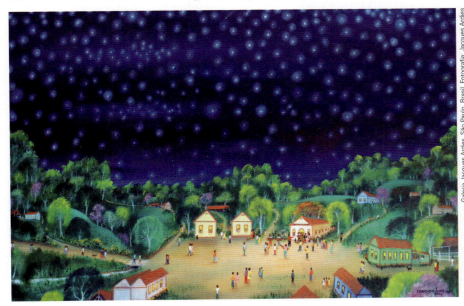

← *Roda de viola*, de Francisco Severino, 2014. Óleo sobre tela, 40 cm × 60 cm.

a) A cena retratada na pintura remete a um ambiente rural? Justifique sua resposta citando elementos da obra.

b) O título da obra é *Roda de viola*. Relacione esse título ao que é retratado na pintura.

c) Que características as construções retratadas na pintura apresentam?

2. Leia o boxe *Arte naïf* a seguir. Depois, observe mais uma vez a obra e identifique elementos da pintura que a caracterizam como um exemplo de arte *naïf*.

> **ARTE *NAÏF***
>
> O termo *naïf* vem do francês e significa "simples", "ingênuo". Esse termo caracteriza a arte realizada por artistas autodidatas, ou seja, que não frequentaram escolas de arte e que, por esse motivo, não se prendem a convenções artísticas acadêmicas. Algumas das características desse tipo de arte são: composição bidimensional, ausência de perspectiva, despreocupação com a representação fiel da realidade e uso de cores fortes e contrastantes.

LÍNGUA EM ESTUDO

VARIAÇÃO LINGUÍSTICA: VARIEDADES REGIONAIS

1. Leia o trecho a seguir, retirado do conto "Os dois papudos".

> Enquanto pinicava as cordas, prestava atenção às palavras dos dançarinos.
> Eles entoavam:
> Segunda, terça
> Quarta, quinta...

a) Identifique nesse trecho uma expressão relacionada ao ato de tocar viola.

b) Considerando a situação apresentada no conto, o que essa expressão significa?

c) Reescreva a frase em que a expressão é utilizada, substituindo-a pelo significado indicado na resposta do item *b*.

d) Após a reescrita, que mudança é possível observar na frase?

e) Em sua opinião, por que essa expressão foi usada por quem registrou o conto?

f) Que relação pode ser estabelecida entre a expressão e o gênero conto popular?

A língua oficial do Brasil é o português, no entanto, isso não significa que todos os brasileiros se expressam da mesma forma, pois as línguas podem mudar em função das características de seus falantes e das situações de uso. A esse fenômeno dá-se o nome de **variação linguística**.

ANOTE AÍ!

Variação linguística é o fenômeno comum a todas as línguas de apresentar variações em função da época, região, situação de uso e das particularidades dos falantes. Essas variações podem ser percebidas tanto na análise das escolhas das palavras e expressões como na estrutura da frase e na pronúncia de alguns fonemas.

O conto popular "Os dois papudos", por exemplo, registrou algumas expressões tipicamente orais, utilizadas em determinada região do Brasil.

ANOTE AÍ!

Variedade regional ocorre em função da cultura dos falantes de uma região.

Do ponto de vista linguístico, não há uma variedade melhor ou pior do que outra, ou uma mais correta. Qualquer falante é usuário competente de sua língua materna. No entanto, é preciso apropriar-se das variedades de maior prestígio social e saber empregar os diferentes modos de falar e escrever adequados a cada situação de uso.

ANOTE AÍ!

As **variedades urbanas de prestígio** estão associadas ao modo de falar e escrever de uma comunidade que desfruta de maior prestígio político, social e cultural. Apropriar-se delas pode ampliar as oportunidades de ascensão social e participação cidadã.

Há ainda a **norma-padrão**, uma referência que normatiza o uso da língua. Os manuais de gramática procuram descrever esse modelo.

> **RELACIONANDO**
>
> No registro escrito de contos populares, é comum que o autor preserve características linguísticas da região e do tempo em que o texto foi recolhido. Isso auxilia na construção dos sentidos da história, preservando a expressividade do texto.

ATIVIDADES

RETOMAR E COMPREENDER

1. Leia a letra de música abaixo e responda às questões.

> **Óia eu aqui de novo**
>
> Óia eu aqui de novo xaxando
> Óia eu aqui de novo para xaxar
>
> Vou mostrar pr'esses cabras
> Que eu ainda dou no couro
> Isso é um desaforo
> Que eu não posso levar
> Que eu aqui de novo cantando
> Que eu aqui de novo xaxando
> Óia eu aqui de novo xaxando
> Óia eu aqui de novo mostrando
> Como se deve xaxar
>
> Vem cá morena linda
> Vestida de chita
> Você é a mais bonita
> Desse meu lugar
> Vai, chama Maria, chama Luzia
> Vai, chama Zabé, chama Raque
> Diz que tou aqui com alegria
> Seja noite ou seja dia
> Eu tô aqui pra ensinar xaxado
> Eu tô aqui pra ensinar xaxado
> Eu tô aqui pra ensinar

Antônio Barros. *Óia eu aqui de novo*. Intérprete: Luiz Gonzaga. Disponível em: <http://luizluagonzaga.mus.br/site/2009/01/27/ia-eu-aqui-de-novo/>. Acesso em: 30 jul. 2018.

a) Qual é o significado da palavra *xaxado*? Se necessário, procure no dicionário.
b) Na primeira estrofe, o eu lírico revela um objetivo. Qual?
c) Que termo da primeira estrofe está em desacordo com a norma-padrão?
d) Qual é o efeito produzido pelo uso dessa expressão da forma como aparece no texto? Como essa palavra é registrada na norma-padrão?
e) Cite um verso da música que caracteriza uma fala regional.

APLICAR

2. Leia o texto a seguir, escrito em 1911.

> **Brinquedos e cantos infantis**
>
> Muitos dos pequenos leitores d'este Almanach, principalmente os do sul, desconhecem alguns brinquedos e cantos infantis, commummente usados no norte do paiz.
> D'estes brinquedos grande parte tem musica propria mais ou menos melodiosa, cantada em côro pelas creanças, que se munem para esse fim. Muitos são antiquissimos; remontam aos tempos coloniaes e foram trazidos pelos portugueses que, como todos sabem, foram os descobridores e colonizadores do Brazil.
> Um dos mais antigos é, por certo, a *Ciranda*, tambem um dos mais conhecidos e populares.

Almanach do Tico-Tico, Rio de Janeiro, p. 45, 1911.

a) Quem era, provavelmente, o público leitor desse texto?
b) Identifique palavras do texto cuja grafia é diferente da adotada atualmente.
c) Imagine que você trabalha em uma revista e precisa editar essa matéria para adequá-la à norma-padrão atual. Reescreva o texto no caderno, fazendo as adequações necessárias à nova situação de comunicação.

3. **APLICAR** Faça as **atividades interativas** para praticar seus conhecimentos.

A LÍNGUA NA REAL

A VARIAÇÃO LINGUÍSTICA E A CARACTERIZAÇÃO DE PERSONAGENS

Na seção anterior, você estudou o fenômeno da variação linguística e viu que há diferentes modos de falar uma mesma língua. Observe agora como determinada variedade regional pode ter papel significativo na caracterização das personagens de um texto literário.

1. Leia o trecho a seguir.

Trezentas onças

— Pois, amigo! Não lhe conto nada! Quando botei o pé em terra na ramada da estância, ao tempo que dava as — boas-tardes! — ao dono da casa, aguentei um tirão seco no coração... não senti na cintura o peso da guaiaca!

Tinha perdido trezentas onças de ouro que levava, para pagamento de gados que ia levantar.

E logo passou-me pelos olhos um clarão de cegar, depois uns coriscos tirante a roxo... depois tudo me ficou cinzento, para escuro...

Eu era mui pobre — e ainda hoje, é como vancê sabe... —; estava começando a vida, e o dinheiro era do meu patrão, um charqueador, sujeito de contas mui limpas e brabo como uma manga de pedras...

Assim, de meio assombrado me fui repondo quando ouvi que indagavam:

— Então, patrício? Está doente?

— Obrigado! Não, senhor, respondi, não é doença; é que sucedeu-me uma desgraça: perdi uma dinheirama do meu patrão...

— A la fresca!...

— É verdade... antes morresse, que isto! Que vai ele pensar agora de mim!...

— É uma dos diabos, é...; mas não se acoquine, homem!

Nisto o cusco brasino deu uns pulos ao focinho do cavalo, como querendo lambê-lo, e logo correu para a estrada, aos latidos. E olhava-me, e vinha e ia, e tornava a latir...

Ah!... E num repente lembrei-me bem de tudo.

Parecia que estava vendo o lugar da sesteada, o banho, a arrumação das roupas nuns galhos de sarandi, e, em cima de uma pedra, a guaiaca e por cima dela o cinto das armas [...]; tudo, vi tudo.

Estava lá, na beirada do passo, a guaiaca. E o remédio era um só: tocar a meia rédea, antes que outros andantes passassem. [...]

João Simões Lopes Neto. *Contos gauchescos*. Porto Alegre: Globo, 1976.

a) A que se refere a palavra *onças* no título? Se for necessário, pesquise o significado dela em um dicionário.

b) De que outra forma esse título poderia ser compreendido?

2. No trecho lido, há muitas palavras e expressões características de certa região do Brasil.

a) No caderno, liste as palavras e expressões que você não entendeu e suponha um possível significado para elas com base no contexto.

b) Se não conseguiu compreender o significado delas com base no contexto, consulte um dicionário ou outra fonte.

3. O conto está em primeira pessoa. Quem narra é o protagonista.

a) A quem o protagonista está contando a história?

b) Indique uma característica do protagonista. Justifique sua resposta com um trecho do texto.

c) Qual deve ser a profissão do protagonista?

d) Em que região do país você supõe que ele viva? Que pistas e elementos do texto possibilitam chegar a essa conclusão?

4. Releia o trecho a seguir.

> — [...] Quando botei o pé em terra na ramada da estância, ao tempo que dava as — boas-tardes! — ao dono da casa, aguentei um tirão seco no coração... não senti na cintura o peso da guaiaca!

a) O trecho procura representar a maneira como a personagem fala. Que recursos são utilizados para isso? Copie no caderno as alternativas corretas.

I. Emprego de registro informal.

II. Pontuação que reforça a expressividade.

III. Ausência de pontuação.

IV. Emprego de registro formal.

V. Vocabulário erudito.

VI. Vocabulário característico da região de origem do conto.

b) Justifique as alternativas selecionadas com trechos do texto.

5. A expressão "tirão seco no coração" não significa que a personagem levou um tiro de fato, mas que teve um sobressalto, uma sensação de dor no peito provocada por um problema inesperado. O que aconteceu com o protagonista que o deixou preocupado?

6. Agora, releia outro trecho do texto.

> Nisto o cusco brasino deu uns pulos ao focinho do cavalo, como querendo lambê-lo, e logo correu para a estrada, aos latidos. E olhava-me, e vinha e ia, e tornava a latir...
> Ah!... E num repente lembrei-me bem de tudo.

a) Nesse trecho, o narrador descreve as ações do "cusco brasino". Essa expressão refere-se a que animal?

b) Que palavras ou expressões do texto permitem chegar à conclusão de que "cusco brasino" se refere a esse animal?

c) Qual foi a principal ação do "cusco brasino" no texto?

d) O termo *cusco* pode ser considerado exemplo de variedade regional? Explique.

7. Sobre os dois últimos parágrafos do trecho, responda às seguintes questões.

a) Qual é a função da descrição do espaço feita pelo narrador?

b) O narrador consegue resolver o problema que o afligia? Justifique sua resposta.

ANOTE AÍ!

O registro de determinada **variedade linguística** pode ter uma função fundamental no texto literário quando corresponde à fala de uma personagem: ajudar a compor suas **características** e apresentar **informações** sobre o grupo ao qual essa personagem pertence.

AGORA É COM VOCÊ!

CONTAÇÃO DE CONTO POPULAR

PROPOSTA

Neste capítulo, você pôde perceber que os contos populares costumam ser transmitidos oralmente em situações informais, como em uma reunião de familiares ou de amigos. Agora, você vai participar de um evento organizado pelo professor e por sua turma, no qual terá a oportunidade de contar uma história. Os ouvintes serão pessoas da comunidade escolar. O dia da apresentação será decidido com o professor.

GÊNERO	PÚBLICO	OBJETIVO	CIRCULAÇÃO
Conto popular	Colegas de outras turmas e outros convidados	Divertir e transmitir um conto de origem popular	Contação de contos populares na escola

PLANEJAMENTO E ELABORAÇÃO

1. Forme um grupo com mais três colegas da turma. Juntos, vocês devem selecionar o conto que desejam utilizar na contação de histórias.

2. Pesquisem, na biblioteca da escola ou do bairro, ou até mesmo na internet, contos populares que acharem interessantes. Vocês podem definir previamente uma cultura e procurar apenas livros com narrativas desse povo. Outra possibilidade é procurar o conto popular em antologias. Veja algumas sugestões:

   - Ana Maria Machado (Org.). *Histórias à brasileira*. São Paulo: Companhia das Letras, 2010. 4 v.
   - Catherine Gendrin. *Volta ao mundo dos contos nas asas de um pássaro*. São Paulo: SM, 2002.
   - Ethel Johnston Phelps (Org.). *Chapeuzinho Esfarrapado e outros contos feministas do folclore mundial*. São Paulo: Seguinte, 2016.
   - Henriqueta Lisboa. *Literatura oral para a infância e a juventude*. São Paulo: Peirópolis, 2002.
   - Luís da Câmara Cascudo (Org.). *Contos tradicionais do Brasil*. São Paulo: Global, 2004.
   - Silvio Romero (Org.). *Contos populares do Brasil*. São Paulo: Landy, 2008.

3. Dividam a leitura dos livros entre os integrantes do grupo. Então, cada um deve escolher seu conto favorito e apresentá-lo aos demais para que o leiam também. Depois, façam uma votação para escolher qual narrativa será contada aos convidados.

4. Ao planejar a apresentação, o grupo pode escolher um integrante para contar a história toda sozinho ou pode dividir o conto entre seus integrantes. Caso apenas um aluno se responsabilize pela contação, os demais serão a equipe de apoio: vão se encarregar do figurino e dos adereços, ajudarão o contador a memorizar a história, etc. Conversem e definam qual será a forma de apresentação mais adequada ao grupo e a história.

5. No dia da contação, o texto deverá estar memorizado. Vocês vão se basear no texto escolhido, mas poderão fazer pequenas adaptações para que a história tenha palavras, expressões e construções próprias de situações informais.

6 Com relação à linguagem, observem o que é preciso alterar para que ela esteja adequada à forma como as personagens e o narrador foram caracterizados e à situação que eles estão vivendo (se o narrador participar da história).

7 Caso se esqueçam de algo, vocês podem improvisar inventando uma fala ou uma situação, mas fiquem atentos para não modificar a história.

8 Ensaiem a contação tantas vezes quanto preciso para que a narrativa se torne fluente e espontânea. Peçam ajuda aos colegas do grupo, para que analisem a apresentação e troquem sugestões, como mudança de postura, entonação, etc.

MÚLTIPLAS LINGUAGENS

ANALISAR Assista ao vídeo com uma contação de história e observe a **expressividade da contadora** para se inspirar na hora de elaborar sua apresentação.

Note que a contadora tenta prender a atenção do público usando a voz e o próprio corpo como elementos expressivos. Observe, por exemplo:

1. A contadora de histórias usa adereços para caracterizar as personagens ou objetos de decoração que remetem à história que está sendo contada?

2. Ela cria, para cada personagem, um tom de voz, um modo próprio de falar e de se expressar corporalmente?

3. Usa elementos sonoros, como apito e som de chuva, ou músicas para criar um efeito na história contada?

4. De que modo a contadora cria o suspense ou a tensão da história? Ela faz silêncio e olha diretamente para a câmera? Ou utiliza a fala das personagens da história para construir a tensão?

Nos ensaios, verifique a melhor forma de prender a atenção do público durante a contação. Para isso, caracterize as personagens e o ambiente. Utilize a voz, a expressão corporal e o olhar, valorizando determinadas passagens da narrativa.

CIRCULAÇÃO

1 No dia do evento, sigam as orientações do professor quanto à ordem de apresentação dos grupos e à organização do espaço.

2 Organizem a sala para que a plateia forme uma roda.

3 Se houver tempo, após as apresentações dos grupos, sugiram aos convidados que contem uma história popular que conheçam.

AVALIAÇÃO

1 Com a orientação do professor, avaliem a contação feita pelo grupo.

ELEMENTOS DA CONTAÇÃO DE CONTOS POPULARES
A história foi contada de modo que a sequência dos acontecimentos ficou clara?
O contador apresentou-se com expressividade?
Foram usados um tom de voz e um modo de falar próprios para caracterizar as personagens?
Os recursos empregados para atrair a atenção do público foram eficientes?
Como foi o envolvimento dos integrantes do grupo nos preparativos e na apresentação?
O que poderia ser melhorado em uma próxima contação de histórias?

Capítulo 2
CONTOS DE LÁ

O QUE VEM A SEGUIR

O conto popular que você vai ler foi publicado em uma coletânea que reúne narrativas com personagens femininas corajosas e determinadas no papel principal. O texto é uma adaptação de uma versão da história publicada no século XIX na Inglaterra. Leia o título e responda: Considerando os contos populares que você já conhece, o que poderia ser o *kow* de Hedley? Que relação a protagonista desse conto, ou seja, a personagem principal, poderia ter com ele?

TEXTO

Capa do livro *Chapeuzinho Esfarrapado e outros contos feministas do folclore mundial*, organizado por Ethel Johnston Phelps.

3

O kow de Hedley

Era uma vez uma velhinha que ganhava a vida fazendo alguns servicinhos para as esposas dos fazendeiros da aldeia onde morava. Embora só recebesse um almoço e um pouco de pão e queijo para o jantar por seu trabalho, estava sempre alegre, como se não precisasse de mais nada no mundo. Todos os dias, ela levantava cedo para catar galhos e pinhas. Deixava-os perto da lareira e, quando voltava para o chalé à noite, fazia uma fogueira para se esquentar.

O chalé era pequeno e tinha poucos móveis. Ficava isolado nos arredores da aldeia, mas a velhinha dizia que não se incomodava de morar sozinha e não se importava de ter de caminhar tanto tempo para chegar em casa.

Mesmo assim, as mulheres de Hedley sempre faziam questão de mandá-la para casa antes do pôr do sol. Quando ficava escuro, o kow de Hedley zanzava por lá, aterrorizando os aldeões desde tempos imemoriais. Se era um bicho-papão ou um trasgo, ninguém na aldeia conseguia decidir, mas todos sabiam que podia se transformar em criaturas amedrontadoras e fazer as pessoas enlouquecerem de pavor. O kow perseguia suas vítimas, gritando, uivando e dando gargalhadas, e, às vezes, as deixava furiosas com as peças que pregava.

No fim de uma tarde de verão, quando já estava escurecendo e a velhinha se encaminhava depressa para casa, ela encontrou uma panela enorme jogada na beira da estrada.

— Seria perfeita para mim se eu tivesse alguma coisa para colocar dentro — disse ela, abaixando para dar uma olhada. — Quem será que a largou aqui?

A velhinha olhou para todos os lados para ver se havia alguém em volta que pudesse ter perdido a panela, mas não tinha ninguém nem nos campos nem na estrada.

56

— Talvez esteja furada — disse. — É, deve ser por isso que deixaram aqui. Mesmo assim posso colocar alguma coisa dentro. Acho que vou levar para casa.

Ela dobrou as costas doloridas e ergueu a tampa para ver dentro da panela.

— Minha nossa! — exclamou a velhinha, dando um pulo para trás. — Está cheia de moedas de ouro!

Durante algum tempo, ela ficou só andando em volta do tesouro, admirando o ouro amarelo, impressionada com sua sorte e pensando: "Ora, mas se eu não fiquei rica e importante agora!". Logo começou a se perguntar como faria para levar aquilo para casa. O único jeito que lhe ocorreu foi amarrar uma ponta do xale na panela e arrastá-la pela estrada.

— Tenho a noite toda para pensar no que fazer com o ouro — disse para si mesma. — Posso comprar uma casa enorme e viver como uma rainha; ou talvez enterre tudo num buraco no jardim; posso colocar um pouco na chaminé perto da chaleira, como se fosse um enfeite. Ah, estou me sentindo tão importante que nem sei!

A essa altura, a velhinha já estava bem cansada de arrastar tanto peso, por isso parou para descansar um minuto e se virou para ver se o tesouro estava são e salvo.

Mas, quando foi olhá-lo, viu que na panela não havia moedas de ouro, mas um enorme bloco de prata.

Olhou para a panela, esfregou os olhos e olhou de novo, mas ainda era um enorme bloco de prata.

— Eu jurava que eram moedas de ouro — disse, afinal. — Devo ter sonhado. Ora, melhor ainda: vai dar muito menos trabalho cuidar da prata, que não vai chamar tanto a atenção dos ladrões. É complicado cuidar de moedas de ouro. Que bom que me livrei delas. Com esse bloco de prata, continuo rica como nunca!

E ela voltou a caminhar para casa, planejando alegremente todas as coisas maravilhosas que ia fazer com a prata. Depois de pouco tempo, no entanto, ficou cansada de novo e parou para descansar.

A velhinha voltou a virar para olhar seu tesouro e, assim que pousou os olhos nele, soltou uma exclamação de espanto:

— Minha nossa! Agora é um bloco de ferro! Ora, não podia ser melhor. É muito conveniente. Vou vender isso fácil, fácil e conseguir várias moedinhas por ele. Sim, é muito mais prático que um monte de ouro e prata que ia me deixar acordada de noite, com medo de ser roubada. Um bloco de ferro é uma coisa boa de ter em casa: a gente nunca sabe quando vai precisar dele.

E lá se foi ela, rindo e se sentindo muito sortuda, até que olhou por cima do ombro só para ter certeza de que o ferro ainda estava ali.

— Ora, o que é isso? O ferro virou uma pedra enorme! Como é que ele sabia que eu estava mesmo precisando de uma para segurar a porta? Foi uma mudança boa. Tenho muita sorte.

imemorial: de que não se tem memória, por ser muito antigo.

trasgo: ser mágico que faz travessuras.

E, numa pressa danada de ver como a pedra ia ficar em seu cantinho perto da porta, a velhinha foi descendo a ladeira e só parou lá embaixo, no portão de casa.

Então ela se virou para desamarrar o xale. A pedra permanecia lá, quietinha. A velhinha podia vê-la muito bem ao dobrar as costas doídas.

Mas, de repente, a pedra deu um pulo e soltou um guincho. Num segundo, ficou do tamanho de um cavalo enorme. Esticou quatro pernas finas, sacudiu duas orelhas compridas e fez brotar uma cauda. Então deu um coice no ar, com uma gargalhada.

A velhinha ficou olhando, espantada, enquanto aquele bicho galopava, guinchava e revirava os olhos vermelhos.

— Ora! — disse ela, afinal. — Eu sou *mesmo* muito sortuda! O kow de Hedley apareceu só para mim e ainda está me dando a maior pelota!

O kow de Hedley parou de galopar e gritar para olhar para a velhinha, irritado.

— Não está com medo? — perguntou.

— Eu, não! — respondeu ela, rindo. — O senhor é uma coisa rara de se ver!

— A maioria grita e me xinga — disse ele. — E ainda sai correndo e gritando!

— Mas você não me fez nenhum mal — disse a velhinha, alegre. — Eu ainda tenho um pouco de pão e queijo para o jantar.

Ela se cobriu com o xale e abriu seu portãozinho. Quando voltou a olhar, em vez de um cavalo enorme, viu um homenzinho de chapéu pontudo arrastando os pés. Ele era moreno como uma maçã assada e tinha uma barba branca toda emaranhada.

— Ora — disse a velhinha, bondosamente. — Não tenho muita coisa, mas o senhor pode entrar e jantar comigo, se quiser.

— Muito obrigado — disse o kow de Hedley.

Então ele jantou com a velhinha e, de algum jeito, o pedacinho de queijo se transformou num pedaço imenso, e de repente apareceram na mesa alguns ovos cozidos e uns bolinhos para acompanhar o chá.

A refeição foi bastante alegre. Quando os dois terminaram de comer, sentaram diante da lareira, e o kow de Hedley distraiu a velhinha com histórias das peças que tinha pregado. Ela riu tanto que até chorou, e declarou que nunca uma noite tinha passado tão depressa.

O homenzinho moreno foi visitá-la várias outras vezes. Jantavam e passavam a noite conversando. A velhinha passou a encontrar lenha suficiente para a fogueira e o armário cheio de comida, mas, sabiamente, não contou nada para ninguém.

O povo da aldeia ainda falava com medo do kow de Hedley, ou praguejava contra ele por causa de suas travessuras. Mas a velhinha só ria e dizia:

— Ele não é mau. Só gosta de rir um pouco, só isso.

O *kow* de Hedley. Em: Ethel Johnston Phelps (Org.). *Chapeuzinho Esfarrapado e outros contos feministas do folclore mundial*. Tradução de Julia Romeu. São Paulo: Seguinte, 2016. p. 43-47.

TEXTO EM ESTUDO

PARA ENTENDER O TEXTO

1. Antes da leitura, você respondeu a duas questões presentes no boxe *O que vem a seguir*. Retome as respostas dadas para verificar se, após a leitura, elas se confirmam ou não.

2. A história se passa em uma aldeia na Inglaterra.
   a) Qual o nome dessa aldeia?
   b) Que características da aldeia podem ser percebidas no texto?
   c) Como é o clima na aldeia? Justifique sua resposta com informações do texto.

3. O texto que você leu tem uma protagonista.
   a) De que modo ela é denominada?
   b) Quais são suas características físicas?
   c) Que marcas de sua personalidade são percebidas no texto?

4. O conto descreve a moradia da personagem principal.
   a) Em que tipo de moradia ela vive?
   b) Quais são as características dessa moradia?

5. A protagonista desse conto popular é retratada como uma trabalhadora.
   a) Qual é a ocupação dela?
   b) Para quem ela trabalha?
   c) Copie no caderno o fragmento do texto que indica qual é o pagamento que ela recebe por seu trabalho.
   d) Você acha justo esse pagamento? Explique.

6. O que acontece de extraordinário, no início do conto, que complica a volta da velhinha para sua casa?

7. Além da protagonista, há outra personagem importante na história.
   a) Que personagem é essa?
   b) Como ela é caracterizada no texto?
   c) Durante a história, o que muda na vida dessa personagem?
   d) O que ocasiona essa mudança?
   e) Considerando o encontro dessa personagem com a velhinha, o temor do povo da aldeia em relação a ela se justifica? Explique.

8. No fim do conto, é possível perceber que a vida da protagonista está diferente do que era no início da narrativa.
   a) O que mudou na vida dela?
   b) Que atitude da personagem principal possibilitou essa mudança? Copie no caderno o parágrafo que mostra essa atitude.

ANOTE AÍ!

Para compreender uma história, é essencial identificar as **características dos espaços da narrativa**, **das personagens** e perceber as **mudanças** pelas quais elas passam ao longo da história. Também é fundamental identificar a **complicação**: o acontecimento que **provoca as transformações** na narrativa.

59

O CONTEXTO DE PRODUÇÃO

9. Leia este trecho da introdução do livro do qual foi extraído o conto lido.

> Na verdade, a única certeza que temos em relação a contos folclóricos tradicionais é que eles são constantemente adaptados, com novos contadores mudando alguns detalhes e enfatizando outros, de maneira a se amoldar tanto à época quanto à plateia local. Existem diversas versões ou variações da maioria dos contos, que muitas vezes surgem em países diferentes ou regiões diferentes do mesmo país. Não existe uma versão "autêntica" de um conto folclórico.

Ethel Johnston Phelps (Org.). *Chapeuzinho Esfarrapado e outros contos feministas do folclore mundial.* Tradução de Julia Romeu. São Paulo: Seguinte, 2016. p. 19.

a) Quem inventou as histórias que compõem o livro?

b) Como as histórias que compõem o livro chegaram até os dias de hoje?

10. No conto, algo passa por quatro transformações mágicas.

a) No caderno, organize um quadro semelhante a este, com quatro linhas, e complete-o com as transformações ocorridas.

	se transforma em	

b) Qual é a reação da personagem principal diante dessas transformações?

c) Como os contos populares circulam em geral oralmente, você acha que estruturas repetitivas como essa ajudam o contador a contar a história? Por quê?

11. Observe que, na narrativa, há diferentes opiniões sobre o *kow* de Hedley.

a) Sintetize as opiniões sobre ele indicando de quem são.

b) Essas opiniões estão ligadas a um ensinamento transmitido pelo conto. Qual é esse ensinamento?

c) A forma como a protagonista é chamada nos indica um valor da comunidade que gerou esse conto. Explique essa afirmação.

> **ANOTE AÍ!**
>
> A **repetição de desafios e ações** é frequente em contos populares. Esse recurso mantém a atenção do leitor e facilita a memorização das histórias.
>
> Além disso, muitos desses contos **transmitem um ensinamento**, isto é, procuram orientar o leitor ou ouvinte quanto a um comportamento, de acordo com os **valores, tradições e saberes da comunidade** que deu origem à história.

A LINGUAGEM DO TEXTO

12. Releia esta fala da velhinha no conto:

> — Ora! — disse ela, afinal. — Eu sou *mesmo* muito sortuda! O kow de Hedley apareceu só para mim e ainda está me dando a maior pelota!

a) Por que a palavra *mesmo* foi destacada na fala da velhinha?

b) O que significa a expressão "está me dando a maior pelota"?

c) Essa expressão se relaciona a uma situação formal ou informal?

13. Hedley fica no norte da Inglaterra. Ao traduzir o conto para o português, o tradutor manteve *kow* na língua original. Pelo contexto, qual é o sentido desse termo?

SÉTIMA ARTE

Kiriku e a feiticeira
Direção: Michel Ocelot. França, 1999 (70 min).
Animação baseada em um conto da África Ocidental. Kiriku, um menino bem pequenino, precisa enfrentar a feiticeira Karabá para que a água volte a jorrar na fonte de sua aldeia.

14. Releia a primeira frase do conto. Que expressão indica que a história se passa em um tempo distante e indeterminado?

> **ANOTE AÍ!**
>
> Por meio das palavras e expressões usadas em um conto popular, pode-se perceber o nível de linguagem da narrativa (mais formal ou mais informal) e as **características do espaço, das personagens e de aspectos culturais da comunidade** de origem do conto: os tipos de moradia, as relações entre pessoas de classes sociais diferentes, os costumes, etc.

COMPARAÇÃO ENTRE OS TEXTOS

15. Leia as características de contos populares indicadas a seguir. De que maneira elas são trabalhadas em cada um dos dois contos desta unidade?
a) Uma pessoa comum entra em contato com um ser mágico.
b) Benefícios são recebidos em razão desse contato.
c) Há uma condição para o recebimento dos benefícios.
d) Ocorrem transformações ao longo da narrativa.

16. Compare os desfechos dos contos, considerando o comportamento das personagens de cada um deles.

17. Releia, a seguir, um trecho de cada um dos contos desta unidade.

Os dois papudos

> Por um instante teve algum temor. Mas era tarde para fugir. Os foliões já o tinham visto. E, se se tratava de festa, isto era com ele. Saltou decidido para o meio da roda, empunhando a viola.

O *kow* de Hedley

> — Ora! — disse ela, afinal. — Eu sou *mesmo* muito sortuda! O kow de Hedley apareceu só para mim e ainda está me dando a maior pelota!
> O kow de Hedley parou de galopar e gritar para olhar para a velhinha, irritado.
> — Não está com medo? — perguntou.
> — Eu, não! — respondeu ela, rindo. — O senhor é uma coisa rara de se ver!

Anthony Mazza/ID/BR

a) Qual é a virtude em comum às personagens principais?
b) Em cada um dos contos, a que situação essa virtude está relacionada?

18. Como você viu nesta unidade, os contos populares procuram transmitir ensinamentos. Em sua opinião, os contos lidos atingiram esse objetivo? Comente.

> **AS PERSONAGENS FEMININAS E O DIREITO À IGUALDADE**
>
> Em "O *kow* de Hedley", a personagem principal enfrenta uma criatura temida pelos habitantes do lugar, revelando sua coragem e sabedoria. Diferentemente desse conto, nas histórias de origem popular mais famosas, prevalece a imagem da mulher como um ser frágil, que depende de um homem para ser salva ou para se desenvolver.
>
> **1.** Você conhece contos de origem popular (podem ser contos de fadas) em que prevalece a imagem da mulher como um ser frágil? Quais?
> **2.** Em sua opinião, qual é a importância de o público ler contos como *O kow de Hedley*?
> **3.** **COMPREENDER** Acesse o recurso digital e converse com os colegas sobre a **imagem da mulher** em contos da tradição oral.

61

LÍNGUA EM ESTUDO

VARIAÇÃO LINGUÍSTICA: VARIEDADES SITUACIONAIS E SOCIAIS

1. Releia o trecho abaixo que reproduz a fala da velhinha ao notar que as moedas de prata se transformaram em um bloco de ferro.

> — Minha nossa! Agora é um bloco de ferro! Ora, não podia ser melhor. É muito conveniente. Vou vender isso fácil, fácil e conseguir várias moedinhas por ele. Sim, é muito mais prático que um monte de ouro e prata que ia me deixar acordada de noite, com medo de ser roubada. Um bloco de ferro é uma coisa boa de ter em casa: a gente nunca sabe quando vai precisar dele.

Ethel Johnston Phelps (Org.). *Chapeuzinho Esfarrapado e outros contos feministas do folclore mundial*. São Paulo: Seguinte, 2016.

a) Nesse trecho, que expressão marca a surpresa da velhinha com o acontecimento? Copie-a no caderno.

b) Nessa situação, o esperado era a velhinha se aborrecer com o ocorrido. Que trechos explicam a razão dessa quebra de expectativa?

c) A linguagem desse trecho tem registro mais formal ou mais informal? Relacione sua resposta à situação comunicativa.

Como você viu na atividade anterior e estudou no capítulo 1, dependendo da região onde moram ou da situação comunicativa, as pessoas usam determinado modo de falar. Agora, você vai analisar as variedades linguísticas situacionais e sociais da língua portuguesa.

VARIEDADES SITUACIONAIS

2. Leia o texto a seguir. Ele faz parte da contracapa do livro que você vê ao lado.

> Bem-humoradas e cheias de sabedoria, as histórias de Ananse são inacreditáveis. Transmitidas de boca em boca e bastante populares na região de Gana, na África Ocidental, elas falam de costume, tradição, ética e respeito, mantendo-se vivas na memória do povo desde há muito tempo. Ananse é uma aranha que se comporta como gente. Diante das enrascadas em que se mete, sempre encontra uma maneira de agir com astúcia, de bolar uma artimanha, de passar a perna em seu adversário. Como é um personagem totalmente humano, Ananse às vezes se dá bem, outras vezes não!

Adwoa Badoe e Baba Wagué Diakité. *Histórias de Ananse*. São Paulo: SM, 2006.

↑ Capa do livro *Histórias de Ananse*. São Paulo: SM, 2006.

a) Para que serve a contracapa dos livros?

b) Nesse trecho, qual é o registro de linguagem predominante: o formal ou o informal? Justifique com palavras e expressões do texto.

c) Considerando que a obra se destina ao público infantojuvenil, por que foi usado o registro indicado no item *b*?

COMPREENDER

Acesse o recurso digital para compreender o conceito de **variedade situacional**.

ANOTE AÍ!

Quando escrevemos ou falamos, é preciso adequarmos nossa linguagem à **situação de comunicação**, que envolve os **interlocutores**, o **contexto** em que se encontram e a **intenção** de quem produz o texto.

A variação no uso da língua que pode ser observada conforme as diferentes situações de comunicação no dia a dia recebe o nome de **variedade situacional**.

O produtor de um texto escolhe um registro mais formal ou mais informal de acordo com seu interlocutor. Dependendo da situação comunicativa, é possível usar diferentes registros da linguagem.

> **ANOTE AÍ!**
>
> **Registro informal:** adequado a situações mais descontraídas, que possibilitam o uso de vocabulário pessoal e afetivo, como uma conversa entre amigos ou um texto menos oficial.
>
> **Registro formal:** adequado a situações mais formais, que pedem vocabulário mais técnico e objetivo, como um discurso oficial, um seminário ou um artigo científico.

VARIEDADES SOCIAIS

3. Leia a tira a seguir inspirada em um fenômeno linguístico.

Adão Iturrusgarai.

a) Qual é o termo que se repete na tira?

b) Na tira, em que situações o termo identificado é usado?

c) O termo identificado é uma **gíria**, ou seja, uma variedade ligada a um grupo social. A princípio esse termo era comum na fala de alguns adolescentes, com o tempo passou a ser adotado por outros grupos. Qual é a intenção do cartunista ao usar o termo nas situações apresentadas?

d) De que forma o título da tira se relaciona com essa intenção do cartunista?

4. Você observou o uso de uma gíria na atividade anterior.

a) Você costuma usar gírias? Já foi criticado por usá-las? Em que situações?

b) Leia esta definição de preconceito linguístico:

> O termo *preconceito* designa uma atitude prévia que assumimos diante de uma pessoa (ou de um grupo social), antes de interagirmos com ela ou de conhecê-la, uma atitude que, embora individual, reflete as ideias que circulam na sociedade e na cultura em que vivemos. Assim [...] uma pessoa [...] pode receber avaliações negativas por causa da língua que fala ou do modo como fala sua língua.

Preconceito linguístico. *Glossário do Ceale*. Disponível em: <http://www.ceale.fae.ufmg.br/app/webroot/glossarioceale/verbetes/preconceito-linguistico>. Acesso em: 29 jul. 2018.

• Você já se deparou com uma situação de preconceito pelo fato de uma pessoa ou grupo usar determinada variedade linguística? Conte aos colegas.

> **ANOTE AÍ!**
>
> A variação de uso da língua por um grupo de falantes que compartilham características socioculturais (classe socioeconômica, nível cultural, profissão, idade, interesses, etc.) recebe o nome de **variedade social**.
>
> O **preconceito linguístico** resulta da comparação equivocada entre um modelo idealizado de língua (baseado nas gramáticas e nos dicionários) e os modos de falar em situações reais.

ATIVIDADES

RETOMAR E COMPREENDER

1. Leia este texto, que explica o que são vírus de computador.

> São programas desenvolvidos para alterar nociva e clandestinamente *softwares* instalados em um computador. Eles têm comportamento semelhante ao do vírus biológico: multiplicam-se, precisam de um hospedeiro, esperam o momento certo para o ataque e tentam esconder-se para não serem exterminados.
>
> Os vírus de computador podem anexar-se a quase todos os tipos de arquivo e espalhar-se com arquivos copiados e enviados de usuário para usuário. [...]

UOL Tecnologia. Disponível em: <https://tecnologia.uol.com.br/proteja/ultnot/2005/04/15/ult2882u2.jhtm>. Acesso em: 29 jul. 2018.

a) Segundo o texto lido, por que os programas que alteram *softwares* são chamados de vírus?

b) Observe onde esse texto foi publicado. Quem é seu possível público leitor?

2. Leia agora este outro texto.

> Todo mundo já ouviu falar em vírus de computador. Dá pra imaginar? Um computador gripado? Pois eles são uns programinhas safados que invadem o computador e aterrorizam a máquina toda, devorando arquivos, confundindo o processamento ou deixando o micro abobalhado, lento e esquecido. Como alguém que, na vida real, tenha mesmo pegado gripe. [...]

Ziraldo. *Livro de informática do Menino Maluquinho.* São Paulo: Melhoramentos, 2009. p. 62.

a) Explique a expressão "computador gripado".

b) Onde esse texto foi publicado? Quem é seu possível público leitor?

3. Responda às questões sobre os textos das atividades **1** e **2**.

a) Que diferença podemos perceber entre os textos quanto ao registro utilizado?

b) Qual é a razão dessa diferença de registro? Copie duas expressões de cada um dos textos para exemplificar sua resposta.

c) Os dois textos comparam a ação dos vírus de computador com a dos vírus biológicos. Em qual deles a comparação é mais desenvolvida? Explique.

APLICAR

4. Crie um diálogo entre dois surfistas que se encontram na praia, inserindo palavras ou expressões usualmente empregadas por pessoas desse grupo. Para isso, consulte o quadro a seguir, que traz algumas gírias usadas por surfistas.

GLOSSÁRIO DO SURFISTA			
Big rider	surfista que gosta de pegar ondas grandes e sabe surfar nelas	**Marrento**	pessoa convencida, "que se acha"
Cabuloso	perigoso; esquisito	**Point**	qualquer local ou lugar; lugar badalado
Casca grossa	surfista muito bom em certas manobras; uma situação difícil	**Trip**	viagem para praticar surfe
Drop	ato de descer a onda (dropar)	**Vaca**	tombo; queda na onda

5. **APLICAR** Faça as **atividades interativas** para praticar seus conhecimentos.

A LÍNGUA NA REAL

O REGISTRO E A ADEQUAÇÃO À SITUAÇÃO DISCURSIVA

1. Leia o texto a seguir, escrito por Marina Takeda de Sousa, filha de Mauricio de Sousa. Nele, há um trecho de uma crônica escrita por ela em internetês.

O internetês

Outro dia eu estava mostrando um trabalho de escola para a minha mãe e ela notou um pequeno erro que me chamou muito a atenção: eu tinha escrito naum ao invés de não. Primeiro eu ri muito, mas depois fiquei meio intrigada... Eu passo tanto tempo no computador escrevendo tudo abreviado e errado que me acostumei e até na escola estou escrevendo assim! Engraçado? Nem tanto...

Admito que passo muito tempo na internet, mas nunca imaginei que fosse acontecer isso! Às vezes, as pessoas nem me entendem, como a minha mãe, que não é fã da internet e nem imagina que novidade pode ser substituída por 9dade. Mas pensem bem: não é muito mais fácil escrever eh e naum do que ficar procurando acentos? Não é mais fácil escrever kd ao invés de cadê? O que acontece é que os jovens de hoje têm tanta pressa pra tudo, principalmente pra conversar e escrever sem demorar no computador, que inventam esses tipos de coisas que (realmente) facilitam suas vidas... Eu, por exemplo, aderi a essa moda sem querer!

Onde será que vamos parar??? Para ver como eh confuso o mundo e a língua da internet, o "Internetês", vejam só a minha crônica traduzida pro mesmo...

Pai famoso

1 dia dsses 1 amigo meu me perguntoh como era ser filha de 1 artista. Era a primeira vz q me perguntavam akilo e eu, pega de surpresa, fikei pensando durante 1 tempo e d repente a ficha caiu: Eu soh filha de 1 dos homens mais famosos do Brasil! ;o)

A partir desse dia eu percebi q tinha uma gde responsabilidade em minhas mãos. Na scola eu passei, junto com o mauro, a ser representante do meu pai (pelo menos na minha cabeça), afinal, tdos sabiam d kem éramos filhos e nos olhavam e imaginavam q estavam próximos do Mauricio de Sousa. Eh sempre assim. [...]

Marina Takeda de Sousa. Papai famoso. Disponível em: <http://turmadamonica.uol.com.br/cronicas/papai-famoso/>. Acesso em: 30 jul. 2018.

↑ Marina e seu pai, o cartunista Mauricio de Sousa. Foto de 2009.

a) A que público você imagina que esse texto se dirige?
b) Releia: "Eu passo tanto tempo no computador escrevendo tudo abreviado e errado [...]". Ao caracterizar sua escrita como errada, Marina compara seu modo de escrever com qual outro tipo de escrita?
c) Segundo a autora, por que ela aderiu à moda do internetês?
d) Que argumento ela usa para defender essa forma de escrever?

2. Você usa o internetês? Em que situações comunicativas ele pode ser usado?

3. Marina indica algumas expressões do internetês.
   a) Na frase "Não é mais fácil escrever kd ao invés de cadê?", que tipo de alteração é proposta ao substituir *cadê* por *kd*?
   b) De acordo com o texto, que outras alterações são propostas pelo internetês?

ANOTE AÍ!

Um mesmo falante faz **adequações** de sua linguagem – oral ou escrita – às diferentes **situações comunicativas**, de acordo com o **contexto de produção**: interlocutores, finalidade, intencionalidade, meio de transmissão do texto e momento em que é produzido.

ENCONTRO CONSONANTAL E DÍGRAFO

Você conhece algum trava-língua? Já participou dessa brincadeira? Os trava-línguas são uma espécie de jogo com palavras e fazem parte da cultura oral de vários povos. A brincadeira consiste em falar, de modo claro e rápido, versos ou frases nos quais há muitos sons difíceis de pronunciar.

Leia a seguir dois exemplos de trava-língua.

> Quando toca a retreta na praça repleta,
> Se cala o trombone, se toca a trombeta.

> Três pratos de trigo para três tigres tristes.

Textos da tradição oral.

Observe que, na maioria das palavras que compõem esses trava-línguas, as consoantes *r* e *l* são acompanhadas das consoantes *t*, *p* ou *g*, formando as seguintes sílabas: **tr**e, **tr**i, **tr**om, **pr**a, **pl**e e **gr**es.

ANOTE AÍ!

O agrupamento de consoantes em uma palavra é chamado de **encontro consonantal**. Nele, ouve-se o som de cada uma das consoantes.

Os encontros consonantais podem ocorrer:
- na mesma sílaba. Exemplos: **tr**ês, ti-**gr**es, **tr**is-tes, **cl**a-ri-da-de, **pr**a-ta.
- em sílabas diferentes. Exemplos: ri**t**-**m**o, con-vi**c**-**ç**ão, a**b**-**s**o-lu-to.

Leia mais dois trava-línguas e observe as consoantes em destaque.

> A **ch**ave do **ch**efe **Ch**aves está no **ch**aveiro.

> **Qu**ico **qu**er ca**qu**i.
> **Qu**e ca**qu**i **qu**e o **Qu**ico **qu**er?
> O **Qu**ico **qu**er qual**qu**er ca**qu**i.

Textos da tradição oral.

A palavra *chave* é composta de cinco letras, mas o número de sons pronunciados não é igual ao número de letras. As letras *ch* são pronunciadas com um som único. O mesmo ocorre com as letras *qu* na palavra *Quico*. A esse conjunto de letras que representam um único som damos o nome de **dígrafo**.

ANOTE AÍ!

Na língua portuguesa escrita, há casos em que **duas letras**, em conjunto, representam **um único som**. A esses casos damos o nome de **dígrafo**. Exemplos: **ch**ato, **gu**itarra, **qu**ero, gali**nh**a, pa**lh**a, ca**rr**o, pá**ss**aro, pi**sc**ina, e**xc**esso.

As combinações *qu* e *gu* só são dígrafos se seguidas de *e* ou *i*. Exemplos: **gu**erra, **qu**erido, **gu**ichê, **qu**itute. As palavras *quase*, *quarto*, *guardanapo* e *guarita*, por exemplo, não contêm dígrafos, já que nelas o *u* é pronunciado.

FONE DE OUVIDO

Cantos de trabalho, da Cia. Cabelo de Maria. Selo Sesc, 2007.

As canções apresentadas nesse CD são importantes manifestações da cultura oral. Recolhidas em diferentes regiões do Brasil, elas são cantadas por membros de uma comunidade quando realizam trabalhos em mutirão.

1. Leia o trava-língua a seguir e responda às questões.

> Esta burra torta trota
> Trinca a murta, a murta brota
> Trota, trota, a burra torta.
> Brota a murta ao pé da porta.

Texto da tradição oral.

   a) Copie no caderno palavras do trava-língua com encontros consonantais.
   b) Transcreva a palavra em que ocorre um dígrafo, destacando-o.

2. Observe o quadro abaixo, com palavras grafadas com *qu*.

   | quase | querida | quimera | Equador |

   a) Transcreva no caderno as palavras em que *qu* é dígrafo.
   b) Explique por que, nas demais palavras do quadro, *qu* não é dígrafo.

3. No caderno, transcreva as palavras do quadro abaixo que apresentam encontros consonantais.

   | vassoura | produção | bilheteria | chão | chá | brincadeira |
   | estudar | bárbaro | bruxa | perseguir | trave | prometer |

4. No caderno, indique a alternativa correta em relação às palavras *quelônio*, *quilo* e *guabiroba*.
   I. Ocorre dígrafo na última, mas não nas duas primeiras.
   II. Ocorre dígrafo nas duas primeiras, mas não na última.
   III. Não ocorre dígrafo em nenhuma dessas palavras.

5. **APLICAR** Faça as **atividades interativas** para praticar seus conhecimentos.

ETC. E TAL

O termo *sic* e a origem das palavras *sim* e *não*

De origem latina, a palavra *sic* é usada, entre parênteses ou colchetes, em citações para indicar que o texto original está reproduzido exatamente como foi dito ou escrito, mesmo que apresente erros gramaticais ou de ortografia. Ao utilizar *sic*, quem fez a citação indica que o erro é do original, e não de sua responsabilidade. O significado do termo latino *sic* é "assim", palavra que deu origem ao *sim*. Já a palavra *não* derivou do latim *non*. Saiba um pouco mais sobre ela:

> [...] o *não* variou muito pouco do original "non", que também gerou "no" (italiano e espanhol), "nò" (corso), "non" (galego), "nu" (romano), "nein" (iídiche) e outras negações em línguas românicas (também conhecidas como línguas latinas), que derivam do latim. Uma curiosidade: especialistas acreditam que a prevalência de palavras com N para indicar negação em idiomas indo-europeus (os quais incluem os derivados do latim) se deve ao fato de que essa letra tem um fonema nasal, já que vocalizações nasais estariam associadas, nos primórdios da comunicação falada, à ideia de negação.

Gabi Monteiro. Qual a origem das palavras "sim" e "não". *Mundo Estranho*, 20 abr. 2016. Disponível em: <https://mundoestranho.abril.com.br/comportamento/qual-a-origem-das-palavras-sim-e-nao/>. Acesso em: 30 jul. 2018.

AGORA É COM VOCÊ!

REESCRITA DE CONTO POPULAR

PROPOSTA

Diversos contos de origem popular foram tão divulgados que ficaram conhecidos em boa parte do mundo. Muitos, além de serem transmitidos oralmente, de geração em geração, foram registrados por escrito, chegando a nós também por meio de livros e da internet.

Nesta seção, você vai pesquisar e reescrever um conto popular. Sua versão da história será publicada em um mural de contos populares recontados pela turma.

GÊNERO	PÚBLICO	OBJETIVO	CIRCULAÇÃO
Conto popular	Colegas da classe	Reescrever um conto popular, atentando para suas características	Mural de contos da turma

PLANEJAMENTO E ELABORAÇÃO DO TEXTO

1. Selecione um conto popular. Pesquise em livros uma história que vá agradar aos colegas. Veja algumas sugestões de livro para consulta:
   - Luís da Câmara Cascudo (Org.). *Contos tradicionais do Brasil para jovens.* São Paulo: Global, 2006.
   - Neil Philip (Org.). *Volta ao mundo em 52 histórias.* São Paulo: Companhia das Letrinhas, 1998.
   - Rogério Andrade Barbosa (Org.). *O segredo das tranças e outras histórias africanas.* São Paulo: Scipione, 2007.

2. A reescrita depende muito de sua compreensão do texto. Por isso, faça uma leitura atenta da narrativa selecionada, observando:
   - Em que ambiente acontecem os fatos? Que expressões o caracterizam?
   - Como são as personagens principais (características físicas e personalidades)? Que qualidades delas estão ligadas às suas ações?
   - Há um elemento mágico? De que modo ele funciona na história?
   - Quais são os desafios enfrentados pelas personagens?
   - Compare as personagens no início e no desfecho do conto: elas sofreram mudanças? Quais?
   - O conto traz um ensinamento? Qual?

3. Planeje seu texto. Procure ser fiel ao conto selecionado, evitando mudanças, a fim de preservar a história com suas características fundamentais. Você pode, porém, destacar algum elemento do conto original. Possibilidades:
   - Destaque uma característica de alguma personagem de modo a torná-la mais coerente com o desenvolvimento da história. Por exemplo, se ela é corajosa, mostre-a bem confiante, andando com o queixo erguido, marchando firme.
   - Chame a atenção do leitor para um momento da narrativa. Por exemplo, ressalte o suspense da história, demore mais para chegar ao clímax.
   - Valorize o ensinamento: de que modo é possível deixá-lo mais claro?

4 Ao escrever seu texto, considere a estrutura da narrativa a ser recontada e sua proposta de valorização de algum elemento. Para isso, organize o texto preservando a ordem da história original e seus elementos:

- **Situação inicial**: apresenta as personagens e o ambiente da história.
- **Complicação**: indica o desafio que as personagens precisam enfrentar.
- **Desenvolvimento**: é a sequência dos fatos, as ações que levam ao clímax.
- **Clímax**: o acontecimento decisivo da história.
- **Desfecho**: é a situação final, o novo equilíbrio da narrativa; em geral, é o momento da história em que é possível perceber seu ensinamento.

LINGUAGEM DO SEU TEXTO

1. No capítulo 1, você leu o conto "Os dois papudos". Você observou o uso de alguma expressão ou um ditado popular que dá pistas da comunidade a que pertencem as personagens? Se sim, no caderno, indique qual é essa comunidade.

2. As palavras e expressões empregadas no conto que você escolheu indicam a comunidade ou o ambiente a que as personagens pertencem?

3. Agora, preste atenção especial às falas das personagens do conto escolhido: a linguagem apresenta características de seu ambiente, de seu modo de ser?

Agora, ao reescrever o conto popular, lembre-se de utilizar uma variedade linguística adequada à caracterização das personagens. Observe também o uso da pontuação e a ortografia das palavras, sobretudo aquelas com encontros consonantais e dígrafos.

AVALIAÇÃO E REESCRITA DO TEXTO

1 Troque de texto com um colega e leia o conto escrito por ele.

2 Em seguida, avalie o texto escrito pelo colega de acordo com os critérios abaixo.

ELEMENTOS DO CONTO POPULAR
A narrativa apresenta personagens bem caracterizadas, de acordo com seu ambiente e suas ações na história?
Há um elemento mágico?
O conto popular está estruturado em situação inicial, complicação, desenvolvimento, clímax e desfecho?
A narrativa apresenta um ensinamento?
A linguagem do conto e a ambientação da história ajudam o leitor a perceber a comunidade a que pertence essa narrativa?

3 Compartilhe com o colega suas anotações sobre o texto que ele elaborou e sugira soluções para os possíveis problemas que você identificou.

4 Veja as propostas dele sobre seu texto e reescreva-o, fazendo as modificações necessárias. Escreva o título e ilustre o conto popular.

CIRCULAÇÃO

1 No dia combinado, ajude a turma a organizar os textos no mural da sala.

2 Leia as histórias dos colegas e divirta-se.

ATIVIDADES INTEGRADAS

O conto popular que você vai ler é uma história sobre um homem que conhece uma família de gigantes. Leia-o e depois faça as atividades propostas.

aleive: enganação, armadilha.

alevantar: levantar.

brida: rédea.

leira: buraco aberto na terra para plantar algo.

vexado: maltratado, humilhado.

O homem pequeno

Uma vez um príncipe saiu a caçar com outros companheiros, e enterraram-se numa mata. O príncipe, que se chamava dom João, adiantou-se muito dos companheiros e se perdeu. Ao depois de muito andar, avistou um muro muito alto, que parecia uma montanha, e para lá se dirigiu. Quando lá chegou, conheceu que estava numa terra estranha, pertencente a uma família de gigantes. O dono da casa era um gigante enorme, que quase dava com a cabeça nas nuvens; tinha mulher também gigante e uma filha gigante de nome Guimara.

Quando o dono da casa viu dom João, gritou logo:

— Oh! homem pequeno, o que andas fazendo?

O príncipe contou-lhe a sua história, e então o gigante disse:

— Pois bem; fique aqui como meu criado.

O príncipe lá ficou, e, passados tempos, Guimara se apaixonou por ele. O gigante, que desconfiou da coisa, chamou um dia o príncipe e lhe disse:

— Oh! homem pequeno, tu disseste que te atrevias a derrubar numa só noite o muro das minhas terras e a levantar um palácio?

— Não senhor, meu amo; mas como vossemecê manda, eu obedeço.

O moço saiu por ali vexado de sua vida e foi ter ocultamente com Guimara, que lhe disse:

— Não é nada; eu vou e faço tudo.

Assim foi: Guimara, que era encantada, deitou abaixo o muro e levantou um palácio que dar-se podia.

No outro dia, o gigante foi ver bem cedo a obra e ficou admirado.

— Oh! homem pequeno!

— Inhô!

— Foste tu que fizeste esta obra ou foi Guimara?

— Senhor, fui eu, não foi Guimara; se meus olhos viram Guimara, e Guimara viu a mim, mau fim tenha eu a Guimara, e Guimara mau fim tenha a mim.

Passou-se. Depois de alguns dias, o gigante, que andava com vontade de matar o homem pequeno, lhe alevantou outro aleive [...]. A moça, que era adivinha, comunicou isto a dom João e convidou-o para fugir, deixando nas camas, em seu lugar, bananeiras cobertas com lençóis, para enganar ao pai.

Alta noite, fugiram montados no melhor cavalo da estrebaria, o qual caminhava cem léguas de cada passada. O pai, quando os foi matar, os não encontrou, e disse o caso à mulher, que lhe aconselhou que partisse atrás montado no outro cavalo, que caminhava cem léguas de cada passada, e seguisse a toda a brida. O gigante partiu e, quando ia chegando perto dos fugitivos, Guimara se virou num riacho, dom João num negro velho, o cavalo num pé de árvore, a sela numa leira de cebolas e a espingarda que levavam num beija-flor. [...]

Eles lá se desencantaram e seguiram a toda pressa; mas o gigante de cá partiu como um feroz; ia botando serras abaixo e, quando estava de novo quase a pegá-los, Guimara largou no ar um punhado de cinzas e gerou-se no mundo uma neblina tal que o gigante não pôde seguir e voltou. Depois disto, os fugitivos chegaram ao reino de dom João. Guimara, então, lhe pediu que, quando entrasse em casa, para não se esquecer dela por uma vez, não beijasse a mão de sua tia. O príncipe prometeu; mas, quando entrou em palácio, a primeira pessoa que lhe apareceu foi a tia, de quem ele beijou a mão, e se esqueceu por uma vez de Guimara, que o tinha salvado da morte. A moça lá perdeu na terra estranha o encanto, e ficou pequena como as outras, mas sempre triste.

Henriqueta Lisboa. *Literatura oral para a infância e a juventude*: lendas, contos e fábulas populares no Brasil. São Paulo: Peirópolis, 2002. p. 105, 107 e 108.

Anthony Mazza/ID/BR

ANALISAR E VERIFICAR

1. Sobre o conto, responda:

a) Quem é a personagem principal? Do que ela é chamada ao longo da história?

b) Quem é a personagem com poderes mágicos? Quais são seus poderes?

c) O que leva essa personagem a usar seus poderes mágicos no conto?

2. Releia a fala a seguir.

> — Não senhor, meu amo; mas como vossemecê manda, eu obedeço.

a) Como pode ser descrita a forma como dom João se dirige ao gigante?

b) Por que dom João se dirige ao gigante dessa forma?

c) O registro utilizado por dom João ao se dirigir ao gigante é formal ou informal?

d) Observe o termo *vossemecê*. Com que palavra usada atualmente ele se assemelha? Essa palavra é empregada em situações formais ou informais?

3. Em certo momento, o gigante chama dom João e este lhe responde: "Inhô!".

a) Que outra palavra dom João poderia usar sem alterar o sentido de sua resposta?

b) A que ambiente o uso da palavra *inhô* remete o leitor?

4. Observe as expressões abaixo. Elas foram retiradas do texto.

conheceu que estava	dava com a cabeça nas nuvens
deitou abaixo	que dar-se podia

a) Localize essas expressões no conto e explique o que quer dizer cada uma delas com base no contexto em que foi usada.

b) Essas expressões estão mais próximas do registro formal ou informal?

c) Por que esse tipo de registro foi utilizado no conto?

5. Releia esta fala de dom João:

> — **Senhor, fui eu, não foi Guimara**; se meus olhos viram Guimara, e Guimara viu a mim, mau fim tenha eu a Guimara, e Guimara mau fim tenha a mim.

a) No trecho destacado, dom João está falando a verdade ao gigante? Explique.

b) Que relação pode haver entre a segunda parte da fala e o final do conto?

CRIAR

6. O conto lido tem palavras e expressões que não são mais tão usadas. Reúna-se com um colega e reescrevam o conto tornando sua linguagem mais próxima da atualidade. Para isso, selecionem os termos a serem substituídos e escolham outros para a nova versão. Usem um registro formal, considerando a variedade situacional proposta na história.

7. Com base nas questões desta unidade, converse com os colegas a respeito da herança cultural deixada pelos contos populares. É possível conhecer e determinar costumes populares por meio desses contos?

IDEIAS EM CONSTRUÇÃO – UNIDADE 2

Gênero conto popular
- Para ler contos populares de forma autônoma, uso estratégias como:
  - identificar os momentos das narrativas em geral?
  - perceber as características desse gênero em especial, considerando sua origem e transmissão oral?
- Ao inferir os valores sociais, culturais e humanos em um conto popular, reconheço que o texto apresenta outro olhar sobre as identidades, sociedades e culturas?
- Analiso a forma de composição do conto popular, identificando:
  - a escolha lexical usada na caracterização dos cenários, das personagens e do tempo cronológico?
  - os desafios enfrentados pela personagem principal e as estratégias empregadas para solucioná-los?
  - o ensinamento transmitido por ele?
- Ao recontar histórias oralmente, uso recursos das linguagens verbal e corporal para atrair a atenção do público?
- Ao assistir às histórias recontadas pelos colegas, percebo a interação entre os elementos das linguagens verbal e corporal?
- Ao reescrever contos populares, utilizo os elementos próprios da estrutura do gênero e dos momentos da narrativa?
- Ao me engajar no planejamento, na elaboração, na revisão e na reescrita do texto, respeito a proposta de produção?

Conhecimentos linguísticos
- Reconheço variedades regionais, situacionais e sociais da língua?
- Compreendo o conceito de norma-padrão e de preconceito linguístico?
- Identifico, em um texto literário, a variação linguística que foi usada para caracterizar as personagens?
- Diferencio o registro formal do informal, utilizando o mais apropriado a cada situação comunicativa?
- Compreendo o conceito de encontro consonantal e de dígrafo e o uso na escrita dos meus textos?

RETOMAR
Veja o **mapa de conteúdos** da unidade 2.

UNIDADE 3

HISTÓRIA EM QUADRINHOS

O universo das histórias em quadrinhos (HQs) é bem diversificado. Há diferentes formatos e personagens para todos os tipos de leitores. No entanto, uma característica é comum a todas as HQs: contar uma história por meio de uma sequência de quadros. Nesta unidade, você vai estudar a linguagem dos quadrinhos, as relações entre imagem e palavra escrita e os recursos gráficos utilizados nesse gênero.

CAPÍTULO 1
Clássico em nova roupagem

CAPÍTULO 2
O cotidiano em quadrinhos

PRIMEIRAS IDEIAS

1. Você gosta de ler HQs? Se sim, quais?

2. Quais são as características de sua personagem favorita nas HQs?

3. Em sua opinião, quais recursos gráficos dão dinamismo a uma HQ?

4. No caderno, crie uma lista com os nomes dos itens de seu material escolar. Você sabe a qual classe gramatical pertencem essas palavras?

5. Para você, o que significa a expressão *flexões do substantivo*?

LEITURA DA IMAGEM

1. Descreva a cena retratada na imagem: Quem são as personagens? O que estão fazendo?

2. Imagine uma narrativa para a cena retratada. Então, escreva-a e use recursos visuais para ilustrar a história. O uso da linguagem não verbal modificou algo na história?

3. Quando imaginou sua narrativa, que características você atribuiu ao seu herói? Você tem ou gostaria de ter alguma dessas características? Por quê?

4. **COMPREENDER** Conheça curiosidades sobre alguns **heróis de HQs** na galeria de imagens. Depois, responda: Qual chamou sua atenção? Por quê? Compartilhe com os colegas seu herói preferido.

Cena do filme *O espetacular Homem-Aranha 2: a ameaça de Electro*, de 2014.

Capítulo 1
CLÁSSICO EM NOVA ROUPAGEM

O QUE VEM A SEGUIR

O trecho a seguir é parte de uma coletânea de HQs que homenageia o quadrinista brasileiro Mauricio de Sousa. Você reconhece as personagens desta página? Por que elas estão diferentes?

TEXTO

Benett. Em: *MSP*: Mauricio de Sousa por 50 artistas. Barueri: Panini Books, 2009. p. 78.

TEXTO EM ESTUDO

PARA ENTENDER O TEXTO

1. A hipótese levantada no boxe *O que vem a seguir* confirma-se após a leitura da HQ de Benett?

2. Sobre a HQ de Benett, responda:
   a) Quem são as personagens que aparecem?
   b) Como as personagens se sentiram sobre sua nova aparência? Por quê?

3. Uma personagem pode ser identificada por diferentes características. Observe a personagem Cebolinha na versão de Benett e, ao lado, sua versão original, de Mauricio de Sousa.
   a) Que características físicas do Cebolinha desenhado por Benett permitem o reconhecimento da personagem? Descreva-as.
   b) O Cebolinha de Benett, em suas atitudes, é parecido com o Cebolinha de Mauricio de Sousa? Explique.

4. Observe o Cebolinha na HQ.

↑ Cebolinha, personagem criada por Mauricio de Sousa.

   a) Quais partes do corpo concentram a representação das emoções de Cebolinha?
   b) Que diferentes emoções Cebolinha expressa nas imagens acima?

ANOTE AÍ!

No universo dos quadrinhos, há uma infinidade de personagens que são reconhecidas por suas **características físicas**, por seu **comportamento** e por suas **atitudes**. Elas quase sempre são desenhadas com **traços simples** e **estilizados**. O desenho do rosto e do movimento das mãos pode expressar a personalidade de uma personagem e também seus sentimentos e suas emoções.

5. Agora releia a HQ de Benett.
   a) Há mudanças nos desenhos de um quadrinho para o outro? Indique-as.
   b) Por que cada quadro apresenta uma cena diferente da outra?

6. Na história que você leu, o autor utiliza o suspense e o humor para prender a atenção do leitor. Cite um exemplo de cada caso.

ANOTE AÍ!

As HQs são **narrativas sequenciais**. Cada quadro cria um efeito temporal, como se conseguíssemos ver a passagem do tempo e a movimentação das personagens.

O **suspense** e o **humor** são dois recursos poderosos nas HQs. O suspense mantém a expectativa sobre os acontecimentos que vêm a seguir; já o humor, ao longo da narrativa ou em seu desfecho, aparece por meio de *gags* (falas ou situações inesperadas) ou piadas.

RELAÇÕES ENTRE PALAVRA ESCRITA E IMAGEM NAS HQS

7. Leia esta tira da Mafalda, observando os balões de fala:

Quino. *Mafalda*.

a) Que diferença há entre o balão do primeiro e o do segundo quadrinho?
b) O que essa diferença indica quanto às falas das personagens?
c) O que o formato do balão do último quadrinho expressa?

8. Agora, volte à HQ de Benett e observe os dois primeiros quadrinhos da última linha. O que os textos fora dos balões indicam?

9. Na HQ de Benett, há um balão em que as letras estão diferentes das demais.
a) Em que quadrinho está esse balão? Qual é a diferença dele?
b) O que o cartunista pretende indicar com a mudança?

> **LIVRO ABERTO**
>
> *MSP:* Mauricio de Souza por 50 artistas, de vários autores. São Paulo: Panini, 2010.
>
> Neste livro, encontram-se cinquenta artistas brasileiros interpretando personagens de Mauricio de Sousa com diferentes estilos: das clássicas tiras até as histórias de super-heróis.

> **ANOTE AÍ!**
>
> Os **balões** são recursos gráficos que indicam ao leitor **falas**, **pensamentos** e **sentimentos** das personagens. Eles podem aparecer em vários formatos. A voz do **narrador** geralmente aparece fora dos balões.
>
> Outro recurso usado para tornar **mais expressiva** a fala das personagens é o **destaque de palavras**. Podem-se usar o negrito, diversos tamanhos, formatos e cores das letras para expressar emoções, entonação e outras características da fala.

10. Observe a tira a seguir.

Mauricio de Sousa. *Turma da Mônica*.

a) O que Cebolinha e Mônica parecem sentir no primeiro quadrinho?
b) Que recursos gráficos foram utilizados pelo quadrinista para demonstrar o que Cebolinha e Mônica estão sentindo?
c) Que recursos o autor usou para criar os movimentos no segundo quadrinho?

> **ANOTE AÍ!**
>
> Nos quadrinhos, os **traços**, as **setas** e as **linhas variadas** são **recursos gráficos** que podem indicar os **movimentos** corporais das personagens. Os autores também utilizam símbolos, como bolinhas para indicar que alguém está com sono, gotas para indicar lágrimas ou suor, corações para mostrar que a personagem está apaixonada, entre outros recursos.

O CONTEXTO DE PRODUÇÃO

11. Considere o boxe *O que vem a seguir* e a fonte da HQ.

a) Quem é o autor da HQ que você leu?

b) Onde essa história foi publicada?

c) Qual foi a intenção do autor ao criar essa HQ?

d) A que público se destina essa HQ?

> **ANOTE AÍ!**
>
> Várias personagens surgiram em tiras publicadas em **jornais** e **revistas**. Depois, suas histórias ficaram maiores e deram origem aos **gibis**. Os quadrinhos ficaram mais sofisticados com o tempo. Atualmente, há **livros** de HQs com desenhos primorosos, dirigidos também aos adultos, chamados *graphic novels* (novelas gráficas).

A LINGUAGEM DO TEXTO

12. Observe as falas das personagens Cebolinha e Cascão na HQ de Benett.

a) Qual é o tipo de relação entre Cebolinha e Cascão?

b) Descreva a situação de comunicação em que eles se encontram.

c) Qual é o registro utilizado pelas personagens?

13. Na fala de Chico Bento, no último quadrinho, há duas palavras que não estão de acordo com a norma-padrão. Identifique-as e responda: Por que o autor resolveu representar desse modo a fala da personagem?

> **ANOTE AÍ!**
>
> Nas histórias em quadrinhos, as falas das personagens, em geral, são marcadas pelo registro **informal**. Além de caracterizar a situação de comunicação, elas revelam traços próprios das personagens.

14. Sobre a HQ de Benett, responda às questões.

a) O que as expressões *Aaaauugghhh* e *Ei* significam?

b) Quais expressões poderiam substituí-las, mantendo o mesmo sentido?

c) No sexto quadrinho, o que as palavras dentro do balão de fala representam?

> **ANOTE AÍ!**
>
> As falas também expressam as emoções ou os sentimentos das personagens. Por isso, é comum encontrar nas HQs **interjeições** ou **locuções interjetivas**, por exemplo: *Oba!*, *Ah!*, *Oh!*, *Ufa!*, *Eba!*, *Puxa vida!*, *Iupi!*, *Oh, não!*
>
> Outro aspecto recorrente nas HQs é a presença de palavras para representar diversos tipos de sons, como a batida na porta (*toc, toc*), o toque de um telefone (*ring*), campainha (*péééé*), água pingando (*plic*), etc. Esse recurso linguístico é chamado de **onomatopeia**.

TRANSFORMAÇÕES E AUTOESTIMA

Na HQ, Cebolinha sofre uma mudança em sua aparência e mostra-se descontente. Na adolescência, ocorrem grandes mudanças físicas, emocionais e sociais. Converse com os colegas e o professor sobre esse assunto.

1. Qual é a importância de conversar sobre as mudanças típicas da adolescência?

2. Se você conhecesse alguém que não gosta da própria aparência, como o ajudaria?

TIPOS DE PERSONAGENS

Há vários tipos de personagens de HQ. Calvin, do quadrinista estadunidense Bill Watterson, por exemplo, é uma personagem de quadrinhos de humor. Personagens de histórias de aventura podem percorrer o mundo e se envolver em muitas confusões. Personagens de histórias de super-heróis, como o Super-Homem e a Mulher-Maravilha, geralmente têm superpoderes e costumam enfrentar terríveis vilões.

UMA COISA PUXA OUTRA

Evolução de personagens

Você sabia que o traço de personagens de HQ pode mudar com o passar do tempo? No caso da Turma da Mônica, por exemplo, criada na década de 1960, várias mudanças já aconteceram.

1. Observe as mudanças no traço de algumas personagens de Mauricio de Sousa e, em seguida, responda às questões propostas.

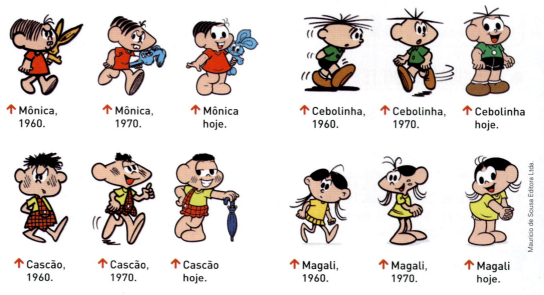

↑ Mônica, 1960. ↑ Mônica, 1970. ↑ Mônica hoje. ↑ Cebolinha, 1960. ↑ Cebolinha, 1970. ↑ Cebolinha hoje.

↑ Cascão, 1960. ↑ Cascão, 1970. ↑ Cascão hoje. ↑ Magali, 1960. ↑ Magali, 1970. ↑ Magali hoje.

a) O que há de diferente na composição de cada personagem nos três momentos em que elas foram retratadas?

b) O que foi mantido em relação às características físicas de cada personagem nos três momentos?

c) De qual versão você gosta mais? Por quê?

2. Observe a imagem de cada personagem quando foi criada, na década de 1960. Em sua opinião, o que há em comum quanto ao traço que Mauricio de Sousa utilizou para desenhá-las?

3. Nos anos 1970, o que há em comum em relação ao rosto e ao corpo das personagens retratadas?

4. Observe com atenção a versão atual das personagens Mônica, Cebolinha, Cascão e Magali e copie em seu caderno a alternativa abaixo que faz uma afirmação incorreta.

   I. Os traços são mais arredondados.
   II. As cores das roupas não sofreram modificações.
   III. As personagens estão mais velhas.
   IV. As características principais de cada personagem foram mantidas.

5. O que é possível observar em relação à expressão das personagens na época em que foram criadas e na atualidade?

6. A personagem Mônica surgiu pela primeira vez nas tiras de Cebolinha. Só alguns anos depois ela virou a protagonista de sua própria revista. Veja a primeira Mônica.

Mauricio de Sousa. *Folha de S.Paulo*, 3 mar. 1963.

   a) O que Cebolinha está fazendo quando encontra Mônica?
   b) Eles já se conheciam antes desse encontro? Explique sua resposta.

7. Leia, agora, uma tira mais recente com o Cebolinha e a Mônica.

Mauricio de Sousa. *Turma da Mônica*.

   a) O que está acontecendo no primeiro quadrinho? É possível saber o motivo dessa ação?
   b) Qual é a estratégia de Cebolinha para resolver seu problema no segundo e no terceiro quadrinhos?
   c) A estratégia de Cebolinha funcionou? Por quê?

8. Sobre as tiras das atividades 6 e 7, responda:
   a) Em ambas as tiras, Mônica está com uma expressão fechada. Em qual das duas ela parece mais brava? Por que isso acontece?
   b) Observe a fala de Cebolinha nas duas tiras. Que tipo de destaque foi dado à pronúncia de Cebolinha em cada uma delas?
   c) Como o movimento das personagens está representado nas duas tiras?

> **A TURMA DA MÔNICA**
>
> Mauricio de Sousa (1935-) começou a publicar tiras em jornais em 1959. Suas primeiras personagens foram Bidu e Franjinha. Depois, vieram Cebolinha, Astronauta, Horácio, Penadinho e outros. A Mônica chegou em 1963 e foi inspirada em uma das filhas de Mauricio. Em 1970, foi publicada a revista *Mônica e sua turma*, título posteriormente alterado para *Turma da Mônica*. De lá para cá, foram dezenas de filmes e centenas de revistas, traduzidas para diversos idiomas. Em 2008, foi criada a *Turma da Mônica Jovem*, com as personagens da turminha adolescentes e com visual que remete aos mangás japoneses.

LÍNGUA EM ESTUDO

SUBSTANTIVO

1. Leia esta tira do Armandinho:

Alexandre Beck. *Armandinho*.

a) Identifique na tira as palavras que nomeiam problemas de visão.
b) Que palavra da tira nomeia um sentimento?
c) Na tira, fica evidente que o menino Armandinho e o adulto têm pontos de vista distintos sobre "problemas de visão". Explique essa diferença.

ANOTE AÍ!

Substantivos são palavras que nomeiam seres, lugares, instituições, ações, ideias, qualidades, sensações e sentimentos, reais ou imaginários. Os substantivos podem ser classificados de diferentes modos: próprio, comum, concreto, abstrato, simples, composto e coletivo.

RELACIONANDO

Os nomes dados a personagens de **HQs** são muito importantes para impressionar o leitor. Eles ainda podem sugerir características físicas ou psicológicas da personagem (Cascão, Cebolinha, Pateta, Super-Homem, Homem-Aranha), mistério ou suspense (Mandrake, Fantasma, Doutor Estranho), humor (Capitão Feio, Recruta Zero, Níquel Náusea), origem (Capitão América, Zé Carioca) ou mesmo intimidade ou afeto (Tintim, Luluzinha, Gasparzinho).

SUBSTANTIVOS PRÓPRIOS E COMUNS

2. Leia a tira com as personagens Calvin, Susie e Haroldo:

Bill Waterson. *Calvin*.

a) O que provoca humor nessa tira?
b) Calvin e Susie não se referem à outra personagem da tira da mesma forma. Como cada um se refere a essa personagem?
c) Se Calvin se dirigisse ao amigo da forma como faz Susie, que diferença haveria nessa nova forma de tratamento? Explique sua resposta.

3. Na HQ da página 76, as personagens desconhecem o cartunista que as desenhou, tanto que uma delas se refere a ele de maneira genérica.
a) Releia a HQ e identifique que personagem é essa e qual é a maneira utilizada por ela para referir-se ao autor.
b) Caso a personagem conhecesse a identidade do cartunista, como poderia referir-se a ele de uma maneira individualizada?

Os nomes que identificam os seres ou elementos de modo individualizado são chamados **substantivos próprios**. Os substantivos próprios nomeiam não apenas pessoas, mas também lugares, acidentes geográficos, corpos celestes, animais de estimação, entre outros. *Armandinho*, *Calvin*, *Haroldo*, *Susie* e *Benett* são substantivos próprios, pois nomeiam de modo individualizado os seres citados.

As palavras que se referem a um ser ou a um elemento de modo genérico recebem o nome de **substantivos comuns**. Na tirinha de Calvin, as palavras *tigre*, *pistola* e *bermuda* são substantivos comuns, pois se referem a objetos genéricos. A palavra *desenhista*, que aparece na HQ de Benett, também é classificada dessa forma.

> **ANOTE AÍ!**
>
> **Substantivos próprios** dão nome a seres ou outros elementos em particular. São iniciados com letras maiúsculas. Exemplos: *Rio de Janeiro*, *Armandinho*, *Tietê*.
>
> **Substantivos comuns** nomeiam todos os seres de uma espécie ou todos os elementos de um grupo. São iniciados com letras minúsculas. Exemplos: *cidade*, *pessoa*, *nariz*, *rio*.

SUBSTANTIVOS CONCRETOS E ABSTRATOS

4. Leia esta tira da Mafalda:

Quino. *Mafalda*.

a) Na tira, aparecem vários substantivos. Um deles, *felicidade*, apresenta uma diferença em relação aos demais no que diz respeito ao que eles nomeiam. Converse com os colegas e tente explicar essa diferença.

b) Explique por que as personagens, antes empolgadas com a conversa, parecem tristes no último quadrinho.

Os substantivos que nomeiam seres e elementos de existência própria (como pessoas, animais, vegetais, lugares, objetos e coisas) recebem o nome de **substantivos concretos**. Exemplos desses substantivos, na tira acima, são as palavras *comercial*, *televisão*, *brinquedo* e *crianças*. Já os substantivos que nomeiam ações, estados e qualidades recebem o nome de **substantivos abstratos**, como *felicidade*, também presente na tira da Mafalda.

> **ANOTE AÍ!**
>
> **Substantivos concretos** nomeiam seres ou elementos de existência própria, coisas e fenômenos reais ou imaginários. Exemplos: *Mafalda*, *pé*, *terra*.
>
> **Substantivos abstratos** nomeiam ações, estados, qualidades e sentimentos. Exemplos: *diversão*, *alegria*, *decepção*, *felicidade*, *amor*, *paz*, *tristeza*.

SUBSTANTIVOS SIMPLES E COMPOSTOS

5. Leia a tira a seguir, com o Menino Maluquinho e sua amiga Carol.

Ziraldo. *Menino Maluquinho.*

• Converse com os colegas e responda: Por que a água-viva tem esse nome?

A maioria dos substantivos é constituída de uma única palavra: *cidade, vida.* São os **substantivos simples**. Mas há aqueles formados por mais de uma palavra, como *água-viva*, constituído pelas palavras *água* e *viva*, que, ligadas por um hífen, compõem o substantivo que nomeia o animal. São os **substantivos compostos**. Alguns substantivos compostos não apresentam hífen, como *girassol*.

> **ANOTE AÍ!**
>
> **Substantivos simples** são constituídos por apenas uma palavra. Exemplos: *tempo, sabiá, chuva, inverno, montanha.*
>
> **Substantivos compostos** são formados por mais de uma palavra. Exemplos: *passatempo, couve-flor, beija-flor, guarda-volume, castanha-do-pará.*

SUBSTANTIVOS PRIMITIVOS E DERIVADOS

6. Leia a tira a seguir.

Jim Davis. *Garfield.*

a) Descreva a expressão facial de Jon, dono do Garfield, no terceiro quadrinho. Qual é o motivo para ele estar assim?

b) Em sua opinião, qual é a origem da palavra *fogueira*?

Os substantivos que se originam de outras palavras são denominados **derivados** (*fogueira*). Aqueles que não se originam de outras palavras são chamados **substantivos primitivos** (*fogo*).

> **ANOTE AÍ!**
>
> **Substantivos primitivos** não são originados de outras palavras. Exemplos: *jornal, flor, cozinha, pedra, mar, arquivo.*
>
> **Substantivos derivados** são originados de outras palavras. Exemplos: *jornalista, floricultura, cozinheiro, pedreiro, marinho, arquivista.*

SUBSTANTIVOS COLETIVOS

7. Leia esta tira de Calvin:

Bill Waterson. *Calvin*.

a) O substantivo *classe* é usado na tira para nomear o quê?

b) Quais outros substantivos poderiam ser usados no lugar de *classe* nesse caso?

Quando um substantivo nomeia um conjunto de seres ou de coisas, ele é denominado **substantivo coletivo**.

> **ANOTE AÍ!**
>
> **Substantivo coletivo** é aquele que, mesmo no singular, indica um conjunto de seres ou coisas da mesma espécie. Exemplos: *cacho*, *turma*, *ramalhete*.

Veja outros substantivos coletivos no quadro a seguir.

COLETIVO	GRUPO DE
álbum	fotografias, figurinhas ou selos
arquipélago	ilhas
atlas	mapas
batalhão	soldados, pessoas
biblioteca	livros
cacho	frutas
câmara	deputados, vereadores
caravana	viajantes
cardume	peixes
comunidade	cidadãos
cordilheira	montanhas
discoteca	discos
elenco	atores
enxame	abelhas
falange	soldados
fauna	animais de uma região

COLETIVO	GRUPO DE
flora	plantas de uma região
galeria	quadros
horda	desordeiros
junta	médicos
júri	juízes ou jurados
manada	bois
matilha	cães
molho	chaves ou verduras
multidão	pessoas
prole	filhos
ramalhete	flores
recife	corais
saraivada	tiros ou vaias
turma	amigos, alunos
universidade	faculdades
vocabulário	palavras

ANALISAR

Assista ao vídeo e reflita sobre a **classificação dos substantivos**.

ATIVIDADES

RETOMAR E COMPREENDER

1. Leia o poema a seguir.

> **Estação café**
>
> Pastéis Santa Clara,
> Bem-casados com ambrosia,
> Caramelados com nozes
> E bombas de baunilha.
>
> Senhora dona doceira,
> Me tira dessa agonia!
>
> Mil-folhas e broinhas,
> Com geleias e pavê,
> Fios de ovos, *apfelstrudel*,
> Maçãs flambadas, não vê?
>
> Qual é o doce mais doce?
> O doce mais doce? Você!
>
> Pães de queijo, ovos moles,
> Olho de sogra, doce de abóbora,
> Pingos de chuva, algodão-doce,
> Doce, oh doce, senhora!
>
> Senhora dona doceira,
> Doce aqui e agora.
>
> E agora, bem no fim,
> Eu recuso maria-mole,
> Mas nós dois, bem *juntim*,
> *Agarradim*, rocambole.

apfelstrudel: palavra alemã que designa o tipo de doce feito de massa folhada, recheado de maçã e canela.

Sérgio Capparelli. *111 poemas para crianças*. Porto Alegre: L&PM, 2006. p. 26.

a) Identifique um substantivo próprio no poema.
b) Como pode ser classificado o substantivo *agonia*, na segunda estrofe?
c) Liste os substantivos compostos usados no poema. Você os conhecia?
d) Identifique um momento do poema em que o eu lírico poderia ter usado um substantivo próprio.
e) Destaque do poema um par de substantivos: um primitivo e um derivado dele.

APLICAR

2. Reescreva no caderno as frases a seguir, substituindo os termos destacados por um substantivo coletivo. Quando necessário, faça adaptações.

a) Um **grupo de cães** acompanhava de perto o **grupo de viajantes**.
b) Um **conjunto de jurados** escolheu o **grupo de atores** vencedor do concurso.
c) Nos mares daquele **conjunto de ilhas**, há muitos **grupos de peixes**.
d) O **grupo de vereadores** aprovou na segunda-feira o projeto de lei.
e) Um **grupo de filhos** ganhou dos avós um valioso **conjunto de selos**.

3. **APLICAR** Faça as **atividades interativas** para praticar seus conhecimentos.

A LÍNGUA NA REAL

O SUBSTANTIVO EM CLASSIFICADOS E POEMAS

1. Leia o poema.

   Cidadezinha qualquer
   Casas entre bananeiras
   mulheres entre laranjeiras
   pomar amor cantar.

   Um homem vai devagar.
   Um cachorro vai devagar.
   Um burro vai devagar.

   Devagar… as janelas olham.
   Eta vida besta, meu Deus…

   Carlos Drummond de Andrade. *Alguma poesia*. Rio de Janeiro: Record, 2001. Carlos Drummond de Andrade © Graña Drummond www.carlosdrummond.com.br

   a) Qual é o sentido que o uso do diminutivo atribui à palavra *cidade*?
   b) A qual cidade o eu lírico se refere?
   c) Qual é a função dos substantivos para a construção da imagem da cidadezinha no poema?
   d) Copie o verso do poema em que um ser inanimado tem uma atitude humana.
   e) Leia o último verso. Como é vista a vida na cidadezinha?

2. Leia o classificado ao lado.

   a) A quem se dirige um classificado de imóveis?
   b) Quais informações não podem faltar em um classificado para a venda de uma casa?
   c) Qual é a função dos substantivos no texto?

   > **Vende-se: Guarujá**
   > Casa, 4 quartos, 2 suítes, vista para o mar, área para churrasco, piscina aquecida e sauna, garagem para 2 carros.
   > **Contato MAURÍCIO:** tel. (0xx13) 3232-0000.

3. Leia, agora, um poema que faz parte de um livro chamado *Classificados poéticos*.

   Colecionador de cheiros troca
   um cheiro de cidade
   por um cheiro de neblina
   um cheiro de gasolina
   por um cheiro de chuva fina
   um cheiro de cimento
   por um cheiro de orvalho no vento

   Roseana Murray. *Classificados poéticos*. São Paulo: Moderna, 2010.

   a) Explique por que o poema pode ser considerado um classificado poético.
   b) A quem se dirige esse classificado poético?
   c) Que oposição é gerada pelos substantivos usados no texto?
   d) Você aceitaria fazer essa troca com o eu lírico do poema?

> **ANOTE AÍ!**
>
> O substantivo **nomeia** objetos e coisas que constituem o mundo. Entre suas funções, pode **descrever** e **caracterizar lugares** e **pessoas**, como nos **poemas** e nos **classificados**, e pode **condensar informações** de um texto.

87

AGORA É COM VOCÊ!

ELABORAÇÃO DE HISTÓRIA EM QUADRINHOS (PARTE 1)

PROPOSTA

Leia a linha do tempo abaixo sobre a história das HQs antes de iniciar a produção. Nesta primeira etapa, você vai criar as personagens e pensar na sequência narrativa. Depois de pronta, sua HQ será lançada em um evento para toda a comunidade escolar e doada para a biblioteca da escola.

GÊNERO	PÚBLICO	OBJETIVO	CIRCULAÇÃO
História em quadrinhos	Alunos de outras turmas, pais, professores e funcionários da escola	Entreter o leitor	Escola

PLANEJAMENTO E ELABORAÇÃO

1. Você vai criar uma HQ baseada em um super-herói inventado por você. O primeiro passo é pensar sobre essa personagem principal. Para ajudar em seu planejamento, procure responder às questões:

   a) Qual será o nome do seu super-herói?
   b) Quais serão as características físicas dele? E as de personalidade?
   c) Quais serão as características do seu principal inimigo?

A HISTÓRIA DAS HQS

Diversas civilizações antigas criaram sistemas de escrita que, combinados com desenhos, permitiam que se registrassem histórias nos mais diferentes suportes.

Nesse mural egípcio, a letra de canção em hieróglifos foi combinada a desenhos de mulheres que tocam e dançam.

Banquete para Nebamun, c. 1350 a.C. Pintura sobre gesso, 88 cm × 119 cm. Tebas.

c. 1370 a.C. Egito

400 China

Em um rolo de seda, a ilustração da história do escritor Zhang Hua foi combinada ao texto original.

As admoestações da instrutora às damas da corte, c. 400. Pintura sobre seda, 329 cm × 25 cm. China.

No século XIX, a imprensa se espalhou pelo mundo, permitindo o surgimento de publicações cada vez mais criativas e autores que popularizaram o uso de páginas divididas em quadros.

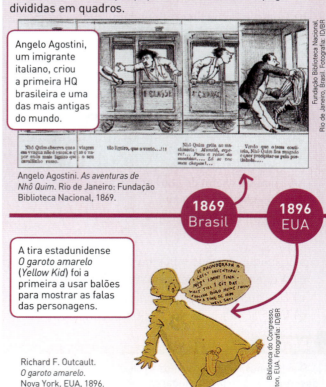

Angelo Agostini, um imigrante italiano, criou a primeira HQ brasileira e uma das mais antigas do mundo.

Angelo Agostini. *As aventuras de Nhô Quim*. Rio de Janeiro: Fundação Biblioteca Nacional, 1869.

1869 Brasil

1896 EUA

A tira estadunidense *O garoto amarelo* (*Yellow Kid*) foi a primeira a usar balões para mostrar as falas das personagens.

Richard F. Outcault. *O garoto amarelo*. Nova York, EUA, 1896.

2 Agora, desenhe cada uma das personagens que você criou. O desenho não precisa ser exato ou conter detalhes e acabamento final. Você pode fazer as personagens de modo esquemático, com figuras geométricas ou com colagens. Esse esboço ajudará você no momento de produzir a HQ.

3 Escreva um resumo da sequência narrativa da história.

a) Onde está a personagem principal?
b) O que ela está fazendo no início da narrativa?
c) Com quem ela vai se encontrar?
d) Que conflito ela vai enfrentar?
e) Como esse conflito será resolvido?

AVALIAÇÃO

1 Avalie o que você fez até agora com base nas perguntas a seguir.

ELEMENTOS DA HISTÓRIA EM QUADRINHOS (PARTE 1)
As características do protagonista estão coerentes com o desafio que ele enfrentará?
As personagens que você desenhou têm as características físicas planejadas?
A história que você criou tem começo, meio e fim?
O conflito proposto é resolvido de modo surpreendente pelo herói?
A história que você planejou é envolvente para o leitor?

2 Se necessário, faça ajustes em seu planejamento sobre as personagens e a sequência narrativa da HQ que você produzirá no capítulo 2.

COMPREENDER

Assista à **entrevista com uma quadrinista** para saber mais sobre a produção de uma HQ.

No século XX, muitos países desenvolveram estilos e gêneros próprios: *comics*, nos Estados Unidos; *mangá*, no Japão; história em quadrinhos, no Brasil, entre outros.

As HQs chegam ao século XXI migrando para outras linguagens, e as mídias digitais expandem as possibilidades de criação desse gênero.

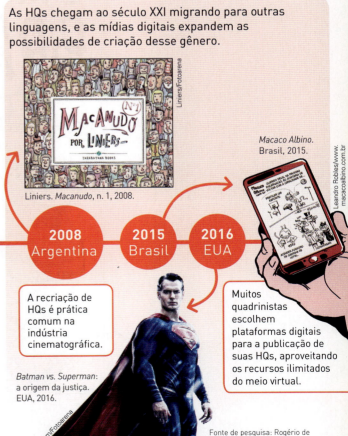

O tico-tico: jornal das crianças. Brasil, 1906.

Osamu Tezuka. *Astro Boy*. Japão, 1952.

Liniers. *Macanudo*, n. 1, 2008.

Macaco Albino. Brasil, 2015.

1906 Brasil — 1938 EUA — 1952 Japão — 1970 Brasil — 2008 Argentina — 2015 Brasil — 2016 EUA

Action comics, n. 1. EUA, 1938.

Mauricio de Sousa. *Mônica e a sua turma*, n. 1. Brasil, 1970.

A recriação de HQs é prática comum na indústria cinematográfica.

Batman vs. Superman: a origem da justiça. EUA, 2016.

Muitos quadrinistas escolhem plataformas digitais para a publicação de suas HQs, aproveitando os recursos ilimitados do meio virtual.

Fonte de pesquisa: Rogério de Campos. *Imageria*. São Paulo, Veneta, 2015.

Capítulo 2
O COTIDIANO EM QUADRINHOS

O QUE VEM A SEGUIR

O quadrinho que você vai ler é de Orlandeli e pertence a uma série chamada (Sic), que foi vencedora de um importante prêmio de HQ organizado pelo Salão Internacional de Humor de Piracicaba, em 2008. Desde então, essa série passou a ser publicada em jornais e livros. É considerada inovadora por seu formato e pelo fato de as personagens não se repetirem nas histórias. Observe a personagem abaixo: Como você acha que é a vida dela tendo cara de sapo?

TEXTO

CARTUNISTA E ILUSTRADOR PREMIADO

↑ Orlandeli em foto de 2016.

Walmir Americo Orlandeli, ou apenas Orlandeli, nasceu em Bebedouro, interior de São Paulo, em 1974. O cartunista é formado no curso de Publicidade e Propaganda e faz quadrinhos e ilustrações desde 1994.

Orlandeli já produziu trabalhos para diversos jornais e revistas, como *Folha de S.Paulo*, *O Pasquim 21*, *Superinteressante* e *Época*. Além desses trabalhos, também desenhou quadrinhos para as obras *Front*, *Central de Tiras* e *MSP 50* e participou como organizador e coautor do livro *Central de Tiras*, da Via Lettera. Em 2002, sua revista em quadrinhos intitulada *Grump* ganhou o troféu HQMIX na categoria "Melhor revista de humor".

A ADOLESCÊNCIA TAMBÉM FOI **BARRA**.

QUERIA ME INTEGRAR, FAZER PARTE DA TAL **"DIRETORIA"**, MAS AS PESSOAS SE AFASTAVAM SEM SEQUER ME CONHECER.

PARA ARRUMAR TRABALHO, ENTÃO... ERA UMA VIDA.

HOJE APRENDI A LIDAR COM ISSO. TENHO POUCOS AMIGOS, MAS SÃO **BONS AMIGOS**.

SOU FELIZ.

CLARO, AINDA SOU DISCRIMINADO POR AÍ. MAS NÃO ME IMPORTO MAIS COM ESSAS PESSOAS.

FALAR A VERDADE TENHO ATÉ DÓ. AFINAL...

... ANTES **CARA DE SAPO** DO QUE **ESPÍRITO DE PORCO**.

Orlandeli. *É... olhando assim, faz sentido*. São Paulo: Sesi, 2016. Série (Sic).

TEXTO EM ESTUDO

● PARA ENTENDER O TEXTO ⌐

1. Suas ideias iniciais sobre como é a vida da personagem com cara de sapo foram confirmadas? Compare sua hipótese com o que foi relatado na HQ.

2. Observe o primeiro quadrinho. Qual é a função do texto em vermelho?

3. A personagem principal da HQ resolve relatar uma experiência da vida dela.
   a) Qual é a experiência relatada pela personagem?
   b) Para relatar essa experiência, ela cita exemplos de quais fases da vida?

4. Na HQ, são relatadas algumas situações vividas pela personagem principal. Em quais lugares se passam essas situações?

5. Qual é a relação entre os cenários e a sequência temporal do que é relatado?

> **ANOTE AÍ!**
>
> As histórias em quadrinhos podem ser ambientadas em diferentes **cenários**. Esses cenários podem ser mais simples e sugestivos ou mais elaborados e cheios de detalhes. Essa escolha depende da **intenção** do autor e do **estilo** da HQ.

● A LINGUAGEM DO TEXTO ⌐

6. Ao longo da HQ, há várias palavras e expressões em destaque.
   a) Que palavras e expressões são essas?
   b) Por que provavelmente essas palavras apareceram destacadas?
   c) Por que, além de destacada, a palavra *diretoria* está entre aspas?

7. O que você entende ao ler a frase: "a infância não é um lugar agradável para quem é diferente"?

8. Releia esta frase:

   "A adolescência também foi **barra**."

   • De acordo com o contexto apresentado na HQ, copie no seu caderno a alternativa que apresenta corretamente o sentido da palavra em destaque.

   I. barra de metal
   II. coisa que provoca admiração
   III. algo muito difícil
   IV. conjunto de circunstâncias favoráveis

9. No último quadrinho, a personagem encerra seu relato com a seguinte conclusão: "... antes **cara de sapo** do que **espírito de porco**."
   a) Você conhece a expressão *espírito de porco*? O que ela significa?
   b) Na sua opinião, por que a personagem chega a essa conclusão?

10. Classifique o registro empregado no texto como formal ou informal. Dê exemplos.

> **ANOTE AÍ!**
>
> As histórias em quadrinhos muitas vezes podem utilizar **expressões populares** para gerar **humor** ou reforçar a **caracterização da personagem**.

TROFÉU HQMIX: O OSCAR DOS QUADRINHOS

O troféu HQMIX é um importante prêmio brasileiro criado pelos cartunistas Jal e Gual. Organizado pela Associação dos Cartunistas do Brasil, em parceria com o Instituto do Memorial de Artes Gráficas do Brasil, o troféu tem o objetivo de premiar e divulgar a produção de histórias em quadrinhos e artes gráficas no país.

Todo ano, são selecionados como ganhadores, por votação, aqueles que mais se destacaram entre as diferentes categorias. Orlandeli ganhou esse troféu em 2002 pela obra *Grump*, na categoria "Melhor revista de humor".

O CONTEXTO DE PRODUÇÃO

11. Na HQ, aparecem vários elementos que buscam a comunicação com o leitor.

a) A quem se dirige a primeira fala da história?

b) Que efeito essa escolha gera no leitor?

c) Que sentimentos o olhar da personagem principal revela do segundo ao quarto quadrinho? O que esse olhar busca provocar no leitor?

12. Quando pensamos em HQs, algumas características do gênero logo nos vêm à mente, como: imagens coloridas; balões de fala; três ou quatro quadrinhos organizados em linhas; histórias sobre acontecimentos extraordinários ou engraçados; narrador que observa de longe tudo o que está acontecendo.

a) Na HQ de Orlandeli, as imagens são coloridas como na maioria das histórias em quadrinhos? Explique.

b) De que forma os quadrinhos estão organizados?

c) A história apresenta fatos extraordinários ou engraçados? Explique.

d) O narrador participa da história? Explique.

e) Há balões de fala na HQ? Em que lugar o texto escrito está aplicado?

f) Em sua opinião, as possibilidades que o cartunista Orlandeli adotou para narrar a história combinaram com o tema que ela apresenta?

> **ANOTE AÍ!**
>
> As histórias em quadrinhos apresentam diversas temáticas e variados estilos, uma vez que possuem público diverso e abrangente. Para **envolver o leitor**, o quadrinista pode usar várias **estratégias**, como narração em *off*, enquadramentos criativos, enfoque em uma parte do corpo da personagem, além de mesclar cenas horizontais com cenas verticais.

COMPARAÇÃO ENTRE OS TEXTOS

13. Na HQ de Benett, que abre o capítulo 1, as personagens de Mauricio de Sousa estão contrariadas porque foram retratadas com uma aparência diferente da que estão acostumadas. Já o texto de Orlandeli relata a história de superação de uma personagem que não possui uma aparência condizente com o padrão estabelecido pela sociedade e, por conta disso, sofre rejeição.

a) Em que aspectos os dois textos se assemelham?

b) Aponte algumas diferenças entre essas duas histórias que você leu.

14. Cebolinha, Cascão e Mônica apresentam postura distinta da postura da personagem de Orlandeli diante de situações parecidas. Em sua opinião, quais personagens souberam lidar melhor com as circunstâncias? Justifique.

PRECONCEITO E INTOLERÂNCIA NA INTERNET

Na HQ de Orlandeli, a personagem é discriminada em diversos ambientes por causa de sua aparência. Em ambientes virtuais, casos como esse também podem acontecer. A partir das questões a seguir, converse com os colegas sobre discriminação na rede.

1. Você já presenciou um caso de discriminação na internet? Se sim, como se sentiu?

2. Como devemos agir diante de uma situação de discriminação em ambientes virtuais?

3. ANALISAR Assista ao vídeo sobre **intolerância nas redes sociais** e responda: Em sua opinião, o ambiente virtual facilita a disseminação de comportamentos intolerantes? Por quê? Que atitudes podemos adotar para promover a tolerância?

LÍNGUA EM ESTUDO

O SUBSTANTIVO E SUAS FLEXÕES

FLEXÃO DE GÊNERO

1. Leia com atenção o trecho de HQ a seguir.

Charles M. Schulz. *A vida é um jogo*. São Paulo: Conrad, 2004. p. 113.

As personagens Charlie Brown e Lucy estão jogando beisebol, mas repentinamente a partida é interrompida em um momento decisivo, e os dois têm uma discussão inesperada, gerando um efeito de humor na história.

a) Por que Lucy deixa a bola cair no momento decisivo da partida?
b) O que ela explica a Charlie Brown?
c) Qual é a razão do suspiro de Charlie Brown no último quadrinho?

Quando escolhemos colocar uma palavra no masculino ou no feminino, estamos fazendo uma flexão de gênero.

> **ANOTE AÍ!**
>
> Na língua portuguesa, os substantivos admitem dois gêneros: **masculino** e **feminino**.
> Pertencem ao gênero masculino os substantivos que podem ser antecedidos pela palavra **o**. Exemplos: **o** jogo, **o** menino, **o** boné, **o** amor.
> Pertencem ao gênero feminino os substantivos que podem ser antecedidos pela palavra **a**. Exemplos: **a** menina, **a** luva, **a** bola, **a** felicidade.

Substantivos **biformes** são aqueles que apresentam uma forma para o masculino e outra para o feminino, como ocorre nestes exemplos: *o herói/ a heroína, o homem/a mulher, o pai/a mãe, o ator/a atriz, o imperador/ a imperatriz, o genro/ a nora*.

Substantivos **uniformes** são aqueles que podem designar tanto o gênero masculino como o feminino, como é o caso de *o peixe, o hipopótamo, a cobra, a criança, o indivíduo, o/a adolescente, o/a paciente, o/a dentista, o/a artista, o/a estudante, o/a pianista*.

RELACIONANDO

A utilização dos substantivos *homem* e *mulher* (ou dos correspondentes em inglês *man* e *woman*) para nomear personagens de **histórias em quadrinhos** é bastante comum, principalmente para se referir a super-heróis. Exemplos: Super-Homem, Mulher-Maravilha, Batman, Homem-Borracha, Homem-Aranha, Mulher Invisível, Aquaman, Mulher-Gato e Homem de Ferro.

FLEXÃO DE NÚMERO

Quanto ao número, os **substantivos** podem ser flexionados de dois modos.
- No **singular**, quando indicam um único ser ou um conjunto de seres, como *estação*, *ramalhete*, *povo*, *monumento*, *ave* e *torcida*.
- No **plural**, quando indicam mais de um ser ou mais de um conjunto de seres, como *estações*, *ramalhetes*, *povos*, *monumentos*, *aves* e *torcidas*.

A formação do plural ocorre, em geral, com o acréscimo da letra **s** ao final dos substantivos. Alguns substantivos, porém, formam o plural de diferentes maneiras, de acordo com a terminação da palavra.

FLEXÃO DE GRAU

2. Observe, a seguir, a tira de Calvin e Haroldo.

Bill Watterson. *Calvin*.

a) O que indica o substantivo *dodoizão* em relação a *dodói*? E o substantivo *dedinho* em relação a *dedo*?
b) Como se diz "dodói pequeno" com apenas uma palavra? E "dedo grande"?
c) Por que a mãe de Calvin não deu atenção à queixa do filho?
d) As palavras *dodoizão* e *dedinho* têm sentido literal quando usadas por Calvin na tira? Explique sua resposta.

A flexão de grau ocorre, em geral, quando são assinaladas as variações de tamanho dos seres. Os **substantivos** apresentam-se em três graus.
- **Grau normal**: bola, peixe, cachorro.
- **Grau aumentativo**: bolona, peixão, cachorrão.
- **Grau diminutivo**: bolinha, peixinho, cachorrinho.

Em geral, para assinalar o grau diminutivo, acrescentam-se aos substantivos as terminações **-inho/-inha** ou **-zinho/-zinha**. Para marcar o aumentativo, na maioria das vezes, acrescenta-se a terminação **-ão/-ona**. No entanto, a flexão de grau dos substantivos pode ser também indicada de outras formas. Veja os exemplos na tabela a seguir.

GRAU NORMAL	GRAU DIMINUTIVO	GRAU AUMENTATIVO
forno	forn**inho**	forn**alha**
casa	cas**inha**, cas**ebre**	cas**ão**, cas**arão**
bola	bol**inha**	bol**ona**

ATIVIDADES

RETOMAR E COMPREENDER

1. Leia abaixo a tira do Menino Maluquinho.

Ziraldo. *Menino Maluquinho.*

a) Identifique os substantivos presentes no primeiro quadrinho.
b) Classifique as flexões de gênero, número e grau desses substantivos.
c) O substantivo *Junim* é uma variação de um substantivo no diminutivo. Indique qual substantivo é esse.
d) Por que foi usada a variante *Junim* e não a outra forma desse substantivo?
e) Defina o significado da palavra *calúnia* no segundo quadrinho. Se necessário, consulte um dicionário.
f) Explique por que Junim considera uma calúnia o que o Meninino Maluquinho está dizendo.
g) Esclareça por que a reação de Junim gera humor na tira.

APLICAR

2. Leia o texto e responda às questões.

Quem inventou o *band-aid*?

O norte-americano Earle Dickson, funcionário da Johnson & Johnson, em 1920. Segundo a empresa, Earle elaborou o protótipo do produto pensando em sua esposa, Josephine, que se queimava e se cortava com frequência quando cozinhava. Com a invenção do marido, Josephine podia aplicar um curativo no machucado sozinha e rapidamente.

Mas o produto não deu certo imediatamente. Ele só começou a bombar nos EUA quatro anos depois, quando a empresa criou uma máquina que fabricava o *band-aid* já esterilizado. A 2ª Guerra Mundial também deu uma força: as tirinhas adesivas foram enviadas para soldados norte-americanos na Europa e, assim, se popularizaram por lá também.

[...]

Marcel Nadale. *Mundo Estranho*, 1º mar. 2016. Disponível em: <http://mundoestranho.abril.com.br/curiosidades/quem-inventou-o-band-aid/>. Acesso em: 7 ago. 2018.

a) Explique por que o *band-aid* não fez sucesso logo que foi inventado.
b) O registro do texto é formal ou informal? Exemplifique.
c) Passe o substantivo *tirinhas* para o aumentativo no singular.
d) Escolha no texto um substantivo masculino e flexione-o no feminino.

3. **APLICAR** Faça as **atividades interativas** para aplicar seus conhecimentos.

A LÍNGUA NA REAL

O VALOR SEMÂNTICO DOS GRAUS DO SUBSTANTIVO

1. Leia a tira.

Fernando Gonsales. *Níquel Náusea*: botando os bofes de fora. São Paulo: Devir, 2002. p. 26.

a) Qual era a expectativa do homem ao fazer o pedido ao cachorro?
b) No segundo quadrinho, há uma onomatopeia. O que ela representa?
c) A palavra *obediente*, que acompanha o substantivo *cachorrinho*, caracteriza adequadamente a ação realizada pelo cachorro? Explique.

2. Qual ideia o uso do diminutivo *patinha* expressa no primeiro quadrinho?

3. Releia o terceiro quadrinho. Que diferença de sentido há entre o uso do diminutivo nos substantivos *patinha* e *cachorrinho*?

4. Leia o título desta resenha.

Braulio Lorentz. *G1*. 24 nov. 2017. Disponível em: <http://g1.globo.com/pop-arte/cinema/noticia/2016/11/chegada-transforma-alfabetizacao-de-ets-em-filmaco-tenso-e-atordoante.html>. Acesso em: 7 ago. 2018.

a) Qual substantivo do título está no grau aumentativo?
b) Que sentido o uso do aumentativo acrescenta ao título?
c) Se o autor tivesse usado o diminutivo *filminho*, qual seria a ideia expressa no título da resenha?

ANOTE AÍ!

Nem sempre o grau dos substantivos indica variação de tamanho. Os substantivos no **grau aumentativo** e no **grau diminutivo**, quando usados em contextos específicos, podem expressar afeto, carinho, desprezo, zombaria, ironia ou outros tipos de sentimento.

Dizer que as pessoas dão um *jeitinho* para obter benefícios, ou que em determinado lugar só havia *gentalha*, por exemplo, é uma maneira de falar que demonstra um sentimento de desprezo e não tem nenhuma relação com tamanho.

SEPARAÇÃO DE SÍLABAS

> **LIVRO ABERTO**
>
> *De que tribo eu sou?*, de Fabrício Waltrick. São Paulo: Escala Educacional, 2005.
>
> Nesse livro infantojuvenil, uma adolescente se decepciona com uma decisão das amigas e começa a buscar uma nova tribo.

1. Leia a seguir o início do capítulo de um livro que trata da adolescência.

> **Labirinto**
>
> Sábado. Dia de ligar pros amigos e combinar de sair, ver algum filme no cinema [...]. Ou seja, um dia perfeito.
>
> Mas aquele dia não era um sábado do tipo **ó-ti-mo**, como diria a Karen. Na verdade, era um **pé-ssi-mo**. Opa, quero dizer, **pés-si-mo**!
>
> Fabrício Waltrick. *De que tribo eu sou?*. São Paulo: Escala Educacional, 2005. p. 26.

a) Qual é o registro predominante nesse texto?
b) Por que as sílabas de *ótimo* e *péssimo* foram separadas?
c) Por que a narradora se corrige no trecho "quero dizer, pés-si-mo!"?
d) Em que situações é preciso saber como separar as sílabas de uma palavra?

REGRAS DE SEPARAÇÃO DE SÍLABAS

Para separar as sílabas de uma palavra da língua portuguesa, em geral, basta observar o modo como a lemos, mas há alguns casos que costumam gerar dúvidas. Para esses casos, foram criadas certas regras.

Ficam na mesma sílaba

- Encontros consonantais cuja segunda letra é **r** ou **l** → pe-**dr**a, ré-**pl**i-ca
- Vogais de ditongos e tritongos → j**ei**-to, co-lé-g**io**, U-ru-g**uai**
- Dígrafos **ch**, **lh**, **nh** → **ch**a-ve, bo-**lh**a, ni-**nh**o

Ficam em sílabas separadas

- Vogais que formam hiatos → c**o-e**-lho, r**a-i**-nha
- Dígrafos **rr**, **ss**, **sc**, **sç**, **xc** → ba**r-r**a, ma**s-s**a, cre**s-c**er, de**s-ç**a, e**x-c**e-ção
- Consoantes seguidas, mas em sílabas diferentes → a**b-d**o-me, bi**s-n**e-to

2. Leia esta tira de Níquel Náusea, de Fernando Gonsales:

Fernando Gonsales. *Níquel Náusea*: tédio no chiqueiro. São Paulo: Devir, 2006. p. 40.

a) Por que o pescador separa a palavra *irresistíveis* ao pronunciá-la?
b) Como essa separação de sílabas ajuda a explicar o que acontece no último quadrinho da tira de Fernando Gonsales?

3. Observe a tira.

Fernando Gonsales. *Níquel Náusea*: com mil demônios!!. São Paulo: Devir, 2002. p. 26.

a) Nessa tira, uma das personagens muda repentinamente seu comportamento. Que personagem é essa? Como ela se apresenta no início e no final?

b) A que se deve essa mudança repentina de comportamento?

c) Em um dos balões, aparece uma palavra com uma das sílabas separadas. Copie-a, separando todas as sílabas, e explique o motivo da separação.

d) Separe as sílabas das seguintes palavras utilizadas nos balões: *leite*, *ótimo*, *depois*, *reaproveito*.

4. No caderno, separe as sílabas das palavras a seguir.

a) antepassado
b) armadilha
c) biscoito
d) bolha
e) caminhada
f) contrato
g) descrição
h) duelo
i) ecossistema
j) enigma
k) fábrica
l) façanha
m) gafanhoto
n) goela
o) hiato
p) homeopatia

5. **APLICAR** Faça as **atividades interativas** para colocar em prática o que aprendeu.

ETC. E TAL

A origem de alguns ditos populares

Você já reparou que, em nosso dia a dia, utilizamos várias expressões sem saber sua origem? Conheça algumas delas.

Motorista barbeiro

Durante muito tempo, os barbeiros, além de cortar cabelo e fazer barba, extraíam dentes e faziam alguns procedimentos médicos, mas não eram muito bons nisso, e seus tratamentos causavam dor e deixavam marcas. Daí surgiu, em Portugal, a expressão *coisa de barbeiro* para designar algo malfeito. Derivada dessa, no Brasil surgiu a expressão *motorista barbeiro* para falar de alguém que é mau motorista, irresponsável no trânsito.

Santo do pau oco

Essa expressão surgiu de um costume dos séculos XVIII e XIX de contrabandear ouro dentro de imagens de santos de madeira ocos por dentro. Daí a expressão designar alguém que parece ou se faz de bonzinho, mas que na verdade não é.

Para inglês ver

No século XIX, quando a Inglaterra exigiu que o Brasil parasse de fazer tráfico de africanos escravizados, várias leis foram criadas pelo governo brasileiro. No entanto, todos sabiam que essas leis não seriam cumpridas, de onde surgiu a expressão *para inglês ver*, que significa algo que é feito apenas pró-forma, mas que não será efetivamente cumprido.

AGORA É COM VOCÊ!

ELABORAÇÃO DE HISTÓRIA EM QUADRINHOS (PARTE 2)

PROPOSTA

Nesta segunda parte da atividade, você vai finalizar a HQ que planejou no primeiro capítulo. Para isso, terá de aprimorar a parte visual, inserir as falas do narrador e das personagens e revisar tudo. Quando seu quadrinho estiver pronto, organize, com os colegas, o lançamento das HQs para a comunidade escolar.

PLANEJAMENTO E ELABORAÇÃO

1. Retome o que você decidiu na seção *Agora é com você!* do capítulo 1 e aprimore seu esboço. Nesse momento, você precisará pensar no número de páginas de sua HQ para separar as folhas de papel sulfite necessárias.

2. Divida as folhas ao meio. Cada metade será uma página da HQ. Junte todas de modo a montar um livreto. Numere cada página e siga a sequência para compor seus quadrinhos. As HQs ocidentais costumam seguir a ordem de leitura da esquerda para a direita; já as orientais seguem a ordem inversa: da direita para a esquerda. Decida qual será o modelo da sua.

3. Utilize uma régua e um lápis para desenhar os quadrinhos em cada página de acordo com as partes da HQ que você planejou. Lembre-se de que as HQs podem adotar um estilo livre, no qual os quadros não precisam ter o mesmo tamanho, ou tradicional, no qual cada linha é composta de três ou quatro quadros. O importante é ser criativo!

4. Siga estas orientações para finalizar o esboço da sua HQ:
   - Com um lápis, desenhe as personagens em cada quadrinho. Nesse momento, o importante é determinar a posição que o corpo da personagem ocupa, a expressão do seu rosto e os recursos gráficos que sugerem seu movimento.
   - Em cada quadrinho, desenhe também o cenário, ou seja, o espaço onde se passa a cena. Para se inspirar, procure referências em outras HQs de cartunistas que você admira.
   - Posicione em cada quadrinho os balões com as respectivas falas e também o texto do narrador, caso houver.

LINGUAGEM DO SEU TEXTO

1. Na HQ de Orlandeli, algumas palavras estavam destacadas. Por quê?
2. Na HQ de Benett, a gargalhada de Cebolinha é representada da seguinte maneira: QUÁ, QUÁ, QUÁ, QUÁ, QUÁ. Qual é o nome desse recurso linguístico?

Ao elaborar a sua história em quadrinhos, atente-se aos recursos que auxiliam a produzir sentidos nesse gênero, que abarca as linguagens verbal e não verbal. Os destaques ajudam a enfatizar as palavras importantes para a narrativa, a indicar a entonação da fala de uma personagem ou até mesmo a indicar palavras que não atendem à norma-padrão, mas ajudam a caracterizar uma personagem. Já as onomatopeias são essenciais para reproduzir efeitos sonoros, ações e sentimentos que não teriam o mesmo efeito na narrativa sem esse recurso.

AVALIAÇÃO

1 Entregue seu esboço final a um colega e receba o dele para que cada um avalie a produção do outro, utilizando as questões do quadro abaixo.

ELEMENTOS DA HISTÓRIA EM QUADRINHOS (PARTE 2)
As personagens da história estão bem caracterizadas (aspectos físicos, atitudes, vestimenta, motivações)?
Os cenários comunicam com clareza os espaços da ação?
A sequência dos quadrinhos cria um efeito temporal, indicando a passagem do tempo?
Os balões foram empregados no formato correto, correspondendo às falas, aos pensamentos e aos sentimentos das personagens?
Há uso de onomatopeias para representar sons de objetos ou de ações na história?
O recurso de destaque de palavras foi utilizado para deixar a fala das personagens mais expressiva?
O registro empregado está adequado à situação de comunicação representada na HQ?
As sílabas das palavras foram separadas corretamente?

2 Reúna-se com o colega e ouça atentamente a avaliação que ele fez de sua HQ. Em seguida, compartilhe com ele sua avaliação a respeito da HQ dele. Depois dessa conversa, se necessário, faça alterações no esboço de sua história.

3 Antes de finalizar a sua HQ, acompanhe as sugestões a seguir.

- Confira técnicas de desenho e finalização em *sites* especializados.
- Se você está contente com seu esboço, reforce os traços e contornos. Se preferir, passe a limpo, aprimorando o desenho já feito.
- Para colorir sua HQ, você pode escolher entre diferentes técnicas: aquarela, caneta hidrográfica, lápis de cor, giz de cera, etc. Se optar por deixá-la em preto e branco, use caneta hidrográfica preta de ponta mais fina para os contornos e o texto, e preta de ponta mais grossa para pintar as áreas que precisam de preenchimento.
- Realize o mesmo processo de finalização com a capa. Como as capas das HQs costumam ter um papel diferente das demais páginas, opte por um papel de espessura maior que a do papel sulfite.
- Releia a HQ verificando se todos os seus elementos receberam tratamento final e se o texto está legível.
- Junte a capa às páginas de quadrinhos, e sua HQ estará pronta para ser lida!

CIRCULAÇÃO

1 Agora, chegou o momento de mostrar seu trabalho para toda a comunidade escolar! Acompanhe algumas sugestões a seguir.

- Conversem com o professor e os colegas sobre o lançamento das HQs.
- Depois de escolhidos a data e o horário, comecem a divulgar o evento! Para isso, produzam cartazes e os afixem no mural da escola. Vocês também podem enviar convites para os colegas. Pensem em um formato bem criativo.
- No dia do lançamento, vocês podem trocar as HQs entre si ou distribuir algumas cópias para outros membros da comunidade escolar.
- Depois de finalizado o evento, doem as HQs da turma à biblioteca da escola. Assim, todos poderão ter acesso a elas.

ATIVIDADES INTEGRADAS

Leia a HQ a seguir e responda às questões.

elixir: bebida mágica preparada com substâncias diversas.

Bill Watterson. *Calvin*.

ANALISAR E VERIFICAR

1. Identifique a brincadeira realizada por Calvin nessa história.

2. Resuma o desenvolvimento dessa brincadeira.

3. Compare a expressão facial de Calvin no segundo e no último quadrinhos.
   a) O que há de diferente?
   b) Interprete o motivo de as expressões faciais de Calvin estarem tão diferentes nesses dois quadrinhos da história.

4. A HQ que você leu pode ser dividida em três etapas. Esquematize essas etapas seguindo as indicações do quadro abaixo.

	1ª ETAPA	2ª ETAPA	3ª ETAPA
Espaço			
Ação			

5. Examine os substantivos presentes na HQ.
   a) Identifique os substantivos próprios.
   b) Selecione ao menos dois substantivos concretos e dois abstratos.
   c) Aponte um substantivo coletivo presente na HQ que poderia ser substituído por "conjunto de habitantes de determinado lugar".
   d) Proponha um substantivo coletivo para um conjunto de carros.

6. Considere a flexão dos substantivos da HQ.

a) Releia o primeiro quadrinho e categorize os substantivos que aparecem em feminino e masculino.

b) Identifique na HQ um substantivo que pode se referir aos dois gêneros.

c) Selecione três substantivos da HQ flexionados no plural.

7. Releia esta fala de Calvin presente no quarto quadrinho:

> Ele cresce instantaneamente! Vai ficando cada vez maior! Cada vez mais alto!

- Separe as sílabas de cada palavra da fala acima.

8. Escreva no caderno palavras derivadas desses substantivos primitivos:

> jornal   dia   cidade

9. Escolha três substantivos da HQ no singular e os flexione no plural.

10. Leia a seguir o significado do substantivo *lida* e responda à questão.

> **Lida**: leitura, freq. leitura rápida, superficial

Houaiss eletrônico: dicionário da língua portuguesa. Rio de Janeiro: Objetiva, 2009. CD-ROM.

- Que ideia o uso do diminutivo *lidinha* expressa no primeiro quadrinho?

11. Há alguma fala na história de Calvin que poderia ser transformada em balão de pensamento ou de grito? Selecione uma e reescreva-a no caderno, desenhando o balão adequado.

CRIAR

12. Releia a fala da mãe de Calvin no último quadrinho. Você concorda com a decisão da mãe da personagem? Defenda seu ponto de vista.

13. Invente finais diferentes para a história em quadrinhos que você leu modificando apenas o último quadrinho. Pense em três possibilidades:

- A mãe de Calvin concordando com o pedido dele.
- A mãe de Calvin dando outra justificativa para negar o pedido do filho.
- Calvin fazendo um pedido diferente à mãe dele.

14. Em HQs de super-heróis, as personagens podem contar com superpoderes para resolver seus problemas. Personagens comuns, porém, como as das HQs de Benett e Orlandeli, têm de lidar com as adversidades da vida sem a ajuda de superpoderes. Em sua opinião, quais características pessoais podem ser decisivas na hora de enfrentarmos nossos problemas? Debata com a turma.

> **◉ LIVRO ABERTO**
>
> *Calvin e Haroldo:* o mundo mágico, de Bill Waterson. São Paulo: Conrad, 2010.
>
> Primeiro livro da série da editora Conrad dedicada à dupla Calvin e Haroldo, apresenta aventuras divertidas inventadas pela mente criativa da personagem principal.

Gênero história em quadrinhos
- Seleciono características já conhecidas das narrativas para ler e compreender as HQs de forma autônoma?
- Relaciono as leituras de textos verbais e não verbais (imagens, recursos gráficos, etc.) para compreender as HQs?
- Levo em conta as características do gênero para compreender as HQs que leio?
- Identifico interjeições e onomatopeias nas HQs que leio?
- Consigo inferir e justificar o efeito de humor nas tirinhas e nas HQs?
- Consigo inferir a presença de valores sociais, culturais e humanos e de diferentes visões de mundo em HQs?
- Ao ler um texto do gênero história em quadrinho, eu considero a sua autoria e os contextos social e histórico de sua produção?
- Consigo criar HQs utilizando personagens realistas ou de fantasia e observando os elementos próprios da estrutura narrativa desse gênero?
- Ao produzir uma história em quadrinhos, fico atento ao uso de diferentes destaques de palavras, formatos de balões, elementos gráficos que indicam movimentos das personagens, entre outras características?
- Escrevo os meus textos obedecendo às convenções da língua escrita?

Conhecimentos linguísticos
- Consigo identificar e classificar os substantivos em próprio, comum, concreto, abstrato, simples, composto, primitivo, derivado e coletivo?
- Analiso a função e as flexões dos substantivos?
- Reconheço que as flexões de grau dos substantivos podem expressar diferentes sentidos de acordo com o contexto em que são usadas?
- Conheço as regras de separação de sílabas e consigo aplicá-las?
- Reconheço que a separação silábica também é importante para produzir sentidos?

 RETOMAR
Veja o **mapa de conteúdos** da unidade 3.

UNIDADE 4

NOTÍCIA

Vários fatos ocorrem todos os dias no mundo, e alguns deles tornam-se conhecidos pelo público ao serem veiculados em jornais impressos e virtuais. O gênero que apresenta os fatos em jornais é a notícia. Cada veículo seleciona as notícias que vai divulgar de acordo com o seu público. Nesta unidade, você vai estudar as principais características desse gênero e os recursos utilizados para registrar os fatos.

CAPÍTULO 1
Giro da informação

CAPÍTULO 2
Seis perguntas básicas

PRIMEIRAS IDEIAS

1. Como você imagina que as pessoas se informam diariamente?

2. Para você, quais são as informações básicas que toda notícia deve ter?

3. Levante hipóteses sobre o motivo de as notícias serem, muitas vezes, acompanhadas de fotografias ou de ilustrações.

4. Adjetivos são palavras que modificam substantivos. Em sua opinião, que informações os adjetivos acrescentam aos substantivos que acompanham?

5. Os adjetivos podem variar em dois graus: comparativo e superlativo. O que você acha que essas variações indicam?

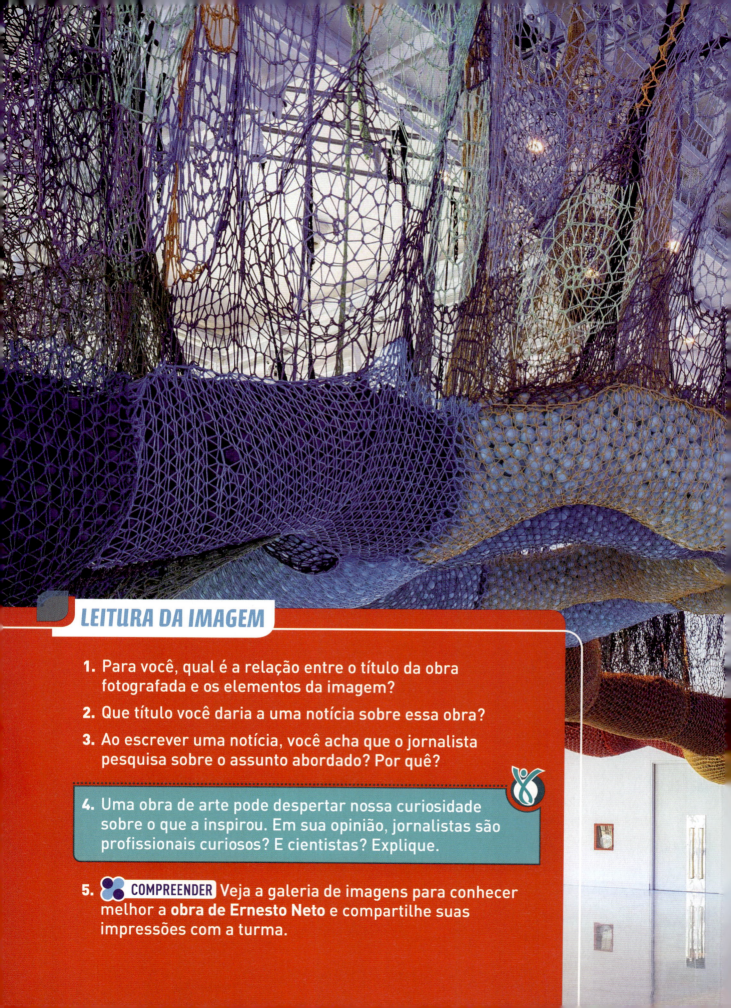

LEITURA DA IMAGEM

1. Para você, qual é a relação entre o título da obra fotografada e os elementos da imagem?

2. Que título você daria a uma notícia sobre essa obra?

3. Ao escrever uma notícia, você acha que o jornalista pesquisa sobre o assunto abordado? Por quê?

4. Uma obra de arte pode despertar nossa curiosidade sobre o que a inspirou. Em sua opinião, jornalistas são profissionais curiosos? E cientistas? Explique.

5. **COMPREENDER** Veja a galeria de imagens para conhecer melhor a **obra de Ernesto Neto** e compartilhe suas impressões com a turma.

Ernesto Neto. *O bicho suspenso na paisagem*, instalação exposta em Buenos Aires, em 2012.

Capítulo 1
GIRO DA INFORMAÇÃO

O QUE VEM A SEGUIR

A notícia que você vai ler foi reproduzida do *site* da Deutsche Welle (DW) – empresa alemã de comunicação internacional que oferece cobertura jornalística em aproximadamente trinta línguas, entre elas português, árabe, chinês, espanhol, inglês e russo. O texto relata uma novidade histórica e científica que interessa especialmente ao Brasil. Embora o fato seja fruto de uma descoberta dos anos 1950, só começou a ser estudado sessenta anos depois. Antes da leitura, observe as imagens e reflita: Que novidade histórica e científica será que essa notícia vai revelar?

TEXTO

Cientistas apresentam maior dinossauro do Brasil

Titanossauro de 25 metros de comprimento viveu há 60 milhões de anos. Fóssil foi encontrado na região de Presidente Prudente, em São Paulo, na década de 1950, mas só foi estudado agora.

← Ilustração compara o *Austroposeidon* (maior), anunciado nesta quarta, o *Maxakalisaurus topai* e o *Gondwanatitan faustoi*.

O maior dinossauro já encontrado no Brasil foi apresentado ao mundo nesta quarta-feira (05/10) por pesquisadores de várias instituições, revelando que o país foi uma terra de gigantes há 60 milhões de anos.

Trata-se de um titanossauro, um herbívoro pescoçudo de nada menos que 25 metros de comprimento da ponta do focinho ao fim da cauda – bem maior do que os ônibus duplos articulados, por exemplo.

"Agora nós temos um gigante", afirmou a paleontóloga Kamila Bandeira, uma das autoras do estudo publicado na revista científica *PLOS*. Até agora, o maior dinossauro já encontrado no Brasil, também um titanossauro, tinha "apenas" 13 metros de comprimento.

"A descoberta comprova que existiram grandes dinossauros no Brasil", sustenta o paleontólogo Alexander Kellner, do Museu Nacional, que também assina o trabalho. "Já suspeitávamos disso por conta das descobertas na Argentina, mas agora comprovamos."

O maior dinossauro já encontrado na Argentina, o argentinossauro, chegava a 45 metros de comprimento.

Descoberto em 1953

O novo titanossauro brasileiro, cujo fóssil foi encontrado na região de Presidente Prudente, em São Paulo, foi batizado de *Austroposeidon magnificus*, algo como "o ser que causa terremotos no sul". A região, na confluência dos estados de São Paulo, Minas Gerais e Mato Grosso do Sul, é rica em fósseis por conta das condições climáticas, que ajudam na preservação dos ossos. Nada menos que nove espécies de titanossauro foram já descritas ali.

← As partes recuperadas são referentes a vértebras do pescoço e do dorso do animal.

Os titanossauros eram dinossauros herbívoros com o corpo bem desenvolvido, o pescoço e a cauda muito longos e uma cabeça relativamente pequena. Eles habitaram o mundo durante o período cretáceo e eram muito abundantes no supercontinente Gondwana – que, no passado, reunia as massas continentais de América do Sul, África, Índia, Austrália e Antártica.

A descoberta do fóssil do gigante brasileiro ocorreu em 1953, pela equipe de Llewellyn Ivor Price (1905-1980), o grande pioneiro da paleontologia no Brasil. As partes recuperadas são referentes a vértebras do pescoço e do dorso do animal. [...]

Grande arquivo de fósseis

Desde que foram descobertos, na década de 1950, os ossos ficaram guardados na reserva técnica do Museu de Ciências da Terra, no Rio de Janeiro, e só começaram a ser estudados há três anos – um projeto de 10 mil reais. Há diversas explicações para a demora.

A primeira delas é técnica: na década de 1950, ainda não havia tecnologia disponível para estudar vértebras, os paleontólogos buscavam outras partes do animal para completar o quebra-cabeça.

Acesso a laboratórios, a disponibilidade de profissionais e, sobretudo, os recursos disponíveis contribuem para que a identificação dos fósseis estocados no museu caminhe em marcha tão lenta.

Atualmente, o Museu de Ciências da Terra conta com a maior coleção de fósseis pré-históricos da América Latina, boa parte deles ainda por serem descritos. [...]

O estudo foi feito por pesquisadores do Museu de Ciências da Terra, do Museu Nacional, da Petrobras e da Universidade Federal de Pernambuco com o financiamento da Faperj e do CNPq.

CNPq: sigla de Conselho Nacional de Desenvolvimento Científico e Tecnológico.

cretáceo: período do tempo geológico da Terra, correspondente ao final da Era Mesozoica, localizado entre 145 e 65 milhões de anos atrás.

Faperj: sigla de Fundação de Amparo à Pesquisa do Estado do Rio de Janeiro.

Roberta Jansen. Cientistas apresentam maior dinossauro do Brasil. *DW*, 5 out. 2016. Disponível em: <http://www.dw.com/pt-br/cientistas-apresentam-maior-dinossauro-do-brasil/a-35965403>. Acesso em: 25 jul. 2018.

TEXTO EM ESTUDO

PARA ENTENDER O TEXTO

1. Retome com os colegas a reflexão feita antes da leitura do texto e responda: Você se surpreendeu com a revelação feita pela notícia? Explique.

2. O título de uma notícia, além de objetivo, deve ser atrativo para despertar o interesse do leitor. Releia o título e, no caderno, responda aos itens a seguir.
   a) O título da notícia lida é objetivo? Explique.
   b) Que tipo de leitor pode ter interesse nessa notícia?

3. Abaixo do título da notícia, há um texto chamado linha fina. Que informações a linha fina dessa notícia acrescenta ao título?

4. As notícias podem ser acompanhadas de imagens relacionadas ao fato relatado. Sobre essas imagens, responda:
   a) Quais são as imagens que acompanham a notícia lida?
   b) Que informações elas acrescentam ao texto da notícia?
   c) As legendas das imagens são descritivas ou narrativas? Explique.
   d) Na legenda da primeira imagem, há nomes científicos. A que se referem?

> **ANOTE AÍ!**
>
> O **título** da notícia destaca o aspecto mais importante do fato relatado. A **linha fina** complementa o que foi expresso no título. Esses elementos introduzem a notícia. As **imagens** ilustram o fato relatado e costumam ter uma **legenda** – um texto curto que **descreve** a imagem e **complementa** as informações sobre o fato. O título, a linha fina e as imagens podem despertar o interesse do leitor.

5. A notícia relata a descoberta do titanossauro *Austroposeidon magnificus* no Brasil. Por que é importante a publicação de uma notícia sobre essa descoberta?

6. As notícias costumam apresentar respostas a seis perguntas: o quê, quando, onde, por quê, como aconteceu e quais foram as pessoas envolvidas nesse acontecimento. Identifique as respostas a essas questões na notícia lida.

7. Em geral, quem redige uma notícia organiza os dados de acordo com sua ordem de importância. Faça o que se pede a seguir.
   a) A notícia lida foi organizada em três blocos. Quais são os subtítulos que ajudam o leitor a identificá-los?
   b) No caderno, sintetize a informação que cada um desses blocos apresenta sobre o fato divulgado.
   c) Em quais blocos são apresentadas as informações mais relevantes? E as informações complementares?

8. Na notícia, há duas declarações de paleontólogos.
   a) Busque o significado do termo *paleontólogo* e registre-o no caderno.
   b) Qual é a função das declarações dos paleontólogos expressas na notícia?

> **ANOTE AÍ!**
>
> A **notícia** relata um fato ocorrido na realidade. O uso de numerais, de indicações de lugares e de **declarações de pessoas** ligadas ao fato relatado dá maior **credibilidade** à notícia. As declarações das pessoas são marcadas por **aspas**, para diferenciar sua fala em relação ao texto principal.

PASSAPORTE DIGITAL

De volta à pré-história (*Ciência Hoje das Crianças*). No *site* da revista *Ciência Hoje das Crianças*, o cientista Ismar de Souza Carvalho conta como descobriu seu fascínio pela paleontologia ainda na infância e o motivo de ter escolhido a profissão de paleontólogo. Disponível em: <http://linkte.me/tt1el>. Acesso em: 25 jul. 2018.

110

O CONTEXTO DE PRODUÇÃO

9. Observe a parte superior da página do *site* DW em que foi publicada a notícia "Cientistas apresentam maior dinossauro do Brasil".

NOTÍCIAS	MEDIATECA	APRENDER ALEMÃO					
MUNDO	ALEMANHA	BRASIL	ECONOMIA	CULTURA	CIÊNCIA E SAÚDE	TURISMO	ESPORTE

- Qual é a relação da notícia lida com a seção "Ciência e saúde"?

10. Veja ao lado as possibilidades de redirecionamento disponíveis ao leitor no *site*, um ambiente digital com características próprias.

   a) Qual dessas possibilidades permite ao leitor divulgar a notícia?

   b) Qual delas permite a ele acessar outros conteúdos relacionados ao assunto da notícia por meio de *tags*, ou seja, por meio de termos que indicam conteúdos da notícia?

Palavras-chave Brasil dinossauro Presidente Prudente São Paulo Museu de Ciências da Terra fóssil

Compartilhar Enviar
 Facebook   Twitter
 google+   Mais

 Envie seu comentário!

Imprimir Imprimir a página

Link permanente
http://p.dw.com/p/2QuF9

ANOTE AÍ!

A notícia circula nos **meios impresso** e **digital**. Jornais e **empresas de comunicação** divulgam fatos de interesse coletivo, como aqueles relativos às cidades, ao país ou a outros países. Nesses veículos, as notícias costumam ser organizadas em **editorias** ou **seções** de acordo com o tema principal da notícia.

A LINGUAGEM DO TEXTO

11. Releia o seguinte trecho.

> Até agora, o maior dinossauro já encontrado no Brasil, também um titanossauro, tinha "apenas" 13 metros de comprimento. [...]
> O novo titanossauro brasileiro, cujo fóssil foi encontrado na região de Presidente Prudente, em São Paulo, foi batizado de *Austroposeidon magnificus*, algo como "o ser que causa terremotos no sul".

   a) Qual é a finalidade do uso das aspas em cada parágrafo do trecho?

   b) Identifique um terceiro uso de aspas na notícia lida.

12. Releia.

> "Agora nós temos um gigante", **afirmou** a paleontóloga Kamila Bandeira, uma das autoras do estudo publicado na revista científica *PLOS*.

   a) Qual é a função do verbo destacado nesse trecho?

   b) Que outro verbo da notícia é usado com função semelhante a esse?

   c) Por que foram usados verbos diferentes para indicar a fala dos paleontólogos? Explique.

ANOTE AÍ!

Para introduzir a **declaração de entrevistados**, usam-se os **verbos de elocução** (de dizer), como *afirmar*, *declarar*, *responder*, *aconselhar*. A escolha do verbo de elocução indica se o discurso é mais objetivo ou mais opinativo.

A VERACIDADE DA INFORMAÇÃO

Muitos boatos são disseminados na *web* com aparência de notícia, levando boa parte das pessoas a pensar que essas informações são verdadeiras.

1. Você já acreditou em uma notícia e, depois, descobriu que era falsa? Conte como foi essa experiência.

2. Quais podem ser as consequências da disseminação de notícias falsas na *web*? Discuta o assunto com os colegas.

3. **ANALISAR** Assista ao vídeo sobre a importância de checar a **veracidade das informações** na internet e debata com a turma.

111

UMA COISA PUXA OUTRA

Dinossauros no cinema

> **licença poética:** liberdade concedida ao escritor para extrapolar as regras da norma-padrão da língua a fim de atingir determinados efeitos expressivos. Em sentido mais amplo, refere-se a uma ideia ou concepção que se desvia do uso habitual ou da norma estabelecida.

Diversas vezes os gigantes da pré-história foram personagens de enredos repletos de aventura. Uma dessas ocasiões foi com o filme *Jurassic World: o mundo dos dinossauros* (2015).

Leia o infográfico a seguir, que estabelece uma comparação entre a imagem dos dinossauros segundo pesquisas científicas e a representação deles no filme. Esse infográfico faz parte de uma reportagem do jornal *Folha de S.Paulo*, publicada na época da estreia do filme.

LICENÇA POÉTICA
'Jurassic World' segue a imagem eternizada nos outros filmes da série

VELOCIRAPTOR
HÁ 75 MILHÕES DE ANOS
Na vida real, o bicho tinha uma cobertura de penas complexas e provavelmente coloridas, como as das aves modernas. Além disso, o *Velociraptor* verdadeiro teria o tamanho de um peru

NO FILME
O bicho é um lagartão, sem qualquer sinal de penas. São treinados como cães, o que talvez fosse impossível com a espécie que andou na Terra

BRONTOSSAURO
HÁ 150 MILHÕES DE ANOS
O mais surpreendente para quem visse um bicho desses vivo seria a cabeça minúscula, que talvez ficasse ridícula no filme

NO FILME
O mais famoso dos saurópodes aparece com a cabeça grande demais, pescoço excessivamente fino e pele mais lisa do que deveria

Ilustrações Rodolfo Nogueira

GALLIMIMUS
HÁ 70 MILHÕES DE ANOS
Além de também possuir uma cobertura de penas, esse 'dino avestruz' contava provavelmente com uma espécie de bico filtrador, semelhante ao de certas aves aquáticas atuais

NO FILME
Tal como no caso do *Velociraptor*, a falta de penas e o ar de lagarto são os principais defeitos

Editorial de Arte/Folhapress

Reinaldo José Lopes. 'Jurassic World' ignora descobertas recentes da paleontologia. *Folha de S.Paulo*, 11 jun. 2015. Disponível em: <http://www1.folha.uol.com.br/ilustrada/2015/06/1640283-jurassic-world-ignora-descobertas-recentes-da-paleontologia.shtml>. Acesso em: 27 jul. 2018.

1. Copie este quadro no caderno e complete-o com as principais diferenças entre os dinossauros apresentados no filme e sua descrição científica.

	Representação cinematográfica	Descrição científica
Velociraptor		
Brontossauro		
Gallimimus		

2. O infográfico apresenta pistas sobre o porquê da diferença entre a representação cinematográfica dos dinossauros e a descrição científica deles.

   a) Que afirmação presente no infográfico sugere por que certa característica do brontossauro não foi mostrada no filme?

   b) Pelas informações e imagens mostradas, qual é a incoerência entre o *velociraptor* cinematográfico e suas características científicas?

   c) Em sua opinião, o que levou o filme a desconsiderar algumas características dos dinossauros já descritas pela paleontologia?

3. Releia a linha fina do infográfico.

   a) Que termo é utilizado para caracterizar a imagem dos dinossauros nos filmes da série?

   b) O que esse termo indica? Copie a resposta correta no caderno.

   I. Indica a ideia de que a representação não realista dos dinossauros fixou-se no imaginário do público.

   II. Indica a ideia de que os conhecimentos científicos foram irrelevantes ao longo de toda a série de filmes sobre dinossauros.

4. Leia o título e o início da reportagem em que o infográfico foi publicado.

   'Jurassic World' ignora descobertas recentes da paleontologia

   O melhor jeito de definir a relação entre "Jurassic World – O Mundo dos Dinossauros" e o que a ciência andou descobrindo sobre os bichos nas últimas décadas é o seguinte: o filme original da série, de 1993, apresentou ao público o que havia de mais avançado nas pesquisas dos anos 1980; e o novo, que estreia hoje, continua preso à imagem dos dinos de 30 anos atrás.

   Reinaldo José Lopes. 'Jurassic World' ignora descobertas recentes da paleontologia. *Folha de S.Paulo,* 11 jun. 2015. Disponível em: <http://www1.folha.uol.com.br/ilustrada/2015/06/1640283-jurassic-world-ignora-descobertas-recentes-da-paleontologia.shtml>. Acesso em: 27 jul. 2018.

   a) Quantos anos decorreram entre os filmes comparados na matéria?

   b) Na reportagem, afirma-se que *Jurassic World* continua preso à imagem dos dinossauros de trinta anos atrás. O que justifica essa afirmação?

   c) Que afirmação no infográfico confirma esse trecho da reportagem?

5. Com base nas informações do glossário sobre a expressão "licença poética", explique o título do infográfico.

LÍNGUA EM ESTUDO

ADJETIVO

RELACIONANDO

Em notícias, muitas vezes, os adjetivos são empregados na caracterização daquilo que é relatado. Em determinados casos, essa classe gramatical é utilizada para apresentar um juízo de valor sobre certo acontecimento ou situação. É importante estar atento aos diferentes efeitos de sentido produzidos pelo uso dos adjetivos nas notícias, conforme você verá na seção *A língua na real* deste capítulo.

1. Da notícia "Cientistas apresentam maior dinossauro do Brasil", releia:

> Os titanossauros eram dinossauros herbívoros com o corpo bem desenvolvido, o pescoço e a cauda muito longos e uma cabeça relativamente pequena. Eles habitaram o mundo durante o período cretáceo e eram muito abundantes no supercontinente Gondwana – que, no passado, reunia as massas continentais de América do Sul, África, Índia, Austrália e Antártica.

a) Nesse trecho, que termo indica o tipo de alimentação dos titanossauros? Copie-o no caderno.

b) Que termo caracteriza o momento em que os titanossauros viveram? Transcreva-o no caderno.

c) Quais substantivos as palavras indicadas nas respostas *a* e *b* caracterizam?

d) Qual é a importância dessas caracterizações para o leitor da notícia?

> **ANOTE AÍ!**
>
> Os **adjetivos** são palavras que **caracterizam substantivos**, atribuindo-lhes noções de qualidade, condição, julgamento, estado, etc.

LOCUÇÃO ADJETIVA

2. Releia o trecho a seguir.

> O maior dinossauro já encontrado no Brasil foi apresentado ao mundo nesta quarta-feira (05/10) por pesquisadores de várias instituições, revelando que o país foi uma terra de gigantes há 60 milhões de anos.

a) Identifique o substantivo comum que foi utilizado pela jornalista para retomar o substantivo próprio *Brasil*.

b) Que expressão caracteriza o substantivo *terra*?

c) A expressão encontrada no item *b* é composta de quais classes de palavras?

> **ANOTE AÍ!**
>
> As expressões formadas por duas ou mais palavras com função de adjetivo recebem o nome de **locuções adjetivas**. Geralmente, são formadas por uma **preposição** e por um **substantivo**, como em colegas *da turma*, luz *do sol*.

Algumas locuções adjetivas podem ser substituídas por um adjetivo com valor equivalente. Observe:

> carne *de boi* = carne bovina
> loção *de cabelo* = loção capilar
> amor *de irmão* = amor fraternal
> calendário *do aluno* = calendário discente

CLASSIFICAÇÃO DOS ADJETIVOS

3. Leia a notícia a seguir, publicada em um portal jornalístico.

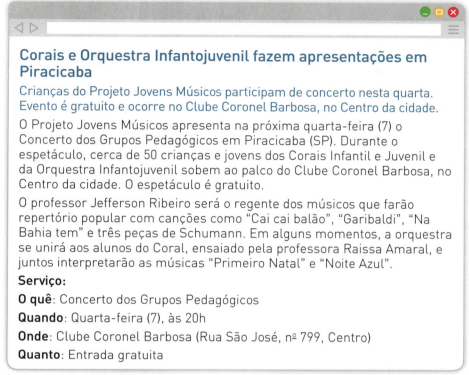

Corais e Orquestra Infantojuvenil fazem apresentações em Piracicaba

Crianças do Projeto Jovens Músicos participam de concerto nesta quarta. Evento é gratuito e ocorre no Clube Coronel Barbosa, no Centro da cidade.

O Projeto Jovens Músicos apresenta na próxima quarta-feira (7) o Concerto dos Grupos Pedagógicos em Piracicaba (SP). Durante o espetáculo, cerca de 50 crianças e jovens dos Corais Infantil e Juvenil e da Orquestra Infantojuvenil sobem ao palco do Clube Coronel Barbosa, no Centro da cidade. O espetáculo é gratuito.

O professor Jefferson Ribeiro será o regente dos músicos que farão repertório popular com canções como "Cai cai balão", "Garibaldi", "Na Bahia tem" e três peças de Schumann. Em alguns momentos, a orquestra se unirá aos alunos do Coral, ensaiado pela professora Raissa Amaral, e juntos interpretarão as músicas "Primeiro Natal" e "Noite Azul".

Serviço:
O quê: Concerto dos Grupos Pedagógicos
Quando: Quarta-feira (7), às 20h
Onde: Clube Coronel Barbosa (Rua São José, nº 799, Centro)
Quanto: Entrada gratuita

G1, 5 dez. 2016. Disponível em: <http://g1.globo.com/sp/piracicaba-regiao/noticia/2016/12/corais-e-orquestra-infantojuvenil-fazem-apresentacoes-em-piracicaba.html>. Acesso em: 27 jul. 2018.

a) No título e na linha fina, que termos fazem referência à faixa etária dos participantes do coral e da orquestra?
b) Qual desses termos nomeia os participantes do concerto?
c) Quais desses termos têm a função de caracterizar substantivos?
d) Que substantivos são caracterizados pelos termos identificados no item *c*?
e) Na resposta ao item *c*, um adjetivo é formado por duas palavras. Quais são elas?
f) Que adjetivo caracteriza o repertório dos músicos que vão se apresentar?

Os adjetivos podem ser classificados em **simples** ou **compostos**, em **primitivos** ou **derivados**. Há também os adjetivos **pátrios**. Veja este esquema:

ATIVIDADES

RETOMAR E COMPREENDER

1. Leia o trecho a seguir, extraído de um livro de memórias escrito por Zélia Gattai.

> Tipo minhom, magra, dona Carolina não era feia nem bonita mas tinha certo encanto. Os cabelos, louro-avermelhados, sedosos e abundantes mereciam de sua dona cuidados especiais. Ela os penteava de maneira ousada, deixando que madeixas finas e soltas caíssem naturalmente sobre o rosto; grande coque na nuca, preso por pentes e enormes grampos de tartaruga. [...]

Capa do livro *Anarquistas, graças a Deus*, de Zélia Gattai. →

Zélia Gattai. *Anarquistas, graças a Deus*. São Paulo: Companhia das Letras, 2009.

a) Na primeira frase, que adjetivos fazem referência a dona Carolina?
b) Que adjetivo composto há no trecho? A que substantivo ele se refere?
c) Na terceira frase, um adjetivo indica uma opinião particular da produtora do relato sobre dona Carolina. Qual é esse adjetivo? A que substantivo se liga?

2. Leia agora o texto a seguir.

> ### Macapá
> A capital foi o primeiro município a ser criado no Amapá. Abriga a maior parte da população do Estado, estimada em 456 171 habitantes, concentrados na área urbana. Possui um território de 6 562,41 km². Localiza-se na região sudeste do Estado estendendo-se da margem esquerda do rio Amazonas (entre os rios Pedreira, Matapi e litoral atlântico) até a nascente do rio Maruanum. É a única capital brasileira cortada pela Linha do Equador (que divide o planeta em dois hemisférios) e sua altitude é de 16,48 m (sede). Faz limite com os municípios de Santana, Itaubal, Porto Grande, Ferreira Gomes, Cutias e Amapá. Também concentra o serviço público, abrigando as sedes administrativas estaduais e federais. Ainda ampara grande parte de todo o setor primário, com destaque para criações de gado bovino, bubalino e suíno, além de avicultura e pesca artesanal, nas chamadas regiões rurais. [...]

bubalino: relativo a búfalo.

Governo do Estado do Amapá. Macapá. Disponível em: <http://www.ap.gov.br/conheca/macapa>. Acesso em: 28 jul. 2018.

a) No texto, há três substantivos que são caracterizados, cada um, por três adjetivos. Copie essas construções no caderno e destaque os adjetivos.
b) Em uma dessas construções, há vírgula entre dois adjetivos. Por quê?
c) Qual é o objetivo do texto? Os adjetivos ajudam a atingi-lo? Por quê?

APLICAR

3. Reescreva as frases no caderno transformando a locução adjetiva em adjetivo.
   a) As mulheres **de coragem** enfrentam os desafios da vida.
   b) O rapaz teve uma atitude **de criança** diante da namorada.
   c) A viagem foi longa e teve um trajeto **de dia** e outro **de noite**.
   d) Naquele sábado, haveria uma reunião **de família**.

4. 🔵 **APLICAR** Faça as **atividades interativas** para praticar seus conhecimentos.

A LÍNGUA NA REAL

O ADJETIVO NA NOTÍCIA

1. Leia a notícia a seguir e responda às questões.

Campanha incentiva pessoas a desapegar de seus bichinhos de pelúcia

Em Belo Horizonte, três postos de recolha estão disponíveis para receber as doações até o próximo dia 10 de abril

Até o dia 10 de abril três pontos da capital mineira, na região centro-sul, estarão abertos para receber doação de bichinhos de pelúcia. A ideia faz parte da campanha "Amor de Pelúcia", criada pelo recifense Gustavo Arruda, e tem como objetivo promover o desapego das pessoas que acabam mantendo os mimos escondidos nos guarda-roupas sem utilidade.

↑ A campanha recebe objetos de pelúcia que estejam em bom estado para serem distribuídos para crianças carentes.

O publicitário, de 25 anos, conta que, após terminar um relacionamento no ano passado, resolveu abrir mão de algumas coisas pessoais que remetiam à antiga namorada. "Eram presentes que tinham um significado para mim, que eu não queria apagar, mas precisava desapegar. Então, achei que o melhor caminho seria doá-los para quem pudesse aproveitar de uma forma melhor", explica Gustavo.

[...]

O Tempo, 6 abr. 2016. Disponível em: <http://www.otempo.com.br/cidades/campanha-incentiva-pessoas-a-desapegar-de-seus-bichinhos-de-pel%C3%BAcia-1.1274491>. Acesso em: 28 jul. 2018.

a) O fato divulgado na notícia é uma campanha. Qual é o objetivo dela?
b) Identifique o nome dessa campanha e copie-o no caderno.
c) Que locução adjetiva é usada nesse nome? A que termo ela se refere?
d) O que o uso dessa locução adjetiva informa sobre a campanha?

2. Releia o primeiro parágrafo da notícia.
   a) Duas expressões localizam os pontos que recebem os objetos doados. Copie-as no caderno e destaque os adjetivos.
   b) Por que esses adjetivos contribuem para informar o leitor sobre a campanha?
   c) O adjetivo usado em "mimos escondidos" revela um juízo de valor. Explique.

3. No segundo parágrafo, que adjetivo o produtor do texto usa para caracterizar o substantivo *namorada*? Que ideia essa escolha reforça?

ANOTE AÍ!

O **adjetivo** tem papel importante na notícia, pois **caracteriza** o que é relatado e **acrescenta detalhes** sobre os fatos. Além disso, pode expressar **juízo de valor**.

AGORA É COM VOCÊ!

ESCRITA DE NOTÍCIA

PROPOSTA

Você vai exercer o papel de jornalista e escrever uma notícia sobre um fato ocorrido em seu bairro. A notícia fará parte de um jornal-mural que será afixado em um local de alta circulação perto da escola, como um posto de saúde ou um estabelecimento comercial. Os leitores serão os moradores da região ou as pessoas que circulam por ela.

GÊNERO	PÚBLICO	OBJETIVO	CIRCULAÇÃO
Notícia	Frequentadores do local selecionado; moradores do bairro	Relatar um fato local relevante e de interesse público	Jornal-mural a ser afixado no bairro

PLANEJAMENTO E ELABORAÇÃO DO TEXTO

1. Para escrever sua notícia, pesquise os fatos ocorridos recentemente em seu bairro ou que vão acontecer em breve. Por exemplo, a inauguração de um estabelecimento comercial ou de um centro esportivo, uma festa típica, um evento cultural, uma campanha de vacinação, entre outros.

2. Faça um levantamento cuidadoso dos dados desse fato que podem ser úteis ao leitor do jornal. Para isso, construa um quadro no caderno como o indicado a seguir, com as perguntas essenciais a que uma notícia costuma responder, e preencha-o com os dados da sua notícia.

O QUÊ?	QUEM?	QUANDO?	ONDE?	POR QUÊ?	COMO?

3. Apresente informações relevantes para quem se interessa pelo assunto e que dão mais credibilidade à notícia. Por exemplo:
   - Dados numéricos, espaciais e temporais: conferem precisão ao fato relatado.
   - Declarações de entrevistados. Para isso, entreviste um especialista no assunto ou alguém diretamente envolvido no fato.
   - Fotografia: imagem que ilustra o fato relatado ou algo relacionado a ele. Ela deve ser acompanhada de legenda, isto é, de um texto curto que a descreva.

LINGUAGEM DO SEU TEXTO

1. Na notícia "Cientistas apresentam maior dinossauro do Brasil", são usados verbos de elocução para apresentar a opinião das pessoas entrevistadas. Quais são esses verbos? Qual é a relação dessas pessoas com o fato divulgado?
2. Nos dois primeiros parágrafos dessa notícia, que locuções adjetivas ou adjetivos informam que o Brasil tinha dinossauros enormes e que um titanossauro tinha um longo pescoço?

Para indicar a fala de uma pessoa em sua notícia, utilize aspas e verbos de elocução. Faça uso adequado dos adjetivos, preferindo aqueles que informam ao leitor alguma característica essencial sobre o evento relatado. Lembre-se de empregar o registro formal de linguagem. Quando reler seu texto, observe se a pontuação está adequada, conferindo clareza e fluência à notícia.

RETOMAR
Assista ao vídeo para relembrar a **estrutura de uma notícia**.

4. Organize sua notícia de modo que apresente a seguinte estrutura:
   - Título: curto e objetivo, destacando o aspecto mais importante do fato relatado.
   - Linha fina: para complementar o que foi expresso no título, instigando o leitor.
   - Corpo da notícia: parágrafos com as informações sobre o fato anunciado no título, geralmente em ordem de importância.

AVALIAÇÃO E REESCRITA DO TEXTO

1. Troque sua notícia com um colega. No texto dele, verifique cada um dos itens a seguir e, em uma folha avulsa, faça os comentários necessários para ajudá-lo.

ELEMENTOS DA NOTÍCIA
O título da notícia é curto e objetivo?
O assunto escolhido é atual e de interesse do público leitor?
A notícia responde às perguntas o quê, quem, quando, onde, por que e como?
Foram usados recursos para dar precisão e credibilidade à notícia (indicação de dados numéricos, espaciais e temporais, fala de entrevistados, etc.)?
Há imagem relacionada ao fato noticiado? Ela está acompanhada de legenda?

2. Depois de avaliar a notícia do colega, devolva o texto dele e retome o seu.

3. Leia as sugestões do colega e reescreva sua notícia, fazendo os ajustes que forem necessários.

CIRCULAÇÃO

1. Organizem-se em grupos para produzir o jornal-mural com as notícias. Cada grupo deverá se responsabilizar por uma etapa da elaboração do jornal-mural. Por exemplo:
   - **Grupo 1**: Escolherá o local do bairro onde o mural será afixado, lembrando que ele deve ser de grande circulação de pessoas. Além disso, vai negociar o período de exposição do jornal com os responsáveis pelo espaço.
   - **Grupo 2**: Vai se encarregar da edição e da impressão das notícias com letras grandes e bom espaço entre as linhas, para facilitar a leitura. Poderá usar cores distintas em certos pontos, como nos títulos, para chamar a atenção do público.
   - **Grupo 3**: Planejará a organização das notícias no mural, lembrando que os textos na parte superior costumam chamar mais a atenção dos leitores.
   - **Grupo 4**: Será responsável pela montagem do mural em uma folha de papel *Kraft* ou similar e dará um título ao jornal, que deverá estar em destaque. Na imagem abaixo, há um exemplo de jornal-mural para inspirar e ajudar o grupo na montagem.

Capítulo 2 — SEIS PERGUNTAS BÁSICAS

O QUE VEM A SEGUIR

A notícia a seguir, publicada pela *Nature*, revista britânica respeitada no meio científico, relata a presença de uma brasileira na lista dos dez cientistas mais importantes de 2016. Antes de ler o texto, levante hipóteses: Qual o motivo de a cientista ter recebido esse prestigioso reconhecimento?

TEXTO

↑ Mérito. Especialista em doenças infecciosas formou força-tarefa de epidemiologistas.

Fiocruz: sigla da Fundação Oswaldo Cruz, instituição brasileira voltada para pesquisas na área da saúde.

microcefalia: redução da cabeça e do cérebro em relação ao corpo, a qual pode ser causada por vírus.

onda gravitacional: tipo de onda causada pela movimentação de objetos no espaço. A teoria das ondas gravitacionais é de autoria de Albert Einstein (1879-1955).

zika: vírus transmitido pelo mosquito *Aedes aegypti*.

ENTRE CIENTISTAS DO ANO, UMA BRASILEIRA
"Nature" destaca trabalho sobre microcefalia

A brasileira Celina Turchi, especialista em doenças infecciosas da Fiocruz Pernambuco, foi escolhida como uma das dez cientistas mais importantes de 2016 pela revista britânica *Nature* por causa da pesquisa que descobriu a relação entre a microcefalia e o vírus da zika. Para realizar o estudo, Celina entrou em contato com cientistas de todo o mundo para pedir ajuda. Ela formou uma força-tarefa de epidemiologistas, especialistas em doenças infecciosas, pediatras, neurologistas e biólogos especializados em reprodução.

"Nem no meu pior pesadelo eu imaginei uma epidemia de microcefalia em bebês", lembrou a pesquisadora em entrevista à *Nature*, dizendo acreditar que o Brasil estava vivendo uma emergência de saúde pública com o surto da doença.

Celina disse que o trabalho foi um desafio por não haver testes confiáveis sobre o vírus e nenhum consenso em relação à definição de microcefalia. Mas o intenso contato dentro da rede de especialistas formada por ela permitiu gerar evidências suficientes para ligar a infecção por zika e a doença no primeiro trimestre da gravidez.

Outros citados foram a argentina Gabriela González, por uma pesquisa inovadora sobre ondas gravitacionais, e o espanhol Anglada Defendi, que entrou na lista por ter descoberto um planeta parecido com a Terra próximo da estrela Alpha Centauri.

O Estado de S. Paulo, 20 dez. 2016. Caderno Metrópole, p. A20.

TEXTO EM ESTUDO

PARA ENTENDER O TEXTO

1. As hipóteses levantadas sobre o motivo do reconhecimento da cientista brasileira se confirmaram após a leitura? Comente.

2. O primeiro parágrafo de uma notícia costuma responder às questões principais sobre o fato relatado. Ele é chamado lide, do inglês *lead*, que significa "conduzir".

   a) No caderno, construa um quadro como este abaixo e complete-o com as informações apresentadas no lide da notícia.

O quê?	Quem?	Quando?	Onde?	Por quê?	Como?

   b) Com base nas respostas ao item *a*, qual é a relação entre o significado do termo *lead* e as informações verificadas nessa parte da notícia?

> **ANOTE AÍ!**
>
> Conhecido como **lide** (*lead*), o parágrafo inicial de uma notícia procura chamar a atenção do leitor para o fato relatado. Para isso, sintetiza as informações que respondem a algumas destas questões: **o quê**, **quem**, **quando**, **onde**, **por quê** e **como**.
>
> Os demais parágrafos do texto formam o **corpo da notícia**, que ampliam as informações.

3. No lide, usa-se a palavra *força-tarefa* para indicar uma ação da cientista.

   a) No contexto, o que essa palavra indica?

   b) Copie no caderno uma frase da notícia que confirma a resposta ao item *a*.

   c) Essa frase acrescenta informações sobre o fato relatado, pois indica a consequência da ação da cientista. Explique.

O CONTEXTO DE PRODUÇÃO

4. A revista *Nature* é considerada a mais conceituada revista científica do mundo. Esse periódico britânico divulga resultados de trabalhos científicos para pesquisadores de diferentes áreas do saber e para o público em geral.

   a) Na notícia lida, que informação sobre a revista *Nature* é apresentada?

   b) Considerando isso, qual a expectativa do jornal em relação a seu leitor?

5. Observe o título do caderno do jornal em que a notícia foi publicada.

Metrópole | Terça-feira, 20 de dezembro de 2016

Editoria de Arte/
Estadão Conteúdo

   a) O que essa palavra significa?

   b) Por que a notícia foi publicada nesse caderno?

   c) Considerando o nome do caderno, que outros temas as matérias desse caderno podem abordar?

> **ANOTE AÍ!**
>
> Os **jornais impressos** organizam as notícias em **cadernos** de acordo com o tema tratado: cidades, economia, entretenimento, esportes, etc. Para ampliar as informações sobre uma matéria, o leitor pode consultar várias **fontes de pesquisa** virtuais e impressas.

121

6. Leia o título de outra notícia que divulga o mesmo fato.

Aggeu Magalhães: divisão da Fiocruz em Recife.

> **Pesquisadora do Aggeu Magalhães é eleita uma das 10 personalidades do ano na ciência pela revista britânica *Nature***
>
> *Diário de Pernambuco*, 25 dez. 2016. Disponível em: <http://www.diariodepernambuco.com.br/app/noticia/ciencia-e-saude/2016/12/25/internas_cienciaesaude,681614/pesquisadora-do-aggeu-magalhaes-e-eleita-uma-das-10-personalidades-do.shtml>. Acesso em: 31 jul. 2018.

a) O início desse título responde a uma das questões básicas de uma notícia: "Quem?". Com essa informação, o que se destaca sobre a cientista?

b) Considerando que a notícia foi publicada no *Diário de Pernambuco*, que é um jornal de Recife, por que a informação sobre a cientista identificada no item *a* pode ser relevante ao leitor?

c) Releia os títulos das duas notícias. Que diferença há entre eles em relação à forma de apresentar a cientista?

A LINGUAGEM DO TEXTO

↑ Alguns cadernos do jornal *O Estado de S. Paulo*.

7. Observe a imagem e a legenda presentes na notícia.

a) Qual é a função da fotografia nesse texto?

b) Na legenda, foi utilizado um substantivo que indica uma avaliação positiva em relação ao trabalho da pesquisadora. Que substantivo é esse?

c) Leia a definição de notícia a seguir.

> **Notícia**
>
> Puro registro dos fatos, sem opiniões. A exatidão é o elemento-chave da notícia. [...]
>
> Folha de S.Paulo. *Manual da redação*. São Paulo: Publifolha, 2006. p. 88.

• Considerando essa definição, é possível afirmar que a notícia "Entre cientistas do ano, uma brasileira" relata o fato com total objetividade? Justifique sua resposta.

8. Além de informar a indicação da brasileira entre os cientistas reconhecidos pela revista *Nature*, a notícia menciona mais dois pesquisadores dessa lista.

a) Qual é a expressão que introduz o parágrafo em que esses pesquisadores são mencionados?

b) No lide da notícia, que expressão informa que a pesquisadora brasileira está na lista da revista britânica *Nature*?

c) Por meio de qual dessas expressões a notícia procura valorizar o fato apresentado? Explique.

9. Na notícia "Entre cientistas do ano, uma brasileira", as aspas são usadas em dois momentos para sinalizar situações diferentes. Identifique essas situações e a função das aspas em cada caso.

> **ANOTE AÍ!**
>
> Espera-se, em geral, que uma notícia divulgue fatos de maneira objetiva. Entretanto, sua **objetividade** é **relativa**, pois, ao escolher um assunto, o jornalista seleciona aspectos do que será relatado: qualifica o fato de modo **mais subjetivo** ou **mais objetivo** e relata os acontecimentos com maior ou menor precisão.

10. Releia o título e a linha fina da notícia do jornal *O Estado de S. Paulo*.

> **Entre cientistas do ano, uma brasileira**
> "Nature" destaca trabalho sobre microcefalia

a) Que forma verbal na linha fina indica a ação realizada pela revista *Nature*?

b) A notícia relata um evento passado, presente ou futuro? Justifique com um trecho do corpo da notícia.

c) Que efeito de sentido é obtido ao utilizar um verbo no presente na linha fina dessa notícia?

ANOTE AÍ!

No **título** e na **linha fina** de notícias é comum o uso de **verbos** no tempo **presente**. Já no **corpo do texto**, costumam ser empregados verbos no **passado**.

■ COMPARAÇÃO ENTRE OS TEXTOS

11. Nesta unidade, foram lidas as notícias "Cientistas apresentam maior dinossauro do Brasil" (capítulo 1) e "Entre cientistas do ano, uma brasileira" (capítulo 2). Por que um estudo sobre fósseis de dinossauro e a escolha dos cientistas do ano feita por uma publicação científica foram noticiados na imprensa brasileira?

12. Qual dessas notícias revela a dificuldade de desenvolver determinadas pesquisas científicas no Brasil? Explique.

13. Qual dessas notícias apresenta uma situação em que há um problema de saúde pública a ser resolvido? A quem essa notícia interessa?

14. As notícias lidas nesta unidade foram reproduzidas de jornais publicados em diferentes suportes.

a) Qual delas foi publicada na internet e qual foi publicada em papel?

b) O que caracteriza cada um desses suportes?

15. Qual das duas notícias despertou mais seu interesse como leitor? Por quê?

16. Em sua opinião, alguma das duas notícias poderia trazer mais informações? Em caso positivo, quais seriam essas informações?

17. Segundo os manuais de redação, as notícias relatam os fatos de modo imparcial e objetivo. Para você, as notícias lidas foram escritas de modo imparcial?

INFORMAÇÃO E CIDADANIA

Uma pessoa bem informada, que acompanha o que acontece em sua cidade, seu estado ou seu país, pode ter mais argumentos para reivindicar direitos, monitorar as ações de governantes, acompanhar o cumprimento adequado ou não de políticas públicas e, assim, exercer sua cidadania.

1. De que maneira os jornais, as revistas, as rádios, a internet e a televisão podem ajudar as pessoas a evitar que seus direitos sejam desrespeitados?

2. Que tipo de informação auxilia as pessoas a fazer escolhas mais conscientes quanto a seus hábitos de consumo, à política, entre outras questões relevantes?

3. As notícias lidas nesta unidade foram publicadas em jornais respeitados e de grande circulação. Em sua opinião, por que é importante verificar a fonte de uma notícia?

MANUAIS DE REDAÇÃO

Os grandes veículos da imprensa brasileira costumam produzir um guia para orientar os jornalistas da casa sobre as regras adotadas na redação dos textos e também sobre os princípios da publicação. Geralmente, esses guias recebem o nome de Manual.

↑ Capa do *Manual de redação e estilo*, do jornal *O Estado de S. Paulo*, e do *Manual da redação*, do jornal *Folha de S.Paulo*.

LÍNGUA EM ESTUDO

O ADJETIVO E SUAS FLEXÕES

1. Releia este trecho da notícia.

   > A brasileira Celina Turchi, especialista em doenças infecciosas da Fiocruz Pernambuco, foi escolhida como uma das dez cientistas mais importantes de 2016 pela revista britânica *Nature* por causa da pesquisa que descobriu a relação entre a microcefalia e o vírus da zika.

   a) Qual é o objetivo que caracteriza o substantivo *doenças*?
   b) Por que esse adjetivo está no plural?
   c) Indique o adjetivo pátrio presente no trecho. A qual substantivo ele faz referência?

FLEXÃO DE GÊNERO E DE NÚMERO

2. Releia este outro trecho da notícia.

   > Celina disse que o trabalho foi um desafio por não haver testes confiáveis sobre o vírus e nenhum consenso em relação à definição de microcefalia. Mas o intenso contato dentro da rede de especialistas formada por ela permitiu gerar evidências suficientes para ligar a infecção por zika e a doença no primeiro trimestre da gravidez.

   a) Na expressão *testes confiáveis*, se o substantivo fosse empregado para indicar apenas uma unidade (um teste), qual seria a forma do adjetivo?
   b) Se o substantivo da expressão fosse *provas*, qual seria a forma do adjetivo?
   c) No caderno, reescreva a expressão *intenso contato*, indicando mais de uma unidade do substantivo. As duas palavras reescritas são modificadas ou apenas uma delas?
   d) Imagine que na expressão citada no item *c* fosse usado o substantivo *comunicação* em vez de *contato*. Nesse caso, qual seria a forma do adjetivo?

As atividades acima indicam que, em geral, a forma dos adjetivos varia para concordar com os substantivos que caracterizam. As variações referem-se ao número (singular ou plural) e ao gênero (feminino ou masculino).

Observe nos exemplos abaixo a concordância de gênero e número entre os substantivos e os adjetivos.

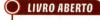

LIVRO ABERTO

As cientistas: 50 mulheres que mudaram o mundo, de Rachel Ignotofsky. São Paulo: Blucher, 2017.
O livro reúne cinquenta biografias de mulheres notáveis para os campos da ciência, da tecnologia, da engenharia e da matemática, desde a Antiguidade até os dias de hoje. Entre essas cientistas, destacam-se Marie Curie – primeira mulher a ser homenageada duas vezes com o prêmio Nobel – e Katherine Johnson, responsável pela trajetória da missão Apolo 11 à Lua.

O plural dos adjetivos simples segue, na maioria dos casos, a regra geral de flexão dos substantivos: acrescenta-se -s no fim da palavra. No caso do gênero, há os adjetivos uniformes, com uma única forma para os dois gêneros, e os adjetivos biformes, com duas formas distintas. Veja:

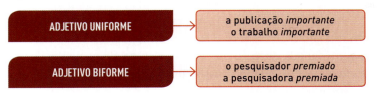

ANOTE AÍ!

O adjetivo varia em **número** e em **gênero** para concordar com o substantivo a que se refere. Quanto ao **número**, a forma **plural** costuma ser obtida com o acréscimo de **-s** no fim da palavra. Quanto ao **gênero**, há os adjetivos **uniformes** (com uma única forma para o feminino e o masculino) e os adjetivos **biformes** (com uma forma para o masculino e outra para o feminino).

FLEXÃO DE GRAU

O adjetivo também varia em grau. Há o grau **comparativo**, que compara dois elementos, e o grau **superlativo**, que eleva ao máximo a qualidade de um ser. Conheça as possibilidades gerais de variação nos esquemas.

Alguns adjetivos não seguem essas regras de flexão de grau. Observe:

ADJETIVO	COMPARATIVO DE SUPERIORIDADE	SUPERLATIVO Absoluto	SUPERLATIVO Relativo
bom	melhor que	ótimo ou boníssimo	o melhor
mau	pior que	péssimo	o pior
grande	maior que	máximo	o maior de
pequeno	menor que	mínimo	o menor de

ATIVIDADES

RETOMAR E COMPREENDER

1. Leia o texto a seguir.

> Era uma vez um menino triste, magro e barrigudinho, do sertão de Pernambuco. Na soalheira danada de meio-dia, ele estava sentado na poeira do caminho imaginando bobagem, quando passou um gordo vigário a cavalo:
>
> — Você aí, menino, para onde vai essa estrada?
>
> — Ela não vai não: nós é que vamos nela.
>
> — Engraçadinho duma figa! Como você se chama?
>
> — Eu não me chamo não: os outros é que me chamam de Zé.

Paulo Mendes Campos. Continho. Em: Carlos Drummond de Andrade e outros. *Crônicas*. São Paulo: Ática, 1984. p. 76 (Coleção Para Gostar de Ler).

vigário: religioso, padre.

soalheira: a hora de calor mais intenso do dia.

a) Quais são os adjetivos usados pelo narrador para caracterizar o menino Zé?

b) O que esses adjetivos podem revelar sobre a condição social do menino?

c) Qual desses adjetivos é uniforme? Por quê?

d) De acordo com a norma-padrão, pode-se flexionar um adjetivo no diminutivo como *barrigudinho*? Em que classe gramatical é comum essa flexão?

e) No conto, uma situação surpreendente provoca humor. Que situação é essa?

2. Leia este trecho, retirado de uma história de Monteiro Lobato.

> Chamava-se João Teodoro, só. O mais pacato e modesto dos homens. Honestíssimo e lealíssimo, com um defeito apenas: não dar o mínimo valor para si próprio. Para João Teodoro, a coisa de menos importância no mundo era João Teodoro.

Monteiro Lobato. Um homem de consciência. Em: Monteiro Lobato. *Cidades mortas*. São Paulo: Globo, 2008. p. 181.

- Quais dos adjetivos referentes a João Teodoro estão no grau superlativo absoluto sintético? Que sentido eles acrescentam às qualidades dele?

APLICAR

3. Reescreva o texto com as palavras do quadro, fazendo as alterações necessárias.

| de aranha | vivo | comprido | escuro |
| da gaiola | duro | de arame | terrível |

> Nossa casa tinha um porão cheio de mistério. Por causa dos ratos, que transmitiam doenças ★, minha mãe não deixava brincar lá, mas o Arlindo e eu desobedecíamos. Com medo, rastejávamos entre as tranqueiras do porão ★, aflitos com as teias ★ que grudavam na boca.
>
> Na entrada do porão, meu tio Constante armava uma ratoeira ★ em forma de gaiola ★, com um pedaço de queijo ★ pendurado no fundo. Quando o rato mordia a isca, a mola soltava e trancava a porta ★, com força. Prendia o rato ★. [...]

Drauzio Varella. Os passarinhos. Em: Drauzio Varella. *Nas ruas do Brás*. São Paulo: Companhia das Letrinhas, 2000. p. 19-20.

4. APLICAR Faça as **atividades interativas** para praticar seus conhecimentos.

A LÍNGUA NA REAL

O VALOR SEMÂNTICO DA FLEXÃO DOS ADJETIVOS

1. Leia a notícia a seguir, publicada no jornal *Correio Braziliense*.

Cientistas fazem lista com *top* 10 de novas espécies "queridinhas"

Elas são as "mais mais" da ciência. De aranha a lesma-do-mar, passando por bromélia e bicho-pau, mereceram estar na lista *Top* 10 Instituto Internacional de Exploração de Espécies (IISE, sigla em inglês) devido a características físicas ou comportamentais inusitadas.

A lista é compilada anualmente por um comitê de taxonomistas que tem o duro trabalho de selecionar as *Top* 10 dentre cerca de 18 mil novas espécies descobertas no ano anterior. "A última fronteira inexplorada da Terra é a biosfera. Nós apenas começamos a explorar a origem impressionante, a história e a diversidade da vida", diz Quentin Wheeler, diretor e fundador do IISE. Os cientistas acreditam que cerca de 10 milhões de espécies ainda esperam para serem descobertas — cinco vezes o número das que já são conhecidas pela ciência.

"Um inventário de plantas e animais que começou no século 18 continua sendo construído, com a descoberta de cerca de 18 mil espécies a cada ano. As quase 2 milhões nomeadas até hoje representam uma pequena fração dos 12 milhões que estimamos existirem", afirma Wheeler. "Entre os 10 milhões restantes, estão pistas fundamentais para nossa própria origem, uma planta detalhada de como a biosfera se auto-organizou, além de pistas preciosas sobre maneiras melhores, mais eficientes e mais sustentáveis de atender às necessidades humanas, ao mesmo tempo em que se conserva a vida selvagem. O *Top* 10 é uma lembrança das maravilhas que estão à nossa espera", continua.

Paloma Oliveto. Cientistas fazem lista com *top* 10 de novas espécies "queridinhas". *Correio Braziliense*, 21 maio 2015. Disponível em: <http://www.correiobraziliense.com.br/app/noticia/ciencia-e-saude/2015/05/21/interna_ciencia_saude,483987/instituto-internacional-de-exploracao-de-especies-lista-seres-top-10.shtml>. Acesso em: 2 ago. 2018.

↑ Essa lesma-do-mar, descoberta no Japão, venceria facilmente um concurso de beleza. Mas, mais do que um rostinho lindo, ela é o elo perdido entre as lesmas que se alimentam de hidroides e aquelas especializadas em corais. A nova espécie, batizada de *Phyllodesmium acanthorhinum*, também contribuiu para compreender melhor a origem da simbiose que mantém com os corais.

hidroide: animal aquático semelhante à hidra.

taxonomista: aquele que se especializa em taxonomia, ciência que se dedica à classificação dos seres vivos.

a) Qual fato é divulgado pela notícia?
b) No lide, qual é o sentido da expressão entre aspas? Ela indica que, na notícia, é usado um registro formal ou informal?
c) Identifique no lide a expressão que indica o critério de seleção das espécies inseridas na lista. Que adjetivo é essencial nessa informação?
d) No segundo parágrafo, que adjetivo caracteriza o trabalho dos taxonomistas?
e) Esse adjetivo está em sentido figurado. Qual é o sentido desse termo?

2. Na notícia, há depoimentos do diretor do instituto responsável pela seleção.
   a) Qual das falas indica as possibilidades oferecidas pelas espécies descobertas?
   b) Nessa fala, que expressão é formada por um substantivo acompanhado de adjetivos que sofrem flexão de grau? Indique o tipo de flexão de grau.
   c) Esse tipo de flexão intensifica qual informação presente no depoimento?

3. No título da notícia, há um adjetivo entre aspas e no grau diminutivo. O que as aspas indicam nesse caso? Que efeito se obtém ao usar o adjetivo no diminutivo?

ANOTE AÍ!

No **registro informal**, muitas vezes os **adjetivos** são flexionados no grau **diminutivo** para expressar carinho, intensidade, valor negativo, etc.

ESCRITA EM PAUTA

SÍLABA TÔNICA E ACENTUAÇÃO DAS OXÍTONAS E DAS PROPAROXÍTONAS

1. Leia a tira a seguir.

Laerte. *Gato e Gata*.

a) Que situação provoca humor na tira?

b) Leia em voz alta as palavras *gato*, *único* e *está*. Qual sílaba dessas palavras é pronunciada com mais intensidade?

As palavras *gato*, *único* e *está* têm uma sílaba pronunciada com mais intensidade. Essa sílaba recebe o nome de **sílaba tônica**.

> **ANOTE AÍ!**
> **Sílaba tônica** é a sílaba pronunciada de forma **mais intensa**.
> **Sílaba átona** é a sílaba pronunciada de forma **menos intensa**.

De acordo com a posição da sílaba tônica, as palavras de duas ou mais sílabas recebem a seguinte classificação:

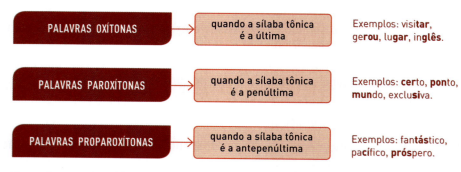

2. No caderno, classifique as palavras em negrito quanto à sílaba tônica.

a) Meus **avós** vieram de cidades distantes.

b) Deixaram um **lápis** sobre a mesa da sala.

c) Os amigos alugaram um **chalé** na praia.

d) A professora recebeu um **buquê** de rosas.

e) Os **pássaros** sobrevoavam toda a cidade.

f) A família levou os utensílios para o **depósito**.

g) Os atores vestiram roupas de **época**.

h) O **trabalho** pôde ser feito no tempo previsto.

ACENTUAÇÃO DAS OXÍTONAS E DAS PROPAROXÍTONAS

3. Leia a notícia a seguir.

> **Nasa lançará robô para estudar solo de Marte somente em 2018**
>
> A Nasa (agência espacial americana) afirmou nesta quarta-feira (9) que remarcou para 5 de maio de 2018 o lançamento para Marte do robô americano InSight, inicialmente previsto para março deste ano.
>
> O adiamento, que foi anunciado em dezembro, foi devido a um problema em um instrumento de medição sísmica fornecido pelo Centro Nacional de Estudos Espaciais da França (CNES), que é fundamental para essa missão.
>
> Esta falha técnica e sua reparação forçaram a agência espacial norte-americana a esperar que se abra outra janela de lançamento mais favorável. Se o lançamento ocorrer em 5 de maio de 2018, o robô chegará a Marte em 26 de novembro do mesmo ano.
>
> "A compreensão do subsolo de Marte é um objetivo de planetólogos há muitas décadas [...]", afirmou John Grunsfeld, chefe de programas científicos da Nasa.

↑ Rascunho da sonda InSight, enviada para Marte em 2018.

Nasa lançará robô para estudar solo de Marte somente em 2018. *Folha de S.Paulo*, 10 mar. 2016. Disponível em: <http://www1.folha.uol.com.br/ciencia/2016/03/1748339-nasa-lancara-robo-para-estudar-solo-de-marte-somente-em-2018.shtml>. Acesso em: 2 ago. 2018.

a) Nas palavras *lançará*, *robô* e *chegará*, qual é a posição da sílaba tônica?
b) Quanto à tonicidade, qual é a classificação dessas palavras?
c) Nesses termos, o acento gráfico é aplicado em que letra da sílaba tônica?

4. Considere os termos *sísmica*, *técnica*, *planetólogos*, *décadas* e *científicos*.
a) Qual é a posição da sílaba tônica dessas palavras?
b) Qual é a classificação dessas palavras quanto à tonicidade?
c) Quanto à acentuação gráfica, qual é a semelhança entre essas palavras?

> **ANOTE AÍ!**
>
> São acentuadas as **oxítonas terminadas em** *-a*, *-e*, *-o*, *-em*, **seguidas ou não de** *-s*. **Todas** as palavras **proparoxítonas** são acentuadas.

5. Leias as palavras abaixo e, no caderno, justifique a acentuação gráfica delas.

ônibus	depósito	autêntico	dálmata
você	alô	parabéns	guaraná

6. **APLICAR** Faça as **atividades interativas** para praticar seus conhecimentos.

> **ETC. E TAL**
>
> ***Austroposeidon magnificus* e *Aedes aegypti*? Quê!?**
>
> Presentes nos textos desta unidade, esses nomes referem-se, respectivamente, a uma espécie de dinossauro e ao mosquito transmissor do vírus zika. São nomes científicos escritos em latim, uma língua que não é mais falada. Esse sistema de nomenclatura evita confusão entre os pesquisadores, pois os nomes são exclusivos. Outra regra importante é que os nomes devem ser duplos: a primeira palavra, iniciada em letra maiúscula, indica o gênero, e a segunda, em letra minúscula, designa a espécie. Nos textos escritos, eles sempre recebem destaque (itálico ou sublinhado).

AGORA É COM VOCÊ!

NOTÍCIA RADIOFÔNICA

PROPOSTA

O rádio é um meio de comunicação de grande alcance. Você provavelmente já ouviu o noticiário de uma emissora de rádio. Nesta seção, você vai produzir, em grupo, notícias radiofônicas de interesse da comunidade escolar e apresentá-las oralmente na escola, por meio de um jornal oral.

GÊNERO	PÚBLICO	OBJETIVO	CIRCULAÇÃO
Notícia radiofônica	Comunidade escolar	Apresentar um jornal oral	Jornal oral na escola

PLANEJAMENTO E ELABORAÇÃO

1. Leia o texto a seguir. Trata-se de uma notícia escrita para ser veiculada oralmente pela Agência do Rádio Brasileiro (ARB).

> **Resultado do Enem será divulgado nesta quarta-feira (18)**
>
> O resultado final das provas do Exame Nacional do Ensino Médio, o Enem, de 2016, será divulgado nesta quarta-feira (18). O Instituto Nacional de Estudos e Pesquisas Educacionais Anísio Teixeira, o Inep, decidiu antecipar a divulgação do exame que estava prevista para o dia 19.
>
> No resultado, os estudantes que realizaram o Enem vão ficar sabendo quanto tiraram em cada uma das quatro provas do exame: ciências humanas, ciências da natureza, linguagens e matemática. Além disso, os candidatos também terão acesso à nota da redação, cujo tema foi a intolerância religiosa no Brasil.
>
> Também na quarta-feira, será realizada uma entrevista coletiva de imprensa, na qual o Ministério da Educação deverá divulgar o calendário e as regras do Sistema de Seleção Unificada, o Sisu, que seleciona estudantes para vagas em universidades públicas com base na nota no Enem.

Agência do Rádio Brasileiro. João Paulo Machado. Resultado do Enem será divulgado nesta quarta-feira (18), 17 jan. 2017. Disponível em: <http://site.agenciadoradio.com.br/noticiaView.zhtml?codigoNoticia=PRAN170079>. Acesso em: 3 ago. 2018.

2. A notícia radiofônica é transmitida oralmente. Portanto, contém os elementos essenciais de uma notícia e usa recursos da oralidade para prender a atenção do ouvinte. Costuma ser produzida por escrito, levando em consideração o fato de circular por meio sonoro. Verifique na notícia reproduzida:

   a) O título responde a quais perguntas essenciais sobre o fato divulgado?

   b) Para prender a atenção do ouvinte, a cada parágrafo, informações anteriores são retomadas e relacionadas com informações novas. Que informações do título cada parágrafo retoma? E que dados acrescenta?

3. Organizem-se em grupos. Cada equipe deve escolher um tema geral: cultura, ciência, cidade, esporte, economia, etc. O grupo produzirá duas ou três notícias sobre o tema escolhido.

4. Considerando os interesses do público-alvo, selecionem os fatos que vocês vão divulgar. Pesquisem sobre eles tendo como base as questões essenciais de uma notícia: o quê, quem, onde, quando, como e por quê.

5 Escrevam as notícias atentando para estes itens:

- No título, indiquem o fato e, na notícia, informem suas circunstâncias.
- Organizem as informações em frases curtas e objetivas, retomando, a cada parágrafo, informações essenciais e acrescentando outras.
- Usem o registro formal para conferir credibilidade aos fatos.
- Cada notícia deverá ser transmitida em 1 minuto.

MÚLTIPLAS LINGUAGENS

1. Ouçam um noticiário radiofônico. Na introdução, há uma saudação ao público e são mencionados o nome do jornal e as notícias principais? Há acompanhamento sonoro? Como o noticiário é finalizado?

2. **ANALISAR** Agora, ouçam a **notícia** que foi lida anteriormente, conforme foi veiculada na rádio. As frases são curtas ou longas? As informações básicas sobre o fato são retomadas ou transmitidas uma só vez? Como é o tom de voz do locutor: sempre o mesmo ou há variação? Ele faz pausas longas ou breves?

Nos ensaios de apresentação das notícias, experimentem os recursos de voz e de linguagem observados nos noticiários analisados.

6 Depois de analisar o noticiário, retomem as notícias que vocês escreveram para revisá-las, tendo em vista a adequação às características do gênero e a alguns dos elementos observados no noticiário.

CIRCULAÇÃO

1 Para a transmissão do jornal, a turma deve escolher um âncora, que vai abrir e fechar o noticiário, e os repórteres, que apresentarão as notícias.

2 O âncora deve ensaiar as saudações inicial e final e a introdução das notícias. Também definirá a ordem em que elas serão apresentadas.

3 Ensaiem a apresentação das notícias. Observem o tempo de fala. Trabalhem a entonação da voz, destacando as informações principais. Como no momento da transmissão é possível ter a notícia em mãos, assinalem os trechos em que será usada uma entonação diferenciada para destacar informações.

4 Antes da transmissão do jornal, deverá haver um ensaio geral do noticiário, considerando a introdução, a ordem das notícias e o fechamento do jornal.

5 Com a ajuda do professor, organizem a transmissão. Como o jornal é oral, o público não poderá vê-la, mas deverá ouvir tudo adequadamente.

AVALIAÇÃO

1 Após a transmissão do jornal, avaliem o trabalho com base nestas questões.

ELEMENTOS DA NOTÍCIA RADIOFÔNICA
As notícias responderam às questões essenciais sobre os fatos divulgados?
As notícias foram apresentadas de modo objetivo e utilizando o registro formal?
Os repórteres e o âncora empregaram entonação e ritmo adequados?
O âncora introduziu adequadamente as notícias e saudou o público do noticiário?

INVESTIGAR

As mulheres na ciência

Para começar

Se pedissem a você que mencionasse o nome de alguém importante para a ciência, você citaria uma mulher? Você sabia que, no meio científico brasileiro, uma mulher tem menos chance de obter financiamento para pesquisa? Nesta seção, você produzirá uma pesquisa bibliográfica para conhecer algumas cientistas. Depois, vai elaborar uma ficha de leitura para uma exposição oral sobre as mulheres na ciência.

O PROBLEMA	A INVESTIGAÇÃO	MATERIAL
Quem foram as cientistas mais importantes e quais foram suas contribuições?	**Procedimento:** pesquisa bibliográfica. **Instrumentos de coleta:** referências teóricas.	• computador com acesso à internet • livros e revistas • caderno para anotações • caneta • cartolina

Procedimentos

Parte I – Planejamento

1. Em grupos, pesquisem e anotem: Que mulheres contribuíram para o desenvolvimento científico? Em que país viveram e em que período? Anotem o nome das cientistas e o período histórico em que viveram. Não há um número máximo de cientistas que podem ser escolhidas. Quanto mais, melhor!

2. No dia marcado pelo professor, apresentem a lista das cientistas que identificaram. O professor fará uma lista única com as cientistas descobertas pela turma.

3. Escolham uma das cientistas da lista e pesquisem sobre sua vida e sua obra. Cada grupo deverá pesquisar sobre uma cientista diferente.

Parte II – Seleção das fontes de pesquisa

1. Vocês poderão utilizar diferentes tipos de fontes de pesquisa, como:
   - livros paradidáticos ou biografias;
   - revistas de divulgação científica, como *Galileu*, *Superinteressante*, *Ciência Hoje*, *Ciência Hoje das Crianças*, etc;
   - *sites* de instituições de ensino, de divulgação científica ou páginas de especialistas.

2. Vocês podem ir à biblioteca da escola, do bairro ou da cidade para consultar materiais impressos e digitais.

3. Dos textos pesquisados, selecionem um para a próxima etapa. Pode ser uma biografia, um artigo de divulgação científica, uma publicação em *blog* de especialista, etc.

Parte III – Elaboração da ficha de leitura

1. Leiam o texto selecionado por vocês, conforme indicado nas três etapas de leitura apresentadas a seguir.

   1ª etapa: leitura integral do texto. Neste momento, cada integrante do grupo vai ler individualmente o texto na íntegra, buscando apreender seu sentido geral.

2ª etapa: leitura tomando notas. Cada integrante relê o texto com o cuidado de:
- anotar as palavras cujo sentido não compreendeu e buscar seus significados;
- anotar as informações mais interessantes, considerando o que gostaria de lembrar no futuro sobre a cientista;
- transcrever trechos do texto, colocando-os entre aspas e indicando o número da página (se houver) da qual foram copiados.

3ª etapa: leitura comparativa. Cada um lê o texto com suas anotações. Verifique:
- se anotou todas as informações relevantes sobre a cientista e seu trabalho;
- se, nesta etapa, você compreendeu todas as palavras e o sentido geral do texto; caso contrário, procure o professor para tirar dúvidas.

❷ Organize sua ficha de leitura. Ela deve conter:
- tema da pesquisa: nome da cientista, data de nascimento e morte, se for o caso;
- indicação da fonte de pesquisa: nome do autor, título, nome do veículo em que o texto foi publicado, local e data de publicação, nome da editora, se houver;
- suas anotações sobre o texto, organizadas em itens.

❸ Troque sua ficha de leitura com a de um colega do grupo. Um lerá a ficha do outro, observando as informações consideradas mais relevantes pelo colega. Notem que, apesar de todos terem lido o mesmo texto, há diferenças quanto aos destaques.

Ilustrações: Gil Tokio/Pingado/ID/BR

Questões para discussão

1. Você sabia da existência dessas mulheres cientistas?
2. Que informação surpreendente sobre essas cientistas você encontrou?
3. Você e os colegas de grupo destacaram as mesmas informações do texto?
4. Das contribuições pesquisadas, quais você considera as mais relevantes? Justifique.

Comunicação dos resultados

Exposição oral sobre mulheres na ciência

Planejem a exposição do grupo sobre a cientista pesquisada. Para isso, tomando como base as fichas de leitura, decidam: os dados que vão apresentar, o formato e a ordem da apresentação. Elaborem também *slides* para apoiar a apresentação, lembrando que eles são um recurso de apoio para a fala e devem ser organizados de acordo com a ordem das apresentações. Além disso, só permitem a exposição de textos curtos ou imagens; portanto, em cada um deles pode haver apenas, por exemplo, alguns itens com a síntese de uma fala. Lembrem-se de que a exposição será feita na sala de aula e que será preciso usar o registro formal.

Para chamar a atenção da comunidade escolar para a pesquisa, elaborem cartazes com foto ou ilustração da cientista e as principais informações sobre sua vida e obra.

Durante a apresentação dos demais grupos, anotem no caderno as informações mais relevantes, bem como dúvidas e comentários. Ao final das apresentações, exponham as dúvidas e as opiniões de modo educado, usando bons argumentos para defender suas ideias. Respeitem os turnos de fala durante a interação com os colegas.

133

ATIVIDADES INTEGRADAS

Leia a notícia abaixo, publicada no jornal *Folha de S.Paulo*, e responda às questões.

ciência

Babuínos fazem sons semelhantes às vogais a, e, i, o, u, diz estudo

Os babuínos fazem sons semelhantes às vogais a, e, i, o, u, afirmaram pesquisadores nesta quarta-feira (11), sugerindo que alguns macacos tiveram a capacidade física para a linguagem por milhões de anos.

Os resultados, publicados na revista científica *Plos One*, acrescentam uma nova dimensão ao longo debate sobre como a linguagem começou e evoluiu, ao mostrar que os babuínos possuem uma língua e laringe que lhes permite fazer uma série de sons parecidos com vogais.

↑ Babuíno no zoológico de Outeiro de Rei, na Espanha.

"Esta é a primeira vez que mostramos isso em um primata não humano", disse o coautor Joel Fagot, pesquisador do Centro Nacional de Pesquisa Científica (CNRS) da França.

"Isso sugere que a fala humana tem uma história evolutiva muito longa" e surgiu muito antes do homem moderno, afirmou à AFP.

Muitos cientistas acreditam que a origem da linguagem é relativamente recente, tendo surgido nos últimos 70 000-100 000 anos, disse uma declaração do CNRS.

Mas o estudo atual sugere que as habilidades de articulação para a fala podem remontar a 25 milhões de anos atrás, até o último ancestral comum compartilhado por seres humanos e macacos, conhecido como *Cercopithecoidae*.

Alguns pesquisadores argumentaram que os primatas não humanos – juntamente com os neandertais e os bebês humanos até a idade de um ano – são incapazes de fazer sons diferenciados necessários para a linguagem porque sua laringe estava situada muito alta.

Para testar esta teoria em babuínos, os cientistas analisaram mais de 1 300 vocalizações feitas por 15 babuínos da Guiné, tanto machos quanto fêmeas, que estavam vivendo em um centro de primatas em Rousset-sur-Arc, na França.

Os pesquisadores descobriram que sons comparáveis às vogais a, e, i, o, u eram detectáveis em suas vocalizações, sejam estas chamadas de acasalamento, grunhidos, latidos ou o som de duas sílabas – "wahoo".

Embora seja intrigante que os babuínos tenham essa capacidade, isso não significa necessariamente que eles são capazes de falar.

Os babuínos podem fazer barulhos que soam como vogais – e eles podem fazer vocalizações diferentes para várias situações –, mas eles não têm a ampla gama de significados complexos contidos na linguagem humana.

Outros pesquisadores envolvidos no estudo são da Universidade de Grenoble, da Universidade de Montpellier e da Universidade do Alabama.

Babuínos fazem sons semelhantes às vogais a, e, i, o, u, diz estudo. *Folha de S.Paulo*, 12 jan. 2017. Disponível em: <http://www1.folha.uol.com.br/ciencia/2017/01/1849046-babuinos-fazem-sons-semelhantes-as-vogais-a-e-i-o-u-diz-estudo.shtml>. Acesso em: 8 ago. 2018.

> **laringe:** órgão em forma de tubo, situado entre a faringe e a traqueia. Uma de suas funções é a produção do som.

ANALISAR E VERIFICAR

1. Com base no título da notícia, responda:
   a) Qual é o fato central da notícia?
   b) O título é objetivo, conforme se espera em uma notícia? Justifique sua resposta.
   c) Em sua opinião, quem teria interesse em ler a respeito desse assunto? Por quê?

2. Observe e analise a estrutura da notícia.
   a) O lide responde a que perguntas básicas do jornalismo: o quê, quem, quando, onde, como e por quê? Quais as respostas dadas a cada uma delas?
   b) As demais perguntas são respondidas em outros parágrafos do texto. Identifique quais são essas perguntas e em que parágrafos elas são respondidas.

3. Ao ler a notícia, o que é possível deduzir a respeito da revista *Plos One*?

4. Releia a primeira declaração de especialista reproduzida na matéria.
   a) Identifique o verbo de elocução utilizado.
   b) Que outra forma verbal poderia ser empregada para indicar essa declaração?

5. Releia a seguinte fala do pesquisador responsável pelo estudo:

   "Isso sugere que a fala humana tem uma história evolutiva muito longa"

   a) Que informação na notícia dá mais detalhes sobre essa história evolutiva?
   b) Com essa informação, que ideia pode ser superada em relação à origem da linguagem?
   c) Na fala do especialista, qual é o adjetivo utilizado para caracterizar o termo *história*? Em que gênero (masculino/feminino) ele é empregado?
   d) Nesse contexto, por que o uso desse adjetivo é relevante?
   e) Caso o substantivo *história* fosse trocado pelo substantivo *processo*, a forma do adjetivo seria a mesma? Explique.

6. A notícia sinaliza que, durante a produção do texto, alguns pesquisadores foram entrevistados. Releia o terceiro e o sétimo parágrafos para comparar a maneira como o jornalista se refere às declarações desses entrevistados.
   a) No terceiro parágrafo há a primeira fala. De que modo o pesquisador é apresentado?
   b) O sétimo parágrafo é introduzido pelo termo *alguns*. Qual é o sentido dele no trecho?
   c) Em qual dos parágrafos a opinião expressa parece ter mais credibilidade? Por quê?
   d) Considerando a resposta ao item *c*, que mudanças você faria no sétimo parágrafo?

CRIAR

7. Imagine que você fosse escolher a imagem para acompanhar a notícia. Proponha outra fotografia e justifique sua escolha. Escreva no caderno uma legenda para a imagem.

8. Geralmente, os jornalistas escrevem considerando determinado espaço. Agora, reescreva a notícia lida reduzindo-a pela metade.

9. Com base na sua resposta à questão **4** da seção *Leitura da imagem* e nas reflexões propostas ao longo da unidade, discuta, em uma roda de conversa com a turma, a importância da curiosidade para o trabalho científico.

IDEIAS EM CONSTRUÇÃO – UNIDADE 4

Gênero notícia
- Analiso e utilizo as formas de composição do gênero jornalístico notícia?
- Identifico o fato central de uma notícia e suas principais circunstâncias?
- Reconheço o título, a linha fina, o lide e o corpo de uma notícia?
- Percebo a função das imagens e de sua legenda em uma notícia?
- Reconheço palavras que mostram a opinião do produtor da notícia e percebo, com isso, a dificuldade de manter a total objetividade do texto jornalístico?
- Comparo informações e dados de diferentes veículos e mídias, analisando se são confiáveis ou não?
- Identifico as particularidades de uma notícia publicada em um veículo impresso e as especificidades de uma notícia publicada em um veículo *on-line*?
- Percebo a relação entre o tema de uma notícia e o caderno ou a seção do jornal em que foi publicada?
- Ao produzir uma notícia escrita:
  - Compreendo e respeito as condições de produção e circulação propostas?
  - Utilizo o registro formal para produzir esse gênero?
- Ao ouvir uma notícia radiofônica:
  - Percebo a entonação e o ritmo da voz do jornalista? Reconheço suas pausas?
  - Identifico o modo como o jornalista introduz e finaliza o noticiário?
- Ao transmitir uma notícia oralmente, utilizo recursos da voz, como a entonação e o ritmo, para atrair a atenção do ouvinte para minha fala?

Conhecimentos linguísticos
- Identifico adjetivos e suas funções em um texto?
- Identifico, em textos variados, as flexões de gênero, número e grau dos adjetivos?
- Reconheço as diversas possibilidades de sentido da flexão dos adjetivos no registro informal e na norma-padrão?
- Compreendo o conceito de sílaba tônica?
- Identifico palavras oxítonas e proparoxítonas, acentuando-as adequadamente de acordo com a norma-padrão?

RETOMAR
Veja o **mapa de conteúdos** da unidade 4.

UNIDADE 5

RELATO DE VIAGEM E DE EXPERIÊNCIA VIVIDA

Existem pessoas que se tornam conhecidas pelo grande público pelas grandes viagens que fazem pelo mundo, cujas histórias e aventuras são relatadas por meio de livros, filmes ou vídeos. Outras pessoas também se tornam foco dessas produções por suas experiências extraordinárias de vida, que demonstram superação de limites de modo exemplar. Emocione-se com os relatos desta unidade!

CAPÍTULO 1
Pelo mundo afora

CAPÍTULO 2
Experiências
que marcam

PRIMEIRAS IDEIAS

1. Quando alguém relata uma viagem, procura narrar vivências cotidianas ou fatos inesperados e novos? Em sua opinião, por que isso ocorre?

2. Você considera importante ouvir histórias de pessoas que superaram dificuldades e fizeram algo extraordinário? Explique sua opinião.

3. Se fosse contar a alguém uma experiência vivida, você faria um relato escrito ou oral? Por quê?

4. Explique a diferença entre as expressões *a cadeira* e *uma cadeira*.

5. Que tipo de expressão você usa quando recebe uma notícia boa?

LEITURA DA IMAGEM

1. Sob qual perspectiva o fotógrafo registrou essa foto?
2. O que está retratado na imagem? Justifique.
3. Formule uma hipótese sobre a pessoa representada na foto: o que ela está fazendo? Explique.
4. A foto mostra um tipo de ambiente em que as pessoas precisam cooperar umas com as outras para sobreviver. Em que momentos no seu dia a dia o espírito de cooperação é indispensável? Por quê?
5. **ANALISAR** Assista a um vídeo sobre **viajantes do mundo** e reflita como seria sua vida se você também fosse um viajante.

Foto de uma pessoa escalando escada de corda em um barco.

Capítulo 1
PELO MUNDO AFORA

> **O QUE VEM A SEGUIR**
>
> O texto abaixo faz parte do primeiro capítulo do livro *Família Schürmann: um mundo de aventuras*. Nesse livro, Heloísa Schürmann relata uma viagem feita por ela e sua família através dos oceanos, a bordo do veleiro Aysso. Da viagem, participaram Heloísa, o marido, Vilfredo, e os filhos deles – David e Kat, uma menina de cinco anos –, além de alguns outros tripulantes. Que situação você supõe que será relatada em um capítulo intitulado "Os piratas existem!"?

TEXTO

Os piratas existem!

A tarde caminha para mais um poente vermelho. A tensão e a ansiedade encurtam a ideia de tempo real, passando-nos a sensação de que o sol desliza no céu, de forma muito rápida, buscando a linha do horizonte.

A bordo, os olhos da tripulação deixaram de maravilhar-se com o mar liso e com as velas gordas de vento, que arrastam o *Aysso* para a frente, riscando bigodes de espuma na água transparente. Olhares inquietos varrem a costa. Buscam abrigo seguro para mais uma noite. Mais que um ancoradouro, o *Aysso* precisa de um esconderijo!

— Ali, ali! — Braços agitados apontam a entrada da enseada. Desnecessária qualquer outra orientação, a larga experiência do capitão já tinha *adivinhado* a baía. Poucos minutos depois, o veleiro deslizava para o abrigo. Velas arriadas, âncora cravada no fundo de areia, era hora de relaxar os nervos. Nenhum barco à vista. A solidão e o silêncio prometiam uma noite tranquila, de bom sono, bons sonhos...

Os mapas e as cartas náuticas indicam que estamos na Ilha dos Pássaros, um santuário de aves. O calor da tarde e a água transparente convidam a um mergulho. Impossível resistir. E quem quer resistir? De volta ao barco, o crepúsculo nos reserva um espetáculo inesquecível: milhares de aves, voando em formação, como uma grande ponta de lança pontiaguda, retornam para seus ninhos, depois de um dia de pescaria em alto-mar. A algazarra é ensurdecedora. A câmara fotográfica de Vilfredo tenta registrar o momento mágico.

— *Capitan, hay un barco llegando, a estibordo!* — O aviso de Jaime quebra o encanto e nos devolve ao mundo real. O perigo está de volta...

Sul das Filipinas, Mar de Sulu, terra de piratas!

O barco, aparentemente um pesqueiro, cruza as pequenas ondas da entrada da baía e traça uma reta, rumo ao *Aysso*. A pouco mais de 100 metros, diminui a marcha, rodopia sobre o próprio eixo e larga a âncora.

— Com uma baía tão grande, precisavam chegar tão perto? — questiona Vilfredo, voz baixa, quase um pensamento. — E já que o fundo aqui é todo de areia, podiam ancorar seguros em qualquer canto.

O barco é velho, malconservado, sujo. Conto 12 homens a bordo. Como é costume na região, todos ocultam os rostos, enrolados em velhas camisetas. Alguns sentam-se na borda do barco, jogam linhas com anzóis na água. Podem estar pescando, mas quem garante? Uma garrafa roda de boca em boca. Pode ser água, mas é pouco provável. Um dos homens do grupo aponta o braço para nosso veleiro, os outros caem na gargalhada. As sombras ficam compridas. Escurece. [...]

Desde que entramos no Mar das Filipinas, há três meses, a tensão e o medo passaram a fazer parte da rotina. É preciso atenção permanente com os barcos que navegam nas proximidades. De noite, o cuidado é redobrado. [...]

Infelizmente, este não era um medo infundado. O Centro de Pirataria da Malásia, em Kuala Lumpur, emitia avisos com detalhes preocupantes, a intervalos ainda mais preocupantes. Não foram poucas as vezes em que o *Aysso* mudou seu rumo para evitar os locais de ataques recentes.

Há 16 anos nossa família navega pelos mares do mundo. [...]

Quando planejamos refazer a rota de Magalhães, sabíamos que o Mar de Sulu, por onde passou o navegador, agora era reduto de violentos piratas. Também é fato conhecido de todos os navegadores que as águas das Filipinas e da Indonésia não apenas são as mais perigosas, mas abrigam (ou seria *escondem*?) o maior reduto de piratas do mundo. Os piratas do Mar da China são famosos desde os tempos antigos, da época dos descobrimentos, quando seus juncos foram bastante romanceados. Hoje, a história é muito diferente. Os piratas modernos possuem barcos rápidos, quase sempre roubados, e armamentos pesados [...].

O que se podia fazer? Reduzir o risco ao mínimo indispensável.

Nós, as mulheres a bordo do *Aysso*, passamos a nos vestir de jeito masculino: calças compridas, camisetas largas, bonés escondendo os cabelos compridos. Brincos, pulseiras e pintura eram absolutamente proibidos. Dessa forma, além de ocultar a presença feminina a bordo, aumentávamos o número de tripulantes homens. Sempre que um barco navegava nas proximidades, Kat permanecia recolhida em sua cabine. Ao desembarcar em algum porto, qualquer porto, nada se falava sobre o barco, nunca se mencionava a rota ou o próximo destino. As armas de sinalização e os foguetes de pedido de auxílio ficavam sempre à mão [...].

Noite sem lua. Por duas vezes, o barco filipino muda de posição, dentro da baía. Buscavam um melhor pesqueiro ou, ao contrário, preparavam o ataque? Vilfredo continua vigiando. Os binóculos de visão noturna permitiam acompanhar os movimentos a bordo do barco vizinho. Os homens bebem, a algazarra é grande. Sem mais nem menos, as luzes se apagam e o barco mergulha na escuridão e no silêncio.

— Vamos embora! — o sussurro de Vilfredo é uma ordem.

Rápida e silenciosamente, cada um dos tripulantes passa a desempenhar suas tarefas. A âncora sobe sem o menor ruído, na força dos braços, sem uso do motor, que poderia denunciar nossa manobra. As velas levantadas enfunam-se com o vento. Vilfredo, no leme, conduz o *Aysso* para a saída da enseada. Tudo isso no escuro, nem a luz da bússola foi acesa. No interior do barco, apenas o radar seguia ligado.

Jaime, encarregado de vigiar com o binóculo, alerta Vilfredo:

— *Capitan, ellos bajaram los botes a l'água, con hombres...*

No mesmo instante, ouvem-se gritos. As luzes do barco voltam a se acender e fachos de luz vasculham a baía, iluminando a ilha. O *Aysso* desliza ao encontro das ondas, mar aberto, a caminho da liberdade. Os sons vão se perdendo na distância. Tiros ecoam na noite. Em que atiravam? Nunca saberemos...

O vento aumenta e permanece firme. O *Aysso* segue rápido, silencioso, mar adentro, deixando para trás a enseada, a ponta da ilha, o susto.

Infelizmente, a tensão e o medo continuariam a bordo por mais um longo tempo!

Heloísa Schürmann. *Família Schürmann*: um mundo de aventuras. Rio de Janeiro: Record, 2000. p. 12-17.

"Capitan, ellos bajaram los botes a l'água, con hombres...": frase que significa "Capitão, eles desceram os botes na água, com homens...".

"Capitan, hay un barco llegando, a estibordo!": frase que significa "Capitão, há um barco se aproximando, a estibordo", ou seja, do lado direito da embarcação.

enfunar-se: encher-se de ar ou inflar-se.

junco: embarcação a vela ou a remo chinesa, utilizada antigamente em guerras ou para o comércio.

rota de Magalhães: percurso que o navegador português Fernão de Magalhães seguiu ao fazer a primeira volta ao mundo da história (1519).

TEXTO EM ESTUDO

◼ PARA ENTENDER O TEXTO

1. Com base no boxe *O que vem a seguir* e no texto do relato, responda às questões.
   a) O que você imaginou sobre o título do relato se confirmou na leitura? Explique.
   b) De que viagem o relato trata?
   c) Quem relata essa viagem?
   d) Que meio de transporte é utilizado?
   e) Como é a região onde os fatos relatados ocorreram?

2. Nos dois parágrafos iniciais, a autora fala dos sentimentos vividos pela tripulação.
   a) O que provoca a tensão e a ansiedade mencionadas no primeiro parágrafo?
   b) Que sentimento a tripulação experimentou antes dessa tensão? A que fato esse sentimento estava relacionado?
   c) No segundo parágrafo, são utilizadas as expressões *mar liso*, *velas gordas de vento* e *riscando bigodes de espuma*. Que imagem elas constroem acerca desse momento vivenciado pela tripulação?

3. A princípio, o problema inicial enfrentado parece ter sido solucionado.
   a) Que parágrafos indicam que a tripulação obteve sucesso em sua busca?
   b) Que ações dos tripulantes revelam um momento de tranquilidade?

4. Essa tranquilidade é interrompida a partir de determinada situação.
   a) Que situação é essa?
   b) Como essa informação é apresentada ao leitor?
   c) Uma das frases do texto explicita, de forma resumida, o que se teme no território navegado. Transcreva-a.

5. A autora relata alguns acontecimentos que sugerem perigo.
   a) Que acontecimentos são esses?
   b) Além desses acontecimentos, há um dado objetivo que indica o perigo de o veleiro viajar por aquela região. Que dado é esse?

6. No relato, como são caracterizados os atuais piratas?

7. Cite três estratégias dos Schürmann para prevenir ataques dos piratas.

8. No fim do relato, os viajantes decidem sair da baía.
   a) Que pistas indicavam um possível ataque do barco filipino?
   b) Copie no caderno as frases a seguir, numerando-as de 1 a 3, de acordo com a sequência dos acontecimentos

     I. A luz do barco voltou a acender e os homens procuravam algo na baía.

     II. Ouviram-se tiros.

     III. Os tripulantes do navio filipino entraram em botes.

⦿ PASSAPORTE DIGITAL

Família Schürmann

No *site*, é possível encontrar várias informações e curiosidades sobre as expedições e os projetos da família Schürmann.

Disponível em: <http://linkte.me/egeo1>. Acesso em: 3 ago. 2018.

ANOTE AÍ!

Nos **relatos de viagem**, as **informações** são descritas para possibilitar que o leitor imagine os locais e as situações vivenciadas pelo viajante. As descrições de **sentimentos** e **sensações** vividos por quem escreve também auxilia a **caracterizar a situação** e a **sensibilizar o leitor**.

SELEÇÃO E ORGANIZAÇÃO DE INFORMAÇÕES

9. Ao longo do relato, há diversas informações relacionadas ao tempo. Além disso, também notamos a sequência em que esses fatos relatados ocorreram.

   a) Há quanto tempo a família Schürmann navegava pelo mar das Filipinas? Que outra indicação de tempo revela a experiência dessa família em navegar?

   b) Qual é a importância desse tipo de informação ao longo do relato?

10. Releia os trechos a seguir e observe as indicações de tempo destacadas.

> — Ali, ali! — Braços agitados apontam a entrada da enseada. Desnecessária qualquer outra orientação, a larga experiência do capitão já tinha *adivinhado* a baía. **Poucos minutos depois**, o veleiro deslizava para o abrigo.

> Jaime, encarregado de vigiar com o binóculo, alerta Vilfredo:
> — *Capitan, ellos bajaram los botes a l'água, con hombres...*
> **No mesmo instante**, ouvem-se gritos. As luzes do barco voltam a se acender e fachos de luz vasculham a baía, iluminando a ilha.

   a) Cada uma dessas indicações de tempo está relacionada a que ação?

   b) Que efeito a ausência das indicações de tempo produziria no texto?

11. No relato, são apresentadas indicações e características do lugar em que os acontecimentos relatados ocorreram.

   a) Copie as informações que trazem essas indicações.

   b) Esses locais estão associados a quais acontecimentos?

ANOTE AÍ!

Por seu caráter descritivo, o relato de viagem é, geralmente, escrito no tempo **presente**. Para organizar as informações e dar maior precisão aos acontecimentos são utilizados **marcadores temporais**, que comunicam quando e em que sequência os fatos ocorreram.

A objetividade e a precisão das indicações de **espaço**, bem como sua caracterização, possibilitam ao leitor associar as informações do texto aos **locais visitados**.

O CONTEXTO DE PRODUÇÃO

12. Leia as informações a seguir, retiradas do *site* da família Schürmann.

MAGALHÃES GLOBAL ADVENTURE
Mais de 40 milhões de brasileiros
acompanharam a Expedição Magalhães Global Adventure através dos programas produzidos para a televisão e transmitidos mensalmente pela Rede Globo de Televisão.

MAGALHÃES GLOBAL ADVENTURE
Internautas de 44 países
embarcaram com a Família Schurmann na Expedição Magalhães Global Adventure pela internet, acompanhando a aventura entre 1997 e 2000.

MAGALHÃES GLOBAL ADVENTURE
32.657 milhas
foi a distância navegada pela Família Schurmann durante a Expedição Magalhães Global Adventure.

Disponível em: <http://schurmann.com.br/pt/numeros>. Acesso em: 3 abr. 2018.

Disponível em: <http://schurmann.com.br/pt/numeros>. Acesso em: 31 jul. 2018.

   a) A expedição foi denominada, em português, Aventura Global Magalhães. Qual é a relação entre esse nome e a rota feita pelos viajantes?

   b) O que motivou a família a nomear a expedição com um nome em inglês?

13. A viagem da família Schürmann foi realizada em dois anos e cinco meses. Considerando essa duração, é possível que Heloísa Schürmann tenha relatado no livro tudo o que aconteceu com a família? Justifique sua resposta.

14. A expedição da família foi registrada e divulgada por diferentes veículos.

a) Quais foram esses veículos?

b) Qual é a diferença entre esses veículos, considerando o tempo em que a aventura foi divulgada?

> **ANOTE AÍ!**
>
> Os relatos de viagem reúnem **registros de fatos e acontecimentos**. Em geral, são feitas anotações durante a própria viagem e, depois, esses registros podem ser **organizados em forma de livro**, para possibilitar ao leitor conhecer as situações vividas pelos viajantes.

A LINGUAGEM DO TEXTO

15. Ao longo do relato, são utilizadas várias frases interrogativas.

a) De forma geral, a quem são dirigidas essas perguntas?

b) Qual é o efeito causado pelo uso dessas perguntas?

16. A viagem da família é relatada por Heloísa Schürmann, uma das integrantes da tripulação.

a) Escolha um trecho do texto que indique essa informação e copie as palavras que revelam que a autora do relato participou dos fatos.

b) O relato da família Schürmann é feito em primeira pessoa. Em geral, os relatos de viagem são escritos dessa forma. Qual seria o motivo?

17. Releia o seguinte trecho, retirado do relato:

> O barco é **velho**, **malconservado**, **sujo**. Conto 12 homens a bordo. Como é costume na região, todos ocultam os rostos, enrolados em **velhas** camisetas. [...] Um dos homens do grupo aponta o braço para nosso veleiro, os outros caem na gargalhada. As sombras ficam compridas. Escurece.

a) A que classe gramatical pertencem as palavras destacadas no trecho?

b) Qual é a importância dessas palavras para a construção de sentido do texto?

SÉTIMA ARTE

O mundo em duas voltas. Direção: David Schürmann. Brasil, 2007 (92 min).

O documentário retrata a viagem de volta ao mundo a bordo do veleiro Aysso. No filme, são mostrados alguns dos locais visitados pela família e algumas das situações vividas durante o percurso.

> **ANOTE AÍ!**
>
> Em geral, nos relatos de viagem, o autor registra suas **impressões pessoais** a respeito de **lugares**, **pessoas** e **situações**, com as quais se depara ao longo da viagem, procurando caracterizá-los. O **uso de adjetivos** é importante nessa caracterização, pois é justamente essa a sua função no texto. Além disso, auxilia o leitor a **visualizar** o que foi vivenciado na viagem.

> **TRABALHO EM EQUIPE**
>
> No relato de viagem de Heloísa Schürmann, é possível observar o trabalho em equipe da família e dos demais tripulantes do veleiro Aysso para superar os desafios do percurso.
>
> **1.** Qual é a importância de planejar uma viagem? Explique.
>
> **2.** No relato que você leu, diante de um perigo na viagem, todos tiveram um papel importante para a resolução do problema, cumprindo suas respectivas tarefas. Qual é a importância de atitudes como essa em um trabalho em equipe?

UMA COISA PUXA OUTRA

A viagem de Magalhães

No relato lido, você viu que a família Schürmann empreendeu uma viagem para percorrer a mesma rota seguida, em 1519, pelo português Fernão de Magalhães. O navegador planejou e comandou a primeira viagem de circum-navegação, ou seja, ao redor da Terra. Saindo da Espanha, ele chegou ao extremo sul do continente americano e, ao atravessar o estreito que hoje leva seu nome, alcançou o oceano Pacífico.

Ao sair da Europa, a tripulação contava com mais de duzentos homens — na chegada, em 1522, restavam apenas dezoito. O próprio Magalhães não regressou: morreu nas Filipinas, em 1521, e foi substituído por Juan Sebastián Elcano (1476-1526), que completou a viagem.

> **LIVRO ABERTO**
>
> *A primeira viagem ao redor do mundo*: o diário de expedição de Fernão de Magalhães, de Antonio Pigafetta. Porto Alegre: L&PM, 2011.
>
> O relato traz informações e impressões sobre a geografia, os habitantes, a flora e a fauna dos locais visitados pela expedição de Magalhães, entre eles o Brasil.

1. Antonio Pigafetta (1491-1534), encarregado de registrar os acontecimentos da viagem e um dos sobreviventes da expedição, relatou suas experiências em uma obra publicada em 1525. Leia, a seguir, um trecho desse livro e, depois, observe o mapa.

> 19 DE MAIO DE 1520 – **Porto de San Julián** – Distanciando-nos destas ilhas para continuar nossa rota, chegamos aos 49° 30' de latitude meridional, onde encontramos um bom porto. E como o inverno se aproximava, julgamos ser aconselhável passar ali aquela má estação.
>
> **Um gigante** – Transcorreram dois meses sem que víssemos nenhum habitante do país. Um dia, quando menos esperávamos, um homem de figura gigantesca se apresentou ante nós. Estava sobre a areia, quase nu, e cantava e dançava ao mesmo tempo, jogando poeira sobre a cabeça. [...] Este homem era tão grande que nossas cabeças chegavam apenas até a sua cintura. [...]

Antonio Pigafetta. *A primeira viagem ao redor do mundo*: o diário da expedição de Fernão de Magalhães. Porto Alegre: L&PM, 2011. *E-book*.

← Mapa de 1602, publicado em Amsterdã (Holanda), que mostra o estreito de Magalhães.

a) No relato da família Schürmann e no de Pigafetta, há em comum a referência a uma situação que se apresenta a quem viaja pelos mares. Que situação é essa?

b) Os perigos enfrentados ou imaginados pelos antigos e pelos atuais navegadores são os mesmos? Explique.

LÍNGUA EM ESTUDO

ARTIGO E NUMERAL

ARTIGO

1. Releia este trecho do relato de viagem da família Schürmann:

> Os **mapas** e as **cartas** náuticas indicam que estamos na Ilha dos Pássaros, um **santuário** de aves. O **calor** da tarde e a **água** transparente convidam a um **mergulho**. Impossível resistir. E quem quer resistir? De volta ao barco, o **crepúsculo** nos reserva um **espetáculo** inesquecível: milhares de aves, voando em formação, como uma grande ponta de lança pontiaguda, retornam para seus ninhos, depois de um dia de pescaria em alto-mar. A **algazarra** é ensurdecedora. A **câmara** fotográfica de Vilfredo tenta registrar o momento mágico.

a) A que classe pertencem as palavras em destaque?

b) Anote no caderno a palavra que antecede cada um dos termos destacados.

2. Observe a expressão *um espetáculo inesquecível*, retirada do trecho acima.
   a) Que situação é caracterizada assim?
   b) É possível supor que, dos fatos vividos nessa viagem, esse foi o único momento em que a autora sentiu uma forte emoção?
   c) O sentido dessa expressão poderia ser alterado por um artigo? Explique.

3. Releia a primeira frase do trecho transcrito na atividade 1.
   a) A que gênero (masculino ou feminino) pertence a palavra *mapas*? E a palavra *cartas*? Como você chegou a essas conclusões?
   b) Qual seria uma das funções das palavras *os* e *as*?

Os artigos podem se unir a outras palavras, como nos exemplos a seguir.

| de + a = da | de + o = do | em + a = na | em + o = no |
| de + as = das | de + os = dos | em + as = nas | em + os = nos |

ANOTE AÍ!

Artigo é uma palavra que antecede o substantivo e tem a função de particularizá-lo ou generalizá-lo. Os artigos variam em **gênero** (masculino ou feminino) e em **número** (plural ou singular), de acordo com o substantivo que acompanham. Os artigos podem ser **definidos** ou **indefinidos**.

146

NUMERAL

4. Leia, a seguir, um trecho de um relato de viagem ao Everest.

> Quando o avião levantou voo com destino a Miami, no dia 31 de agosto de 1991, **levava a bordo apenas três integrantes da expedição**: Barney, Kenvy e eu. Éramos a primeira parte do grupo a deixar o Brasil. Fomos para os EUA somente com a bagagem de mão, para comprar os equipamentos de montaria, fotografia, filmagem e radiocomunicação. **O restante da equipe permaneceria no Brasil** mais duas semanas acertando os últimos detalhes.

Thomaz Brandolim. *Everest*: viagem à montanha abençoada. 6. ed. Porto Alegre: L&PM, 2002. p. 34.

a) Compare as duas frases destacadas no trecho. Qual delas apresenta informações mais precisas em relação à quantidade de pessoas? Explique.
b) Qual é a importância de fornecer informações precisas no relato de viagem?
c) O que a palavra *primeira* indica em relação aos viajantes? Justifique.

RELACIONANDO

Em relatos de viagem, o uso adequado dos artigos é muito importante para a construção dos sentidos do texto, pois essa classe de palavras possibilita generalizar ou particularizar sentimentos, impressões, situações. Os numerais também têm uma função relevante nesse gênero textual, pois possibilitam precisão no relato dos acontecimentos.

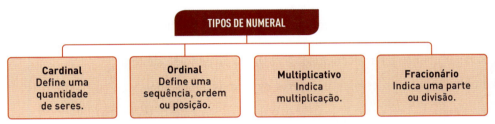

TIPOS DE NUMERAL

- **Cardinal** – Define uma quantidade de seres.
- **Ordinal** – Define uma sequência, ordem ou posição.
- **Multiplicativo** – Indica multiplicação.
- **Fracionário** – Indica uma parte ou divisão.

Veja a diferença entre algarismos (sinais gráficos) e numerais (palavras):

ALGARISMOS		NUMERAIS			
Arábicos	Romanos	Cardinais	Ordinais	Multiplicativos	Fracionários
1	I	um	primeiro	–	–
2	II	dois	segundo	dobro, duplo, dúplice	meio ou metade
3	III	três	terceiro	triplo ou tríplice	terço
4	IV	quatro	quarto	quádruplo	quarto
5	V	cinco	quinto	quíntuplo	quinto
6	VI	seis	sexto	sêxtuplo	sexto
7	VII	sete	sétimo	séptuplo	sétimo
8	VIII	oito	oitavo	óctuplo	oitavo
9	IX	nove	nono	nônuplo	nono
10	X	dez	décimo	décuplo	décimo
50	L	cinquenta	quinquagésimo	–	–
100	C	cem	centésimo	cêntuplo	centésimo
1 000	M	mil	milésimo	–	milésimo

ANOTE AÍ!

Numerais são palavras que têm a função de indicar **quantidades definidas**. Além de quantidades, os numerais podem expressar a ideia de **ordenação**.

147

ATIVIDADES

RETOMAR E COMPREENDER

1. Leia a tira.

Dik Browne. *O melhor de Hagar, o Horrível*. Porto Alegre: L&PM, 2006. v. 2. p. 126.

a) Por que Hagar empregou o artigo definido *o* para se referir ao castelo e o artigo indefinido *um* para se referir ao mágico?

b) Como Hagar chegou a essa conclusão a respeito do dono do castelo?

2. Leia os ditados populares a seguir e observe os termos destacados.

> Em terra de cego, quem tem **um** olho é rei.

> Mais vale **um** pássaro na mão do que dois voando.

- Nesses ditados populares, o termo *um* indica que os substantivos *olho* e *pássaro* são indefinidos ou indica quantidade? Justifique sua resposta.

APLICAR

3. Complete cada lacuna com os artigos *o* ou *a*, de acordo com o significado do substantivo entre parênteses.

   a) ★ cabeça (parte do corpo)
   b) ★ cabeça (líder)
   c) ★ capital (cidade que é a sede de governo)
   d) ★ capital (dinheiro)
   e) ★ grama (unidade de medida)
   f) ★ grama (planta)

4. Complete as frases a seguir com o numeral adequado.

   a) Carlos tem 7 anos, Pedro tem 14. Pedro tem ★ da idade de Carlos. (a metade / o dobro / um terço)

   b) Cristina ganhou a corrida; Ana chegou logo atrás dela. Ana chegou em ★ lugar. (primeiro / segundo / terceiro)

   c) Havia meia dúzia de laranjas na geladeira. Alfredo usou três laranjas para fazer suco. Alfredo, portanto, usou ★ das laranjas que havia na geladeira. (todas / metade / um quarto)

   d) Maria comeu três brigadeiros na festa. João comeu nove. João comeu ★ de brigadeiros. (a metade / um terço / o triplo)

5. **APLICAR** Faça as **atividades interativas** para praticar seus conhecimentos.

A DETERMINAÇÃO E A INDETERMINAÇÃO EM RELATOS

1. Leia este trecho de um relato de viagem das irmãs Klink, filhas de Amyr Klink.

> Um dia, estávamos preparando a festa de aniversário do Flávio (tripulante do barco), fazendo o bolo e os brigadeiros, quando, de repente, os talheres foram jogados para longe. Ouvimos o barulho da barriga do barco raspando em pedras. O barco começou a tremer e a balançar. Corremos para ver o que tinha acontecido. Estávamos encalhados a 30 centímetros de profundidade da água. Que sorte nosso barco ser de alumínio! Só pelo barulho, um barco com casco de madeira já estaria no fundo do mar. O esforço para sairmos de lá foi grande. Nosso pai manobrava a "nossa casa", e o Flávio, um bote. Os dois faziam de tudo para sairmos das pedras que não estavam nas cartas náuticas. As ondas ajudavam a empurrar o barco para um lado e para o outro. O barco tombou e ficou meio de lado e, então, caiu estrondosamente na água, formando ondas no mar. [...]

Laura, Tamara e Marina Klink. *Férias na Antártica*. São Paulo: Grão, 2014. p. 56.

LIVRO ABERTO

Férias na Antártica, de Laura, Tamara e Marininha Klink. São Paulo: Grão, 2010.

O livro traz o relato das três irmãs Klink, filhas do navegador Amyr Klink, com lembranças de cinco expedições que fizeram com a família ao continente antártico.

a) Que situação de perigo é relatada?
b) Que informações presentes nesse trecho utilizam algarismos e numerais?
c) Caso essas informações fossem retiradas do relato, que mudança haveria?
d) Ao longo do trecho, que artigo antecede o substantivo *barco* quando este se refere ao transporte da família? Explique o sentido criado pelo artigo.
e) Ao indicar outro tipo de barco, que se opõe ao da família, que artigo é utilizado? Explique o sentido expresso pelo artigo.

2. Leia este outro trecho, também de um relato de viagem:

> Éramos quatro alpinistas de três países diferentes – dois poloneses, um americano e um brasileiro – mas com um único objetivo: fazer a primeira ascensão durante o inverno do Monte Makalu, de 8 470 metros de altitude, a quinta montanha mais alta do mundo, no coração da Cordilheira do Himalaia. Os outros cinco alpinistas da equipe estavam no campo-base avançado, quase dois quilômetros abaixo, ansiosos, aguardando os acontecimentos.

Thomaz Brandolim. *Everest*: viagem à montanha abençoada. 6. ed. Porto Alegre: L&PM, 2005. p. 10.

a) No trecho, aparecem numerais indicadores de quantidades definidas e algarismos que substituem os numerais. A que se referem esses algarismos?
b) O que a palavra *quinta* indica em relação ao monte Makalu?
c) Por que razão foram dadas informações tão precisas sobre a altitude do monte Makalu e sua posição na lista dos montes mais altos?
d) Qual é a importância dos numerais em um relato de viagem? Comente sua resposta, levando em conta a especificidade e as características dos numerais em relatos de viagem.

ANOTE AÍ!

Os **artigos** auxiliam o leitor a reconhecer o caráter geral ou particular dos substantivos que eles acompanham, conferindo a esses substantivos a ideia de **determinação** ou **indeterminação**. Os **numerais** indicam quantidades definidas e ajudam a **especificar** as informações apresentadas nos relatos.

AGORA É COM VOCÊ!

ESCRITA DE RELATO DE VIAGEM

PROPOSTA

Você viu que um relato de viagem pode ser escrito em um momento posterior àquele em que os fatos vividos ocorreram. Inspirado nisso, agora é a sua vez de produzir um relato de uma viagem ou de um passeio que tenha sido marcante. Após a elaboração dos textos, você e a turma vão montar um livro de relatos de viagem. O professor vai organizar o empréstimo do livro para a comunidade escolar. Com isso, os leitores entrarão em contato com aventuras, lugares e pessoas que estão fora do universo cotidiano deles!

GÊNERO	PÚBLICO	OBJETIVO	CIRCULAÇÃO
Relato de viagem	Comunidade escolar	Relatar uma viagem ou um passeio que tenha sido marcante	Livro de relatos que irá circular pela comunidade escolar

PLANEJAMENTO E ELABORAÇÃO DO TEXTO

1. O primeiro passo é definir sobre qual viagem ou passeio você escreverá. Anote as lembranças dos lugares que visitou e os acontecimentos mais relevantes.

2. Para fazer esse levantamento inicial, oriente-se pelas questões abaixo.
   - Qual(is) foi (foram) o(s) lugar(es) visitado(s)?
   - Quem estava com você nessa viagem ou nesse passeio?
   - Quais eram as principais características desse(s) lugar(es)?
   - Qual(is) foi (foram) o(s) principal(is) acontecimento(s)?
   - Em que data o(s) episódio(s) relatado(s) aconteceu (aconteceram)?
   - Qual foi a duração do(s) fato(s)?
   - Quais foram seus sentimentos e suas sensações?
   - Por que você escolheu relatar esse(s) episódio(s)? O que mais marcou você nessa experiência de viagem?

3. Depois de planejar o relato de viagem, escreva a primeira versão de seu texto.

4. Utilize adjetivos para caracterizar lugares, situações e sensações que você vivenciou. Pesquise e descubra aqueles que mais se encaixam no seu relato.

> ### LINGUAGEM DO SEU TEXTO
>
> 1. Releia o primeiro parágrafo do relato de viagem "Os piratas existem!", observando o uso dos artigos e dos substantivos. Foram utilizados mais artigos definidos ou artigos indefinidos? Por que você acha que isso aconteceu?
>
> 2. Seu texto será elaborado utilizando a primeira pessoa, que pode ser tanto a primeira pessoa do singular (*eu*) como a primeira pessoa do plural (*nós*). Sendo assim, como os verbos serão conjugados em seu relato?
>
> Fique atento, ao escrever seu relato de viagem, à forma como os artigos e os substantivos se combinam. Além disso, a pessoa escolhida para relatar os acontecimentos deve combinar com os verbos utilizados.

5 Observe se as indicações de tempo e espaço estão claras, para que o leitor compreenda a sequência das situações narradas.

6 Para ilustrar seu relato ou fornecer mais informações sobre o episódio, utilize fotos, se houver, ou um mapa que indique os lugares pelos quais você passou.

AVALIAÇÃO E REESCRITA DO TEXTO

1 Leia o relato produzido e verifique cada um dos itens a seguir.

ELEMENTOS DO RELATO DE VIAGEM
O relato está em primeira pessoa (*eu* ou *nós*)?
Há indicações de lugar?
São apresentadas características e informações a respeito do lugar que possibilitam que o leitor imagine esse espaço?
Há marcações de tempo?
A sequência em que se deram os acontecimentos fica clara para o leitor?
Foram mencionados sentimentos e sensações relacionados às experiências vividas?
Há bom uso dos adjetivos na caracterização de lugares e situações e na expressão das sensações experimentadas?

2 Depois de avaliar seu relato, verifique se são necessárias modificações e, em caso positivo, reescreva o texto. Passe seu texto a limpo em uma folha nova.

3 Ilustre seu texto com fotografia(s) ou mapa(s) escolhido(s). Caso necessário, insira legenda(s) na(s) imagem(ns).

CIRCULAÇÃO

1 Após finalizarem os textos, você e os colegas, com a ajuda do professor, vão se organizar em quatro grupos. Cada equipe ficará responsável por uma tarefa.

- O **grupo 1** fará a organização dos textos. Adotem um critério, por exemplo: viagens para praia, campo ou interior; viagens para diferentes regiões do país; visitas a parques ou museus da cidade; etc. Em seguida, esse grupo também vai organizar um sumário com o título e o nome do autor, observando sempre a ordem em que os relatos aparecem no livro.

- O **grupo 2** será responsável por elaborar um texto coletivo que explique as características do gênero relato de viagem e dê algumas informações sobre os relatos. Esse texto será o prefácio, ou seja, a apresentação do conteúdo do livro. Na escrita do prefácio, considerem que os leitores serão colegas de outras turmas da escola ou familiares.

- O **grupo 3** providenciará um mapa-múndi ou um mapa do Brasil e assinalará nele os locais mencionados nos relatos. O grupo poderá tirar uma cópia ou mesmo desenhar um mapa. Caso o tamanho do mapa exceda o formato do livro, vocês poderão dobrá-lo e inseri-lo no volume.

- O **grupo 4** ficará responsável pela criação de uma ilustração para a capa e de um título para o livro (com ou sem subtítulo). Ao confeccionarem a capa, utilizem um papel mais grosso ou um papel especial para que ela não se estrague facilmente ao circular pelos leitores.

2 Quando estiver finalizado, o professor vai organizar a maneira como o livro circulará entre a turma e entre as pessoas da comunidade escolar.

Capítulo 2
EXPERIÊNCIAS QUE MARCAM

> **O QUE VEM A SEGUIR**
>
> Você vai ler um relato do navegador brasileiro Amyr Klink. O relato foi transcrito de um programa de televisão, e nele Amyr conta algumas de suas experiências: a relação com o mar e quando fez a primeira travessia do Atlântico Sul, na qual ele percorreu 7 mil quilômetros, da Namíbia (África) à cidade de Salvador (Brasil), entre 10 de junho e 19 de setembro de 1984. Foi a primeira vez que uma pessoa cruzou sozinha o Atlântico Sul em um barco a remo. Converse com os colegas: Que ensinamentos Amyr Klink pode transmitir com base nas experiências que viveu?

TEXTO

↑ Amyr Klink no momento do relato.

Disponível em: <https://globoplay.globo.com/v/1695360/> Acesso em: 3 abr. 2017.

COMPREENDER
Assista ao **relato de Amyr Klink**.

fenício: relativo à civilização fenícia, que se localizava em uma parte do atual Líbano. Esse povo da Antiguidade se destacou pelo comércio marítimo.

Guarujá: município localizado no litoral do estado de São Paulo.

Paraty: município localizado no litoral do estado do Rio de Janeiro.

redenção: recuperar-se de algo em relação ao passado.

Amyr Klink fez do prazer de viajar a sua profissão

A gente tem uma certa facilidade de olhar no… nos canais de televisão e de repente a gente sai comentando com os amigos um mundo que a gente não viu. Então, acho importante ir ver. E, para mim, a Antártica é o lugar que eu mais adoro, eu tenho ido com regularidade nos últimos vinte e cinco anos, mas é… o mais importante são os lugares que eu ainda não vi.

O que vi da vida

Minha mãe era sueca e meu pai de origem libanesa e a gente acha que tem influências *vikings* e fenícias… meu pai nadava tão bem quanto uma âncora… [risos]

Eu tomei um susto uma vez numa praia perto de São Paulo, é… Guarujá, eu fiquei muito impressionado com o tamanho das ondas, eu levei um tombo, bebi água, comi areia e… durante um bom tempo eu me afastei de qualquer intenção de andar perto do mar. Eu acho que a minha redenção, nesse aspecto, aconteceu em Paraty, onde a relação entre terra e mar é muito amigável, muito fácil.

Eu não gostava de futebol e nunca gostei de televisão e… eu descobri o mundo das canoas em Paraty. Então, a canoa para mim era emancipação, era um jeito de ir para praias onde não tinha ninguém, era um lugar… era um jeito de levar as primeiras namoradas para ir passear.

A primeira viagem

Comecei a ver os barquinhos franceses, quase imundos e altamente precários que apareciam em Paraty, fazendo viagens longas de maneira muito simples, mínimos recursos e todos tinham uma simpatia e um carisma, assim, que foi me atraindo para esse mundo dos… dos viajantes.

Até um momento que surgiu um dia a ideia de remar da África para cá. E eu percebi que não era uma brincadeira, tinha que levar a sério. Hoje em dia, as pessoas primeiro pensam no impacto, no preparador físico, é… no patrocínio… Eu me encantei pela ideia. Eu não tenho medo de ter medo, eu gosto de ter medo, né?… Senão os parques de diversão iriam à falência, né? A gente paga para ter medo. Não tenho medo de ter dúvidas também. Eu tinha muitas dúvidas... "Deus do céu, eu não quero morrer no meio do Atlântico." Então, assim, eu analisei de modo... primeiro apaixonado pela ideia, mas depois de modo muito frio.

A dificuldade não era o tamanho do Atlântico, as ondas de vinte metros... As dificuldades eram os detalhes: "Quantos gramas de arroz vou poder levar?", "Mas não vou poder levar água doce para reidratar?", "Então vou ter que cozinhar com água salgada...".

Marquei com um construtor de barcos famoso na época, eu falei "Olha, eu quero fazer um barco para atravessar o Atlântico". Ele falou "Ó, vem aqui que nós vamos fazer para você". E eu mostrei os esboços do meu barquinho a remo, ele falou "Filho, isso daqui é um lugar de gente séria, pode ir embora".

Então [risos], foi um processo de... assim, de aprendizado grande, de me divertir com os planos das pessoas... depois na África, uma incredulidade "Mas um brasileiro...", "Mas o barco é muito pequeno, filho". [risos] Na época acho que a gente... a gente não tava muito acostumado com essas experiências, ninguém falava em navegação solitária...

Para os latinos, assim, essa... ficar no mar só é uma experiência, assim, né... quase um castigo. Para mim é um alívio, né, ficar longe de oficial de justiça, de gente chata, da bagunça de onde eu vivia, do ambiente do banco, onde eu trabalhava... Foram cem dias e seis horas maravilhosos, onde eu tive que... pude me dedicar ao que eu gosto de fazer: fazer força, comer e dormir. [risos]

↓ **Foto da primeira viagem de barco de Amyr Klink, em 1984.**

estaleiro: lugar onde se constroem barcos.

estrambólico: excêntrico, fora dos padrões.

horda: grupo numeroso de pessoas.

pecha: falha, característica considerada negativa.

O aventureiro solitário

Tenho horror de aventuras [risos]. É... tudo que eu não quero é ter aventura no mar, né? Eu nunca fui solitário. É um folclore, assim... detesto ficar sozinho, não consigo comer sozinho... Então foi, assim, uma casualidade que eu vim sozinho. Mas foi porque meu colega de remo, o Hermam, na época colega de escola, não quis vir por causa da namorada dele. Então, ficou essa, essa pecha de... mas, não, não gosto de fazer nada sozinho, não.

Olha, eu já sofri de depressão algumas vezes. Nenhuma no mar. No meio do mar é uma coisa engraçada, é... não dá espaço para você se sentir só. Eu diria que parece que as ondas são humoristas, que o tempo é uma entidade maluca que fica te provocando e... a verdade que você não se sente só... E pra falar a verdade mesmo, às vezes é um, como eu falei, é um bruta alívio, né, não tem ninguém para torrar a paciência... Você pode fazer tudo o que você quiser e não pode também é...

A liberdade é uma coisa engraçada, quando não tem cerca... tua liberdade... é muito fácil você se perder e se tornar escravo de si mesmo, da tua limitação. E é um ambiente, assim, onde é comum as pessoas se revelarem. Então, eu sei que eu não tenho cara bem-humorada [risos], mas no mar é... eu sou muito bem-humorado e feliz.

A família

E as meninas desde o... num é nem berço... desde o cestinho, que a gente gostava de carregar elas numa sacolinha de feira, e elas já acompanhavam a vida do estaleiro... papai indo embora, voltando seis meses mais tarde e quinze quilos mais magro. Eu me preocupo um pouco se elas começarem a navegar por aí sozinhas, ou não. Mas o que eu sei é que elas amam a Antártica tanto quanto eu. É uma dádiva você poder passar o teu conhecimento é... de uma maneira natural. E, para mim, sem querer eu fiz isso e não foi intencional.

A paixão

Um dos meu ídolos era o comandante Tilman, né, que era um velhinho louco e ele começou a navegar aos 78 anos de idade. E dos 78 aos 86 ele fez a série mais estrambólica e inimaginável de viagens para a Antártica! Botava um anúncio no jornal "Precisa-se de tripulação, pagamento nenhum, sofrimento muito, alegria zero" e apareciam hordas de loucos querendo.

Então, acho que hoje o ser humano precisa ter uma experiência autêntica na sua vida e está faltando isso. A gente pensa em só ter a maldita casa, o maldito carro, os bens, o *status*, a marca da roupa e a gente esquece que, no fundo, isso tudo não é propriedade, é muito provisório...

Minha casa não tem estrada e não tem luz lá em Paraty e, enquanto eu estiver vivo, não vai ter. Então meus vizinhos ficam... "Ô, imagina, precisamos do progresso"... eu falo "Não, progresso tenho eu que não preciso de nada disso"... um dia quero ser rico o suficiente para não precisar ter mais nada. Não quero ter mais nada; nem carro, nem casa, nem fazendas, nem móveis... e nesse dia eu serei rico. Dizem que o grande prazer na vida, no final das contas, é poder viajar e eu tenho... eu faço... eu fiz desse prazer a minha profissão, então, por isso, acho que sou muito, muito grato. É uma experiência muito bacana essa de poder partir, de poder chegar e de estar sempre tentando achar uma nova encrenca.

Amyr Klink. Amyr Klink fez do prazer de viajar a sua profissão. *Fantástico*, Rede Globo, 13 nov. 2011. Disponível em: <https://globoplay.globo.com/v/1695257/>. Acesso em: 30 ago. 2018.

↑ Filhas de Amyr Klink, quando pequenas.

TEXTO EM ESTUDO

🔲 PARA ENTENDER O TEXTO

1. O que você pensou sobre os ensinamentos de Amyr Klink se confirmou?

2. Em que pessoa verbal o relato foi construído? Transcreva, do relato, dois indicadores de tempo e dois indicadores de espaço.

3. O relato é dividido em seis partes.

   I. Texto introdutório

   II. "O que vi da vida"

   III. "A primeira viagem"

   IV. "O aventureiro solitário"

   V. "A família"

   VI. "A paixão"

   a) Relacione cada uma dessas partes às afirmações apresentadas a seguir.

      A. Experiências de infância e despertar para a navegação.

      B. Importância das vivências e gosto pela Antártica.

      C. Reflexão sobre a necessidade de ter experiências autênticas.

      D. Origem da ideia de remar da África até o Brasil e desenrolar do projeto.

      E. Presença das filhas nas viagens e satisfação em reconhecer seu legado.

      F. Reflexão sobre estar ou não sozinho no dia a dia e nas viagens.

   b) Qual é a importância de organizar o relato em partes?

4. Sobre a parte do relato correspondente ao título "O que vi da vida", responda:

   a) Por que Amyr Klink diz que acredita ter influências *vikings* e fenícias?

   b) Que comparação Amyr faz em relação ao pai nessa parte do texto? O que ele quer dizer com essa comparação?

   c) O que essas informações revelam sobre a história de vida de Amyr Kink?

5. Em "A primeira viagem", Amyr destaca a importância da preparação de sua travessia pelos grandes mares e oceanos.

   a) Que afirmação do navegador mostra a necessidade de planejamento?

   b) Ele indica a sequência dos eventos: o entusiasmo pela ideia e a objetividade para a realização da travessia. Transcreva o trecho que confirma essa afirmação.

6. Ainda nessa parte do relato, é possível deduzir que uma pessoa não considerou possível o projeto de embarcação de Amyr.

   a) Que pessoa foi essa?

   b) Que situação causou espanto nessa pessoa? Por quê?

7. Na parte intitulada "O aventureiro solitário", Amyr fala sobre solidão.

   a) Que afirmações do navegador se contradizem a esse respeito?

   b) Para ele, que fator contribui para que não se sinta sozinho no mar?

   c) Ao falar desse fator, Amyr usa termos em sentido figurado para se referir ao mar e ao tempo. Transcreva do texto o trecho em que isso ocorre e, em seguida, explique o sentido dessas expressões.

8. Na parte do relato relacionada à família, Amyr faz referência às filhas.

   a) Que termo ele utiliza para se referir a elas?

   b) Amyr revela satisfação pelos ensinamentos passados às filhas. Esse sentimento de satisfação está relacionado a qual acontecimento específico da trajetória de vida dele?

🔴 PASSAPORTE DIGITAL

Irmãs Klink

Site com informações e diários de bordo das viagens pelo mundo das irmãs Klink, filhas do navegador brasileiro Amyr Klink. Disponível em: <http://linkte.me/lb595>. Acesso em: 31 ago. 2018.

PASSAPORTE DIGITAL

Amyr Klink
Site com informações e imagens relacionadas às expedições realizadas pelo navegador brasileiro. Disponível em: <http://linkte.me/bztsy>. Acesso em: 31 ago. 2018.

9. No fim do texto, Amyr faz uma reflexão sobre valores e prioridades na vida.

a) A que tipo de comportamento Amyr faz uma crítica?

b) Quando ele faz essa reflexão, ele se inclui nessa crítica? Justifique a resposta, explicitando uma expressão utilizada por ele no texto.

c) Por meio dessa crítica, Amyr transmite que mensagem ao interlocutor?

> **ANOTE AÍ!**
>
> O **relato de experiência vivida** apresenta os fatos em determinada ordem e pode ser organizado de acordo com os temas abordados, o local dos acontecimentos, entre outros critérios. Nesse texto, é comum haver informações relacionadas ao **tempo** e aos **locais** em que os fatos ocorreram.

● O CONTEXTO DE PRODUÇÃO

10. O texto lido foi transcrito de um relato oral.

a) Copie a tabela a seguir no caderno. Complete-a com trechos do texto que revelem que ele foi transcrito de um relato oral.

Um exemplo de uso de termos repetidos	
Um exemplo de uso de sinal de pontuação que revele hesitação ou alongamento na fala	
Um exemplo de anotação que revele uma reação do autor durante o relato	

b) Qual é a importância desses elementos em uma transcrição?

11. Releia a referência, ao final do texto, e responda às questões.

a) Em que meio de comunicação esse relato foi exibido?

b) Por que esse meio de comunicação produziu e exibiu esse relato?

> **ANOTE AÍ!**
>
> O relato pode ser **oral** ou **escrito**. No caso de relatos orais, ao transcrevê-los, pode-se manter as **marcas de oralidade**, para que o texto escrito fique mais próximo do original.
>
> Os vídeos com os relatos orais de experiências de vida podem ser exibidos em programas de televisão ou publicados em páginas da internet, por exemplo.

● A LINGUAGEM DO TEXTO

12. Observe, no trecho a seguir, o uso do termo *né*, uma contração de *não é*.

> Eu não tenho medo de ter medo, eu gosto de ter medo, né?… Senão os parques de diversão iriam à falência, né?

a) Qual é o sentido de *né* no trecho em destaque?

b) A quem Amyr Klink se dirige ao utilizar esse termo? E que reação de seu interlocutor pode ser esperada?

c) Se no lugar de *né* tivéssemos *entendeu*, haveria alguma mudança? Explique.

13. Observe as palavras destacadas no trecho a seguir.

> Comecei a ver os barquinhos franceses [...] fazendo viagens longas de maneira muito simples, mínimos recursos e todos tinham uma **simpatia** e um **carisma**, assim, que foi me atraindo para esse mundo dos... dos viajantes.

a) Essas palavras revelam que impressões do autor sobre os barquinhos?
b) Nesse contexto, essas palavras podem ser consideradas sinônimos. Explique as semelhanças e diferenças de sentido produzidas por elas.
c) Que efeito é produzido com o uso do recurso de sinonímia nesse trecho?

14. O trecho a seguir apresenta uma expressão no sentido figurado.

> E pra falar a verdade mesmo, às vezes é um, como eu falei, é um bruta alívio, né, não tem ninguém para torrar a paciência... Você pode fazer tudo o que você quiser e não pode também é...

a) Localize a expressão. Qual é o significado dela nesse contexto?
b) O uso dessa expressão confere informalidade ao texto. Como esse registro se relaciona com o fato de o texto ser um relato de experiência vivida?

ANOTE AÍ!

Em **relatos de experiência vivida**, em geral, busca-se estabelecer uma **interlocução** com o público. Reproduzir falas relacionadas aos eventos apresentados é uma forma de aproximar o interlocutor do que está sendo relatado. Além disso, nesses relatos, o registro costuma ser mais **informal**.

COMPARAÇÃO ENTRE OS TEXTOS

15. Os dois relatos que você leu nessa unidade possuem algumas semelhanças e diferenças. Compare-os com base nas questões a seguir.

a) Qual o tema de cada relato?
b) Em que pessoa verbal está cada um dos textos?
c) Há indicação dos lugares apresentados?
d) As sensações dos autores estão registradas?
e) Onde cada um dos relatos foi veiculado originalmente?
f) Que registro foi empregado em cada texto?

16. Os relatos apresentam ao público experiências de seus autores. Dos que você leu nesta unidade, qual despertou mais seu interesse pela história? Por quê?

O SER HUMANO E A NATUREZA

Os textos lidos trazem histórias de pessoas que se relacionam com a natureza: no relato da viagem, vimos que a família Schürmann estabelece contato intenso com o mar; já no relato de Amyr Klink, fica claro seu amor à natureza e busca por uma vida simples.

1. COMPREENDER Assista ao vídeo sobre a **preservação do mar** e responda: Que atitudes em relação à natureza apresentadas podem ser aplicadas a sua vida?
2. O que podemos fazer para conviver em harmonia com a natureza?

LÍNGUA EM ESTUDO

INTERJEIÇÃO

1. Releia o seguinte trecho do relato de experiência de vida:

> Marquei com um construtor de barcos famoso na época, eu falei "Olha, eu quero fazer um barco para atravessar o Atlântico". Ele falou "Ó, vem aqui que nós vamos fazer para você".

a) Nas falas presentes, quais termos expressam chamamento?

b) Que efeito esses termos provocam? Copie a alternativa correta no caderno.

I. A utilização desses termos expressa a maneira como a frase foi dita originalmente, revelando a interação entre os interlocutores.

II. O uso desses termos revela a forma como se deu o contato entre os participantes do diálogo, indicando a falta de proximidade entre eles.

2. Releia este outro trecho do relato:

> Não tenho medo de ter dúvidas também. Eu tinha muitas dúvidas… "Deus do céu, eu não quero morrer no meio do Atlântico." Então, assim, eu analisei de modo… primeiro apaixonado pela ideia, mas depois de modo muito frio.

a) Nesse trecho, que expressão indica um apelo ou chamamento?

b) Ao utilizar essa expressão, que sensação o navegador revela?

ANOTE AÍ!

As palavras que expressam **sensações**, **emoções** e **sentimentos** são chamadas de **interjeições**. Na fala, elas são reconhecidas pela **entonação** que o falante emprega ao pronunciá-las e, na escrita, são identificadas, sobretudo, pelo **ponto de exclamação** (!). As interjeições se apresentam por meio de:
- **sons vocálicos**: ah!; oh!; hã; ui!; eia!
- **palavras únicas**: olá!; tchau!; puxa!; viva!; boa!
- **locuções interjetivas**: ora bolas!; puxa vida!

O contexto de uso evidencia o sentido das interjeições. Veja os exemplos abaixo e reflita se você costuma utilizá-las com os sentidos indicados.

RELACIONANDO

Nos relatos orais, é comum utilizar interjeições, uma vez que o autor expressa suas sensações, suas emoções e seus sentimentos, tais como dúvida, espanto, satisfação, alívio.

SENTIDO	INTERJEIÇÕES	SENTIDO	INTERJEIÇÕES
Admiração	ah!; oh!	Encorajamento	avante!; força!
Advertência	opa!; cuidado!	Irritação, indignação	nossa!; que coisa!
Alívio ou cansaço	ufa!; até que enfim!	Espanto ou surpresa	uau!; ora essa!; oh!
Chamamento	alô!; psiu!; ó!; ô!; ei!	Pedido de silêncio	psiu!; quieto!
Desejo	tomara!	Medo ou pavor	uh!; ui!; meu Deus!
Despedida	tchau!; até logo!	Pena	oh!; que pena…
Dor	ai!; ui!	Satisfação ou alegria	oba!; viva!; huhu!
Dúvida	sei lá…; hum…; hã?	Zombaria	uuhh!

158

ATIVIDADES

RETOMAR E COMPREENDER

1. Identifique, nas frases abaixo, interjeições e locuções interjetivas, indicando o que elas expressam.

    a) Oba! Amanhã vamos ao cinema.
    b) Meu Deus! Eu nunca vi uma chuva tão forte como essa!
    c) Ei! Cuidado! Não entre nessa sala! Você não tem equipamento apropriado.
    d) Vá em frente! Você sabe muito bem o que fazer.
    e) Chega! Eu não consigo dormir com esse barulho!
    f) Arre! Essa gripe acabou com minha semana!

2. Leia a tira a seguir.

Adão Iturrusgarai. Disponível em: <http://fotografia.folha.uol.com.br/galerias/27432-tiras-do-adao#foto-533570>. Acesso em: 2 ago. 2018.

    a) Que situação apresentada na tira incomoda os marcianos?
    b) Dois acontecimentos surpreendem o astronauta. Quais são eles?
    c) Ao ser surpreendido, o astronauta utiliza interjeições. Quais são elas?
    d) Que relação há entre o uso de interjeições e o fato de o texto ser uma tira?

APLICAR

3. Nos diálogos abaixo, substitua a fala do segundo interlocutor por uma interjeição adequada à situação.

    a) — Vamos à praia no próximo fim de semana?
       — Fico muito feliz com o convite!
    b) — Foi você que fez isso aqui?
       — Desculpe-me, eu não sei do que você está falando!
    c) — Ela não foi indicada para ser a treinadora do time.
       — Estou muito triste com a notícia!

4. Reescreva os enunciados usando interjeições de acordo com as situações indicadas entre parênteses.

    a) ★ Esse café está muito quente! (dor)
    b) ★ Esse lugar não me parece seguro! (suspeita)
    c) Amanhã conseguiremos terminar nossos trabalhos! ★ (alívio)
    d) ★ Você está correndo muito! (advertência)
    e) ★ Essa comida está deliciosa! (satisfação)
    f) Ele chegará a tempo? ★ (esperança)

5. **APLICAR** Faça as **atividades interativas** para praticar seus conhecimentos.

A INTERJEIÇÃO NA CONSTRUÇÃO DE SENTIDOS

1. Leia este poema de Carlos Drummond de Andrade.

> **O que se diz**
> Que frio! Que vento! Que calor! Que caro! Que absurdo! Que bacana!
> Que frieza! Que tristeza! Que tarde! Que amor! Que besteira! Que esperança!
> Que modos! Que noite! Que graça! Que horror! Que doçura! Que novidade!
> Que susto! Que pão! Que vexame! Que mentira! Que confusão! Que vida!
> Que talento! Que alívio! Que nada...
> Assim, em plena floresta de exclamações, vai-se tocando pra frente.
>
> Carlos Drummond de Andrade. *Poesia e prosa*. Rio de Janeiro: Nova Aguilar, 1983. p. 1379.

   a) Qual é a relação entre o título e as expressões que compõem o poema?
   b) No último verso, há duas expressões em sentido figurado. Quais são elas?
   c) De acordo com o contexto, o que cada uma delas significa?
   d) Com exceção do último verso, os demais são formados apenas por locuções interjetivas. Qual é a importância disso na construção dos sentidos do poema?

2. Após a última locução interjetiva, no penúltimo verso, há reticências.
   a) No contexto do poema, qual é o sentido da expressão *Que nada...*?
   b) Considerando esse sentido, por que ela foi utilizada nessa posição?
   c) O uso das reticências reforça qual sentido expresso por essa locução interjetiva? Justifique sua resposta, comentando sobre esse uso.

3. Leia o texto a seguir, publicado na Folhinha, suplemento dirigido ao público infantojuvenil do jornal *Folha de S.Paulo*, na seção "Ideias", em que são divulgados textos escritos por crianças.

> **Aventuras na biblioteca**
>
> Era só passar pela pequena biblioteca pública, no centro da cidade, que o garoto se alegrava.
> Eram muitos livros!
> Em uma semana, a casa estava repleta de super-heróis, vilões e das mais altas aventuras. Na outra, policiais e detetives caminhavam pelo quarto à procura de um criminoso que cometera uma série de assassinatos. Na semana seguinte, acontecia uma corrida em alta velocidade na sala de estar.
> Era isso o que o garoto mais apreciava: a quantidade e a diversidade de mundos nos quais ele podia viver apenas entrando na biblioteca e pegando livros emprestados.
> E quantos! Ler já virara um costume, e o garoto tinha muito apreço por tal hábito.
> [...]
> Isabella Cocchiola Silva, 12 anos.
>
> Isabella Cocchiola. *Folha S.Paulo*, 6 dez. 2014. Disponível em: <http://www1.folha.uol.com.br/colunas/ideias/2014/12/1558123-aventuras-na-biblioteca.shtml>. Acesso em: 31 ago. 2018.

   a) Qual é o assunto tratado no texto?
   b) No texto, há uma locução interjetiva. Indique-a e dê seu sentido.
   c) A que situação se relaciona essa locução interjetiva?
   d) Qual é a importância dessa interjeição na construção de sentido do texto?

4. Leia a tira.

Quino. *Toda Mafalda*.

a) No segundo quadrinho, o que interjeição *"Aaaaaai!"* expressa?
b) Para Mafalda, quem disse essa interjeição? Por que ela supõe isso?
c) A suposição de Mafalda estava correta? Explique.
d) Há, ainda, outra interjeição na tira. Qual? O que ela expressa?

5. Leia este trecho de notícia.

> **Mas que zica!**
>
> **Conheça o vírus que está se espalhando pelo Brasil e entenda por que ele pode ser perigoso**
>
> [...]
> O vírus zika, conhecido pelos cientistas desde 1947, foi identificado pela primeira vez na África, em macacos. Até muito recentemente, não havia causado grandes estragos. Mas, já nos anos 2000, começaram a surgir notícias de surtos da doença nas ilhas Yap, na Micronésia, e depois na Polinésia Francesa. Até que, no final de 2014, apareceram os primeiros casos no Brasil.
> [...]

Catarina Chagas. Mas que zica! *Ciência Hoje das Crianças*, 17 fev. 2016. Disponível em: <http://chc.org.br/mas-que-zica/>. Acesso em: 31 ago. 2018.

- Identifique a interjeição presente no texto acima. Qual é o sentido indicado?

6. Em que situações você usaria as expressões abaixo?

> Que caro!   Que chato!   Que tarde!   Que alívio!

7. Qual é o sentido indicado em cada grupo de locução interjetiva a seguir?
    a) Que besteira!; Ora bolas!; Que vexame!
    b) Que bacana!; Legal!; Que doçura!
    c) Que horror!; Que susto!; Credo!

8. Indique o significado de cada interjeição nas situações sugeridas a seguir.
    a) "Puxa!" – dita por um estudante ao ser aprovado no vestibular.
    b) "Psiu!" – dita por um enfermeiro aos presentes na sala de espera.
    c) "Psiu!" – dita por um rapaz a um amigo que passa na rua.

ANOTE AÍ!

As **interjeições** auxiliam na construção de sentido dos textos, possibilitando maior **expressividade** e intensificando o que se quer comunicar. De acordo com o **contexto de produção** e o modo como são proferidas, as interjeições podem assumir diferentes sentidos.

ESCRITA EM PAUTA

ACENTUAÇÃO DAS PAROXÍTONAS

1. Leia as tiras.

   Texto I

   Alexandre Beck. Disponível em: <http://fotografia.folha.uol.com.br/galerias/27431-tiras-de-armandinho#foto-454701>. Acesso em: 31 ago. 2018.

   Texto II

   Alexandre Beck. Disponível em: <http://fotografia.folha.uol.com.br/galerias/27431-tiras-de-armandinho#foto-421536>. Acesso em: 31 ago. 2018.

   a) Nas duas tiras, há uma interação entre a criança, Armandinho, e o pai. Que situação é apresentada em cada uma delas?

   b) Em uma das situações, a criança demonstra preocupação, e na outra, desapontamento. A que tira cada reação se relaciona? Explique.

   c) Qual palavra presente em uma das tiras revela a complexidade da ação que será realizada pelo pai de Armandinho?

   d) Em uma das tiras, uma palavra indica um sentimento do menino que leva o pai a sugerir ao filho que realize determinada atividade. Que palavra é essa?

   e) Em relação à acentuação, o que essas palavras têm em comum?

   Com relação à posição da sílaba tônica, as palavras podem ser oxítonas, paroxítonas ou proparoxítonas. **Paroxítonas** são aquelas em que a sílaba tônica é a penúltima sílaba da palavra.

COMPREENDER

Acesse o recurso digital para saber mais sobre **acentuação das paroxítonas**.

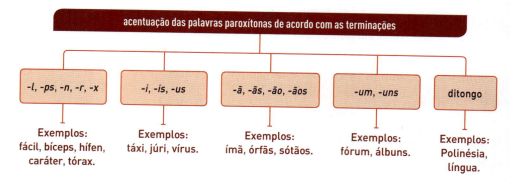

162

2. Observe as palavras do quadro a seguir.

> íris – fêmur – cáqui – bônus – tórax – benefício – amável – colégio – quórum – Zelândia – quadríceps – necessário – fóssil – látex – órgãos – réptil – vírus

- Copie as palavras, agrupando-as conforme as informações do esquema da página anterior.

3. Com base no que você observou nas atividades anteriores, complete as frases a seguir com as palavras do quadro, acentuando-as, se necessário.

> rocha – lapis – saci – imovel – impar – jovens

a) A mula sem cabeça e o ★ são personagens do folclore brasileiro.

b) Pedro comprou uma caixa com 36 ★ de cor.

c) O ★ ficou desocupado por muitos anos.

d) O granito é uma ★ muito utilizada na construção de casas.

e) Muitos ★ fazem trabalho voluntário.

f) As crianças aprenderam rápido a diferenciar um número par de um ★.

4. Justifique o acento das palavras a seguir.

a) tênis
b) órfão
c) âmbar
d) fácil, afável, túnel
e) espécie, aquário, estratégia
f) tríceps

5. Nas alternativas abaixo, as palavras não foram acentuadas. Indique, no caderno, a alternativa em que todas elas devem receber acento.

I. parede, onix, ion

II. caderno, serie, orquidea

III. magoa, especie, mandioca

IV. fenix, medium, carie

V. planicie, casa, bençao

6. **APLICAR** Faça as **atividades interativas** para praticar seus conhecimentos.

ETC. E TAL

Relatos de viagem e as navegações

Relatos de viagem são produzidos em situações bastante diversas. Historicamente, foram muitas vezes usados como registros oficiais sobre territórios descobertos, explorados ou conquistados por determinados povos.

Um desses relatos é conhecido como Carta de Caminha, na qual Pero Vaz de Caminha, escrivão da frota de Pedro Álvares Cabral, conta ao rei de Portugal sobre o descobrimento ou "achamento" da terra que mais tarde seria chamada de Brasil. Embora seja uma carta com características típicas desse gênero, o texto de Caminha também pode ser considerado um relato de viagem, no qual são apresentadas as primeiras impressões dos portugueses sobre o Brasil.

Fac-símile da primeira folha da Carta de Caminha. →

AGORA É COM VOCÊ!

RELATO ORAL DE EXPERIÊNCIA VIVIDA

PROPOSTA

Você se recorda de alguma experiência marcante na sua vida? Pode ser o encontro com alguém, o primeiro dia na escola, uma situação vivida nas férias... Nesta seção, você vai compartilhar essa experiência com os colegas e conhecer a deles. O dia da apresentação será previamente combinado com o professor; assim, todos poderão compartilhar seus relatos.

GÊNERO	PÚBLICO	OBJETIVO	CIRCULAÇÃO
Relato oral de experiência vivida	Colegas da turma	Relatar acontecimento marcante da vida	Apresentação em sala de aula

PLANEJAMENTO E ELABORAÇÃO

1. Lembre-se de uma experiência marcante que você viveu. Reflita sobre ela e responda às seguintes perguntas:
   - Por que essa experiência foi marcante?
   - Que sentimentos ela despertou em você?
   - O que você aprendeu com ela e quer transmitir a seus interlocutores?

2. Após essa reflexão, relembre essa experiência em detalhes. Anote, no caderno, as passagens mais importantes para não se esquecer de relatá-las aos colegas. Esse esquema servirá de apoio durante a apresentação para que você não deixe de fora algum ponto importante ou se desvie do assunto.

3. Lembre-se de terminar seu relato com uma mensagem a seus interlocutores. Sua experiência poderá servir de inspiração para outras pessoas que viverem situações semelhantes.

4. Planeje a duração de seu relato, de modo que ele não seja muito longo. O ideal é que ele não demore mais do que cinco minutos.

5. Primeiro, grave seu relato. Pode ser com uma câmera de vídeo, uma máquina fotográfica, um celular ou um computador. Se preferir, você pode apresentar seu depoimento a familiares ou a algum amigo que não seja de sua turma e pedir que analisem seu relato e deem sugestões para que você o aprimore.

6. Depois de ouvir as sugestões de colegas e familiares, refaça a gravação, ajustando o que for necessário. Escute a nova gravação e reavalie seu relato. Repita esse procedimento quantas vezes forem necessárias.

7. Reúna-se com os colegas em um grupo formado por quatro a cinco integrantes. Cada um apresentará seu relato à equipe. Os colegas que estiverem ouvindo o relato devem dar dicas de como melhorá-lo.
   - Alguma informação deve ser descartada do relato ou acrescentada a ele?
   - A maneira como você fala ou gesticula é adequada e atraente para os ouvintes?

8. Incorpore em seu relato as sugestões que julgar apropriadas. Se achar necessário, grave mais uma vez o relato e verifique se as observações dos colegas foram incorporadas.

MÚLTIPLAS LINGUAGENS

1. Assista a um relato oral de experiência vivida e observe alguns aspectos desse texto, baseando-se nas questões a seguir. No *site* do Museu da Pessoa, existem inúmeros relatos a que você pode assistir para fazer a atividade. O professor também poderá dar algumas dicas de outras fontes que você pode acessar para fazer sua análise.

   a) O tema do relato a que você assistiu despertou seu interesse?

   b) O que o relato apresentou que o manteve interessado em vê-lo até o final?

   c) A dicção (a articulação e a pronúncia das palavras) de quem relatou estava clara?

   d) A entonação e o volume da voz variaram ao longo do relato?

   e) A linguagem corporal auxiliou no entendimento do relato?

   f) A pessoa transmitiu com clareza o aprendizado gerado pela experiência?

   Agora, é sua vez de relatar uma experiência vivida. Nesse momento, é importante ser expressivo ao falar, variando a entonação, a velocidade e a voz (com exclamações, pequenas pausas que criam suspense, etc.), além de utilizar a linguagem corporal (expressão facial, gestos, movimentação das mãos e do corpo diante dos colegas, etc.). Essas atitudes podem conquistar a atenção do público e mantê-lo atento até o fim de seu relato. Assim, ao gravar o relato, imagine que você está diante do público (os colegas da turma) e treine a linguagem corporal que usará durante a apresentação.

● PASSAPORTE DIGITAL

Museu da Pessoa

No *site* do museu, é possível encontrar vídeos com relatos orais de experiências vividas. Além disso, o visitante tem oportunidade de se tornar parte do acervo, enviando seu relato ao museu.
Disponível em: <http://linkte.me/ctv53>. Acesso em: 31 ago. 2018.

CIRCULAÇÃO

❶ No dia combinado, cada um apresentará à turma e ao professor seu relato de experiência vivida. Procure manter a calma quando for sua vez de falar. Seu esquema vai ser um apoio importante nesse momento.

❷ Se estiver à vontade durante a apresentação, você pode se dirigir ao público e fazer perguntas sobre o relato.

❸ Demonstrar bom humor ou emoção ao falar é outro recurso que pode ajudar a enriquecer a história e chamar a atenção do interlocutor.

AVALIAÇÃO

❶ Forme dupla com um colega: você vai avaliar a apresentação dele; e ele, a sua.

❷ Para avaliar o relato oral de experiência vivida, seja generoso e educado: o objetivo é ajudar o colega a melhorar a expressão oral. Destaque as qualidades da apresentação e, se houver problemas, aponte-os com respeito, considerando os critérios listados no quadro a seguir.

ELEMENTOS DO RELATO ORAL DE EXPERIÊNCIA VIVIDA
O relato estava bem estruturado, em uma sequência compreensível para os ouvintes?
Há alguma informação desnecessária no relato? Ou faltou alguma informação?
Ficou claro na apresentação por que a experiência relatada foi marcante na vida dele? No relato, foram descritos sentimentos e reflexões em relação a essa experiência?
As pessoas ficaram interessadas no relato? O colega se expressou adequadamente?
Os recursos de voz e de expressão corporal foram empregados pelo colega de modo adequado e compreensível? Comente.

ATIVIDADES INTEGRADAS

O texto que você vai ler foi transcrito de um relato oral de viagem presente no documentário brasileiro *Transpatagônia*, que mostra os seis meses de ciclismo e caminhada de Guilherme Cavallari pela Patagônia e pela Terra do Fogo.

Transpatagônia

6'36"

O que eu fiz nesses seis meses, sozinho, pedalando, acampando, fazendo trekking, explorando etc., é... não merece medalha, troféu, bandinha de comemoração na chegada. Não tem nada de heroico, não tem nada de feito atlético, é... foi uma viagem unicamente de baixo impacto ambiental. Eu fiz tudo de bicicleta com a força do meu corpo. Mas, mais do que isso, o que eu acho, o que é transformador, o que é louvável, é a viagem interior, então, durante a Transpatagônia toda, esses seis meses, eu procurei é... me observar, observar a vida ao meu redor, observar padrões, vícios e questionar posicionamentos.

↑ Cartaz do documentário *Transpatagônia*, dirigido por Cauê Steinberg.

[...]

9'28"

O tempo todo na viagem, a minha maior luta não era contra o vento, a chuva, rio sem ponte, peso na bicicleta. De verdade, a minha maior luta era comigo mesmo. E também não era aquele lugar comum de superar limite e vencer obstáculos pessoais, não, não era esse... não era tão simples assim. O que eu enxergava claramente é que eu trazia dentro de mim uma... uma, uma preguiça em forma de DNA, que desde o berço eu recebi da minha família, da minha sociedade é... uma indolência, uma necessidade de conforto, de aconchego, é... uma crença... eu merecia privilégios e prazeres. E a viagem, por conta de ser na Patagônia, me mostrava o tempo todo que era o inverso, que aquele ambiente é... favorecia o florescimento de pessoas e situações mais simples, mais rudes. O povo da Patagônia, por viver isolado, por ter um inverno rigoroso, é... por viver de parcos recursos, eles conseguem... eles conseguem florescer, prosperar em cima de muito pouco, e valorizam o pouco que têm. E eu admiro isso.

[...]

15'27"

O primeiro dia em Bariloche eu, claro, estava ansioso, o coração apertado, suando frio, mas eu tinha essa ideia de que seis meses depois eu voltaria para aquela cidade e terminaria o projeto. Seis meses sozinho, viajando por toda a extensão da Patagônia e da Terra do Fogo, de bicicleta, levando todo o meu equipamento, acampando etc. Mas é... eu não [sei] de onde eu tirei esse prazo de seis meses pra, pra percorrer a distância toda. Podia ter demorado seis anos, podia ter demorado três meses. Podia ter dado tudo errado. E aconteceu tanta coisa no meio do caminho que atrapalhou diretamente o cronograma que foi... pra mim hoje foi sorte eu ter conseguido fazer tudo em seis meses.

[...]

Bariloche: cidade argentina na fronteira com o Chile.

bike trailer: compartimento acoplado à bicicleta usado para transportar diversos itens.

Coihaique: cidade chilena.

Patagônia: região localizada na Argentina e no Chile. É a área com mais geleiras fora das zonas polares.

Terra do Fogo: arquipélago na extremidade sul da América do Sul.

trekking: percurso realizado a pé; em geral, implica dormir em tendas ou barracas.

19'13"

Quando eu cheguei perto de Coihaique, eu tinha a opção de fazer uma volta um pouco é… mais longa, é… com menos subida, por asfalto, ou tinha a opção de encarar um trecho de terra que eu, que eu já conhecia, já tinha feito de carro anos antes, e que eu sabia que seria difícil. Só que o que eu achava que era difícil estava muito mais difícil, a situação da estrada tinha piorado muito e realmente foi um esforço físico… intenso, carregar aquele, aquele *bike trailer*, pedalar em areia fofa, em pedra solta… Nessas horas eu me questionava: "por que eu tô escolhendo o caminho mais difícil, sofrendo tanto, se os dois chegam no mesmo destino?". Mas eram questionamentos pontuais, no fundo, no fundo eu sabia que era indo pelo caminho menos trilhado, menos visitado e teoricamente mais difícil, era ali que a viagem ia mostrar realmente o melhor dela, era ali que eu ia realmente sentir mais. E o objetivo era sentir mais. […]

Transpatagônia. Direção: Cauê Steinberg. Brasil, 2014 (63 min).

ANALISAR E VERIFICAR

1. Observe os números que aparecem no início de cada trecho. Qual é a função deles?

2. De acordo com a primeira parte do relato, responda:
   a) Que ações possibilitaram a transformação pessoal do autor do relato?
   b) Nessa parte, é utilizado um numeral. Qual é a importância dele nesse contexto?

3. Ao longo do relato, o autor fala sobre as dificuldades vivenciadas.
   a) Qual foi o principal obstáculo enfrentado durante a viagem?
   b) Que fatores ajudaram o viajante a superar as dificuldades?

4. Releia o trecho a seguir.

   "por que eu tô escolhendo o caminho mais difícil, sofrendo tanto, se os dois chegam no mesmo destino?"

   a) A que escolha o autor do relato faz referência nesse trecho?
   b) Que artigo o autor utiliza para fazer referência ao caminho escolhido?
   c) Qual é a relação entre o uso desse artigo e a informação apresentada no trecho?

5. Ao longo do relato, são registradas repetições e há uso de reticências.
   a) O que essas características revelam sobre o texto?
   b) Qual é o efeito de sentido provocado por essas marcas no texto?

CRIAR

6. Cada trecho do relato apresenta um assunto. Sintetize cada um com uma frase.

7. Peça a um familiar ou amigo que relate uma viagem. Grave e transcreva o relato preservando algumas marcas orais. Compartilhe-o com os colegas.

8. Nos relatos desta unidade, você viu que, apesar de as pessoas viajarem sozinhas, elas necessitam da cooperação de outras pessoas para que o sonho de viajar se realize. Quem você ajudaria na realização de um sonho? Por quê?

IDEIAS EM CONSTRUÇÃO – UNIDADE 5

Gênero relato de viagem
- Identifico e compreendo a estrutura do relato de viagem?
- Compreendo que as descrições de sentimento ajudam a envolver o leitor?
- Reconheço como a descrição de tempo e espaço dão maior precisão aos acontecimentos relatados?
- Identifico o emprego da primeira pessoa (*eu* ou *nós*) nos relatos?
- Reconheço que a caracterização de espaço possibilita ao leitor associar as informações do relato aos locais visitados?
- Elaboro um relato de viagem escrito?
- Consigo me engajar na produção de um livro de relatos da turma?

Gênero relato de experiência vivida
- Identifico e compreendo a estrutura do relato de experiência vivida?
- Compreendo que o relato de experiência vivida pode inspirar o leitor e transmitir um ensinamento?
- Compreendo que esse relato pode ser oral ou escrito e apresentar um registro mais informal?
- Reconheço marcas de oralidade em uma transcrição de relato oral?
- Elaboro um relato de experiência vivida oral e o apresento para a sala com expressividade?

Conhecimentos linguísticos
- Compreendo como os marcadores temporais contribuem para indicar a precisão de episódios relatados?
- Emprego os artigos definidos e indefinidos de forma adequada?
- Compreendo os efeitos de sentido exercidos pelos artigos definidos e indefinidos?
- Diferencio numerais de algarismo?
- Emprego corretamente numerais em textos?
- Identifico e utilizo interjeições em textos para exprimir diferentes efeitos de sentido?
- Acentuo corretamente palavras paroxítonas?

RETOMAR
Veja o **mapa de conteúdos** da unidade 5.

UNIDADE 6

POEMA

Toda obra de arte é uma criação humana. Para dar origem a essa criação, os artistas utilizam recursos variados: um pintor usa tinta e tela; um fotógrafo, a câmera e o tratamento de imagem; um poeta utiliza as palavras para criar imagens e produzir sentidos. Nesta unidade, você vai estudar alguns recursos próprios da linguagem poética e também conhecer poemas que encantam.

CAPÍTULO 1
Poesia e poema

CAPÍTULO 2
Cotidiano poético

PRIMEIRAS IDEIAS

1. Para você, qual é a diferença entre poesia e poema?

2. Em sua opinião, o que pode gerar ritmo em um poema?

3. O que você entende por verso e estrofe?

4. As palavras *eu*, *tu* e *ele* referem-se a pessoas do discurso. Em uma frase, qual dessas palavras você empregaria para indicar sobre quem se fala? Por quê?

5. O uso dos pronomes demonstrativos *este* e *esse* varia de acordo com a posição no tempo ou no espaço daquilo a que se referem. Ao entregar seu livro preferido a um colega, qual desses dois pronomes você utilizaria para se referir a ele? Justifique.

LEITURA DA IMAGEM

1. O que a pessoa representada na fotografia está fazendo? Justifique com elementos da imagem.
2. Qual é o efeito gerado pela repetição intencional dos movimentos realizados pela pessoa retratada na imagem?
3. Que sensações a imagem desperta em você?
4. Na arte não há um compromisso com a verdade, isto é, um mundo inventado pode ser criado sem preocupação em ser verdadeiro. Já no dia a dia, por que devemos ser verdadeiros uns com os outros?
5. **COMPREENDER** Veja imagens de diferentes **representações artísticas** que inspiram e encantam.

A bailarina Alicia Alonso fotografada pelo artista Gjon Mili. Foto de 1944.

Capítulo 1
POESIA E POEMA

O QUE VEM A SEGUIR

O poema "Infância" que você vai ler foi escrito por um importante poeta da língua portuguesa: Carlos Drummond de Andrade. O poema foi publicado originalmente em 1930, no livro *Alguma poesia*. Ele aborda as recordações da infância de um menino e, para construí-lo, Drummond utiliza elementos da época em que era criança. Antes de ler o texto, reflita: Como serão as recordações do tempo de infância desse menino? Será que a infância dele se parece com a das crianças de hoje?

TEXTO

DRUMMOND: O POETA DE ITABIRA

Nascido em Itabira (MG), em 31 de outubro de 1902, Carlos Drummond de Andrade é um dos principais poetas brasileiros. Sua poesia é muito diversificada: fala de sua infância em Itabira, de questões sociais, da existência humana e ainda do próprio fazer poético.

Além de poesias, também escreveu crônicas e contos. Drummond faleceu em 17 de agosto de 1987, no Rio de Janeiro (RJ).

↑ Carlos Drummond de Andrade, em Minas Gerais. s/d.

Infância

A Abgar Renault

Meu pai montava a cavalo, ia para o campo.
Minha mãe ficava sentada cosendo.
Meu irmão pequeno dormia.
Eu sozinho menino entre mangueiras
lia a história de Robinson Crusoé,
comprida história que não acaba mais.

No meio-dia branco de luz uma voz que aprendeu
a ninar nos longes da senzala — e nunca se esqueceu
chamava para o café.
Café preto que nem a preta velha
café gostoso
café bom.

Minha mãe ficava sentada cosendo
olhando para mim:
— Psiu... Não acorde o menino.
Para o berço onde pousou um mosquito.
E dava um suspiro... que fundo!

Lá longe meu pai campeava
no mato sem fim da fazenda.

E eu não sabia que minha história
era mais bonita que a de Robinson Crusoé.

Carlos Drummond de Andrade. Infância. Em: *Carlos Drummond de Andrade*: poesia 1930-62. Edição crítica de Júlio Castañon Guimarães. São Paulo: Cosac Naify, 2012. p. 55.

coser: costurar.

TEXTO EM ESTUDO

PARA ENTENDER O TEXTO

1. As hipóteses que você levantou antes da leitura foram confirmadas pelo texto?

2. Onde ocorrem as situações representadas no texto?

3. Ao longo do texto, várias pessoas da família são mencionadas, e cada uma delas realiza uma ação específica.
   a) Quem são essas pessoas?
   b) Que ações são realizadas por essas pessoas?

4. No poema, todas as situações são apresentadas por uma personagem.
   a) De quem é a voz que apresenta os fatos ao longo do poema?
   b) Essa voz apresenta os fatos no momento em que eles ocorrem? Explique.
   c) Pode-se afirmar que a voz no poema é de um adulto ou de uma criança?

> **ANOTE AÍ!**
>
> Assim como nos textos narrativos há um narrador, nos poemas também há um ser que fala. A **voz que se expressa** em um poema recebe o nome de **eu lírico** ou **eu poético**.
>
> O eu lírico pode assumir **diferentes vozes**. Há poemas em que adultos escrevem como se fossem crianças e poemas que dão voz a animais, plantas, objetos ou lugares. A voz nos poemas nunca é a do poeta, mas sim a do eu lírico.

5. No poema, uma das pessoas citadas, embora esteja presente no ambiente doméstico, provavelmente não pertence à família.
   a) Qual é a função dela na família representada no poema?
   b) Que ação atribuída a essa pessoa revela proximidade com criança?
   c) Como parece ser a relação do eu lírico com essa pessoa?

6. O eu lírico utiliza um termo que caracteriza o modo como ele se encontrava no momento em que realizava a ação apresentada no poema. Que termo é esse?

7. Considerando as situações presentes no poema e o modo como são apresentadas, como parece ser o ambiente onde o eu lírico vive?

8. Com base no boxe *Uma vida de aventuras*, responda:
   a) A situação vivenciada por Crusoé se assemelha à rotina do eu lírico? Explique.
   b) Ao longo do poema, a história de Robinson Crusoé é citada duas vezes. Que tipo de relação parece haver entre o eu lírico e a leitura desse livro?
   c) No fim do poema, o eu lírico afirma que sua história é mais bonita que a de Robinson Crusoé. O que pode ter motivado tal afirmação?

9. Em quantas partes o poema está dividido? Escreva no caderno uma frase que sintetize cada parte.

> **ANOTE AÍ!**
>
> **Poesia** é o nome dado à arte de **criar imagens** e **inventar outros sentidos** para os fatos do mundo. A poesia está presente em várias formas de expressão, como a pintura, o cinema, a música e o poema.
>
> **Poema** é um gênero textual que pode ser composto apenas por palavras (organizadas em versos e estrofes) ou por texto associado a imagens (poema visual). **Verso** é cada uma das linhas de um poema. **Estrofe** é um conjunto de versos.

UMA VIDA DE AVENTURAS

Robinson Crusoé é a personagem principal do romance de mesmo nome escrito pelo inglês Daniel Defoe (1660-1731). Crusoé decide deixar a Inglaterra, onde vive, e enfrentar os desafios das viagens marítimas. Após um naufrágio, vai parar em uma ilha deserta, que habita durante 28 anos, até ser resgatado. Nela, ele passa pelas mais diversas aventuras para garantir sua sobrevivência.

A SONORIDADE E O RITMO DO POEMA

FORA DA ESCOLA

Fundação Cultural Carlos Drummond de Andrade.
A Fundação mantém o Memorial Carlos Drummond de Andrade, que foi projetado por Oscar Niemeyer. Esse espaço fica na cidade de Itabira (MG) e abriga edições raras da obra do poeta e conta com projetos e programas permanentes de formação e acesso à cultura, tais como os Drummonzinhos e o Museu de Território Caminhos Drummondianos.

10. Releia a primeira estrofe do poema observando as palavras em destaque.

> Meu pai **montava** a cavalo, **ia** para o campo.
> Minha mãe **ficava** sentada cosendo.
> Meu irmão pequeno **dormia**.
> Eu sozinho menino entre mangueiras
> **lia** a **história** de Robinson Crusoé,
> comprida **história** que não acaba mais.

a) O que há de semelhante em relação à sonoridade das palavras destacadas?

b) Em quais posições dos versos essas palavras estão localizadas?

11. Agora, releia a segunda estrofe do poema.

a) Quanto à sonoridade, qual é a semelhança entre as palavras *aprendeu* e *esqueceu*, citadas nessa estrofe?

b) Em que posição dos versos essas palavras aparecem?

ANOTE AÍ!

Ao apresentar **sons semelhantes ou iguais**, as palavras formam **rimas**. As rimas podem ocorrer no interior ou no final dos versos.

12. Na segunda estrofe do poema, o substantivo *café* é citado quatro vezes.

a) Em que posições dos versos essa palavra está presente?

b) A repetição desse termo reforça que ideia associada a ele?

13. Nos dois primeiros versos da segunda estrofe, há a repetição de três sons. Quais são as letras que representam esses sons?

14. Leia com atenção estas informações para responder às questões:

COMPREENDER

Acesse o recurso digital e veja como **contar sílabas poéticas**.

> As **sílabas poéticas** são diferentes das sílabas gramaticais. A contagem em um verso obedece ao modo como são pronunciados os sons.

> Quando a sílaba de uma palavra é pronunciada junto com outra, elas formam uma única sílaba poética.

> O número de sílabas poéticas indica a medida de um verso e corresponde a todas as sílabas pronunciadas até a última sílaba tônica.

Observe os versos a seguir, separados conforme as sílabas gramaticais.

1	2	3	4	5	6	7	8	9
Lá	lon	ge	meu	pai	cam	pe	a	va
No	ma	to	sem	fim	da	fa	zen	da

a) No caderno, destaque as sílabas mais fortes. Que posições elas ocupam?

b) Quantas sílabas poéticas contêm esses versos? Justifique sua resposta.

ANOTE AÍ!

Um importante recurso para a construção de um poema é o **ritmo**. Ele é construído pelo modo como as **sílabas tônicas** (fortes) e as **sílabas átonas** (fracas) são dispostas nos versos. Junto com as rimas, o ritmo cria a **musicalidade**. A **repetição de palavras** e de determinadas **vogais** ou **consoantes** pode auxiliar na construção da musicalidade do texto.

174

O CONTEXTO DE PRODUÇÃO

15. No poema, é usado o verbo *coser*. Você conhecia esse verbo? O uso dele pode revelar algo sobre a época em que o menino do poema viveu? Explique.

16. No poema, há outro verbo relacionado à ação de uma das pessoas da família, que revela o contexto em que o menino viveu.

a) Que verbo é esse? Qual é o significado desse verbo no contexto do poema?

b) Pesquise o significado desse verbo e verifique se o sentido atribuído por você está correto. Caso seja diferente, registre no caderno a definição adequada.

17. A que período histórico o eu lírico se refere quando usa a expressão "nos longes da senzala"? A infância do eu lírico se passa nesse período? Explique.

A LINGUAGEM DO TEXTO

18. Releia os seguintes versos do poema:

> No meio-dia branco de luz uma voz que aprendeu
> a ninar nos longes da senzala — e nunca se esqueceu
> chamava para o café.

a) Que expressão caracteriza o horário (meio-dia) em que a ação ocorria?

b) No contexto do poema, o que essa expressão pode significar?

c) Essa expressão apresenta uma característica objetiva ou algo relacionado à impressão do eu lírico sobre aquele momento? Explique.

19. Releia a terceira estrofe do poema observando o uso das reticências.

a) Na primeira vez em que aparece, o que o uso dessa pontuação indica?

b) E na segunda vez, o que o uso das reticências revela?

20. Na segunda e na terceira estrofes, há uso de travessão.

a) Releia a segunda estrofe e indique a função desse sinal de pontuação.

b) Na terceira estrofe, o travessão foi utilizado com qual objetivo?

c) Em que gêneros é comum o uso de travessão?

> ### LIVRO ABERTO
> *O caderno do jardineiro*, de Angela-Lago. São Paulo: SM, 2016.
> Nesse livro, a escritora e ilustradora mineira Angela-Lago, ao falar das flores, trata de temas como a passagem do tempo e a fragilidade da vida humana.

ANOTE AÍ!

Nos poemas, é comum o uso de **linguagem figurada**, caracterizada por palavras ou expressões com sentido diferente do seu sentido mais comum ou literal. Por exemplo, na frase "A atriz se julga uma *estrela*", a palavra *estrela* não está sendo usada no sentido comum, de corpo celeste, mas sim no sentido figurado, de pessoa muito famosa.

Nos poemas, os **sinais de pontuação** podem servir para expressar sensações e sentimentos.

POESIA COMO PATRIMÔNIO

No poema "Infância", Drummond se vale de informações históricas e culturais da época e da região em que viveu. Assim, por meio da poesia, podemos acessar o patrimônio histórico e cultural de um povo ou país.

1. Entre os poetas que você já leu, há algum que seja seu favorito?

2. Em sua opinião, como um poeta pode contribuir para preservar o patrimônio cultural de um país?

3. Para você, por que é importante valorizar os poetas brasileiros?

UMA COISA PUXA OUTRA

Robinson Crusoé

Como vimos no poema "Infância", o eu lírico estabelece uma importante relação com a história de Robinson Crusoé, escrita pelo britânico Daniel Defoe. Ao fazer o estudo do texto, foi possível conhecer um pouco da história dessa personagem.

1. Observe abaixo a capa de uma versão adaptada do livro *Robinson Crusoé*.

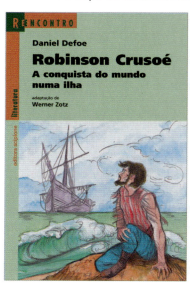

← Capa do livro *Robinson Crusoé: a conquista do mundo numa ilha*, de Daniel Defoe. São Paulo: Scipione, 1989 (Série Reencontro).

   a) Que informações sobre a aventura vivida por Crusoé podem ser antecipadas pela ilustração da capa?
   b) Qual é a importância de haver uma ilustração que apresente informações sobre a obra já na sua capa?
   c) Quem faz capas de livros são *designers* chamados, no meio editorial, de capistas. Se você fosse um capista, utilizaria uma ilustração para compor a capa do livro?
   d) Se você fosse um capista e pudesse optar, o que utilizaria para compor a capa desse livro?

2. O texto desse livro é uma versão adaptada da obra original de Defoe.
   a) Observe a capa e identifique o nome do responsável pela adaptação do texto original.
   b) Você já leu obras em versões adaptadas? Em caso afirmativo, quais?
   c) Em sua opinião, por que são publicadas versões adaptadas de uma obra original?

3. Nessa adaptação, foi criado um subtítulo que não consta da obra original.
   a) Identifique o subtítulo na capa e transcreva-o no caderno.
   b) Que informações esse subtítulo acrescenta ao título?
   c) Qual é a importância dele nessa versão?
   d) Qual é a relação desse subtítulo com a ilustração da capa?

4. Agora, observe a capa de outra edição de *Robinson Crusoé*, publicada pela Penguin-Companhia das Letras, e o frontispício original que acompanha essa edição. Depois, responda às questões propostas.

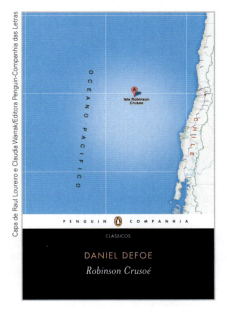

← Capa e frontispício do livro *Robinson Crusoé*, de Daniel Defoe. Tradução de Sergio Flaksman. São Paulo: Penguin-Companhia das Letras, 2011. p. 4.

a) Que elementos gráficos presentes na capa mais chamaram sua atenção? Por quê?

b) Há algum elemento em comum entre a ilustração dessa capa e a que foi apresentada na atividade 1? Qual?

c) Que informações presentes na capa dos livros publicados pelas duas editoras são diferentes? Há mais informações em uma capa do que em outra? Justifique suas respostas.

d) O livro da editora Scipione parece ser direcionado ao mesmo público leitor do livro acima? Justifique sua resposta com elementos gráficos das capas.

e) O livro da editora Scipione possui 48 páginas e o livro acima, 408 páginas. Por que a extensão é diferente entre os dois, uma vez que ambos contam a mesma história?

5. O frontispício, também chamado de "página de rosto", é, em geral, a primeira página após a capa. Retome o frontispício original reproduzido acima e responda:

a) Nesse frontispício, é apresentado um resumo da aventura de Robinson Crusoé e de como ele foi parar em uma ilha. Em sua opinião, qual é o objetivo de apresentar essas informações em uma "página de rosto"?

b) De acordo com o contexto, a frase "Escrita pelo próprio" se refere a quem: Daniel Defoe ou Robinson Crusoé?

6. Após ler o poema "Infância" e fazer uma análise das capas e do frontispício dos livros das aventuras de Robinson Crusoé, você ficou curioso para ler esse livro? Se você já leu, diga aos colegas se recomenda a leitura e justifique por que eles deveriam lê-lo.

LÍNGUA EM ESTUDO

PRONOMES PESSOAIS E PRONOMES DE TRATAMENTO

1. Releia a última estrofe do poema "Infância", de Carlos Drummond de Andrade.

   > E eu não sabia que minha história
   > era mais bonita que a de Robinson Crusoé.

   a) Nessa estrofe, que palavra o eu lírico utiliza para fazer referência a si mesmo?
   b) Suponha que, ao falar de si mesmo na infância, o eu lírico usasse a expressão "o menino daquele tempo". Veja os versos reescritos com essa expressão.

   > E o menino daquele tempo não sabia que sua história
   > era mais bonita que a de Robinson Crusoé.

   - Nesses versos reescritos, houve uma aproximação ou um afastamento do eu lírico em relação às memórias dele? Explique.

   Na atividade acima, você observou que o eu lírico utilizou uma palavra para fazer referência a si mesmo. Essa palavra pertence à classe gramatical dos **pronomes**.

   > **ANOTE AÍ!**
   > **Pronomes** são palavras que **substituem**, **fazem referência** ou **acompanham** substantivos e outras formas nominais (nomes).

PESSOAS DO DISCURSO

2. Leia a tira a seguir.

Alexandre Beck. Armandinho. *Folha de S.Paulo*, 2 ago. 2014. Suplemento infantil Folhinha.

a) Nessa tira, há um diálogo entre Armandinho e o pai. Qual é a palavra utilizada pelo pai de Armandinho para se referir a si mesmo?
b) O que o pai imagina que pode causar estranheza ao filho?
c) Na pergunta de Armandinho, no último quadro, a que se refere a palavra *ele*?
d) Explique o efeito de sentido causado pelo uso da palavra *ele* nessa pergunta.
e) Comparando o assunto tratado no poema "Infância" e na tira lida, o que esses dois textos têm em comum?

Ao analisar a tira, você pôde perceber que certas palavras foram utilizadas para fazer referência tanto à pessoa que fala (*eu*) quanto à pessoa de quem se fala (*ele*).

> **RELACIONANDO**
> Em textos dos mais diversos gêneros, é comum o uso de pronomes. Em poemas, a seleção e o uso de pronomes contribuem para a construção de sentido do texto.
> O uso inusitado de um pronome também pode gerar humor, como na tira do Armandinho.

178

Em uma conversa como a da tira e em qualquer **situação de comunicação**, são três as **pessoas do discurso**. Os pronomes são termos que indicam essas pessoas:

- **Primeira pessoa**: a pessoa **que fala**.
- **Segunda pessoa**: a pessoa **com quem se fala**.
- **Terceira pessoa**: a pessoa **de quem se fala**.

Observe os exemplos a seguir.

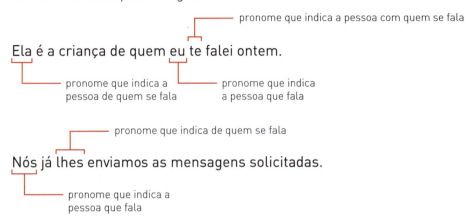

Agora veja, no esquema a seguir, alguns pronomes utilizados para se referir a cada pessoa do discurso (primeira, segunda e terceira). É importante lembrar que os verbos e os demais dados da frase devem sempre concordar com a pessoa do discurso.

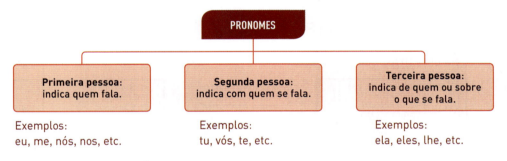

PRONOMES PESSOAIS

3. Leia a tira a seguir.

Adão Iturrusgarai. *O cão mágico*.

a) Na tira, o humor está relacionado a uma característica adquirida pelo cachorro em virtude de uma questão espacial. Que relação é essa?

b) O cão usa dois pronomes para fazer referência a si mesmo. Quais são eles? Classifique-os quanto à pessoa do discurso.

c) Reescreva no caderno as falas da tira usando pronomes da terceira pessoa. Faça as alterações necessárias para essa reescrita.

179

Os pronomes pessoais são classificados em dois tipos: **pronomes pessoais do caso reto** e **pronomes pessoais do caso oblíquo**. Veja no quadro abaixo os dois tipos de pronome de acordo com as pessoas do discurso.

	PESSOAS DO DISCURSO	PRONOMES PESSOAIS DO CASO RETO	PRONOMES PESSOAIS DO CASO OBLÍQUO
Singular	1ª pessoa	eu	me, mim, comigo
Singular	2ª pessoa	tu	te, ti, contigo
Singular	3ª pessoa	ele, ela	o, a, lhe, se, si, consigo
Plural	1ª pessoa	nós	nos, conosco
Plural	2ª pessoa	vós	vos, convosco
Plural	3ª pessoa	eles, elas	os, as, lhes, se, si, consigo

4. Retome a atividade 3 para responder às questões a seguir.
    a) Classifique os pronomes que você identificou no item *b* da atividade 3 com relação à pessoa do discurso e ao tipo.
    b) Releia a tira e responda à questão: Qual é a relação entre o uso desses pronomes e o conteúdo da tira?

> **ANOTE AÍ!**
>
> Os **pronomes pessoais** indicam as pessoas envolvidas em uma situação comunicativa (1ª, 2ª e 3ª pessoa do singular e do plural) e são classificados em **pronomes pessoais do caso reto** e **pronomes pessoais do caso oblíquo**.

PRONOMES DE TRATAMENTO

5. Leia esta tira:

Jim Davis. *Garfield*.

a) Jon e Garfield têm uma relação distante ou de proximidade?
b) Qual é o termo que Garfield utiliza para se referir a Jon na tira?
c) Em um dos quadrinhos da tira, Jon utiliza a expressão *a gente* em lugar de um pronome pessoal do caso reto. Que pronome é esse?
d) Que tipo de registro predomina na tira: formal ou informal? Dê exemplos.
e) Qual é a relação entre esse tipo de registro e a situação de comunicação apresentada na tira?

Na tira de Garfield, o tratamento entre os interlocutores Garfield e Jon, revelado tanto pela linguagem verbal como pela não verbal, indica o grau de intimidade entre eles. Quando o gato utiliza o termo *você*, é reforçada a informalidade dessa situação comunicativa.

6. Leia o trecho de uma notícia sobre o aniversário de 90 anos da rainha Elizabeth II.

> **Rainha Elizabeth II completa 90 anos sem perder a popularidade**
>
> [...]
>
> Em uma mensagem de felicitação, o [então] primeiro-ministro britânico, David Cameron, disse que a rainha viveu em épocas extraordinárias, como a Segunda Guerra Mundial, a chegada do homem à Lua, o fim da Guerra Fria e a paz na Irlanda do Norte. Ele também elogiou sua presença na vida dos britânicos e o seu senso de responsabilidade com o país.
>
> — Sua Majestade foi inquebrável e uma rocha de força para nossa nação e, em muitas ocasiões, para o mundo inteiro — disse o premier. [...]

O Globo, 21 abr. 2016. Disponível em: <http://oglobo.globo.com/mundo/rainha-elizabeth-ii-completa-90-anos-sem-perder-popularidade-19138450>. Acesso em: 6 ago. 2018.

- Em sua fala, o primeiro-ministro britânico se refere à rainha como "Sua Majestade". Essa forma de tratamento é formal ou informal? Explique.

O termo *você*, usado na tira por Garfield, para se dirigir a seu interlocutor, e a expressão *Sua Majestade*, empregada pelo primeiro-ministro britânico, na notícia, para se dirigir à rainha, são denominados **pronomes de tratamento**.

Observe no quadro abaixo alguns pronomes de tratamento.

PRONOMES DE TRATAMENTO	ABREVIATURA	USADOS PARA
Você	—	pessoas íntimas
Senhor, senhora	Sr., Sr.ª	pessoas mais velhas ou a quem queremos tratar com respeito e distanciamento
Sua / Vossa Alteza	S.A. / V.A.	príncipes e duques
Sua / Vossa Excelência	S.Ex.ª / V.Ex.ª	altas autoridades do governo e das Forças Armadas
Sua / Vossa Majestade	S.M. / V.M.	reis e imperadores
Sua / Vossa Santidade	S.S. / V.S.	o papa
Sua / Vossa Senhoria	S.S.ª / V.S.ª	autoridades em geral, tratamento cerimonioso

Uso de *você* e *tu*

De acordo com as regras gramaticais, as duas formas, *tu* e *você*, são válidas. No entanto, em situações de uso formal da língua, é importante não misturar os dois pronomes: ou se opta pelo uso de *tu*, ou pelo uso de *você* (que corresponde à segunda pessoa, mas o verbo é flexionado na terceira pessoa). Veja estes exemplos:

ORIGEM DO PRONOME *VOCÊ*

O pronome *você*, hoje muito utilizado, originou-se da antiga forma *vossa mercê*. Com o passar dos anos, o uso dessa expressão foi se tornando mais popular e se transformou em *vossemecê*, depois em *vosmecê*, até chegar à forma atual: *você*.

> **ANOTE AÍ!**
>
> As palavras utilizadas para nos referirmos a uma terceira pessoa ou nos dirigirmos ao(s) nosso(s) interlocutor(es) e com valor de pronome pessoal são conhecidas como **pronomes de tratamento**. Eles podem revelar o **grau de intimidade** entre os participantes dependendo da **situação de comunicação** mais formal ou informal.

181

ATIVIDADES

RETOMAR E COMPREENDER

1. Leia o poema a seguir, de Fernando Pessoa, e responda às questões.

[Havia um menino]

Havia um menino
que tinha um chapéu
para pôr na cabeça
por causa do sol.

Em vez de um gatinho
tinha um caracol.
Tinha o caracol
dentro de um chapéu;
fazia-lhe cócegas
no alto da cabeça.

Por isso ele andava
depressa, depressa
p'ra ver se chegava
a casa e tirava
o tal caracol
do chapéu, saindo
de lá e caindo
o tal caracol.

Mas era, afinal,
impossível tal,
nem fazia mal
nem vê-lo, nem tê-lo:
porque o caracol
era do cabelo.

Disponível em: <http://casafernandopessoa.cm-lisboa.pt/fileadmin/CASA_FERNANDO_PESSOA/Imagens/servico_educativo/Havia_um_menino.pdf>. Acesso em: 19 jan. 2017.

a) No poema, o eu lírico apresenta uma situação vivida por um menino. De acordo com as três primeiras estrofes, o que ocorre com esse menino?

b) Ao final do poema, o eu lírico quebra a expectativa do leitor revelando um fato novo. Que fato é esse?

c) Na segunda estrofe do poema, foi utilizado o pronome oblíquo *lhe*. A quem esse pronome faz referência?

d) Na última estrofe do poema, há também o uso do pronome oblíquo *-lo*. Esse pronome faz referência a quem?

2. Identifique e transcreva um pronome pessoal do caso reto presente no texto. Indique o substantivo que esse pronome substitui.

APLICAR

3. Substitua, na terceira e na quarta estrofes do poema, os pronomes oblíquos e o pronome pessoal do caso reto pelos termos a que eles fazem referência. Depois, responda: Por que o poeta usou os pronomes no lugar dos substantivos?

4. Leia a sinopse do livro *Parque encantado,* publicada em um suplemento destinado ao público infantojuvenil de um jornal de ampla circulação.

> Prepare-se para entrar em um parque de diversões com jogos e brinquedos incríveis. O texto de João Anzanello Carrascoza coloca o leitor dentro da brincadeira. Você vai girar dentro de uma xícara, entrar no beco das fantasias e virar uma borboleta no borboletário, onde voará de flor em flor. As ilustrações de Andrés Sandoval captam o movimento e a cor que há nos parques.

O Estado de S. Paulo, 16 out. 2016. Suplemento Estante de Letrinhas.

a) Qual é a finalidade dessa sinopse?

b) No texto, a quem o pronome de tratamento *você* se refere?

c) Considerando a finalidade da sinopse, por que foi escolhido esse pronome?

5. 🔵 **APLICAR** Faça as **atividades interativas** para praticar seus conhecimentos.

A LÍNGUA NA REAL

OS PRONOMES DE TRATAMENTO E SEUS USOS

1. Leia um trecho do poema *Morte e vida severina*, escrito pelo pernambucano João Cabral de Melo Neto (1920-1999), um dos mais importantes poetas brasileiros. Severino, o eu lírico do poema, é um retirante. Ele saiu do sertão rumo ao litoral pernambucano em busca de uma vida melhor. O trecho abaixo é uma das falas de Severino durante a viagem até o litoral.

— Nunca esperei muita coisa,
digo a Vossas Senhorias.
O que me fez retirar
não foi a grande cobiça;
o que apenas busquei
foi defender minha vida
da tal velhice que chega
antes de se inteirar trinta;
se na serra vivi vinte,
se alcancei lá tal medida,
o que pensei, retirando,
foi estendê-la um pouco ainda.

João Cabral de Melo Neto. *Morte e vida severina e outros poemas para vozes.* Rio de Janeiro: Nova Fronteira, 1994. p. 44-45.

a) Qual é o significado das formas verbais *retirar* e *retirando* no poema?

b) De que maneira seria possível a velhice chegar antes dos 30 anos de idade?

c) Que pronome de tratamento é utilizado no poema?

d) Em que situações se costuma utilizar esse pronome de tratamento?

e) A quem o eu lírico está se dirigindo ao utilizar esse pronome de tratamento?

f) Por que o eu lírico utiliza esse pronome de tratamento para falar a quem ele está se dirigindo?

g) Que outro pronome de tratamento poderia ser utilizado mantendo o mesmo sentido que o do poema?

2. O uso do pronome de tratamento *senhor(a)* geralmente revela respeito do falante por seu interlocutor em razão de uma diferença de idade, de posição hierárquica, etc. Em alguns casos, entretanto, pode revelar diferenças sociais e de situação econômica ou, ainda, ironia. Explique o que o uso de *senhor(a)* expressa sobre a relação entre os interlocutores nas frases abaixo.

a) Não quer comprar um chocolate, *senhora*? (pessoa vendendo doces a uma motorista no trânsito de uma grande cidade)

b) Chefe, a *senhora* vai me dispensar mais cedo hoje? (funcionário à superiora)

c) O *senhor* já fez a lição? (pai se dirigindo ao filho)

ANOTE AÍ!

O uso de **pronomes de tratamento** pode revelar o **tipo de relacionamento entre interlocutores**: uma relação de respeito, pelo fato de haver entre eles diferença de idade ou hierárquica; uma relação de desigualdade social e econômica, pelo fato de os interlocutores pertencerem a classes distintas; etc.

Os pronomes de tratamento cerimoniosos podem, às vezes, ser usados com intenção de produzir um efeito de **ironia**.

AGORA É COM VOCÊ!

REESCRITA DE POEMA

PROPOSTA

A infância é um tema presente na obra de vários escritores. Que tal exercitar sua criatividade e reescrever um poema sobre situações relacionadas a essa fase da vida? Ao final, em uma data combinada com o professor, você e os colegas vão organizar uma apresentação para recitar os poemas em um espaço coletivo da escola ou do bairro. Para esse recital, vocês podem convidar familiares, amigos e pessoas da comunidade.

GÊNERO	PÚBLICO	OBJETIVO	CIRCULAÇÃO
Poema	Amigos, familiares e pessoas da comunidade	Reescrever um poema sobre experiências da infância para ser declamado	Recital de poesia na escola ou no bairro

PLANEJAMENTO E ELABORAÇÃO DO TEXTO

1. Leia com muita atenção os dois poemas a seguir, pois um deles será a base de sua produção. Se achar interessante, você pode ler os textos em voz alta para explorar o ritmo de cada um deles.

A boneca

Deixando a bola e a peteca,
Com que inda há pouco brincavam,
Por causa de uma boneca,
Duas meninas brigavam.

Dizia a primeira: "É minha!"
— "É minha!", a outra gritava;
E nenhuma se continha,
Nem a boneca largava.

Quem mais sofria (coitada!)
Era a boneca. Já tinha
Toda a roupa estraçalhada,
E amarrotada a carinha.

Tanto puxaram por ela,
Que a pobre rasgou-se ao meio,
Perdendo a estopa amarela
Que lhe formava o recheio.

E, ao fim de tanta fadiga,
Voltando à bola e à peteca,
Ambas, por causa da briga,
Ficaram sem a boneca...

Olavo Bilac. A boneca. Em: Adriana Calcanhotto (Org.). *Antologia ilustrada da poesia brasileira*: para crianças de qualquer idade. 2. ed. ampl. Rio de Janeiro: Edições de Janeiro, 2014. p. 22-23.

Meus oito anos

Oh! que saudades que tenho
Da aurora da minha vida,
Da minha infância querida
Que os anos não trazem mais!
Que amor, que sonhos, que flores,
Naquelas tardes fagueiras
À sombra das bananeiras,
Debaixo dos laranjais!

Como são belos os dias
Do despontar da existência!
— Respira a alma inocência
Como perfumes a flor;
O mar — é lago sereno,
O céu — um manto azulado,
O mundo — um sonho dourado,
A vida — um hino d'amor!

Que auroras, que sol, que vida,
Que noites de melodia
Naquela doce alegria,
Naquele ingênuo folgar!
[...]

Casimiro de Abreu. Meus oito anos. Em: Adriana Calcanhotto (Org.). *Antologia ilustrada da poesia brasileira*: para crianças de qualquer idade. 2. ed. ampl. Rio de Janeiro: Edições de Janeiro, 2014. p. 14-15.

fagueiro: agradável, amável.

Leandro Lassmar/ID/BR

184

2 Um dos dois poemas será a base da sua produção. Reflita sobre o eu lírico de cada um deles e avalie com qual você mais se identifica.

3 Após a seleção de um dos textos, escolha o que será expresso em seu poema.

- Caso tenha selecionado o primeiro, utilize uma estrutura semelhante à dele para falar de uma situação de disputa na infância – pode ser por um brinquedo, um jogo, entre outros – e do desfecho que essa situação teve.
- Caso tenha escolhido o segundo, selecione lembranças e sensações associadas à infância. Você pode incluir lugares, pessoas, brincadeiras, músicas relacionadas à sua infância e citá-los no poema.

4 Reescreva o poema escolhido fazendo as adaptações necessárias. Para maior expressividade, é importante que o poema:

- apresente musicalidade e ritmo. Para isso, utilize versos rimados e com um tamanho regular e repita sons ou termos;
- faça associações diferentes, empregando expressões com sentido figurado;
- apresente pontuação que intensifique a expressividade.

5 Dê um título a seu poema.

AVALIAÇÃO E REESCRITA DO TEXTO

1 Avalie o poema reescrito por você de acordo com os critérios listados no quadro.

ELEMENTOS DO POEMA
O texto tem como base um dos poemas apresentados?
O tema é relacionado à infância?
O poema apresenta musicalidade e ritmo? Tem rimas?
Há o uso de expressões com sentido figurado?
Os sinais de pontuação utilizados auxiliam na expressividade do poema?

2 Considere os critérios do quadro acima e escreva a versão final do poema.

CIRCULAÇÃO

1 A turma deve organizar um recital de poesia para compartilhar os textos.

2 Antes do dia combinado para o recital, ouça e analise com seus colegas algumas declamações de poemas para planejar e ensaiar as apresentações.

3 Para melhorar sua apresentação, leia as orientações a seguir.

- Conheça bem o poema, observando os recursos utilizados para marcar o ritmo do texto.
- De acordo com o sentido expresso pelo poema, selecione as palavras que devem ser pronunciadas com ênfase especial.
- Verifique os sinais de pontuação e os momentos do texto em que deve haver pausas, ênfases, interrogações, etc.
- Lembre-se de dizer o título do poema no início de sua apresentação.
- Evite fazer muitos gestos durante a declamação. A gesticulação deve apoiar o conteúdo expresso no poema, e não chamar mais atenção do que o texto.

4 **ANALISAR** Ouça e analise algumas **declamações de poemas** para planejar e ensaiar sua apresentação para o público.

185

Capítulo 2 — COTIDIANO POÉTICO

O QUE VEM A SEGUIR

Você vai ler um poema de Mario Quintana, escritor conhecido por lançar um olhar poético sobre fatos do cotidiano. Leia o título e responda: De que ritmo você imagina que o poema vai tratar? Comente sua resposta com os colegas.

TEXTO

Ritmo
Na porta
a varredeira varre o cisco
varre o cisco
varre o cisco

Na pia
a menininha escova os dentes
escova os dentes
escova os dentes

No arroio
a lavadeira bate roupa
bate roupa
bate roupa

até que enfim
se desenrola
toda a corda

e o mundo gira imóvel como um pião!

Mario Quintana. *Anotações poéticas*.
São Paulo: Globo, 1996. p. 65.

arroio: córrego, riacho.
cisco: lixo, pó.

TEXTO EM ESTUDO

PARA ENTENDER O TEXTO

1. Após a leitura, suas hipóteses iniciais sobre o poema se confirmaram?

2. Copie o quadro abaixo no caderno e complete-o com informações do poema.

Quem realiza a ação	Ação	Objeto da ação	Lugar onde ocorre a ação
	varre		na porta
a menininha			
	bate		
		a corda	(não aparece o lugar)
o mundo		(não há objeto da ação)	

3. O que há em comum entre as pessoas citadas no poema?

4. As ações realizadas por elas são semelhantes? Explique.

5. Observe que as três primeiras estrofes do poema têm formatos semelhantes (um verso curto, um mais longo e dois curtos).
   a) Que relação há entre a repetição da estrutura e o sentido dessas estrofes?
   b) A repetição do último verso dessas estrofes reforça qual aspecto das ações?

6. Os versos das duas últimas estrofes apresentam uma distribuição de palavras na página diferente das estrofes anteriores. Como essa organização de palavras se relaciona com o conteúdo das estrofes?

7. O modo de organização do poema "Ritmo" auxilia na construção de qual sentido geral do texto?

8. No último verso do poema, é estabelecida uma relação entre o movimento do mundo e o de um pião.
   a) Nesse verso, há uma contradição. Identifique-a.
   b) Agora, pense no movimento de um pião quando é lançado. Ao girar velozmente, que impressão temos dele? Por quê?
   c) Considerando a imagem provocada pelo giro do pião, explique o sentido do último verso.
   d) Que semelhança há entre o sentido expresso nesse verso e o movimento realizado pelas mulheres e pela menina?

9. Em geral, os títulos se relacionam com o conteúdo dos textos. Que relação pode ser estabelecida entre o título do poema e o conteúdo expresso em seus versos?

MARIO QUINTANA: UM POETA DO SUL

↑ O poeta Mario Quintana, em foto de 1986.

Mario Quintana nasceu na cidade de Alegrete (RS), em 30 de julho de 1906. Publicou mais de vinte livros, voltados tanto ao público em geral, como *Espelho mágico* e *O aprendiz de feiticeiro*, como ao público infantojuvenil, como *Pé de pilão* e *Sapato furado*. Quintana foi também um importante tradutor de obras da literatura universal.

Faleceu em 5 de maio de 1994, perto de completar 87 anos, em Porto Alegre (RS), onde viveu grande parte da vida.

187

● O CONTEXTO DE PRODUÇÃO

10. No poema, o eu lírico observa as ações da lavadeira e da varredeira. Essas profissões são comuns atualmente? Em sua opinião, isso revela algo sobre a rotina doméstica da época em que o poema foi escrito? Explique.

11. Por que a imagem de uma lavadeira lavando roupa no riacho não é comum nos dias atuais? Formule hipóteses sobre isso.

● A LINGUAGEM DO TEXTO

12. Leia em voz alta as três primeiras estrofes do poema e observe a sonoridade.

a) Quais sons de consoante se repetem nessas estrofes?

b) Qual é a relação entre a repetição do som dessas consoantes e as ideias expressas em cada estrofe?

> **ANOTE AÍ!**
>
> A **repetição de consoantes** é um recurso usado para intensificar o ritmo ou para criar um **efeito sonoro** significativo no texto. Esse recurso recebe o nome de **aliteração**.

13. Agora, observe a repetição de vogais nas duas últimas estrofes do poema.

a) Quais vogais se repetem de forma mais significativa?

b) Que efeito esse tipo de repetição provoca no poema?

> **ANOTE AÍ!**
>
> A **repetição de vogais** recebe o nome de **assonância**. Ao usar esse recurso de forma intencional, o poeta amplia a **expressividade** e o **ritmo** do poema.

14. As repetições de sons – aliterações e assonâncias – reforçam qual ideia relacionada ao conteúdo do poema?

15. Leia, em voz alta, este poema de Vinicius de Moraes:

O relógio

Passa, tempo, tic-tac	Não atrasa	De fazer
Tic-tac, passa, hora	Não demora	Meu tic-tac
Chega logo, tic-tac	Que já estou	Dia e noite
Tic-tac, e vai-te embora	Muito cansado	Noite e dia
Passa, tempo	Já perdi	Tic-tac
Bem depressa	Toda a alegria	Tic-tac...

Vinicius de Moraes. *A arca de Noé*. São Paulo: Companhia das Letras, 1991. p. 24.

a) Nesse poema, foi empregada várias vezes uma palavra que reproduz o som do relógio. Qual é essa palavra?

b) Quais são os outros elementos presentes no poema que lembram o som produzido pelo relógio?

> **ANOTE AÍ!**
>
> Outro recurso sonoro comum em poemas é o uso de **onomatopeias**, que procuram reproduzir **diversos sons**, como um som da natureza ou de um objeto, por exemplo.

LIVRO ABERTO

As aventuras de Max e seu olho submarino, **de Luigi Amara. São Paulo: SM**, 2010.

Com dezesseis poemas de formato variado (quadras, sonetos, haicais), o livro relata a história do jovem Max. De tanto ser esfregado, o olho de Max se desprende da órbita e embarca em aventuras incríveis.

16. Agora leia, também em voz alta, um poema do escritor alagoano Jorge de Lima. Preste atenção na sonoridade do poema.

> **Noite de São João**
>
> Vamos ver quem é que sabe
> soltar fogos de S. João?
> Foguetes, bombas, chuvinhas,
> chios, chuveiros, chiando, chiando,
> chovendo chuvas de fogo!
> Chá – Bum!

Jorge de Lima. *Obra completa*. Rio de Janeiro: Aguilar, 1958. p. 58.

a) Nesse poema, qual é o som que se repete e se destaca? Ele é representado por quais letras?
b) Que nome se dá à repetição desse som?
c) Que efeito o uso desse recurso provoca no texto?
d) Que onomatopeia é utilizada no poema?
e) No contexto do poema, que som a onomatopeia procura reproduzir?

COMPARAÇÃO ENTRE OS TEXTOS

17. Copie o quadro abaixo no caderno e preencha-o comparando os dois poemas estudados nos capítulos 1 e 2 desta unidade.

	"Infância"	"Ritmo"
Tema		
Presença de rima		
Recursos utilizados para dar sonoridade e ritmo ao poema		
Relação entre os efeitos sonoros e o sentido		

18. Como vimos nesta unidade, os poemas podem envolver o leitor de diferentes maneiras: por meio da expressão de emoções, da sonoridade, do ritmo e dos jogos de palavras.

a) Em sua opinião, qual dos poemas estudados envolve mais o leitor? Por quê?
b) Qual característica desse poema foi mais marcante para você?

POESIA E CONEXÃO

Em um poema, sentimentos, sonhos e situações são ressignificados de forma expressiva pelos poetas e podem ganhar caráter universal, conectando eu lírico e leitor.

1. **COMPREENDER** Assista ao vídeo sobre o **ofício do poeta** e converse com os colegas sobre a capacidade da poesia de aproximar pessoas a regiões, épocas e culturas diferentes.
2. Além de permitir que pessoas acessem outras culturas e experiências, você acredita que a poesia também seja capaz de conectar o leitor com seus próprios sentimentos? Explique.
3. Você acha possível uma poesia ser capaz de traduzir ou expressar sentimentos que você considera apenas seus? Como? Debata com os colegas.

LÍNGUA EM ESTUDO

PRONOMES DEMONSTRATIVOS

1. Leia o poema a seguir, de Claudio Fragata.

> **Esse**
>
> O **S** pode ser duas curvas fechadas
> Cuidado! Perigo na estrada!
> O **S** pode ser uma serpente sinuosa.
> Cuidado! Essa também é perigosa!
> O **S** pode ser um pato nadando na lagoa.
> Isso sim é coisa boa!

Claudio Fragata. *Alfabeto escalafobético*. São Paulo: Jujuba, 2013. p. 27.

RELACIONANDO

No poema "Esse", ao utilizar os pronomes demonstrativos *essa* e *isso*, o eu lírico faz referência ao que acabou de mencionar. Nesse caso, o uso desses pronomes auxilia na construção de sentido, evita a repetição de palavras e contribui para a manutenção do ritmo e da musicalidade do poema.

a) Considerando o assunto do poema e o título, qual brincadeira em relação ao sentido da palavra *esse* pode ser observada?

b) Quando o eu lírico diz "Essa também é perigosa!", a que palavra o pronome *essa* faz referência?

c) No último verso do poema, a que o termo *isso* faz referência?

Os termos *essa* e *isso* são classificados como pronomes demonstrativos.

ANOTE AÍ!

Os **pronomes demonstrativos** são palavras que servem para **situar no espaço** ou **no tempo os seres e objetos** de quem ou de que falamos. Eles também são utilizados para **fazer referência** a elementos já expressos ou que serão apresentados em um texto.

Observe no quadro abaixo os pronomes demonstrativos correspondentes a cada pessoa do discurso. Em seguida, conheça os usos desses pronomes.

PESSOAS DO DISCURSO	VARIÁVEIS	INVARIÁVEIS
1ª pessoa	este, estes, esta, estas	isto
2ª pessoa	esse, esses, essa, essas	isso
3ª pessoa	aquele, aqueles, aquela, aquelas	aquilo

PRONOMES DEMONSTRATIVOS EM RELAÇÃO AO ESPAÇO

2. Leia a tira e responda: Na fala de Jon, no primeiro quadrinho, que pronome faz referência à folha de papel que ele segura?

Jon Davis. Garfield. *Folha de S.Paulo*, 2 dez. 2014. Disponível em: <http://www1.folha.uol.com.br/ilustrada/cartum/cartunsdiarios/#2/12/2014>. Acesso em: 8 ago. 2018.

Os pronomes demonstrativos possuem uma relação espacial com as pessoas do discurso. Observe o quadro a seguir.

PRONOMES DEMONSTRATIVOS	POSIÇÃO DO SER OU DO OBJETO NO ESPAÇO
este, estes, esta, estas, isto	próximo da pessoa que fala
esse, esses, essa, essas, isso	próximo da pessoa com quem se fala
aquele, aqueles, aquela, aquelas, aquilo	distante de quem fala e de seu interlocutor

3. Releia a tira da atividade **2** e justifique o uso do pronome demonstrativo *esta*.

PRONOMES DEMONSTRATIVOS EM RELAÇÃO AO TEMPO

4. Leia as frases a seguir e observe o uso dos pronomes demonstrativos.

> I. No século XVIII, longas viagens eram feitas de navio. Aquela foi uma época de muitas aventuras marítimas!
> II. Mês passado, todos nós fomos viajar. Esse tempo foi muito bom!

a) Nas frases acima, os pronomes demonstrativos fazem referência ao passado. Que pronome é utilizado em cada uma delas?

b) Observe a situação em que cada um dos pronomes foi usado. Em relação ao sentido expresso, qual é a diferença entre esses dois pronomes?

Os pronomes demonstrativos também são utilizados para fazer referência ao tempo presente, passado ou futuro. Observe o quadro a seguir.

> **OS PRONOMES E AS PREPOSIÇÕES**
>
> Os pronomes demonstrativos podem aparecer combinados com as preposições *em* e *de*. Exemplos: *neste*, *naquele*, *nisso* (combinação com *em*); *deste*, *daquilo*, *disso* (combinação com *de*).

PRONOMES DEMONSTRATIVOS	POSIÇÃO DO SER OU DO OBJETO NO TEMPO
este, estes, esta, estas, isto	presente
esse, esses, essa, essas, isso	passado ou futuro próximos
aquele, aqueles, aquela, aquelas, aquilo	passado ou futuro distantes

PRONOMES DEMONSTRATIVOS: ANTECIPAR OU RETOMAR INFORMAÇÕES

Um dos usos dos pronomes demonstrativos é estabelecer relações entre partes do texto sobre o que é falado, escrito ou o que se vai falar ou escrever, ou seja, podem retomar o que já foi dito ou antecipar o que será dito.

PRONOMES DEMONSTRATIVOS	UTILIZA-SE	EXEMPLO
este, estes, esta, estas, isto	quando se faz referência a alguém ou a algo de quem/ que se vai falar.	Minha ideia é *esta*: ir à praia nas férias.
esse, esses, essa, essas, isso	quando se quer retomar algo que já foi citado.	João foi à praia no feriado. *Isso* o deixou muito feliz!
este, estes, esta, estas, aquele, aqueles, aquela, aquelas	quando se quer retomar algo que já foi mencionado: *este, estes, esta* e *estas* se referem ao que foi mencionado por último; *aquele, aqueles, aquela* e *aquelas*, ao que foi citado primeiro.	André e Felipe vieram estudar em casa: *este* me ajudou em Matemática; *aquele*, em Ciências. (O pronome *este* se refere a Felipe, e o pronome *aquele*, a André.)

191

ATIVIDADES

RETOMAR E COMPREENDER

1. Leia o título e a linha fina de uma notícia.

   > **Minhocas também passam por uma fase rebelde na adolescência**
   > Para os cientistas, esse momento é útil para a espécie explorar e se adaptar ao ambiente

   Disponível em: <http://revistagalileu.globo.com/Ciencia/noticia/2017/01/minhocas-tambem-passam-por-uma-fase-rebelde-na-adolescencia.html>. Acesso em: 8 ago. 2018.

   a) Identifique e classifique o pronome utilizado no texto acima.
   b) A que esse pronome faz referência?

2. Indique a ideia expressa pelos pronomes demonstrativos destacados nas frases.
   a) **Naquele** tempo, as crianças brincavam nas ruas.
   b) Ele comprou o carro **naquela** loja.
   c) Júlia e Paulo estudam na mesma escola. **Este** está no 4º ano; **aquela**, no 6º ano.
   d) **Este** livro eu já li. Queria ler **aquele** outro.

3. Leia esta tira de Calvin.

   Bill Watterson. *Calvin e Haroldo*.

   a) Calvin quer saber por que o Sol se põe. A resposta que seu pai lhe deu é correta? Procure explicar.
   b) De quem é a fala "Querido!" no último quadrinho? Por que essa pessoa chama a atenção do pai de Calvin?
   c) Releia esta frase:

   > O sol está quente no meio do dia, por isso ele sobe alto no céu.

   - A que o pronome *isso* se refere?

APLICAR

4. Reescreva em seu caderno as frases abaixo usando adequadamente os pronomes demonstrativos. Eles podem estar sozinhos ou combinados com preposições.
   a) Você viu ★ menina lá fora? É sobre ela que estávamos conversando.
   b) Por favor, pegue para mim ★ toalha que está ao seu lado!
   c) Preste atenção! Coloquei os ovos ★ sacola que está perto de você.
   d) Cuidado! ★ pacote na minha mão é frágil.

5. **APLICAR** Faça as **atividades interativas** para praticar seus conhecimentos.

A LÍNGUA NA REAL

O PRONOME NA COESÃO DO TEXTO

1. Leia o poema a seguir.

> **Minha sombra**
>
> Minha sombra
> Me assombra.
>
> Eu dou um pulo
> E ela para no ar.
>
> Eu subo em árvore,
> Ela desce escada
>
> Eu ando a cavalo,
> Ela segue a pé.
>
> Eu vou à festa!
> Oba, vou nessa!

Sérgio Capparelli. *111 poemas para crianças*. Porto Alegre: L&PM, 2006. p. 20.

a) Que situação inusitada é apresentada no poema?

b) O pronome *ela* refere-se a que substantivo presente no poema?

c) Explique o uso desse pronome no poema.

d) Se o pronome *ela* não fosse usado no poema, como ficariam os versos? Seu sentido mudaria?

2. Agora leia o texto abaixo.

> Ser amigo é...
> ... amar e respeitar nossos primeiros amigos, que são nossos pais. Eles brigam, e dizem coisas que não gostamos de ouvir, mandam a gente escovar os dentes, tomar banho e dormir. Em alguns dias, choramos; em outros, rimos sem parar, pois sabemos que esses amigos nunca vão nos abandonar.

Site do Menino Maluquinho. Dia do Amigo. Página extra. Disponível em: <http://meninomaluquinho. educacional.com.br/PaginaExtra/default.asp?id=2259>. Acesso em: 8 ago. 2018.

a) A expressão "esses amigos" está se referindo a quem?

b) Por que o autor utilizou o pronome *esses* nessa expressão?

3. Leia a frase a seguir.

> Meu irmão não suporta quando nosso quarto fica bagunçado e, quando isso acontece, o resultado é um irmão estressado!

a) Substitua o pronome *isso* pelo termo correspondente.

b) Que palavras ficaram repetidas com a substituição do pronome *isso*?

c) Como você pôde observar, existe a possibilidade de escrever essa frase sem o pronome demonstrativo. Qual é a função do pronome nessa frase?

d) A repetição intencional de palavras geraria que efeito de sentido?

ANOTE AÍ!

Os **pronomes** são elementos de **coesão textual**, pois ajudam a **estabelecer relações** no texto, interligando ideias, tornando-o mais preciso e **evitando as repetições desnecessárias,** que não foram planejadas pelo produtor do texto.

LIVRO ABERTO

111 poemas para crianças, de Sérgio Capparelli. Porto Alegre: L&PM, 2006. Esse livro reúne os melhores poemas de Sérgio Capparelli. Dividido em dez capítulos, o livro apresenta desde poemas que cativam pela emoção até os que brincam com o jogo de palavras e sons.

193

ESCRITA EM PAUTA

ACENTUAÇÃO DE HIATOS E DITONGOS

1. Observe que, em todas as palavras do quadro abaixo, aparecem duas vogais juntas (vizinhas).

> g**ua**rda   z**oo**   c**ai**r   r**ai**z   q**ua**se   l**ou**co   af**ia**do   sér**ie**   s**aí**da

- Copie essas palavras no caderno, dividindo-as em dois grupos:
    I. Palavras nas quais essas vogais são pronunciadas na mesma sílaba.
    II. Palavras nas quais essas vogais não são pronunciadas na mesma sílaba.

> **ANOTE AÍ!**
>
> Quando as vogais vizinhas estão na mesma sílaba, uma delas (a de som mais fraco) passa a ser chamada de **semivogal**. O som da vogal e da semivogal juntas na mesma sílaba chama-se **ditongo**.
> Exemplo: igual (i-g**ua**l).
> Quando as vogais vizinhas são pronunciadas em sílabas diferentes, ocorre **hiato**.
> Exemplo: saúde (s**a-ú**-de).

2. Leia a tira a seguir.

Laerte, *Overman*.

a) Na tira, o humor se baseia no anonimato de quem passa trotes na personagem Overman. Considerando isso, por que a pessoa que iria se encontrar com ele não apareceu?
b) No segundo quadrinho, há duas palavras em que ocorre hiato. Quais são elas?
c) Qual delas é acentuada? Como você concluiu que nessa palavra ocorre hiato e não ditongo?
d) Há algum hiato ou ditongo no terceiro quadrinho? Qual?

> **ANOTE AÍ!**
>
> Quando a segunda **vogal do hiato** for *i* ou *u* tônicos, acompanhados ou não de *s*, ela será **acentuada**. Exemplos: a**í**, fa**í**sca, pa**í**s, sa**ú**de, mi**ú**do, ca**í**do, sa**í**.
> Há exceções a essa regra:
> - **Não são acentuados** os hiatos terminados em *i* seguidos de *nh*. Exemplos: ra**i**nha, ta**i**nha.
> - **Não são acentuados** os hiatos em que o *i* ou o *u* finais formam sílaba com outra letra que não o *s*. Exemplos: r**ui**m, c**ai**r, r**ai**z.

3. Leia o poema a seguir, de Roseana Murray.

> **A lua**
> A lua pinta a rua de prata
> E na mata a lua parece
> Um biscoito de nata.
>
> Quem será que esqueceu
> a lua acesa no céu?

Roseana Murray. *No mundo da lua*. São Paulo: Paulus, 2011.

a) No poema, há duas palavras terminadas em ditongo *eu*. Quais são elas?

b) Observando a sonoridade das palavras, o que diferencia a pronúncia da letra *e* presente nos ditongos?

4. Complete as frases com as palavras a seguir, acentuando-as quando necessário.

trofeu   bau   joia   juiz   saida   ideia

a) O ★ foi colocado no quarto da criança.
b) Não havia nenhuma indicação de ★ de emergência.
c) O ★ foi recebido pelo campeão da corrida.
d) A namorada recebeu uma ★ como presente.
e) O ★ declarou o final do jogo.
f) João teve uma ★ que salvaria seu time.

ANOTE AÍ!

Os **ditongos abertos** *ei*, *eu* e *oi* são acentuados quando aparecem na **última sílaba de palavras oxítonas**, seguidos ou não de *s*. Exemplos: pap**éi**s, chap**éu**, her**ói**.

5. **APLICAR** Faça as **atividades interativas** para praticar seus conhecimentos.

ETC. E TAL

Poema e letra de canção

Os poemas mantêm uma relação próxima com as canções desde muito tempo. Na Antiguidade, por exemplo, os poemas eram chamados de *lírica* e feitos para serem cantados com o acompanhamento de um instrumento musical, a lira. Segundo Luciano Cavalcanti, no artigo "Música e poesia em Manuel Bandeira" (2009), foi a partir do século XVI que "a lírica foi abandonando o canto para se destinar, cada vez mais, à leitura silenciosa".

Até os dias atuais, poemas e letras de canção dialogam e mantêm proximidade. Um exemplo é a sonoridade: assim como em muitos poemas, é comum em letras de música a repetição de fonemas para obter determinado ritmo. Esses dois gêneros se diferenciam, principalmente, pela presença ou não da linguagem musical: enquanto o poema é lido, a letra de canção se integra a uma melodia. No entanto, há muitas letras de canção originadas de poemas que foram musicados; por exemplo, a canção "Rosa de Hiroxima", do poema homônimo de Vinicius de Moraes.

195

AGORA É COM VOCÊ!

ESCRITA DE POEMA

PROPOSTA

Ao falar da repetição das ações que fazem parte do cotidiano, ressaltando sua sonoridade, o poema "Ritmo" revela que a poesia pode estar presente em situações comuns de nossa rotina. Tomando esse texto como inspiração, que tal você exercitar sua criatividade e capacidade de observação e escrever um poema sobre situações relacionadas a seu dia a dia?

Ao final, para levar um pouco de poesia às pessoas, você e sua turma vão criar uma caixa de poemas e distribuir textos poéticos à comunidade escolar e, com a supervisão do professor, também àqueles que circulam pelos espaços públicos próximos da escola, como pontos de ônibus, praças, etc.

GÊNERO	PÚBLICO	OBJETIVO	CIRCULAÇÃO
Poema	Pessoas da comunidade escolar e do bairro onde se situa a escola	Escrever um poema e distribuí-lo a pessoas da comunidade	Caixa de poemas na escola e na comunidade do entorno

PLANEJAMENTO E ELABORAÇÃO DO TEXTO

1. No poema, você pode tratar de uma situação do dia a dia ou de um objeto do seu cotidiano. Procure escolher algo com o qual você se identifique ou tenha uma relação, ou seja, que desperte sua imaginação e criatividade.
2. Defina o eu lírico. Ele pode assumir a voz de alguém que vive ou viveu uma situação ou, se resolveu falar de um objeto, a voz do próprio objeto.
3. Feita as escolhas, escreva as palavras que lhe vêm à mente quando pensa na situação ou no objeto escolhido.
4. Liste palavras que rimam e se relacionam com o tema escolhido.
5. Imagine comparações e/ou definições com sentido figurado que possam ser utilizadas para tratar desse tema.
6. Lembre-se: um poema é um texto em que o eu lírico expõe sensações e ideias bem particulares, apresentando seu jeito de ver o mundo. Ele pode fazer o leitor se divertir, se emocionar, refletir. Portanto, sinta-se à vontade para criar imagens e não tenha medo de fazer associações diferentes ou incomuns.

LINGUAGEM DO SEU TEXTO

1. No poema "Ritmo", você observou a repetição de sons parecidos. Qual é o objetivo do poeta ao utilizar esse recurso?
2. Em "O relógio", que palavra foi utilizada para reproduzir o som do relógio?
3. No poema "Minha sombra", que pronomes foram usados para garantir a coesão textual?

Ao escrever seu poema, utilize recursos como assonância, aliteração e onomatopeia para expressar sons que se relacionam ao tema do seu texto. Além disso, utilize pronomes para retomar ou antecipar ideias.

 **COMPREENDER**

Acesse o recurso digital **brincando com as palavras** para se inspirar.

7 Procure trabalhar o ritmo dos versos. No capítulo 1, você viu que ele pode ser construído pela organização de sílabas tônicas (fortes) e átonas (fracas). Para perceber o ritmo e outros recursos sonoros de seu poema, leia-o em voz alta.

8 Cuide da disposição gráfica dos versos na página. Procure organizar versos e estrofes de um modo que se relacione com o conteúdo do poema.

9 Lembre-se de dar um título que expresse o conteúdo do poema.

AVALIAÇÃO E REESCRITA DO TEXTO

1 Leia seu poema e avalie-o de acordo com os itens a seguir.

ELEMENTOS DO POEMA
O tema abordado é uma situação ou um objeto do cotidiano?
É possível reconhecer a voz que fala no poema, ou seja, o eu lírico?
Há linguagem figurada ao longo do poema?
Foram usados recursos como repetições, rimas, aliterações ou assonâncias para reforçar os sentidos expressos no poema?
A organização em versos e estrofes cria um efeito expressivo?
O título do poema expressa seu conteúdo?

2 Você também pode ler o poema de um colega enquanto ele lê o seu, avaliando--o com base nos critérios acima.

3 Após essa avaliação, se for preciso, reescreva seu poema fazendo as modificações que julgar necessárias.

CIRCULAÇÃO

1 Agora chegou o momento de criar a caixa de poemas e espalhar um pouco de poesia pela escola e seus arredores. Para isso, o professor organizará a turma em grupos de cinco alunos. Cada grupo ficará responsável por preparar uma caixa para guardar os poemas. Vocês podem utilizar uma caixa de papelão e revesti-la ou pintá-la. Uma sugestão é ilustrá-la com imagens que remetam aos poemas que vocês criaram. Vocês também podem fazer colagens com recortes coloridos.

2 Copiem a versão final do poema em uma folha de papel colorido. Lembrem-se de utilizar uma cor de caneta ou de lápis que realce o texto no papel.

3 Dobrem as folhas e guardem-nas nas caixas.

4 No dia e horário combinados com o professor, cada grupo pegará sua caixa de poemas e se deslocará ao local definido para a atividade. Convidem as pessoas para escolher um poema para ler ou ouvir.

5 O grupo pode ler o poema sorteado pela pessoa ou pedir a ela que o leia em voz alta. Se for possível, perguntem o que ela achou do poema.

6 De volta à sala, conversem sobre a realização da atividade.
- Como foi participar da preparação da caixa?
- Como foi a recepção dos poemas pelo público?
- Qual parte da atividade vocês mais gostaram de realizar?

ATIVIDADES INTEGRADAS

Leia o poema a seguir, do poeta Eucanaã Ferraz, em que o eu lírico fala de sua infância. Depois, responda às questões.

Fotografia

Não sei quem eu era
quando era menino.

Procuro no tempo,
procuro no espelho.

Retratos me dizem
que eu era franzino.

Eu era de vidro
mas não me quebrei.

Os astros disseram
que eu era taurino.

Estrelas, planetas,
que sabem de mim?

Daquele garoto
eu sou seu destino.

Foi tudo tão rápido!
Foi tão repentino!

Não sei quem eu era.
Talvez fosse eu.

Eucanaã Ferraz. *Cada coisa*. São Paulo: Companhia das Letrinhas, 2016. p. 56.

EUCANAÃ FERRAZ: UM POETA CONTEMPORÂNEO

Nascido no Rio de Janeiro em 1961, Eucanaã Ferraz é um importante nome da poesia contemporânea brasileira. É professor de Literatura Brasileira na Universidade Federal do Rio de Janeiro (UFRJ) e participa intensamente dos debates acerca desse campo das artes brasileiras.

← Eucanaã Ferraz, em foto de 2016.

ANALISAR E VERIFICAR

1. O eu lírico demonstra estar em busca de algo. Essa busca é relacionada a quê?

2. Em sua opinião, por que foi dado esse título ao poema?

3. Em cada uma das estrofes, há dois versos.
    a) Que estrofe indica ações realizadas pelo eu lírico?
    b) Que estrofes apresentam características do eu lírico? Identifique e transcreva-as.

4. Uma das características do eu lírico está em sentido figurado.
    a) Identifique-a e explique, no contexto do poema, o que ela significa.
    b) O que a estrofe em que essa característica é apresentada revela sobre o eu lírico?

5. Leia a seguir a definição de taurino.

> taurino. *adj.* 1. Relativo ou pertencente a touro; táureo; tauro. [...] *adj. s.m.* ASTRL 3. que ou aquele que nasceu sob o signo de Touro; taurino.

Houaiss eletrônico: dicionário da língua portuguesa. Rio de Janeiro: Objetiva, 2009. 1 CD-ROM.

   a) A qual desses significados a característica apresentada pelo eu lírico faz referência?
   b) O que indicam as abreviações anteriores à definição selecionada?
   c) Considerando o verso em que o termo *taurino* aparece, quais das abreviações presentes na definição são relacionadas a ele? Justifique.

6. Sobre a estrofe em que o eu lírico diz ser taurino, responda:

a) Que relação pode ser observada entre os versos da quinta e da sexta estrofes?

b) O que a pergunta presente na sexta estrofe revela sobre o eu lírico?

7. A apresentação das características é feita com uma mesma estrutura de frase.

a) Que estrutura é essa?

b) A repetição dessa estrutura promove qual efeito no poema?

8. Em uma das estrofes, o eu lírico faz referência à passagem do tempo e às transformações ocorridas.

a) Qual estrofe apresenta essa constatação?

b) Nessa estrofe, que recursos foram utilizados para indicar a intensidade da sensação do eu lírico em relação a essas mudanças?

9. Ao longo do poema, é possível notar a presença de rimas.

a) Essas rimas são localizadas, prioritariamente, em qual posição nos versos?

b) Ao longo do poema, é possível notar uma regularidade em relação ao uso das rimas. Considerando as cinco primeiras estrofes, que regularidade é essa?

10. Na sétima e na oitava estrofes foi utilizado um recurso que causa um efeito sonoro. Releia os versos e indique que recurso é esse. Explique sua afirmação.

11. Releia o poema em voz alta e preste atenção aos efeitos sonoros promovidos pelas rimas e pelas repetições. O que você conseguiu observar? Qual é a importância desses recursos para o sentido do poema?

12. Ao longo do poema, há o uso recorrente de um pronome pessoal.

a) Que pronome é esse? A qual pessoa do discurso ele se refere?

b) Outros pronomes que fazem referência a essa mesma pessoa do discurso estão presentes no poema. Identifique-os.

c) Qual é a relação entre o uso de pronomes que se referem a essa pessoa do discurso e o assunto tratado no poema? Copie no caderno a afirmação correta.

I. Os pronomes pessoais intensificam a ideia de que o eu lírico não compreende as mudanças pelas quais passou ao longo da vida.

II. O assunto tratado no poema é a busca do eu lírico em relação a si mesmo, sendo o uso de pronomes em primeira pessoa coerente com esse assunto.

CRIAR

13. Muitos livros de poemas dirigidos ao público infantojuvenil são ilustrados. A relação entre a linguagem verbal e a não verbal tem um papel na construção dos sentidos do texto: as ilustrações podem complementar o que está sendo dito, revelar novos sentidos, enfatizar um aspecto do texto, entre outras funções.

- Considerando isso, crie uma ilustração para o poema "Fotografia". Reflita sobre os sentimentos que o poema despertou em você, sua compreensão do texto e o que deseja revelar ou enfatizar.

14. Apesar de a poesia criar mundos e sentidos nem sempre comprometidos com a realidade, retome o que você aprendeu sobre poesia ao longo desta unidade e discuta com os colegas sobre a importância da honestidade no fazer poético.

IDEIAS EM CONSTRUÇÃO – UNIDADE 6

Gênero poema
- Seleciono características de poemas já conhecidos para ler e compreender poemas de forma autônoma?
- Interpreto os efeitos de sentido provocados pelos poemas identificando:
  - a divisão em versos e estrofes?
  - a disposição dos versos e estrofes na página?
  - as imagens criadas pelas escolhas lexicais, pelo uso da linguagem figurada?
  - a figura do eu lírico?
  - o ritmo e a musicalidade do poema?
- Analiso os efeitos de sentido provocados pelo uso de recursos como aliteração, assonância e rima nos poemas?
- Ao escrever poemas, observo os elementos próprios da estrutura do gênero?
- Consigo me engajar no planejamento, na elaboração, na revisão e na reescrita do poema, respeitando a proposta de produção?
- Ao participar de um recital de poesia, aprecio a exposição de outros poemas, apresentando minha opinião sobre os textos lidos e respeito ao ouvir os colegas?
- Emprego recursos expressivos para criar um poema?
- Ao produzir um poema, utilizo adequadamente recursos de coesão textual, como pronomes pessoais e demonstrativos?

Conhecimentos linguísticos
- Identifico os pronomes como palavras que substituem ou acompanham substantivos e outras formas nominais (nomes)?
- Reconheço que há três pessoas do discurso: primeira pessoa (quem fala), segunda pessoa (com quem se fala) e terceira pessoa (sobre quem ou sobre o que se fala)?
- Reconheço que os pronomes de tratamento servem, em geral, para nos dirigirmos às pessoas?
- Compreendo que os pronomes demonstrativos servem para situar os seres e os objetos no espaço, no tempo ou no texto em relação às pessoas do discurso?
- Diferencio ditongos de hiatos?
- Reconheço situações em que devo acentuar ditongos e hiatos?

RETOMAR

Veja o **mapa de conteúdos** da unidade 6.

UNIDADE 7

BIOGRAFIA E ANÚNCIO DE PROPAGANDA

Às vezes, temos curiosidade de saber a trajetória de vida de pessoas que admiramos. É possível conhecer as histórias de alguém em uma biografia. Os anúncios de propaganda, por sua vez, convidam o público a se engajar em uma causa ou incentivam as pessoas a tomar uma atitude em relação à coletividade. Nesta unidade, você vai ler e escrever uma biografia, bem como ler e produzir um anúncio de propaganda.

CAPÍTULO 1
A vida em destaque

CAPÍTULO 2
A arte de engajar-se

PRIMEIRAS IDEIAS

1. Você já leu uma biografia? Se sim, o que motivou sua leitura?

2. Quem você escolheria para biografar? Por quê?

3. Você se lembra de algum anúncio que convide as pessoas a participar de uma campanha? Se você se lembrou desse anúncio, qual é?

4. As palavras *estar*, *estudar* e *chover* são verbos. Qual deles expressa uma ação?

5. Em língua portuguesa, os modos verbais indicam a atitude de quem fala em relação ao que diz. Sabendo disso, reflita sobre como você usa o modo indicativo: para indicar certeza, dúvida ou ordem?

201

LEITURA DA IMAGEM

1. A foto registra uma manifestação ocorrida no Dia Internacional da Mulher (8 de março). É importante participar de manifestações como essa? Por quê?
2. Você conhece o significado da cor lilás e do símbolo pintado no rosto da garota em evidência na fotografia? Comente.
3. Para você, há direitos pelos quais as mulheres precisam reivindicar na sociedade atual? Justifique.
4. Em sua opinião, é importante que as mulheres tenham mais representatividade na política? Justifique.
5. **COMPREENDER** Assista ao recurso digital sobre a **participação das mulheres na política**. Em seguida, comente com os colegas sobre a importância de aumentar essa participação.

Foto da Manifestação do Dia Internacional da Mulher em Bilbao, Espanha, 2018.

Capítulo 1
A VIDA EM DESTAQUE

O QUE VEM A SEGUIR

Você vai ler um trecho da biografia da compositora e maestrina carioca Chiquinha Gonzaga, primeira mulher a reger uma orquestra no Brasil. Além de ser uma mulher pioneira na música, também envolveu-se na luta pelo fim da escravidão e pela Proclamação da República do Brasil. Como será que foi a infância dela? Converse com a turma sobre essa questão e, depois, leia o texto.

TEXTO

Chiquinha Gonzaga

Ó abre alas que eu quero passar
Ó abre alas que eu quero passar
Eu sou da lira, não posso negar
Rosa de Ouro é que vai ganhar

↑ Chiquinha Gonzaga, em 1865.

Quem não conhece essa canção?

Foi em 1899 que Chiquinha Gonzaga compôs essa marchinha para o cordão Rosa de Ouro sair no carnaval. Naquele momento, ela nem suspeitava que *Ó abre alas* iria atravessar o tempo e permanecer na memória dos brasileiros até os dias de hoje.

Essa palavra de ordem pedindo passagem para a vitória expressa, de forma clara, o espírito determinado da rebelde sinhazinha do Segundo Reinado, que trocou os salões pelas ruas abrindo alas para as mulheres e para a música brasileira.

Francisca Edwiges Neves Gonzaga nasceu no Rio de Janeiro em 1847. Era a mais velha de sete irmãos, filha do tenente José Basileu, de ilustre família de militares, e da mestiça Rosa, só mais tarde aceita pelos Neves Gonzaga.

Em um sobrado da Rua do Príncipe, no centro do Rio de Janeiro, Chiquinha passou a infância com os irmãos Juca e José Carlos, entre as aulas e o quintal. Adorava brincar de roda; sabia de cor todas as canções de roda e as cantigas de rua. Aos domingos, depois da missa, ia assistir à banda no jardim do Passeio Público.

Estudou escrita, leitura, cálculo, francês, história, geografia, catecismo e latim, em casa, com um cônego que era professor. Para dar-lhe aulas de piano, o Major Basileu contratou um maestro.

O tio e padrinho de Chiquinha, Antônio Eliseu, flautista amador, trazia-lhe as novidades musicais nas visitas diárias ao sobrado. Foi ele quem organizou a festa de Natal em que a jovem pianista apresentou sua primeira composição. Tinha, então, onze anos de idade quando compôs a *Canção dos pastores*, com versos do irmão Juca.

Era ao piano que Chiquinha passava a maior parte do tempo livre, esquecida do mundo. Não adiantava chamá-la. Só alguns escravos da casa conheciam o truque: assobiavam a melodia que ela estava tocando e a menina logo respondia. Com música, é claro.

O progresso nos estudos, a inteligência, a curiosidade e o talento de Chiquinha convenceram o militar de que um grande futuro como dama da corte de d. Pedro II esperava por sua filha.

Quando completou treze anos, o Major começou a pensar em casá-la. Adeus, infância alegre e despreocupada! A inquietação tomou conta da menina, sempre tão firme e decidida.

Naquela época, multiplicavam-se os bailes e saraus no Rio de Janeiro, iluminado por lampiões a gás. Nos salões imperava o piano e, pouco a pouco, a valsa e a quadrilha foram cedendo lugar à saltitante polca. [...]

Aos dezesseis anos, Chiquinha estava casada com um noivo escolhido por seu pai. Assim costumava encerrar-se a vida das sinhazinhas do Império. Nada mais viveriam que valesse a pena contar. Porém, no caso de Chiquinha Gonzaga, foi aí que sua história começou.

O marido não gostava de música. Irritava-se com a dedicação da esposa ao piano. Ela passou a enfrentá-lo e a defender sua vontade. Comandante da marinha mercante, ele fretou um navio de sua propriedade para servir como transporte na Guerra do Paraguai, e teve a ideia de obrigar Chiquinha a acompanhá-lo na viagem para, com isso, afastá-la do piano.

O navio carregava soldados, armas e escravos recrutados como "voluntários" da pátria. Horrorizada, Chiquinha presenciou a discriminação com que eram tratados os escravos. A rebeldia transformou-se em revolta. Quando foi proibida pelo marido de utilizar um violão a bordo e intimada a escolher entre ele e a música, não teve dúvida:

— Pois, senhor meu marido, eu não entendo a vida sem harmonia.

A decisão de abandonar o casamento custou a Chiquinha a expulsão da família e a maldição paterna: seu pai nunca a perdoou. Naquela época, já era mãe de três filhos. Apaixonou-se, em seguida, por um jovem engenheiro, com quem foi viver longe do Rio, onde ele construía estradas de ferro. Gostava de música esse marido. Dessa união nasceu mais uma filha.

De novo, o temperamento forte de Chiquinha manifestou-se. Não tolerou uma cena de ciúmes e abandonou o marido. Voltou ao Rio de Janeiro acompanhada apenas do filho mais velho, o único que criou – os outros foram educados pelos pais e familiares. Convencida de sua falta de vocação para o casamento, com ou sem amor, ela decidiu viver de música, pois essa era uma paixão correspondida. [...]

Edinha Diniz. *Chiquinha Gonzaga*. São Paulo: Moderna, 2001. p. 3-11 (Coleção Mestres da Música no Brasil).

cônego: na Igreja católica, sacerdote que faz parte da comunidade de uma catedral.

cordão: pessoas que se apresentam de forma alinhada; desfile ou bloco carnavalesco.

Guerra do Paraguai: conflito militar ocorrido entre os anos de 1864 e 1870. Nessa guerra, o Paraguai lutou contra a Tríplice Aliança, formada por Brasil, Argentina e Uruguai.

polca: composição musical popular caracterizada por movimentos alegres.

quadrilha: dança de pares de origem francesa, comum no século XIX, com cinco seções caracterizadas por tempos diferentes.

Segundo Reinado: período que corresponde ao governo de d. Pedro II. Iniciou-se em 1840, e terminou em 1889, com a Proclamação da República.

sinhazinha: diminutivo de sinhá, forma de tratamento que era dada às patroas.

↓ Café-concerto do Passeio Público na cidade do Rio de Janeiro. Foto de c. 1860.

TEXTO EM ESTUDO

● PARA ENTENDER O TEXTO

1. Compare o que você imaginou sobre o texto com o que ele realmente apresenta sobre a infância de Chiquinha Gonzaga.
   a) Suas hipóteses se confirmaram?
   b) Você gostou do texto? Justifique.

2. O trecho que você leu é a parte inicial da biografia de Chiquinha Gonzaga, na qual são apresentadas informações a respeito da obra e da personalidade da pianista.
   a) Que fato indica que o trabalho desenvolvido pela compositora foi importante?
   b) Algumas características relacionadas à personalidade de Chiquinha são reveladas ao leitor nessa parte do texto. Quais são elas?

3. Antes de apresentar a infância de Chiquinha, a biógrafa justifica por que a compositora foi importante para a história da música brasileira.
   a) Qual é essa justificativa?
   b) De acordo com a biógrafa, o que Chiquinha conquistou: popularidade, dinheiro ou reconhecimento acadêmico?

4. No texto, há dados relacionados à família de Chiquinha Gonzaga.
   a) Quais são as informações a respeito dos pais da compositora?
   b) Por que essas informações são relevantes para a biografia?

5. No trecho lido, destaca-se a infância da compositora.
   a) Que informações indicam o gosto e a habilidade musical de Chiquinha?
   b) Além das informações relacionadas à música, são relatados fatos associados à formação e ao desenvolvimento da menina. Quais são eles?
   c) Por que essas informações são relevantes na biografia?

ANOTE AÍ!

Biografia é um relato não ficcional em que o biógrafo conta uma **história de vida**, geralmente de uma **personalidade pública**. Em geral, o biografado é **alguém que se destaca na sociedade** por algum motivo: seu exemplo de vida, suas realizações profissionais ou artísticas. Assim, a biografia é publicada considerando que várias pessoas podem ter interesse em sua leitura.

6. Ao longo do texto, descobrimos que o pai de Chiquinha tem uma expectativa: deseja que a filha se torne uma dama da corte de d. Pedro II.
   a) O que ele fez para que isso se tornasse realidade? Que acontecimentos parecem ter motivado Chiquinha a se desviar desse rumo?
   b) Que atitude a compositora toma que muda sua vida nesse momento? Quais foram as consequências?

7. Após esses acontecimentos, há uma série de mudanças na vida da compositora.
   a) Por que Chiquinha se muda da cidade do Rio de Janeiro?
   b) Por que ela retorna tempos depois à cidade natal?

8. Ao longo do texto são apresentadas algumas datas.
   a) Quando Chiquinha Gonzaga nasceu? Quando ela compôs seu grande sucesso "Ó abre alas"?
   b) Em uma biografia, qual é a importância das datas?

● PASSAPORTE DIGITAL

Instituto Moreira Salles (IMS)
Além de informações e de um acervo de imagens sobre Chiquinha Gonzaga, no *site* do IMS, há a única gravação em vinil da pianista, além de áudios de significativos artistas da música brasileira. Acesse o *link* indicado, leia as informações e escute essa raridade da música brasileira. Disponível em: <http://linkte.me/w24ew>. Acesso em: 27 ago. 2018.

206

9. Sobre a viagem de Chiquinha Gonzaga durante o primeiro casamento, que informação possibilita ao leitor saber em que época esse fato ocorreu?

> **ANOTE AÍ!**
>
> Uma das características de textos biográficos é a **indicação do tempo** dos fatos relatados. Essa indicação pode ser feita de forma direta, explicitando a **data**, ou de forma indireta, por exemplo, relatando **fatos históricos** ocorridos na **época dos fatos da biografia**. Indicações da **idade** do biografado, em certos momentos do relato, sinalizam em que **fase da vida** a pessoa enfrentou algumas situações.

O CONTEXTO DE PRODUÇÃO

10. O texto dá ao leitor uma ideia de como era a cidade do Rio de Janeiro durante a adolescência de Chiquinha Gonzaga, no fim do século XIX.
    a) O que é possível saber sobre a cidade nessa época?
    b) Considerando suas respostas anteriores, a biografia é um texto inventado ou baseado em fatos reais? Por quê?

11. Chiquinha Gonzaga faleceu em 1935 e sua biografia foi publicada em 2001. De que modo a biógrafa pode ter obtido as informações que apresenta?

A LINGUAGEM DO TEXTO

12. A biografia foi escrita em que pessoa do discurso? Justifique, comprovando com um trecho retirado do texto.

13. A biógrafa afirma que Chiquinha Gonzaga "trocou os salões pelas ruas abrindo alas para as mulheres e para a música brasileira". Qual é o sentido da expressão "abrindo alas" nesse contexto? Por que foi utilizada essa expressão?

14. Releia esta fala da compositora: "— Pois, senhor meu marido, eu não entendo a vida sem harmonia".
    a) Que expressão indica que Chiquinha participa de um diálogo?
    b) No caderno, reescreva a fala de Chiquinha como se tivesse sido contada pela biógrafa. O efeito expressivo da reescrita é igual ao da fala original?

↑ Capa da biografia *Chiquinha Gonzaga*, de Edinha Diniz, São Paulo: Moderna, 2001.

> **ANOTE AÍ!**
>
> Escritas na **terceira pessoa** do discurso, as biografias costumam apresentar as falas das personagens com **uso de travessões** para dar **vivacidade** ao texto e aproximar o leitor. O uso de **recursos expressivos** próprios da **oralidade** também intensifica essa **aproximação** com o leitor.

DISCRIMINAÇÃO RACIAL

A biografia de Chiquinha Gonzaga retrata a situação das mulheres no Brasil do século XIX ao início do XX, mostrando também as dificuldades dos negros trazidos para o país como escravos. Diante disso, a compositora atuou na defesa dos direitos das mulheres e a favor da abolição da escravidão. Sobre esses temas, converse com os colegas.

1. Ainda hoje há situações de discriminação em relação às mulheres? Justifique.
2. O que podemos fazer para combater a discriminação racial em nossa sociedade?
3. **ANALISAR** Acesse o recurso audiovisual sobre a **condição da mulher negra** e depois reflita se Chiquinha Gonzaga teria conquistado seus sonhos caso tivesse se silenciado perante a sociedade. Relate outros casos semelhantes.

UMA COISA **PUXA OUTRA**

O carnaval de antigamente

"Ó abre alas", de Chiquinha Gonzaga, permanece na memória dos brasileiros até hoje. Você já ouviu ou cantou essa marchinha?

1. Leia a letra da canção "Ó abre alas".

> ### Ó abre alas
>
> | | |
> |---|---|
> | Ó abre alas | É que vai ganhar |
> | Que eu quero passar | Rosa de Ouro |
> | Ó abre alas | É que vai ganhar |
> | Que eu quero passar | ** |
> | Eu sou da lira | Ó abre alas |
> | Não posso negar | Eu quero passar |
> | Eu sou da lira | Ó abre alas |
> | Não posso negar | Eu quero passar |
> | Ó abre alas | Rosa de Ouro |
> | Que eu quero passar | Não pode negar |
> | Ó abre alas | Rosa de Ouro |
> | Que eu quero passar | Não pode negar |
> | Rosa de Ouro | |

Disponível em: <http://www.chiquinhagonzaga.com/acervo/?musica=o-abre-alas>.
Acesso em: 6 ago. 2018.

- Qual é o sentido dos versos "Ó abre alas / Que eu quero passar"?

2. Leia a explicação a seguir.

> Um cordão carnavalesco é um grupo de pessoas ligadas aos festejos de carnaval. É provável que o termo *cordão* faça referência a um conjunto de foliões que desfilam na rua, em geral mascarados e/ou fantasiados, brincando ao ritmo de percussão.

a) Rosa de Ouro é o nome do cordão carnavalesco ao qual Chiquinha faz referência na canção. Qual é a relação existente entre a expressão "Ó abre alas" e o cordão Rosa de Ouro?

b) De acordo com as informações apresentadas na marchinha, é possível supor o tipo de local onde o cordão desfilava. Que local é esse?

3. A marchinha "Ó abre alas" foi criada de forma despretensiosa durante um ensaio do Rosa de Ouro e inspirada no andamento do cordão. Naquela época, o carnaval brasileiro era festejado ao som de polcas nos salões.

a) Suponha e descreva o modo como a marchinha de Chiquinha Gonzaga foi criada naquele momento.

b) Qual é a relação existente entre a possível forma de criação da canção e a festa de carnaval? Comente.

● FONE DE OUVIDO

"Ó abre alas"

No *site* oficial de Chiquinha Gonzaga, você poderá ouvir e ver uma interpretação da famosa marchinha. Disponível em: <http://linkte.me/vkh19>. Acesso em: 27 ago. 2018.

4. Observe a fotografia a seguir e responda às questões.

↑ Foto de Augusto Malta. Desfile de corso durante o carnaval, em 1919. Rio de Janeiro (RJ).

a) Onde e quando essa fotografia foi tirada? Como você descobriu isso?
b) Além da data, o que revela que essa fotografia é antiga?
c) Que elementos carnavalescos são observados nessa fotografia?
d) De acordo com o contexto da fotografia, qual pode ser o significado da palavra *corso*, na legenda?
e) "Ó abre alas" poderia ser cantada pelas pessoas da fotografia? Por quê?

5. Pierrô e Colombina são personagens do teatro italiano do século XVI e suas vestimentas sempre foram muito reproduzidas como fantasia nas festas de carnaval. Observe a foto ao lado e responda: Por que podemos dizer que as pessoas em cima do carro, na questão anterior, podem estar fantasiadas de Pierrô ou Colombina?

↑ Colombina e Pierrô. Carnaval em Veneza, Itália, 2012.

6. Leia este trecho sobre o fotógrafo Augusto Malta (1864-1957):

> Além de ter documentado as transformações urbanas e os grandes eventos da cidade, como a Exposição Nacional de 1908, a construção do Teatro Municipal, em 1909; a Revolta da Chibata, em 1910; e a inauguração do Cristo Redentor, em 1931; fotografou personalidades políticas, intelectuais e artísticas; paisagens, monumentos, lojas, o casario decadente e as ressacas. Registrou também aspectos da vida carioca como, por exemplo, o carnaval de rua, o movimento dos quiosques, os eventos sociais, os moradores de cortiços, os vendedores ambulantes, [...] os marinheiros e cenas de praia.

Disponível em: <http://brasilianafotografica.bn.br/?p=1322>. Acesso em: 6 ago. 2018.

- Segundo o texto lido acima, qual é a importância do fotógrafo Augusto Malta para a história do Rio de Janeiro?

7. Atualmente, os cordões carnavalescos são chamados de blocos de carnaval. Sobre isso, responda às questões a seguir.

a) Na sua cidade, como se festeja o carnaval: na rua ou em lugares fechados?
b) Que tipo de música toca no carnaval da sua cidade? Você já brincou carnaval? Conte suas experiências aos colegas.
c) Onde você mora há festas que são tão populares quanto o carnaval?

LÍNGUA EM ESTUDO

VERBO

1. Releia o trecho a seguir, retirado da biografia de Chiquinha Gonzaga.

   > Estudou escrita, leitura, cálculo, francês, história, geografia, catecismo e latim, em casa, com um cônego que era professor. Para dar-lhe aulas de piano, o Major Basileu contratou um maestro.

   a) Na primeira frase, que palavra indica a ação realizada por Chiquinha Gonzaga?
   b) No trecho, é indicada uma ação realizada por Major Basileu. Que ação é essa?

2. Ao ler "Aos dezesseis anos, Chiquinha estava casada com um noivo escolhido por seu pai", que palavra indica a situação que ela vivia naquele momento?

3. Leia a frase: "Se chover, não poderemos sair no bloco de carnaval". Qual é o termo que indica um fenômeno da natureza?

4. Releia os versos: "Ó abre alas / Que eu quero passar".
   - Que expressão presente nesses versos indica vontade? Seria possível obter o mesmo sentido se utilizasse somente um verbo? Explique.

Bruno Nunes/ID/BR

> **ANOTE AÍ!**
>
> Os **verbos** são palavras que indicam **ação**, **estado**, **modo** e **fenômenos da natureza**.
> A expressão formada por dois ou mais verbos é chamada de **locução verbal** (*quero passar*). As locuções verbais são compostas por um ou mais **verbos auxiliares** (*quero*) e um **verbo principal** (*passar*), que sempre será o último da locução.

Na locução verbal, só os verbos auxiliares são conjugados; os principais vêm em uma das formas nominais. Conheça as **formas nominais** do verbo.

FORMAS NOMINAIS DO VERBO

- **Infinitivo:** estudar, ter, dormir.
  Exemplo: "A história **vai deixar** todos curiosos."
- **Gerúndio:** estudando, tendo, dormindo.
  Exemplo: "O músico **estava compondo** marchinhas."
- **Particípio:** estudado, tido, dormido.
  Exemplo: "O compositor **havia musicado** as marchinhas."

CONJUGAÇÃO

5. Releia este trecho da biografia de Chiquinha Gonzaga:

   > Quando foi proibida pelo marido de utilizar um violão a bordo e intimada a escolher entre ele e a música, não teve dúvida.

   a) Que verbo faz referência a uma ação que Chiquinha gostaria de realizar?
   b) Que verbo revela uma ação que Chiquinha se viu obrigada a realizar?

Na língua portuguesa, os verbos dividem-se em **três conjugações**, conforme a sua terminação: **primeira** são verbos terminados em **-ar** (*amar, estudar*); **segunda** são verbos terminados em **-er** e **-or** (*escrever* e *pôr*); **terceira** são verbos terminados em **-ir** (*partir, dormir*).

FLEXÃO DE TEMPO, PESSOA E NÚMERO

6. Releia mais este trecho:

> O tio e padrinho de Chiquinha, Antônio Eliseu, flautista amador, trazia-lhe as novidades musicais nas visitas diárias ao sobrado.

a) Nessa passagem, qual é a forma verbal que faz referência a Antônio Eliseu?

b) Essa forma verbal indica ação no presente, no passado ou no futuro?

Os verbos sofrem flexões de acordo com o **tempo** que se quer expressar, podendo indicar ações no **presente**, no **passado** ou no **futuro**.

TEMPOS VERBAIS

Presente: momento em que se fala ou indica ação permanente.	**Passado** ou **pretérito**: anterior ao momento em que se fala.	**Futuro**: posterior ao momento em que se fala.
Exemplo: "Ela **escreve** marchinhas."	Exemplo: "Ela **escreveu** marchinhas."	Exemplo: "Ela **escreverá** marchinhas."

Os verbos se flexionam segundo as **pessoas do discurso** às quais se referem e o **número**: "**ele organizou** a apresentação" (terceira pessoa do singular); "**eles organizaram** as apresentações" (terceira pessoa do plural).

> **ANOTE AÍ!**
>
> Os verbos flexionam-se conforme as **pessoas do discurso** (**primeira**, **segunda** ou **terceira**) e o **número** de pessoas a que se referem (**singular** ou **plural**). Exemplo: eu organizo, tu organizas, ele organiza, nós organizamos, vós organizais, eles organizam.

FLEXÃO DE MODO

7. Releia mais um trecho da biografia.

> Em um sobrado da Rua do Príncipe, no centro do Rio de Janeiro, Chiquinha passou a infância com os irmãos Juca e José Carlos, entre as aulas e o quintal. Adorava brincar de roda; sabia de cor todas as canções de roda e as cantigas de rua.

- Quais são as formas verbais e a locução verbal nesse trecho? Essas formas e locuções verbais expressam certeza, hipótese ou ordem?

> **ANOTE AÍ!**
>
> Os verbos podem expressar **atitudes** ou **percepções** do falante em relação ao que diz. Os **modos verbais** são as diferentes formas que o verbo assume para indicar a atitude da pessoa que fala em relação ao que se enuncia.

MODOS VERBAIS

Indicativo: de modo geral, expressa certeza, convicção.	**Subjuntivo**: de modo geral, expressa dúvida, possibilidade ou hipótese.	**Imperativo**: expressa ordem, pedido, conselho, instrução ou convite.
Exemplo: "O biógrafo **estudou** a vida do cientista."	Exemplo: "Será ótimo se **publicarem** a biografia."	Exemplo: "**Mude** a data de lançamento da biografia."

RELACIONANDO

Em textos do gênero biografia, o modo verbal indicativo é muito utilizado, revelando certeza sobre os acontecimentos da vida do biografado. Exemplo: "Francisca Edwiges Neves Gonzaga *nasceu* no Rio de Janeiro em 1847. *Era* a mais velha de sete irmãos, filha do tenente José Basileu, de ilustre família de militares, e da mestiça Rosa, só mais tarde *aceita* pelos Neves Gonzaga".

ORAÇÃO, SINTAGMA E PERÍODO

8. Releia estes trechos da biografia de Chiquinha Gonzaga.

> I. [...] o major Basileu contratou um maestro.
> II. Não tolerou uma cena de ciúmes e abandonou o marido.

a) **Oração** é um enunciado com sentido organizado em torno de um verbo ou de uma locução verbal. Quantas orações há em cada um dos trechos?

b) No trecho I, há dois artigos. A que substantivo cada um deles se refere?

c) Uma oração pode ser organizada em um ou mais blocos, denominados **sintagmas**. Um deles tem como núcleo o verbo (sintagma verbal). Quando há outros blocos, costumam reunir um substantivo e os termos que concordam com ele (sintagmas nominais). Em seu caderno, produza um quadro como o indicado abaixo e complete-o com os sintagmas nominais da oração do trecho I.

SINTAGMA VERBAL	SINTAGMAS NOMINAIS
contratou	

> **ANOTE AÍ!**
>
> **Oração** é um enunciado com sentido e tem como núcleo um **verbo** ou uma **locução verbal**. As palavras de uma oração organizam-se em blocos chamados **sintagmas**. Cada um desses blocos tem uma palavra central. Quando a oração tem apenas um sintagma, ele costuma ser um **sintagma verbal**, já que uma oração necessariamente tem um verbo ou uma locução verbal. Outro bloco muito presente nas orações é o do **sintagma nominal**, que se constrói em torno de um **substantivo**.

9. Releia este parágrafo da biografia.

> Aos dezesseis anos, Chiquinha estava casada com um noivo escolhido por seu pai. Assim costumava encerrar-se a vida das sinhazinhas do Império. Nada mais viveriam que valesse a pena contar. Porém, no caso de Chiquinha Gonzaga, foi aí que sua história começou.

- O período é uma frase organizada com uma ou mais orações. O parágrafo em destaque é composto por quantos períodos? Explique sua resposta.

> **ANOTE AÍ!**
>
> O **período** é a frase organizada em **uma ou mais orações**. Na escrita, ele é iniciado com letra maiúscula e termina sempre com uma pausa bem definida, indicada por ponto-final, ponto de exclamação, interrogação ou dois-pontos.

O **período** pode ser **simples ou composto**, dependendo do número de orações que ele contém. Observe:

PERÍODO

Simples

Apresenta somente um verbo ou locução verbal. É formado por uma oração. Por exemplo: Chiquinha *passou* a infância com os irmãos.

Composto

Apresenta dois ou mais verbos ou locuções verbais. É formado por duas ou mais orações. Por exemplo: Não *tolerava* ciúmes, por isso *abandonou* o marido.

ATIVIDADES

RETOMAR E COMPREENDER

1. A seguir, leia um trecho de uma biografia que relata a vida de Leonardo da Vinci.

> Milhões de pessoas conhecem Leonardo da Vinci como o artista italiano que **pintou** a *Mona Lisa,* o quadro mais famoso do mundo.
>
> Milhões de outras pessoas o veem como um gênio, muitos anos-luz à frente de seu tempo em matéria de ciência, matemática e engenharia. Leo **imaginou** helicópteros, tanques de guerra e submarinos (sem falar num banheiro incrivelmente organizado que desenhou) alguns séculos antes de esses inventos se tornarem realidade.
>
> [...]
>
> Há também aqueles que se lembram dele como músico. Leonardo construía os próprios instrumentos e escrevia as composições que ele mesmo executava para um público admirado.
>
> E, acredite ou não, ainda há outros que se recordam de Leo como arquiteto, cartógrafo e urbanista! [...]
>
> O mais incrível mesmo é que *toda* essa gente tem razão! Leonardo foi *isso tudo* e muito mais! [...]

Michel Cox. *Leonardo da Vinci e seu supercérebro.* Tradução de Eduardo Brandão.
São Paulo: Seguinte, 2016. p. 5-7.

a) Qual é a finalidade do texto?

b) As formas verbais destacadas estão flexionadas em que tempo? Por quê?

2. Duas frases do trecho da biografia de Leonardo da Vinci revelam que, assim como milhões de pessoas, o biógrafo vê o artista como um gênio.

a) Transcreva essas frases no caderno.

b) Cada uma dessas frases é um período. Quantas orações há em cada um?

c) Como é classificado cada um desses períodos?

d) Em que modo estão flexionadas as formas verbais de cada um dos períodos? Esse modo verbal indica certeza, hipótese ou ordem?

APLICAR

3. Leia um trecho da introdução do livro sobre Leonardo da Vinci.

> Você vai encontrar neste livro um monte de fatos extraordinários e histórias incríveis sobre um dos homens mais geniais e criativos de todos os tempos.

Michel Cox. *Leonardo da Vinci e seu supercérebro.* Tradução de Eduardo Brandão.
São Paulo: Seguinte, 2016. p. 7.

a) No caderno, reescreva esse trecho, trocando a locução verbal por um verbo com o mesmo sentido e no mesmo tempo e modo.

b) Ao trocar a locução verbal por um verbo, que alteração pode ser observada?

c) Essa biografia foi escrita para um público infantojuvenil. Que relação pode ter esse fato com as escolhas linguísticas presentes no texto da atividade **1**?

4. 🔵 **APLICAR** Faça as **atividades interativas** para praticar seus conhecimentos.

213

A LÍNGUA NA REAL

OS USOS DE VERBOS NO PRESENTE

1. O texto a seguir faz parte de uma biografia de Candido Portinari, um dos mais importantes pintores brasileiros. Leia o trecho e responda às questões.

> Candido Portinari nasce em 30 de dezembro de 1903, numa fazenda de café perto do pequeno povoado de Brodowski, no estado de São Paulo. Filho de imigrantes italianos, de origem humilde, tem uma infância pobre. Recebe apenas a instrução primária. Desde criança manifesta sua vocação artística. Começa a pintar aos 9 anos. E – do cafezal às Nações Unidas – ele se torna um dos maiores pintores do seu tempo. [...]
>
> Põe em prática a decisão de retratar nas suas telas o Brasil – a história, o povo, a cultura, a flora, a fauna... Seus quadros, gravuras, murais revelam a alma brasileira. Preocupado, também, com aqueles que sofrem, Portinari mostra em cores fortes a pobreza, as dificuldades, a dor. [...]
>
> O tema essencial da obra de Candido Portinari é o Homem. Seu aspecto mais conhecido do grande público é a força de sua temática social. Embora menos conhecido, há também o Portinari lírico. Essa outra vertente é povoada por elementos das reminiscências de infância na sua terra natal: os meninos de Brodowski com suas brincadeiras, suas danças, seus cantos; o circo; os namorados; os camponeses... o ser humano em situação de ternura, solidariedade, paz.
>
> Na última década de sua existência cria, para a sede da Organização das Nações Unidas, os painéis *Guerra* e *Paz*. [...]

Disponível em: <http://www.portinari.org.br/#/pagina/candido-portinari/apresentacao>. Acesso em: 6 ago. 2018.

↑ Candido Portinari. Foto de 1956.

a) Você já conhecia a história de Candido Portinari? Que fato achou mais interessante na biografia?

b) Com que idade Portinari começa a pintar? Por que esse dado é relevante de ser apresentado em uma biografia?

c) De acordo com o texto sobre Candido Portinari, qual é o tema essencial da obra desse artista?

d) Nesse texto, afirmou-se que Candido Portinari foi "do cafezal às Nações Unidas"? Por quê?

2. Releia o trecho a seguir e observe os verbos destacados.

> Candido Portinari **nasce** em 30 de dezembro de 1903, numa fazenda de café perto do pequeno povoado de Brodowski, no estado de São Paulo. Filho de imigrantes italianos, de origem humilde, **tem** uma infância pobre. **Recebe** apenas a instrução primária. Desde criança **manifesta** sua vocação artística. **Começa** a pintar aos 9 anos. E – do cafezal às Nações Unidas – ele **se torna** um dos maiores pintores do seu tempo. [...]

 **COMPREENDER**

Acesse o recurso digital para compreender o que é **presente histórico**.

a) Em que tempo estão as formas verbais destacadas nesse trecho da biografia de Portinari?

b) Reescreva esse trecho da biografia, utilizando outro tempo verbal sem mudar o sentido do texto.

c) Compare a versão original com a reescrita: Podemos dizer que o tempo verbal utilizado na versão original dá mais vivacidade ao texto? Por quê?

3. Leia a pequena biografia de uma poeta brasileira.

Alice Ruiz
Artes visuais / literatura / música
★ 22-01-1946 Local de nascimento:(Brasil / Paraná / Curitiba)

Biografia

Alice Ruiz Scherone (Curitiba PR 1946). Poeta, compositora, tradutora e publicitária. Publica, em 1962, seus primeiros poemas em jornais e revistas culturais. Em 1968, conhece o poeta Paulo Leminski (1944-1989), com quem mais tarde se casa. Junto de outros jovens escritores, participa do grupo de vanguarda Áporo (1969), opondo-se ao provincianismo do meio cultural paranaense. Na mesma época, inicia estudos sobre o haicai, forma breve da poesia japonesa, determinante para sua obra. Em 1971, integra o grupo musical A Chave, iniciando a carreira de letrista de música popular. Publica seu primeiro livro, *Navalhanaliga*, em 1980. Seu primeiro trabalho de tradução de haicais é lançado em 1981, o livro *Dz Haiku: Chine-Jo, Chiyo-Ni, Shisei-Jo, Shokyi-Ni e Shofu-Ni*. Em parceria com Leminski, lança, em 1985, *Hai Tropikai*. Nesse mesmo ano, participa das mostras Arte Pau-Brasil e Transcriar - Poemas em Vídeo Texto, na cidade de São Paulo. Em 1987, assume o posto de diretora de criação na Agência Umuarama, e separa-se de Leminski. Muda-se para São Paulo em 1989, quando também recebe o Prêmio Jabuti pelo livro *Vice Versos*. Em 1990, participa do projeto Poesia em Out-Door, 100 Anos da Av. Paulista. Organiza com a filha Áurea Leminski, em 1994, *O Ex-Estranho*, obra póstuma de Paulo Leminski. Mantém a produção de letrista, em parceria com diversos músicos, com destaque para as composições realizadas ao lado de Itamar Assumpção (1949-2003). Em 2005, lança o CD *Paralelas*, com a cantora Alzira Espíndola (1957). Reúne, em 2008, seus primeiros livros, de *Navalhanaliga* até *Vice Versos*, no volume *2 em 1*.

ALICE RUIZ. In: ENCICLOPÉDIA Itaú Cultural de Arte e Cultura Brasileiras. São Paulo: Itaú Cultural, 2018. Disponível em: <http://enciclopedia.itaucultural.org.br/pessoa21586/alice-ruiz>. Acesso em: 3 set. 2018. Verbete da enciclopédia. ISBN: 978-85-7979-060-7

> **LIVRO ABERTO**
>
> *Estação dos bichos*, de Alice Ruiz e Camila Jabur. São Paulo: Iluminuras, 2011.
>
> Com a temática animais, esse livro reúne haicais (poemas de forma fixa). As ilustrações são de Fê.

a) Escreva no caderno as formas verbais utilizadas nessa pequena biografia.
b) Em que tempo a maioria das formas verbais foram empregadas?
c) Por que essas formas verbais foram flexionadas nesse tempo na biografia?

4. Leia os títulos das notícias a seguir:

> Sesi Americana abre inscrições para edital de música e artes cênicas

Disponível em: <http://liberal.com.br/cultura/arte/sesi-americana-abre-inscricoes-para-edital-de-musica-e-artes-cenicas-540212/>. Acesso em: 31 ago. 2018.

> Samba e bossa nova abrem fim de semana com música

Disponível em: <http://www.acritica.com/channels/entretenimento/news/samba-e-bossa-nova-abrem-fim-de-semana-com-musica-brasileira-no-teatro-amazonas>. Acesso em: 31 ago. 2018

• Em que tempo estão as formas verbais nesses títulos? Por quê?

ANOTE AÍ!

Textos que tratam de fatos que se referem ao **passado** são descritos às vezes com os **verbos no presente**, como se eles ocorressem no mesmo tempo ao que está sendo dito, dando **vivacidade** às ações. O presente em títulos de notícia dá **valor de novidade**.

AGORA É COM VOCÊ!

ESCRITA DE BIOGRAFIA

PROPOSTA

Você vai elaborar um texto do gênero biografia que fará parte de um livro com diversas histórias de vida. Quando o livro estiver pronto, será organizado um rodízio entre os alunos e cada um poderá levá-lo para casa, para que familiares e amigos possam ler as histórias de vida biografadas.

GÊNERO	PÚBLICO	OBJETIVO	CIRCULAÇÃO
Biografia	Alunos, familiares e pessoas em geral interessadas em histórias de vida	Relatar histórias de vida, destacando as principais situações vivenciadas pelo biografado	Coletânea de biografias

PLANEJAMENTO E ELABORAÇÃO DO TEXTO

1. Pense em uma pessoa que você conhece e que tem uma história de vida que merece ser biografada, seja pelo destaque na profissão, pela representatividade social, pelo exemplo de superação, etc.

2. Antes de iniciar o planejamento do texto, peça permissão à pessoa que será biografada se ela concorda que você escreva sobre a vida dela. Pergunte também se ela poderá lhe dar acesso a documentos, como fotografias, que sejam importantes para mostrar seu percurso. Explique o que motivou sua escolha.

3. Comente ainda que essa biografia fará parte de uma coletânea a ser lida pela comunidade escolar. Caso não seja autorizada a produção do texto, selecione outra pessoa. Marque com o biografado uma data para uma entrevista.

4. Você pode utilizar as perguntas a seguir como sugestão de roteiro.
   - Qual é o seu nome completo?
   - Você sabe por que recebeu esse nome?
   - Em que data e cidade você nasceu?
   - Conte sua trajetória de vida, destacando os pontos inspiradores para os jovens.
   - Você tem fotografias, cartas ou outros documentos que podem ajudar a destacar os fatos inspiradores? Em caso positivo, pode conceder cópias dessas imagens ou trechos desses documentos para compor a biografia?
   - Caso o biografado viva em local diferente de onde ele nasceu, pergunte: Como era a cidade onde você nasceu e cresceu? Quais fatores motivaram sua(s) mudança(s)? Por quê?
   - Caso o biografado viva no mesmo local onde nasceu, pergunte: Quais diferenças e permanências você nota na cidade em que nasceu e cresceu?

5. Para incrementar o texto, pesquise em enciclopédias, jornais, *sites*, etc. sobre o local e a época em que nasceu e viveu o biografado (na infância, na juventude, etc.). Procure descobrir os costumes locais que têm relação com os fatos fundamentais da história dessa pessoa.

6. Anote se algum evento histórico relevante afetou a vida do biografado. Se isso ocorreu de fato, pesquise a respeito desse acontecimento, para que você consiga esclarecê-lo aos futuros leitores.

LINGUAGEM DO SEU TEXTO

1. Releia o trecho da biografia de Chiquinha Gonzaga:

> Em um sobrado da Rua do Príncipe [...], Chiquinha passou a infância com os irmãos Juca e José Carlos, entre as aulas e o quintal.

- No trecho lido, em que pessoa, tempo e modo está flexionada a forma verbal que é o núcleo da oração? A quem ela se refere?

Ao produzir a biografia, atente-se às formas verbais flexionadas e observe se elas concordam adequadamente com aquilo a que se referem. Procure escrever o texto empregando a terceira pessoa do discurso, utilizando recursos expressivos que atraiam o leitor e que imprimam vivacidade à biografia.

7 Você pode organizar a biografia de acordo com a seguinte estrutura: apresente o biografado; indique o local de seu nascimento (se mora ou não no lugar onde nasceu); apresente informações adicionais sobre o lugar de origem ou sobre sua infância; relate algum acontecimento da vida do biografado.

8 Dê um título à biografia que esclareça o enfoque presente em seu texto.

9 Use imagens para ilustrar a biografia. Elabore uma legenda para as imagens, a fim de informar o leitor sobre o que é retratado.

AVALIAÇÃO E REESCRITA DO TEXTO

1 Troque o texto com um colega e revise o texto dele com base neste quadro:

ELEMENTOS DA BIOGRAFIA
Foi utilizada a terceira pessoa do discurso na biografia?
Há indicação de onde e quando o biografado nasceu?
Há caracterização da época e do local em que o biografado nasceu e cresceu?
Os fatos relatados na biografia estão de acordo com o enfoque da proposta (história de vida de alguém com algum destaque ou relevância social)?

2 Devolva o texto do colega e pegue o seu de volta. Se necessário, reescreva o texto com base na avaliação feita pelo colega.

CIRCULAÇÃO

1 Agora, você e seus colegas vão montar a coletânea de biografias da turma. Vocês podem se valer destas instruções:

- Com o professor, combinem de fazer a última versão das biografias em folhas do mesmo tamanho. Os textos podem ser digitados e impressos.
- Escolham a ordem de apresentação dos textos no livro, façam um sumário e encadernem as biografias, produzindo um livro.
- Elaborem um título para a coletânea que seja representativo do conjunto das biografias e façam uma capa ilustrada.
- Organizem um rodízio de leitura, em que cada aluno possa levar o livro para casa e ficar com ele durante o tempo estipulado pela turma. Se preferirem, façam cópias do livro para que circulem entre os colegas e seus familiares.

Capítulo 2
A ARTE DE ENGAJAR-SE

O QUE VEM A SEGUIR

O texto a seguir é um anúncio de propaganda. Além de divulgar ideias, seu objetivo é influenciar o modo de agir e de pensar das pessoas. Observe a imagem e as frases em destaque no anúncio de propaganda reproduzido nesta página. Em sua opinião, de que voz feminina o anúncio trata?

TEXTO

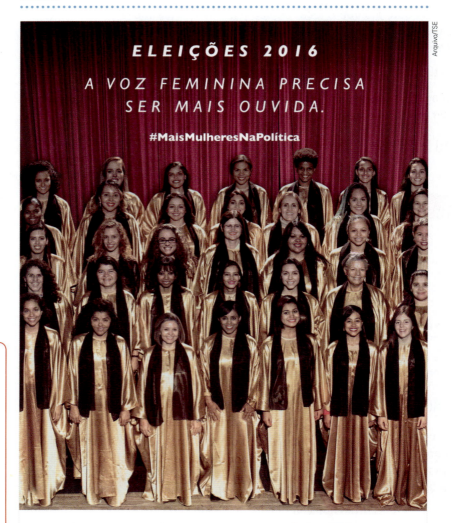

As mulheres são mais da metade da população, mas ocupam menos de 10% dos cargos políticos. Neste ano, serão realizadas eleições municipais. Mulheres, participem mais da política e façam a diferença na vida da sua cidade.
Acesse o TRE do seu Estado em JUSTICAELEITORALJUS.BR ou mais informações em TSEJUS.BR.

Disponível em: <http://www.tse.jus.br/imprensa/campanhas-publicitarias>.
Acesso em: 26 jun. 2018.

TEXTO EM ESTUDO

PARA ENTENDER O TEXTO

1. Ao ler o anúncio, sua hipótese sobre a voz feminina se confirmou? Explique.

2. O anúncio de propaganda lido é formado pela linguagem verbal e pela linguagem não verbal. Considerando o texto como um todo, responda no caderno:
   a) Em que local as pessoas parecem estar? Observando a roupa das pessoas do anúncio, de que tipo de atividade elas parecem participar?
   b) Quais elementos presentes na imagem justificam as respostas do item *a*?

3. Além da vestimenta, o que as pessoas do anúncio têm em comum?

4. Na parte superior do anúncio, releia os textos verbais em destaque.
   a) Qual das frases apresenta verbos?
   b) Que relação pode ser estabelecida entre essa frase e a imagem no anúncio?
   c) A expressão *a voz feminina precisa ser mais ouvida* é usada com duplo sentido. Que sentidos são esses? Qual é, portanto, a ideia divulgada no anúncio?

ANOTE AÍ!

Dependendo do contexto, uma palavra, ou expressão, pode ter outros significados além do literal. Assim, podemos fazer mais de uma leitura de um mesmo termo, ou ele pode expressar **duplo sentido**. O duplo sentido é um recurso da linguagem muito usado em propagandas, porque faz o interlocutor estabelecer diversas relações no texto.

5. Releia o texto da parte inferior do anúncio.

   > As mulheres são mais da metade da população, mas ocupam menos de 10% dos cargos políticos. [...]

   a) Nessa parte do anúncio, é apresentado um dado de pesquisa. Qual?
   b) Qual a intenção ao apresentar dados objetivos nesse anúncio?

6. Observe as imagens a seguir.

   a) O logotipo é um símbolo que, por meio da imagem e de palavras, identifica uma empresa, uma instituição ou uma campanha. Dos logotipos acima, qual se refere à instituição e qual refere à campanha?
   b) Os *slogans* são frases curtas fáceis de lembrar. Identifique-os nos logotipos.

ANOTE AÍ!

Além dos anúncios, os publicitários criam **logotipos** e **slogans**. Elaborado por meio das linguagens verbal e não verbal, o **logotipo** é a identidade visual de uma empresa, instituição ou campanha. Os **slogans** são formados por frases curtas e de fácil memorização, pois o objetivo é que a ideia por eles transmitida permaneça na mente do público.

219

> **PASSAPORTE DIGITAL**
>
> A história do voto feminino começa no Brasil quando as mulheres passam a reivindicar maior atuação e participação política. No Brasil, a primeira mulher que teve direito ao voto foi Celina Guimarães Viana, em 1928. Para mais informações sobre esse assunto, acesse o *link* disponível em: <http://linkte.me/of901>; acesso em: 28 ago. 2018.

● O CONTEXTO DE PRODUÇÃO

7. O anúncio lido não é comercial, ou seja, não pretende vender um produto.
   a) Qual é seu objetivo?
   b) Os dados apresentados no anúncio indicam que esse objetivo é coerente com a situação das mulheres no Brasil. Você concorda com isso? Por quê?

8. O anúncio de propaganda em estudo foi veiculado em diferentes mídias impressas.
   a) Considerando as informações do anúncio, qual é o público-alvo? Quais elementos do anúncio justificam sua resposta?
   b) Provavelmente, em quais meios de comunicação esse anúncio foi divulgado?

9. Na parte superior do anúncio, há a frase "Eleições 2016".
   a) Que tipo de eleição ocorreu no ano indicado? Em que parte do anúncio você encontrou essa informação?
   b) Nessas eleições, os candidatos concorrem a quais cargos? Se necessário, pesquise em livros ou em fontes confiáveis na internet.

10. A Justiça Eleitoral é um ramo do Poder Judiciário que julga questões eleitorais, promove eleições e plebiscitos e regulamenta processos eleitorais.
   a) Por que existe o interesse de a Justiça Eleitoral promover campanhas como essa no período eleitoral?
   b) Observe as características físicas das mulheres representadas no anúncio. Por que estão representados diferentes tipos de mulheres?

> **ANOTE AÍ!**
>
> O grupo de pessoas que um anúncio de propaganda pretende atingir constitui seu **público-alvo**. Essas pessoas são identificadas por certas características em comum, como região em que moram, idade, sexo, nível socioeconômico, atividade profissional, interesses, entre outras.

● A LINGUAGEM DO TEXTO

11. No anúncio a seguir, o símbolo # é empregado duas vezes. Observe.

   a) Como esse símbolo costuma ser utilizado na internet? Comente sua resposta e registre essa informação no caderno.
   b) Esse símbolo é chamado de cerquilha ou "jogo da velha" (em situações mais informais). Quando utilizado na internet, qual termo da língua inglesa é utilizado para referenciá-lo?
   c) O que o uso desse símbolo revela sobre o anúncio de propaganda?

12. Releia a mensagem principal do anúncio: "A voz feminina precisa ser mais ouvida". Agora, responda às questões.
   a) Qual é a locução verbal presente nessa mensagem?
   b) Essa locução verbal apresenta sentido de certeza, dúvida ou pedido? Justifique sua resposta de acordo com o modo verbal empregado.

13. Releia o texto que está em letras menores, na parte inferior do anúncio.

> As mulheres são mais da metade da população, mas ocupam menos de 10% dos cargos políticos. Neste ano, serão realizadas eleições municipais. Mulheres, participem mais da política e façam a diferença na vida da sua cidade.

a) Que formas verbais foram usadas para se dirigir diretamente ao público-alvo da propaganda? Copie-as no caderno.

b) Em que pessoa e modo estão flexionadas essas formas verbais?

c) Em sua opinião, por que esse modo verbal foi utilizado no anúncio?

● COMPARAÇÃO ENTRE OS TEXTOS⌋

14. Nesta unidade, você leu uma biografia (no capítulo 1) e um anúncio de propaganda (no capítulo 2). Compare-os e responda às questões.

a) Qual é o objetivo do gênero biografia?

b) Qual é o objetivo do gênero anúncio de propaganda?

c) A biografia e o anúncio de propaganda estudados têm temas em comum. Quais são esses temas?

15. Os textos lidos nesta unidade pertencem a dois gêneros: biografia e anúncio de propaganda.

a) No texto biografia, qual é o tempo verbal utilizado para relatar os fatos sobre a vida de Chiquinha Gonzaga? Explique.

b) No anúncio de propaganda, qual é o tempo verbal que foi mais utilizado? Qual é a razão da utilização desse tempo?

16. O texto do capítulo 1 conta alguns fatos da história de Chiquinha Gonzaga, que separou-se do marido no século XIX para continuar a compor suas canções. Já o texto do capítulo 2 procura convencer a participação ativa da mulher na política brasileira.

a) Qual é o público-alvo do texto do capítulo 1?

b) Qual é o público-alvo do texto do capítulo 2?

17. Você acredita que a leitura da biografia de Chiquinha Gonzaga, no capítulo 1, e do anúncio, no capítulo 2, mudou sua opinião sobre a atuação da mulher na arte ou na política?

IGUALDADE ENTRE HOMENS E MULHERES

Pudemos perceber que, ao longo dos anos, as mulheres obtiveram conquistas fundamentais para o exercício da cidadania, como o direito ao voto feminino, ocorrido no Brasil em 1932. Essa vitória não foi suficiente, pois as mulheres, ainda hoje, possuem pouca representatividade na vida pública. Converse com os colegas e o professor:

1. Você sabe de alguma situação em que as mulheres foram tratadas de forma desigual em relação aos homens? Conte esse fato aos colegas e ao professor.

2. Em *sites* de jornais e revistas, pesquise matérias jornalísticas que apresentem dados comparando, atualmente, a situação de homens e mulheres no campo profissional. O que esses textos revelam? Você concorda com isso? Por quê?

VERBO: MODO INDICATIVO

1. Releia o seguinte trecho do anúncio de propaganda, em que são apresentadas informações sobre as mulheres no Brasil.

   > As mulheres são mais da metade da população, mas ocupam menos de 10% dos cargos políticos. Neste ano, serão realizadas eleições municipais. Mulheres, participem mais da política e façam a diferença na vida de sua cidade.

   a) No trecho, uma forma verbal expressa algo que ocorreria depois do tempo em que foi produzido o anúncio. Qual é ela? Em que tempo está flexionada?
   b) Qual é o convite feito às mulheres? Qual é o modo verbal usado para isso?
   c) Com exceção do último período do trecho acima, as formas verbais expressam hipóteses, certeza, pedido ou ordem?
   d) Reescreva a frase a seguir no caderno, utilizando o termo *mulheres* no singular: "As mulheres ocupam menos de 10% dos cargos políticos". O que ocorreu com a forma verbal? Comente sua resposta.

No trecho do anúncio, a flexão verbal revela detalhes sobre o que se diz. Ela nos ajuda a compreender se os fatos verbais ocorrem no presente, no passado ou no futuro. Notamos essa variação quando identificamos o tempo em que o verbo é empregado. A flexão nos indica se os fatos são percebidos pelo falante como certeza, hipótese ou ordem. Além disso, captamos essa informação ao identificarmos o modo verbal utilizado: indicativo, subjuntivo ou imperativo. A flexão indica a pessoa do discurso a que se refere o processo: primeira (eu / nós), segunda (tu / vós) ou terceira pessoa (ele / eles).

RELACIONANDO

Em textos do gênero anúncio de propaganda, é comum o uso de verbos no presente do modo indicativo para expressar fatos e características relacionados ao momento da fala e vistos como uma certeza ou algo mais duradouro. Veja o exemplo a seguir, retomado do anúncio de propaganda, veiculado próximo das eleições de 2016: "A voz feminina **precisa** ser mais ouvida".

ANOTE AÍ!

Os verbos no **modo indicativo** podem ser flexionados em diferentes tempos: **presente**, **passado** (ou pretérito) e **futuro**. No modo indicativo, o passado e o futuro se subdividem e cada tempo expressa um sentido diferente.

As terminações dos verbos são chamadas de **desinências**. Elas indicam a **pessoa do discurso** (primeira, segunda ou terceira), o **número** (singular ou plural), o **modo** (indicativo, subjuntivo ou imperativo) e o **tempo** (presente, passado ou futuro) do verbo. Observe os exemplos.

Convers**ei** sobre a participação da mulher na política brasileira.

  desinência indica: primeira pessoa, singular, modo indicativo, tempo pretérito perfeito

Convers**am** sobre política e arte todos os dias.

  desinência indica: terceira pessoa, plural, modo indicativo, tempo presente

Observe o quadro a seguir com os tempos verbais do modo indicativo.

MODO INDICATIVO			
Tempos verbais	1ª conjugação: verbos terminados em -ar **Cantar**	2ª conjugação: verbos terminados em -er e -or **Correr**	3ª conjugação: verbos terminados em -ir **Partir**
Presente 1. Expressa um fato que ocorre no mesmo momento em que se fala. Exemplo: O dia **está** chuvoso. 2. Expressa um fato que sempre acontece ou uma ação habitual. Exemplo: Eu **corro** todos os dias no parque ao lado de casa. 3. Indica ações permanentes ou dadas como verdades universais. Exemplo: A Terra **gira** em torno do Sol.	Eu canto Tu cantas Ele canta Nós cantamos Vós cantais Eles cantam	Eu corro Tu corres Ele corre Nós corremos Vós correis Eles correm	Eu parto Tu partes Ele parte Nós partimos Vós partis Eles partem
Pretérito perfeito Expressa um fato que já ocorreu e está perfeitamente acabado. Exemplo: Eu **corri** ontem no parque.	Eu cantei Tu cantaste Ele cantou Nós cantamos Vós cantastes Eles cantaram	Eu corri Tu correste Ele correu Nós corremos Vós correstes Eles correram	Eu parti Tu partiste Ele partiu Nós partimos Vós partistes Eles partiram
Pretérito imperfeito Expressa um fato que acontecia no passado com frequência, de forma contínua. Exemplo: Eu **corria** todos os dias de manhã, mas agora não posso mais ir ao parque nesse horário.	Eu cantava Tu cantavas Ele cantava Nós cantávamos Vós cantáveis Eles cantavam	Eu corria Tu corrias Ele corria Nós corríamos Vós corríeis Eles corriam	Eu partia Tu partias Ele partia Nós partíamos Vós partíeis Eles partiam
Pretérito mais-que-perfeito Expressa um fato passado, anterior a outro fato também passado. Exemplo: O pai **correra** no parque antes de buscar o filho na escola.	Eu cantara Tu cantaras Ele cantara Nós cantáramos Vós cantáreis Eles cantaram	Eu correra Tu correras Ele correra Nós corrêramos Vós corrêreis Eles correram	Eu partira Tu partiras Ele partira Nós partíramos Vós partíreis Eles partiram
Futuro do presente Expressa um fato que ocorrerá em um momento posterior à fala. Exemplo: A partir da próxima semana, nós **correremos** juntas todos os dias.	Eu cantarei Tu cantarás Ele cantará Nós cantaremos Vós cantareis Eles cantarão	Eu correrei Tu correrás Ele correrá Nós correremos Vós correreis Eles correrão	Eu partirei Tu partirás Ele partirá Nós partiremos Vós partireis Eles partirão
Futuro do pretérito Expressa a ideia de uma ação futura que ocorreria desde que certa condição fosse cumprida. Exemplo: Eu **correria** todos os dias, se tivesse companhia.	Eu cantaria Tu cantarias Ele cantaria Nós cantaríamos Vós cantaríeis Eles cantariam	Eu correria Tu correrias Ele correria Nós correríamos Vós correríeis Eles correriam	Eu partiria Tu partirias Ele partiria Nós partiríamos Vós partiríeis Eles partiriam

ATIVIDADES

RETOMAR E COMPREENDER

1. Leia a história em quadrinhos e responda às questões.

Jim Davis. *Garfield*.

a) Até o penúltimo quadrinho o leitor percebe que o gato Garfield adora o ursinho de pelúcia Pooky. O que o surpreende no último quadrinho?

b) Nas histórias em quadrinhos, usa-se um registro mais informal. No último quadrinho, que termo comprova essa afirmativa? O que ele significa?

c) Nas falas de Garfield, qual é o tempo empregado nas locuções verbais?

d) Qual é o modo verbal mais empregado por Garfield na história? Com esse uso, ele expressa certeza, dúvida ou ordem?

APLICAR

2. Leia este início de reportagem e responda às questões.

> **Joe Sacco, criador do jornalismo em quadrinhos, fala sobre como escolheu sua carreira**
>
> Joe Sacco não é um jornalista tradicional. Enquanto os seus colegas da faculdade de Jornalismo **escolheram** texto, fotografia ou vídeo para contar suas histórias, ele **uniu** a paixão pela profissão e pelo desenho e **criou** a sua própria maneira de informar: o jornalismo em quadrinhos. [...]

Guia do Estudante. Disponível em: <http://guiadoestudante.abril.com.br/estudo/joe-sacco-criador-do-jornalismo-em-quadrinhos-fala-sobre-como-escolheu-sua-carreira/>. Acesso em: 29 jun. 2018.

a) Pelas formas verbais destacadas, o produtor da reportagem indica que as ações expressas pelo verbos acontecem antes, durante ou depois de ele escrever a matéria? Justifique.

b) Em que tempos estão flexionados os verbos do título da reportagem?

c) Que efeito de sentido é obtido com o uso desses tempos no título?

3. **APLICAR** Faça as **atividades interativas** para praticar seus conhecimentos.

224

A LÍNGUA NA REAL

O MODO INDICATIVO NO ANÚNCIO DE PROPAGANDA

1. Leia o anúncio a seguir para fazer as atividades propostas.

Hoje, as mulheres brasileiras se destacam como agentes do desenvolvimento econômico e social e na construção de um país melhor. E todas podem contar com as políticas públicas que garantem seus direitos à saúde, educação, renda, acesso à moradia, distribuição de terra, autonomia econômica, igualdade de trabalho e proteção contra à violência.

Disponível em: <http://www.novasb.com.br/wp-content/uploads/2015/03/dms_big.jpg>. Acesso em: 29 jun. 2018.

a) Quem são os anunciantes dessa propaganda? Como você os identificou?
b) O anúncio foi produzido para qual data comemorativa?
c) Qual é a intenção desse anúncio de propaganda? Justifique sua resposta.
d) Qual é a forma verbal da mensagem principal do anúncio? Em que tempo e modo é flexionada? O que isso indica sobre o que é dito?
e) Ao lado da mensagem principal, há outra com um pouco menos destaque. O que essa mensagem acrescenta em relação à principal?

2. Releia a seguir o trecho do texto que está na parte inferior direita do anúncio.

> Hoje, as mulheres brasileiras se **destacam** como agentes do desenvolvimento econômico e social e na construção de um país melhor. E todas podem contar com as políticas públicas que **garantem** seus direitos [...].

a) As formas verbais em destaque indicam que o que é dito é uma verdade atual ou é uma verdade que pertence a um passado distante?
b) Na locução *podem contar*, o verbo auxiliar mantém a certeza sobre o que se diz. Se o verbo *poder* fosse utilizado como auxiliar de *se destacar*, no início desse trecho, ele aumentaria ou reduziria a certeza do que foi dito?

ANOTE AÍ!

Em anúncios de propagandas, os verbos no **modo indicativo** costumam ser empregados para expressar **certeza**. No entanto, alguns verbos auxiliares podem reduzir a ideia de certeza expressa pelo modo indicativo, por exemplo, a forma verbal *se destacam* ao ser substituída por *podem se destacar*.

PASSAPORTE DIGITAL

Política para mulheres
O governo federal brasileiro procura desenvolver programas e ações especialmente voltados para melhorar as condições das mulheres. Para implementar esse trabalho, foi criada a Secretaria Nacional de Políticas para as Mulheres, indicada na parte inferior esquerda do anúncio em estudo. Você pode conhecer essas ações por meio do *site*. Disponível em: <http://linkte.me/r5tzf>. Acesso em: 29 jun. 2018.

ALGUNS CASOS DE ACENTUAÇÃO

ACENTUAÇÃO DE MONOSSÍLABOS TÔNICOS

1. Leia esta tira.

Ziraldo. *O Menino Maluquinho*.

a) Qual é a contradição presente na tira? Explique.
b) Copie no caderno as palavras da tira formadas por uma única sílaba.

> **SOBRE OS MONOSSÍLABOS**
>
> Você sabia que há monossílabos que são tônicos em uma frase e átonos em outras? Exemplos:
> (a) Essa oportunidade foi dada a todos *nós* (monossílabo tônico).
> (b) Essa oportunidade *nos* foi dada apenas uma vez (monossílabo átono).

As palavras formadas por uma única sílaba são chamadas de **monossílabos**. Se você ler em voz alta as falas dessa tira, vai observar que alguns desses monossílabos são pronunciados com mais força dentro da sequência de palavras em que aparecem. Alguns exemplos: *já, seu, eu, são*.

Outros são pronunciados com menos força e, sonoramente, parecem se juntar às palavras vizinhas. Exemplos: *o, pra, em, da, na*.

> **ANOTE AÍ!**
>
> Os **monossílabos** pronunciados com maior intensidade são chamados de **tônicos**. Exemplos: *eu, lê, mão, tem*.
>
> Os **monossílabos** pronunciados com menor intensidade são chamados de **átonos**. Exemplos: *com, de, se, um*.

2. Observe os conjuntos de monossílabos tônicos. O que cada conjunto tem em comum? Comente sua resposta.

   a) pá, cá, há, lá, chás
   b) vê, três, crê, ré, pés
   c) pó, nó, nós, dó, só
   d) rói, véu, céus, dói, réis

Acompanhando o esquema a seguir, veja em que casos se usa acento agudo ou circunflexo em monossílabos tônicos.

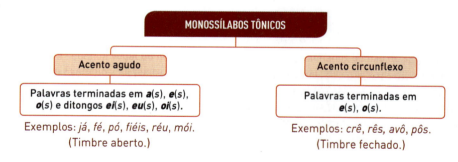

ACENTO DIFERENCIAL

3. Leia esta tira:

Greg e Mort Walker. *Recruta Zero.*

a) O que provoca o humor da tira? Explique.
b) Compare o uso do verbo *ter* nessa tira e na tira de Ziraldo, na página ao lado. Graficamente, uma dessas formas é diferente. Explique.
c) Na tira com o Menino Maluquinho, a forma verbal *tem* se refere a um pronome de tratamento: *você*. Que substantivo esse pronome retoma e substitui? Na tira com o Recruta Zero, a quem a forma verbal *têm* está se referindo?

ANOTE AÍ!

Na língua portuguesa, existe um tipo de acento que serve apenas para **diferenciar palavras iguais** ou parecidas. Ele é chamado **acento diferencial**.

Veja alguns usos do acento diferencial.

ACENTO DIFERENCIAL

- **Verbos *ter* e *vir***: emprega-se o acento circunflexo para diferenciar a terceira pessoa do singular e a terceira pessoa do plural.
  Exemplos:
  ele *tem* – eles *têm*
  ela *vem* – elas *vêm*

- **Verbos derivados de *ter* e *vir*** (conter, deter, convir, intervir, etc.): emprega-se o acento agudo na terceira pessoa do singular e o acento circunflexo na terceira pessoa do plural.
  Exemplos:
  ele *contém* – eles *contêm*
  ela *intervém* – elas *intervêm*

- **Verbo *poder***: emprega-se o acento circunflexo para diferenciar o presente do indicativo (*pode*) do pretérito perfeito do indicativo (*pôde*).
  Exemplos:
  Ela *pode* sair. (presente)
  Ela não *pôde* sair. (pretérito)

- **Verbo *pôr***: emprega-se o acento circunflexo para diferenciá-lo da preposição *por*.
  Exemplos:
  Você pode *pôr* aqui. (verbo)
  Você passou *por* aqui. (preposição)

TREMA

Usa-se trema (¨) apenas em nomes próprios estrangeiros e em palavras da língua portuguesa derivadas deles. Exemplos: *Müller, mülleriano*.

4. **APLICAR** Faça as **atividades interativas** para praticar seus conhecimentos.

ETC. E TAL

Origem da palavra *propaganda*

A etimologia é a área dos estudos linguísticos que pesquisa a origem, formação e evolução das palavras. Por meio desses estudos sabemos que a palavra *propaganda* vem do latim *propagare*, que designava o processo de reprodução de mudas de plantas. No século XVII, o Vaticano fundou a "Sagrada Congregação para a propagação da Fé" e, desde então, o sentido desse termo se ampliou, sendo usado por diferentes instituições como o ato de divulgar, espalhar uma ideia.

PASSAPORTE DIGITAL

VOLP: Vocabulário Ortográfico da Língua Portuguesa

Ficou em dúvida sobre a ortografia correta de uma palavra? O sistema de busca do *Vocabulário Ortográfico da Língua Portuguesa*, produzido pela Academia Brasileira de Letras, já está em sua quinta edição e conta com 381 mil verbetes, suas classificações gramaticais e ainda outras informações referentes ao Acordo Ortográfico.

Esse banco de dados pode ser acessado pelo *site* da Academia, onde você também encontrará o *link* para o aplicativo em sistema IOS e Android.

Disponível em: <http://linkte.me/ruh75>. Acesso em: 31 ago. 2018.

AGORA É COM VOCÊ!

ELABORAÇÃO DE ANÚNCIO DE PROPAGANDA

PROPOSTA

Nesta seção, propõe-se a criação de um anúncio de propaganda, em forma de cartaz, com o objetivo de incentivar as pessoas a fazer trabalho voluntário. Esse cartaz fará parte de uma campanha pró-voluntariado que será organizada pela turma na localidade em que a escola está situada. A campanha pode ser divulgada nos postos de saúde, nos estabelecimentos comerciais, nos centros de convivência, entre outros espaços públicos do bairro, para convidar a população local a engajar-se nessa ideia.

GÊNERO	PÚBLICO	OBJETIVO	CIRCULAÇÃO
Anúncio de propaganda	Jovens, adultos e idosos residentes em localidade próxima à escola	Incentivar as pessoas a desenvolver trabalhos voluntários	Cartaz de campanha pró-voluntariado nas localidades da escola

PLANEJAMENTO E ELABORAÇÃO

1. Sob a orientação do professor, reúna-se com mais dois colegas para pesquisar sobre trabalho voluntário. A ideia é que cada trio produza um dos anúncios da campanha, que vai convidar a comunidade da região a fazer trabalho voluntário.

2. Antes de iniciar a produção do anúncio, é preciso saber que instituições locais precisam de voluntários e que tipos de serviço são solicitados a quem se engaja nessa causa. Portanto, para organizar a campanha, pesquisem as possibilidades de trabalho voluntário na região: Que instituições costumam precisar de voluntários? Como é possível obter mais informações sobre o trabalho ou se inscrever? Quais são os trabalhos propostos aos voluntários? Há alguma restrição para adolescentes ou para idosos? Façam a pesquisa e registrem as informações no caderno. Depois, compartilhem sua pesquisa com a turma, comentando o que vocês descobriram.

3. Entre os tipos de trabalho voluntário necessários em sua região, qual deles será divulgado no anúncio de vocês?

4. Com os colegas de grupo, pensem em como convencer o público-alvo do anúncio. Além de utilizar os dados da pesquisa feita anteriormente, levantem questões como: O que o público-alvo tem em comum? O que poderia convencê-lo a se engajar em um trabalho voluntário? Que linguagens verbal e não verbal podem atrair esse público?

5. Vocês viram neste capítulo que um anúncio de propaganda precisa convencer os leitores a respeito da ideia proposta. Portanto, observem alguns tipos de dados que podem ajudá-los a convencer o público-alvo:
   - exemplos de benefícios do trabalho voluntário para a sociedade.
   - dados sobre trabalho voluntário desenvolvido no Brasil e no mundo.
   - exemplos de benefícios que o trabalho voluntário promove para quem o faz.
   - exemplos de personalidades que se engajam em trabalho voluntário.
   - depoimento de voluntários e de pessoas atendidas por voluntários.

6 Escolham a informação principal, que deve convencer o público-alvo, que será inserida na parte inferior do cartaz. Esse texto precisa ser curto e direto.

7 Criem um logotipo e um *slogan* para a campanha.

8 Escolham a imagem que melhor se comunique com o público-alvo e, por fim, criem a mensagem principal do anúncio, que deverá ficar em letras grandes e em destaque no cartaz.

9 Organizem, em um rascunho, como os elementos deverão ficar na primeira versão do anúncio de propaganda.

10 Elaborem a primeira versão do cartaz, lembrando que ela vai ser avaliada por outro grupo e só então será composta a versão final do cartaz.

LINGUAGEM DO SEU TEXTO

1. No anúncio de propaganda lido no início deste capítulo, vocês observaram o uso do modo indicativo e do modo imperativo. No caderno, copiem as formas verbais desse anúncio que estão no indicativo. Que efeito de sentido essas formas verbais produzem no texto?

2. De acordo com seus estudos sobre os verbos nesta unidade, qual é o efeito do uso do modo imperativo? Comentem as respostas.

Agora, releiam o anúncio produzido, observando se escolheram os tempos e os modos verbais adequados ao que desejam expressar. Observem também a acentuação gráfica dos monossílabos, verificando se está de acordo com as regras estudadas na seção *Escrita em pauta*.

AVALIAÇÃO

1 Troquem de cartaz com outro grupo e avaliem-no, de acordo com os critérios a seguir.

ELEMENTOS DO ANÚNCIO DE PROPAGANDA
O anúncio apresenta logotipo e *slogan* da campanha?
Na parte inferior do anúncio, há um texto curto e direto com uma informação principal com o objetivo de chamar atenção do público-alvo?
A imagem reforça os sentidos expressos nos textos verbais?
A mensagem principal do anúncio está escrita em letras grandes e em um lugar de destaque do cartaz?

2 Devolvam o cartaz dos colegas com suas observações e peguem o de vocês de volta. Caso necessário, reescrevam o(s) texto(s) ou reorganizem os elementos para produzir a versão final.

3 Elaborem o cartaz em uma folha de papel de tamanho A3, ou seja, que meça 30 cm × 42 cm. O papel a ser utilizado pode ser cartolina ou papel-cartão. É fundamental que todo conteúdo do anúncio esteja legível.

CIRCULAÇÃO

1 Com a orientação do professor, afixem os cartazes com os anúncios de propaganda nos espaços públicos e comerciais próximos à escola, com a devida autorização do proprietário ou do responsável pelo local.

INVESTIGAR

História da televisão no Brasil

Para começar

A propaganda e a publicidade ligam-se às mídias, que, por sua vez, dependem, em parte, da verba que arrecadam com os anúncios que veiculam. A televisão é um dos grandes meios de divulgação de ideias em nossa sociedade e influencia os hábitos e a opinião dos espectadores em geral desde sua popularização pelo mundo. Você sabe quando ela chegou ao Brasil? E como tem influenciado nossa vida ao longo dos anos?

Nesta seção, você e os colegas vão se organizar em grupos para produzir uma pesquisa bibliográfica sobre a história da TV no Brasil. Cada grupo vai elaborar um resumo sobre os fatos ocorridos durante a década pela qual ficou responsável. Ao final, os resumos da turma serão a base para a elaboração de uma linha do tempo sobre a história da TV brasileira que será exposta na escola.

O PROBLEMA	A INVESTIGAÇÃO	MATERIAL
Qual é a história da televisão no Brasil desde seu começo até os dias de hoje?	**Procedimento:** pesquisa bibliográfica. **Instrumentos de coleta:** referências teóricas.	• dispositivo com acesso à internet • livros e revistas • caderno para anotações • caneta • cartolina

Procedimentos

Parte I – Planejamento

1 Sob a orientação do professor, a turma deve se organizar em sete grupos. Cada grupo ficará responsável por uma década de história, iniciando em 1950 até a atualidade.

Parte II – Coleta de dados

1 Consultem diversas fontes: livros, revistas e *sites*. As fontes que consultarem, principalmente na internet, devem ser confiáveis. É importante que os autores dos textos sejam pessoas aptas a escrever sobre o tema, ou seja, um especialista ou alguém que tenha pesquisado muito sobre o assunto.

2 O foco da pesquisa deve estar nas seguintes questões:
- Que fatos foram significativos na história da TV no Brasil na década que meu grupo está pesquisando?
- Quantas e quais redes de TV existiam nesse período?
- A quais tipos de programa as pessoas assistiam?
- Quais eram as principais personalidades da TV na época?
- Como eram os anúncios de propaganda e/ou publicitários veiculados na TV? Eles influenciaram as pessoas? Como?

3 Anotem as principais informações que encontrarem sobre as questões que pesquisaram em grupo.

4 Registrem, em uma folha, estes dados sobre as referências bibliográficas: autor, título da obra, nome da editora, ano de publicação, páginas ou *links* e data de acesso.

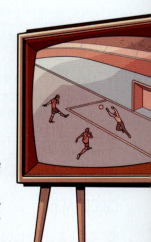

Parte III – Análise, seleção e comparação dos dados

1. Na data combinada com o professor, organizem as anotações e demais registros para trabalhar em sala de aula.

2. Leiam, no grupo, as anotações e os textos trazidos pelos colegas e separem os que respondem às questões propostas para a pesquisa. Para isso, com a ajuda do professor, comparem as informações dos textos. Após a leitura e a análise dos resultados das pesquisas, formulem as respostas do grupo às questões propostas.

Parte IV – Elaboração e compartilhamento do resumo

1. Com base nas respostas dos grupos, chegou o momento de a turma toda produzir o relato da história da TV brasileira, resumindo as respostas sobre cada década.
   - Como o resumo é a exposição reduzida das informações, apenas os fatos principais de cada década devem constar do texto. Assim, releiam as respostas para as questões, resumindo os textos ao que é essencial para cada década.
   - Escrevam o resumo de sua década, organizando-o de forma clara e objetiva.
   - No fim do resumo, indiquem as fontes de onde as informações foram retiradas, isto é, as referências bibliográficas. As fontes devem ser listadas em ordem alfabética a partir do último sobrenome do autor. Exemplo: MATTOS, Sérgio. *História da televisão brasileira: uma visão econômica, social e política*. Petrópolis: Vozes, 2010.

2. Compartilhem com os demais colegas o resumo do grupo: leiam seu resumo para a turma e ouçam atentamente a leitura dos demais grupos. Releiam o resumo de vocês, procurando identificar e corrigir aspectos que possam ser melhorados, como clareza, concisão, registro formal, correção gramatical, etc.

3. Sob a orientação do professor, conversem a respeito do trabalho feito, compartilhando as informações e os momentos mais proveitosos do processo. Para isso, ouçam com atenção os colegas. Quando não concordarem com a opinião de alguém, expressem seu ponto de vista de modo respeitoso, considerando que todos têm direito a ter opinião e a compartilhá-la. Usem as questões a seguir como base para a conversa.

Questões para discussão

1. Qual é o fato mais interessante da história da TV no Brasil?
2. Quais foram as referências consultadas mais importantes?
3. Todas as referências que vocês utilizaram são confiáveis? Qual foi a informação mais relevante pesquisada pelos demais grupos?

Comunicação dos resultados

Elaboração e exposição de uma linha do tempo

Reúnam os resumos dos grupos, que já estarão organizados por décadas (1950, 1960, etc.). Para elaborar a linha do tempo, tracem uma linha no papel, marquem essas datas e coloquem os resumos referentes àquele momento histórico. Se possível, colem imagens que representem os principais acontecimentos de cada década da TV brasileira. Exponham essa linha do tempo em um local de destaque na escola para que a comunidade escolar possa conhecer a história da TV no Brasil produzida com base na pesquisa de vocês.

ATIVIDADES INTEGRADAS

O trecho a seguir faz parte do livro *Heitor Villa-Lobos*, uma biografia do maestro e compositor brasileiro. Leia-o e responda às questões propostas.

Heitor Villa-Lobos

Heitor foi o primeiro filho homem de Raul e Noêmia Villa-Lobos. Nasceu na bela cidade do Rio de Janeiro, em 1887, e teve mais sete irmãos.

Era uma criança muito travessa. Não gostava de fazer as tarefas da escola. Precisava estar sempre em movimento, descobrindo coisas novas.

O pai, preocupado com seu comportamento, chegou a amarrá-lo ao pé da mesa para que ele fizesse os trabalhos escolares!

Com apenas 4 anos, Tuhu – apelido de Heitor – mudou-se com a família para Minas Gerais, primeiro para a cidade de Bicas e depois para Cataguazes.

Ali conheceu as modas caipiras e o tocador de viola. Essas impressões musicais vão se refletir, mais tarde, em composições maravilhosas, como as canções *Viola quebrada*, *Solidão* e *Cascavel*.

Pessoas que estudaram a vida desse grande músico acham que foi com o pai que ele, desde criança, aprendeu a se interessar pelas coisas do Brasil.

Todas as composições imaginadas por Heitor tinham alguma ligação com o povo, as cidades, as montanhas, os rios e as florestas brasileiras. [...]

↑ Heitor Villa-Lobos rege orquestra. Foto de 1955.

A música faz parte da vida de Heitor desde que ele era bem pequeno. Seu pai tocava violoncelo e, junto com os amigos que também tocavam algum instrumento, realizavam verdadeiros concertos domésticos.

Os vizinhos já estavam acostumados com a música que se ouvia na casa dos Villa-Lobos até bem tarde da noite...

Foi assim que as obras de grandes mestres, como Puccini e Wagner, tornaram-se familiares para o menino Heitor.

Naqueles concertos em casa, a tia Zizinha era sempre convidada para tocar piano. Excelente pianista, apreciava, em especial, uma obra do compositor alemão Johann Sebastian Bach, *O cravo bem temperado*.

Embora ainda fosse criança e não pudesse entender completamente a profundidade do que Bach havia escrito, o pequeno Tuhu ficava encantado com aquela música, e essa paixão continuou por toda a vida.

Bem mais tarde, Villa-Lobos escreveu uma grande obra musical chamada *Bachianas*, em homenagem ao grande compositor alemão.

Aos 6 anos, aprendeu com o pai a tocar violoncelo. Como o instrumento era muito grande para Tuhu, Raul adaptou um pedaço de madeira e uma viola para que o menino pudesse ter um instrumento mais adequado ao seu tamanho.

Com 11 anos, Heitor também aprendeu a tocar clarinete com o pai. Além disso, os dois costumavam sair juntos para ouvir concertos e óperas. [...]

Loly Amaro de Souza. *Heitor Villa-Lobos*. São Paulo: Moderna, 2001. p. 5-10 (Coleção Mestres da Música no Brasil).

Johann Sebastian Bach: (1685-1750) compositor alemão do século XVIII, um dos maiores nomes da música barroca.

Puccini: Giacomo Puccini (1858-1924) é um famoso compositor italiano de óperas.

Wagner: Wilhelm Richard Wagner (1813-1883), compositor alemão conhecido por suas óperas.

ANALISAR E VERIFICAR

1. Esse trecho da biografia de Villa-Lobos apresenta que fase da vida do compositor?

2. Na biografia de Heitor Villa-Lobos, é apresentada a relação do menino com o pai.

   a) Você acredita que as relações entre pais e filhos são decisivas para o desenvolvimento de habilidades? Por quê?

   b) De que maneira o pai do compositor influenciou o desenvolvimento musical do filho?

   c) Que experiências musicais vivenciadas por Villa-Lobos, na infância, repercutiram em suas obras quando adulto?

3. No caderno, reorganize cronologicamente as informações a seguir, de acordo com a ordem em que são relatadas na biografia. É possível afirmar que a biógrafa optou pela ordem cronológica dos acontecimentos ou por outra ordem?

   - Com 4 anos de idade, Heitor mudou-se com a família para Minas Gerais.
   - Heitor aprendeu a tocar clarinete aos 11 anos.
   - Heitor nasceu na cidade do Rio de Janeiro em 1887.
   - Aos 6 anos, Heitor aprendeu a tocar violoncelo.

4. Releia o trecho a seguir, da biografia de Villa-Lobos, e responda às questões no caderno.

   > Aos 6 anos, **aprendeu** com o pai a tocar violoncelo. Como o instrumento **era** muito grande para Tuhu, Raul **adaptou** um pedaço de madeira e uma viola para que o menino pudesse ter um instrumento mais adequado ao seu tamanho.

   - Em que tempo estão as formas verbais destacadas? Que sentido essas formas verbais expressam: certeza ou possibilidade? Por quê?

5. Releia os períodos a seguir e compare-os, conforme indica o item da questão.

   > I. Nasceu na bela cidade do Rio de Janeiro, em 1887, e teve mais sete irmãos.
   > II. Bem mais tarde, Villa-Lobos escreveu uma grande obra musical chamada *Bachianas*, em homenagem ao grande compositor alemão.

   a) No trecho acima, um dos períodos tem apenas um sintagma verbal. Qual? Observe que ele concorda com um sintagma nominal presente na oração. Copie-o.

   b) Classifique os períodos I e II em período simples e período composto. Justifique.

CRIAR

6. Essa biografia foi escrita para o público infantojuvenil. Se você precisasse adaptá-la para o público adulto, que tipo de mudanças faria? Reúna-se com um colega para reescrever os quatro primeiros parágrafos de modo mais formal para um público adulto.

7. Você conheceu parte da história de vida de Chiquinha Gonzaga e Heitor Villa-Lobos. Considerando os fragmentos lidos, é possível afirmar que Chiquinha Gonzaga teve mais dificuldade de se desenvolver e se firmar como maestrina em comparação a Villa-Lobos? Por quê? Sua opinião sobre a participação das mulheres na política mudou após as reflexões proporcionadas pela unidade?

IDEIAS EM CONSTRUÇÃO – UNIDADE 7

Gênero biografia
- Seleciono características das biografias, que já conheço, para ler e compreender outras biografias de forma autônoma?
- Ao produzir biografias, seleciono fatos da vida do biografado que são fundamentais para o leitor compreender seu desenvolvimento?

Gênero anúncio de propaganda
- Ao analisar anúncios de propaganda, percebo a adequação deles ao público-alvo e aos objetivos da campanha?
- Analiso a forma de composição dos anúncios de propaganda, identificando:
  - o modo verbal em destaque no texto?
  - a linguagem empregada e sua relação com o público-alvo?
- Identifico os recursos usados em anúncios de propaganda para convencer o leitor de uma ideia?
- Ao produzir anúncios de propaganda:
  - planejo a produção considerando o objetivo da campanha e o público-alvo?
  - utilizo a organização habitual dos anúncios de propaganda, relacionando a imagem com o texto verbal para produzir o efeito desejado?
  - eu me engajo no planejamento, na elaboração, na revisão e na reorganização do anúncio, respeitando o contexto de produção proposto?
  - produzo o cartaz e o reviso, utilizando argumentos?
  - crio *slogans* de modo a atrair o leitor para a leitura?

Conhecimentos linguísticos
- Identifico as flexões verbais? Identifico as orações de um período? Ao analisar um período, eu o classifico como simples ou composto?
- Compreendo o efeito de sentido dos modos indicativo, considerando o gênero textual e a intenção comunicativa?
- Identifico os sintagmas nominais e os sintagmas verbais de uma oração?
- De acordo com as convenções ortográficas da língua, escrevo monossílabos tônicos verificando se devem ou não receber acentuação gráfica?

RETOMAR
Veja o **mapa de conteúdos** da unidade 7.

UNIDADE 8

ENTREVISTA

Você provavelmente já viu, leu ou ouviu uma entrevista; afinal, esse é um gênero jornalístico bastante conhecido e que circula em vários meios de comunicação, nas modalidades escrita ou oral. Apesar de parecer uma conversa espontânea, a entrevista é uma situação planejada, em que o entrevistador e seu entrevistado tratam de um ou mais temas com base em um roteiro de perguntas. Nesta unidade, você poderá explorar esse gênero ao ler e produzir entrevistas.

CAPÍTULO 1
Bate-papo
com poesia

CAPÍTULO 2
Conversa
com escritor

PRIMEIRAS IDEIAS

1. Em que meios de comunicação encontramos entrevistas orais? E escritas?

2. Você prefere ler, escutar ou ver uma entrevista? Por quê?

3. Se você tivesse um canal de vídeos na internet, quem chamaria para entrevistar? Por quê?

4. Em entrevistas, são usuais construções como "Fale sobre...". O que elas indicam?

5. Em que situações as pessoas dizem: "Se você tivesse..."? Essa construção indica um fato incerto no presente ou uma possibilidade do passado?

6. Para você, qual é o sentido da palavra *coordenação*?

LEITURA DA IMAGEM

1. Pelo cenário, que tipo de programa de televisão é esse?

2. É possível reconhecer as pessoas na cena? Pela postura corporal, o que elas estão fazendo?

3. Ao escrever um texto, o jornalista sempre preserva as informações coletadas? E ao responder às perguntas de um repórter, o entrevistado é sempre sincero?

4. **COMPREENDER** Acompanhe a galeria de imagens e conheça alguns **programas de entrevistas** da televisão brasileira e internacional.

Gravação em estúdio de televisão. Foto de 2017.

Capítulo 1

BATE-PAPO COM POESIA

O QUE VEM A SEGUIR

O texto que você vai ler é a transcrição de uma entrevista da poeta Bruna Beber ao programa *Cidade de Leitores*, veiculado no canal oficial da MultiRio, no YouTube. Na entrevista, a poeta fala sobre seu livro de estreia. Antes da leitura, converse com os colegas: Como você acha que Bruna Beber conseguiu publicar seu primeiro livro? Leia a entrevista e descubra.

TEXTO

Cidade de Leitores

Leila Richers: Este é o programa *Cidade de Leitores* entrevistando hoje a poeta Bruna Beber. *A fila sem fim dos demônios descontentes* foi seu primeiro livro de poemas publicado. Ele surpreendeu a crítica pelo <u>rigor</u> e profundidade da escrita aliados às referências da <u>cultura *pop*</u>. Bruna, como é que esse livro aconteceu?

Bruna Beber: Eu já escrevia poesia desde a adolescência, há muitos anos, e aí teve uma hora que eu comecei a olhar os poemas e ver que eles tinham uma... tinha uma sintonia, digamos assim, aí eu pensei "Ah! Eu vou publicar um livro". Só que eu já escrevia na internet, em revistas e *sites*, já colaborava com várias coisas na internet... Só que lançar um livro era uma coisa muito distante, sabe? E aí eu comentei com um amigo que escrevia comigo na revista que eu estava pensando em fazer um livro, mas eu não fazia a menor ideia de como se fazia um livro, nem... E ele comentou comigo "Ah, tem a editora 7Letras que costuma publicar autores muito jovens, autores iniciantes..." e "Ah, manda seu livro para eles". E aí eu fechei o livro, mandei, só que eu não esperava que ia ter resposta, sabe? Porque era um *e-mail* genérico, assim: editora@... Eu falei "Bom, se me responderem, eu estou no lucro". E aí eles me responderam, e o Jorge, editor da 7Letras, me ligou falando que tinha gostado muito do livro e que queria publicar. Eu fiquei muito feliz e fui contar para os meus pais e eles ficaram um pouco assustados, né? "Uau, um livro, como assim?". Mas tudo bem... Aí, publiquei e não esperava nada assim... esperei até... esperava até que o livro fosse encalhar, sabe? Meu pai até brincava, ele falava "A gente vai montar uma barraquinha aqui, vai vender esses livros, eu vou obrigar os meus amigos a comprarem o livro...". E de repente eu lancei o livro, saiu uma crítica no jornal, quando eu vi o livro acabou em meses, sabe? E aí foi isso.

Leila Richers: Que coisa boa, Bruna. *A fila sem fim dos demônios descontentes*: conta pra gente como que você achou esse título, de onde ele saiu.

Bruna Beber: Então, eu morava em São João, estudava em Botafogo e trabalhava no Leblon [bairros da cidade do Rio de Janeiro]. E aí todo dia eu pegava o ônibus e passava pelo viaduto da Perimetral, ali perto da rodoviária Novo Rio. E quando eu estava fechando o livro, eu estava procurando um título. Já tinha alguns títulos, mas nenhum... eu não gostava de nenhum. E aí eu sempre reparava nas pichações que tinham ali no viaduto da Perimetral e tem coisas muito antigas, sabe? Tipo "Quércia vem aí", tem as coisas do Gentileza, tem algumas coisas do

Exu Caveira… E aí tinha essa frase. E eu li… a frase completa era "Fila sem fim dos demônios descontentes no amor". E eu li essa frase e pensei "Nossa! É o título do meu livro. Eu vou tirar o 'no amor' e é o título do meu livro". Só que não tinha nada, assim, não tinha autoria, não tinha nada como a maioria dos grafites, né? Aí, eu coloquei o título no livro e aí quando saiu a primeira resenha do livro o professor do menino que era o autor da frase falou para ele "Ó, lembra aquele trabalho que você fez no viaduto da Perimetral? Uma menina lançou um livro, ela pegou a sua frase e usou como título do livro dela e, aqui na matéria do jornal, diz que é autor anônimo, porque ela não sabe quem é". E ele me procurou e falou "Bruna, eu sou o Gustavo…". Gustavo Speridião o nome dele, é artista plástico aqui do Rio, do centro do Rio… "Eu sou o Gustavo, eu sou autor daquela frase e eu queria te conhecer, vamos nos encontrar." E a gente se encontrou e ficou amigo… E aí quando ele ia lançar o primeiro curta-metragem dele, ele usou um poema meu como título. Ele falou "Ah, esse aqui é o meu pagamento, vamos fazer essa troca".

Leila Richers: Qual é o título?

Bruna Beber: Era um poema muito pequeno que é "A van guarda e leva o passageiro", que aí juntando fica: "vanguarda eleva". E ele falou "Isso eu vou usar!". Era um poema… Era um curta sobre um passeio de van.

Leila Richers: Tem muito humor nesse seu livro, não é?

Bruna Beber: Tem.

Leila Richers: De onde vem esse humor da sua poesia?

Bruna Beber: Ah… acho que dos meus pais. […] meu pai é muito mestre do humor. E a minha mãe também é muito engraçada, então eles se complementam, assim, parece uma dupla de humor, sabe? […]

Leila Richers: O que você gosta mais nesse livro *A fila sem fim dos demônios descontentes*?

Bruna Beber: Ah… acho que é um livro tão espontâneo, sabe? Tão… Juntando tudo até que… tudo o que eu tinha vivido até os 20 anos, assim, aquela vontade de conhecer e de escrever e aquela é… um somatório de paixões que você acumula, assim, na sua adolescência e no começo da juventude… a sua capacidade de se arrebatar mais fácil, sabe? De se apaixonar e de se encantar. Então, eu acho que esse livro é uma mistura de todas as minhas paixões e sensações muito fortes até os 20 anos de idade. Então, eu gosto muito dele.

[…]

Leila Richers: Bruna Beber, você vai continuar se dedicando exclusivamente à poesia ou você pretende escrever um livro de contos, pretende escrever um romance?

Bruna Beber: Eu estou escrevendo um romance que a princípio eu tenho que entregar o ano que vem, mas acho que não vai acontecer. Mas é um romance que se passa nos anos 90, na Baixada Fluminense do Rio.

[…]

Leila Richers: Bruna Beber, muito obrigada pela entrevista.

Bruna Beber: Obrigada você.

Leila Richers: Adorei! Adorei seus livros! O programa *Cidade de Leitores* termina aqui. Um grande abraço para você também e até a próxima.

Leila Richers entrevista Bruna Beber. *Cidade de Leitores*. MultiRio, 29 ago. 2013. Disponível em: <https://www.youtube.com/watch?v=_5hKUEhQFJI>. Acesso em: 7 ago. 2018.

---

arrebatar-se: emocionar-se, encantar-se.

cultura *pop*: conjunto de produtos, práticas e experiências norteados pela lógica da mídia.

curta-metragem: filme de pequena duração.

rigor: precisão, exatidão.

vanguarda: movimento artístico ou ideológico pioneiro em relação às ideias ou aos gostos de determinada época.

↑ A poeta Bruna Beber na Festa Literária de Paraty (Flip), em 2013, no mesmo ano da entrevista ao programa *Cidade de Leitores*, da MultiRio.

TEXTO EM ESTUDO

PARA ENTENDER O TEXTO

1. O processo de publicação do livro de Bruna Beber ocorreu como você pensou?

2. Pela transcrição do texto, pode-se perceber que, ao iniciar o programa, antes da primeira pergunta, a entrevistadora apresenta informações sobre a pessoa que vai entrevistar. Quais são as informações fornecidas ao espectador?

3. Considerando a entrevista lida, responda às questões:
   a) Qual é a importância de haver uma introdução para a entrevista?
   b) Por que a introdução dessa entrevista é breve? Reflita sobre esse aspecto, lembrando que a entrevista foi veiculada em um canal de vídeos na internet.

4. A primeira pergunta da entrevista é feita no fim da introdução.
   a) O que essa pergunta sugere sobre a publicação do livro? Copie no caderno a afirmação que responde corretamente a essa questão.
      I. Sugere que a publicação do livro foi inusitada, fora do comum.
      II. Sugere que a publicação era esperada, em razão da qualidade dos poemas.
   b) A resposta de Bruna Beber confirma o que essa pergunta sugere? Explique.
   c) Que ações da escritora possibilitaram a publicação do livro?

5. Sobre o processo de publicação do primeiro livro de Bruna, responda às questões:
   a) Qual é a história da escolha do título?
   b) O título do livro rendeu uma nova amizade à poeta Bruna Beber. Com quem e como essa amizade foi estabelecida?
   c) Por causa dessa amizade, um poema de Bruna tornou-se título de um curta-metragem. De quem é esse filme? Qual é o poema que o intitula?
   d) Como você compreende o poema que intitula o curta?
   e) Analise a brincadeira que a poeta faz com as palavras do poema. Considerando também o significado de *vanguarda*, apresente uma interpretação para esse texto.

6. De acordo com a entrevista, qual é a relação entre o poema e o curta-metragem? Copie no caderno a alternativa correta.
   I. O filme é sobre um passeio de van. Assim, o poema se relaciona unicamente com a ideia de van como meio de transporte, sem que se considere o sentido promovido pelo poema por meio do jogo de palavras.
   II. O curta-metragem é sobre um passeio de van. Assim, o título do filme, além de se referir ao tipo de veículo (van), faz também uma relação com o sentido sugerido pelo poema por meio do jogo de palavras.

7. Ao longo da entrevista, por que sempre há o nome da entrevistadora e o da entrevistada antes de cada fala?

ANOTE AÍ!

Nas entrevistas, é comum haver um **texto introdutório** com informações sobre a vida e a obra do entrevistado, contextualizando o público sobre a pessoa que será apresentada. Além disso, uma entrevista é organizada por meio de **perguntas** do entrevistador e **respostas** do entrevistado.

UMA JOVEM POETA

Bruna Beber nasceu em 1984, na cidade de Duque de Caxias, no Rio de Janeiro. A jovem poeta colaborou como escritora, durante os anos 2000, em diversos *sites* e revistas relacionados à literatura. Seu primeiro livro, *A fila sem fim dos demônios descontentes*, foi lançado em 2006. Além desse, publicou: *Balés* (2009), *Rapapés e apupos* (2012), *Rua da Padaria*, *Zebrosinha* (2013) e *Ladainha* (2017).

↑ Capa do primeiro livro da poeta Bruna Beber.

PONTO DE VISTA

8. Releia a pergunta e a resposta a seguir.

> **Leila Richers**: O que você gosta mais nesse livro *A fila sem fim dos demônios descontentes*?
> **Bruna Beber**: Ah... acho que é um livro tão espontâneo, sabe? Tão... Juntando tudo até que... tudo o que eu tinha vivido até os 20 anos, assim, aquela vontade de conhecer e de escrever e aquela é... um somatório de paixões que você acumula, assim, na sua adolescência e no começo da juventude... a sua capacidade de se arrebatar mais fácil, sabe? De se apaixonar e de se encantar. Então, eu acho que esse livro é uma mistura de todas as minhas paixões e sensações muito fortes até os 20 anos de idade. Então, eu gosto muito dele.

Bruno Nunes/ID/BR

a) Qual é o ponto de vista defendido pela poeta nesse trecho?
b) Qual é o verbo utilizado no início da resposta de Bruna Beber?
c) Como esse verbo se relaciona com o que você respondeu no item *a*?

9. No trecho relido na atividade 8, Bruna faz duas perguntas no decorrer de sua fala. Ao fazer essas perguntas, a entrevistada espera uma resposta? Explique.

ANOTE AÍ!

A entrevista, muitas vezes, apresenta a **opinião** ou o **ponto de vista** do entrevistado. Dessa maneira, podemos conhecer o modo como ele vê o mundo, seus gostos, suas ideias. O entrevistado pode fazer **questionamentos** utilizando palavras como *sabe* ou *entende,* com o intuito de **chamar a atenção do interlocutor** para que ele acompanhe seu raciocínio.

10. Em uma entrevista, o público constrói uma imagem do entrevistado pelo que ele diz e como diz. Após ler a entrevista, como você percebe a poeta Bruna Beber?

■ O CONTEXTO DE PRODUÇÃO

11. A entrevista foi feita para o programa *Cidade de Leitores*, da MultiRio, empresa que produz conteúdo educativo e cultural para *web*, TV e mídia impressa. Sabendo desse fato, responda:

a) Considerando o nome do programa, que assuntos ele provavelmente aborda?
b) A entrevista atende à expectativa criada pelo título do programa? Explique.
c) Qual é, provavelmente, o público-alvo do programa?

■ A LINGUAGEM DO TEXTO

12. Na entrevista, algumas palavras e expressões foram utilizadas em sentido figurado. Leia os trechos a seguir.

> I. [...] esperava até que o livro fosse **encalhar**.

> II. [...] meu pai é muito **mestre do humor**.

- No caderno, responda à pergunta: Qual é o significado dos termos destacados nos fragmentos acima?

PASSAPORTE DIGITAL

Cidade de Leitores
A cada episódio, o programa *Cidade de Leitores* explora um tema diferente. No *site* da MultiRio, acesse a página com os episódios do programa e assista aos que mais despertarem seu interesse.
Disponível em: <http://linkte.me/g78t4>. Acesso em: 14 ago. 2018.

13. Releia o trecho a seguir.

> **Bruna Beber**: Eu já escrevia poesia desde a adolescência, há muitos anos, e aí teve uma hora que eu comecei a olhar os poemas e ver que eles tinham uma... tinha uma sintonia, digamos assim, aí eu pensei "Ah! Eu vou publicar um livro". Só que eu já escrevia na internet, em revistas e *sites*, já colaborava com várias coisas na internet... Só que lançar um livro era uma coisa muito distante, sabe?

a) Usar uma palavra e repeti-la em seguida é comum em situações orais. Em que trecho dessa fala isso acontece? Copie-o no caderno.

b) Nessa fala, há várias expressões típicas da oralidade. Quais?

c) Por que, na transcrição da entrevista, as marcas de oralidade foram mantidas?

ANOTE AÍ!

As **entrevistas** apresentadas em jornais, revistas e *sites* costumam ser produzidas oralmente e, depois, **transcritas** e **publicadas**. Na transcrição das falas, é possível eliminar ou não as **marcas de oralidade** conforme o contexto: perfil do leitor, assunto, etc.

14. Releia este trecho:

> [...] E ele me procurou e falou "Bruna, eu sou o Gustavo...". Gustavo Speridião o nome dele, é artista plástico aqui do Rio, do centro do Rio... "Eu sou o Gustavo, eu sou autor daquela frase e eu queria te conhecer, vamos nos encontrar." E a gente se encontrou e ficou amigo... E aí quando ele ia lançar o primeiro curta-metragem dele, ele usou um poema meu como título. Ele falou "Ah, esse aqui é o meu pagamento, vamos fazer essa troca".

a) Observe o uso das aspas na transcrição da entrevista. Qual é a função delas?

b) Com os trechos entre aspas, o público se aproxima da entrevista? Por quê?

c) No trecho, as reticências são usadas com dois propósitos. Em um dos casos, elas estão entre colchetes. Em um texto, o que esse uso indica?

d) De modo geral, o que as reticências do trecho indicam?

15. Que tipo de registro predomina na entrevista: formal ou informal? Justifique.

16. O que **não** é possível comunicar na versão transcrita de uma entrevista audiovisual? Copie no caderno a alternativa correta.

I. Os gestos do corpo que complementam a fala.

II. O conteúdo da fala e as palavras em sentido figurado.

ANOTE AÍ!

Em uma entrevista, o **registro** pode ser **formal** ou **informal**, dependendo do entrevistado, do assunto tratado, do **grau de interação** estabelecido entre os participantes e também do **perfil do veículo** em que a entrevista vai circular.

PARCERIAS

Para dar título a seu livro, Bruna Beber usou certa frase de uma intervenção urbana. Ao conhecer o autor da frase, ela e o artista estabeleceram uma amizade e uma parceria. Com base nesse fato, converse com a turma sobre as questões a seguir.

1. Qual é a importância de estabelecermos parcerias em nossas atividades cotidianas?

2. De que maneira essas trocas podem promover nosso crescimento?

UMA COISA PUXA OUTRA

Gentileza gera gentileza

Na entrevista lida, Bruna Beber fala que o título de seu primeiro livro foi retirado de uma frase pintada no viaduto da Perimetral, na cidade do Rio de Janeiro. Entre as imagens e frases que ela via nos muros, estavam algumas obras do Profeta Gentileza (1917-1996).

↑ Profeta Gentileza em foto de 1987.

1. Na fotografia abaixo, em primeiro plano, está uma das obras do Profeta Gentileza. Observe a imagem e faça o que se pede.

← Murais do Profeta Gentileza no viaduto da Perimetral, no Rio de Janeiro. Foto de 2011.

- Compartilhe com os colegas suas impressões sobre os murais acima.

2. O antigo viaduto da Perimetral foi demolido em 2013 e 2014. No entanto, alguns dos murais do Profeta Gentileza foram mantidos. O que isso revela sobre a importância desse artista para a cidade do Rio de Janeiro?

3. José Datrino ficou conhecido como Profeta Gentileza por suas inscrições em paredes e muros da cidade com mensagens de amor e paz. O mural 3, acima, está de acordo com esses temas? Por quê?

4. Umas das frases mais conhecidas do artista é "Gentileza gera gentileza". Você já tinha visto essa frase escrita em algum lugar anteriormente? O que ela significa?

5. As pilastras com as inscrições de Gentileza encontram-se em uma região central da cidade do Rio de Janeiro. Você acha que a localização dos murais é importante para que a obra do artista seja conhecida? Por quê?

6. Observe que as cores empregadas no mural 3 dialogam com a mensagem apresentada na inscrição.
   a) Quais são essas cores?
   b) Essas cores estão presentes em que símbolo nacional?
   c) Na obra, qual é a relação entre essas cores e a mensagem verbal?
   d) Observe o local em que está a obra de Gentileza. De que modo você acha que ela afeta as pessoas que transitam por esse espaço?

FONE DE OUVIDO

Memórias, crônicas e declarações de amor, de Marisa Monte. Rio de Janeiro: EMI Music Brasil, 2000.
Nesse álbum, Marisa Monte interpreta, na faixa 10, a canção "Gentileza", que retoma o momento, nos anos 1990, em que foi apagada a maior obra do artista, produzida nos murais do viaduto do Caju, no Rio de Janeiro. Entre 1999 e 2000, essa obra do Profeta Gentileza foi restaurada.

243

LÍNGUA EM ESTUDO

VERBO: MODO SUBJUNTIVO E MODO IMPERATIVO

MODO SUBJUNTIVO

1. Releia este trecho da entrevista com Bruna Beber:

> [...] E aí eu fechei o livro, mandei, só que eu não esperava que ia ter resposta, sabe? Porque era um *e-mail* genérico, assim: editora@... Eu falei "Bom, se me **responderem**, eu estou no lucro". E aí eles me responderam, e o Jorge, editor da 7Letras, me ligou falando que tinha gostado muito do livro e que queria publicar.

a) Pelo trecho acima, qual é o significado de lucro para Bruna Beber?

b) No fragmento "se me *responderem*", o que a forma verbal em destaque expressa? Copie no caderno a alternativa correta.

   I. Certeza.   II. Hipótese.   III. Pedido.

c) Quais são as formas verbais que indicam as ações da editora e do editor?

d) As formas verbais da resposta ao item *c* estão em que modo? Que sentido esse modo verbal expressa?

Conforme visto nesse trecho da entrevista, os verbos flexionados no modo indicativo costumam apresentar o fato verbal como realidade, expressando certeza. Para expressar o fato verbal como uma possibilidade ou uma hipótese, é preciso usar outro modo verbal: o **subjuntivo**.

> **RELACIONANDO**
> Em textos do gênero entrevista, é comum o uso de verbos no modo subjuntivo, pois o entrevistado costuma apresentar hipóteses, desejos e planos em relação ao assunto em discussão.

> **ANOTE AÍ!**
> O **modo subjuntivo** expressa **dúvida**, **hipótese**, **desejo**, **intenção**, **condição**. Os verbos no subjuntivo indicam uma possibilidade de algo acontecer ou ter acontecido.

2. Leia a tira a seguir.

Alexandre Beck. *Armandinho*. Disponível em: <http://www1.folha.uol.com.br/folhinha/2014/09/1523326-o-que-o-astronauta-crianca-come-veja-nas-tiras-da-folhinha.shtml>. Acesso em: 13 ago. 2018.

a) Qual é a situação apresentada na tira?

b) Que mudança há na expressão facial do garoto ao longo da tira?

c) Pela expressão facial do garoto e por outras informações indicadas pela linguagem não verbal, é possível perceber que a oração "Se eu soubesse" faz referência a sensações diferentes em cada um dos quadrinhos. Quais são elas?

d) A frase do último quadrinho confirma qual ideia apresentada anteriormente?

e) Em "Se eu soubesse", o verbo está no modo subjuntivo. Considerando o que você já sabe sobre o uso desse modo verbal, por que ele foi usado na tira?

3. Leia, a seguir, o trecho de uma notícia veiculada em uma publicação esportiva.

> ## "Seria uma injustiça grande se a gente perdesse o campeonato hoje", diz Cristóvão
>
> O gol salvador de Bernardo aos 45 minutos do segundo tempo fez justiça ao trabalho do Vasco durante o Campeonato Brasileiro, na opinião do técnico Cristóvão Borges. Para o treinador cruzmaltino, sua equipe mereceu chegar à última rodada da competição com chances de ser campeã, por tudo que passou durante a temporada.
>
> "Seria uma injustiça muito grande se a gente tivesse perdido o campeonato hoje. Pelo que a gente tem feito, no mínimo deveria ter a chance de decidir na última rodada", afirmou Cristóvão, que mostra confiança na briga pela taça. [...]

Portal ESPN.com.br, 27 nov. 2011. Disponível em: <http://espn.uol.com.br/noticia/228686_video-seria-umainjustica-grande-se-a-gente-perdesse-o-campeonato-hoje-diz-cristovao>. Acesso em: 10 ago. 2018.

a) Na fala reproduzida no título da notícia, a forma verbal *perdesse* indica um fato que ocorreu com o time no passado? Em que modo verbal ela está?

b) Por que, para o treinador, seria uma injustiça se esse fato tivesse acontecido?

O modo subjuntivo é composto por **três tempos verbais**, e cada um deles expressa determinada circunstância. Veja a seguir quais são esses tempos e o que eles indicam.

TEMPOS DO MODO SUBJUNTIVO

Presente: indica um fato incerto no presente, um desejo, uma necessidade.

Exemplo:
Mesmo que eu **cozinhe**, todos devem ajudar.

Pretérito imperfeito: indica um fato (ou uma condição) que poderia ter ocorrido no passado ou um fato incerto do passado, do presente ou do futuro.

Exemplo:
Se eu **cozinhasse** bem, poderia ajudar na festa.

Futuro: indica a possibilidade de realização futura de um fato.

Exemplo:
Ele descansará quando tudo **estiver** organizado.

MODO SUBJUNTIVO			
Tempos verbais	1ª conjugação **Cantar**	2ª conjugação **Correr**	3ª conjugação **Partir**
Presente	Que eu cant**e** Que tu cant**es** Que ele cant**e** Que nós cant**emos** Que vós cant**eis** Que eles cant**em**	Que eu corr**a** Que tu corr**as** Que ele corr**a** Que nós corr**amos** Que vós corr**ais** Que eles corr**am**	Que eu part**a** Que tu part**as** Que ele part**a** Que nós part**amos** Que vós part**ais** Que eles part**am**
Pretérito imperfeito	Se eu cant**asse** Se tu cant**asses** Se ele cant**asse** Se nós cant**ássemos** Se vós cant**ásseis** Se eles cant**assem**	Se eu corr**esse** Se tu corr**esses** Se ele corr**esse** Se nós corr**êssemos** Se vós corr**êsseis** Se eles corr**essem**	Se eu part**isse** Se tu part**isses** Se ele part**isse** Se nós part**íssemos** Se vós part**ísseis** Se eles part**issem**
Futuro	Quando eu cant**ar** Quando tu cant**ares** Quando ele cant**ar** Quando nós cant**armos** Quando vós cant**ardes** Quando eles cant**arem**	Quando eu corr**er** Quando tu corr**eres** Quando ele corr**er** Quando nós corr**ermos** Quando vós corr**erdes** Quando eles corr**erem**	Quando eu part**ir** Quando tu part**ires** Quando ele part**ir** Quando nós part**irmos** Quando vós part**irdes** Quando eles part**irem**

245

MODO IMPERATIVO

4. Releia um trecho da entrevista em que Bruna Beber conta sobre um acontecimento anterior à publicação de seu livro.

> [...] E aí eu comentei com um amigo que escrevia comigo na revista que eu estava pensando em fazer um livro, mas eu não fazia a menor ideia de como se fazia um livro, nem... E ele comentou comigo "Ah, tem a editora 7letras que costuma publicar autores muito jovens, autores iniciantes..." e "Ah, manda seu livro para eles". [...]

a) Qual informação foi essencial para que a poeta publicasse seu livro?

b) Quem foi o responsável por apresentar essa informação?

c) As falas do amigo da poeta indicam o uso de linguagem informal? Por quê?

d) Que frase esse amigo disse para incentivar Bruna a tentar publicar o livro?

e) Nessa frase, que forma verbal revela o objetivo do amigo de Bruna Beber? Explique sua resposta.

f) Em que modo verbal esse verbo está flexionado? Justifique.

Conforme visto acima, um verbo é flexionado no **modo imperativo** para expressar, por exemplo, uma sugestão ou um conselho ao interlocutor.

> **ANOTE AÍ!**
>
> O **modo imperativo** expressa **sugestão**, **ordem**, **conselho**, **convite**, **pedido**, entre outras possibilidades. Os verbos no imperativo referem-se a um interlocutor, propondo ou ordenando a ele determinados comportamentos ou ações.

O modo imperativo não indica tempos verbais, nem é flexionado na primeira pessoa do singular, porque esse modo verbal pressupõe sempre a relação com um interlocutor, para quem se pede, sugere ou ordena algo. Ele tem duas formas: o **afirmativo** e o **negativo**. Veja, no quadro a seguir, as características da conjugação de um verbo regular no imperativo.

PRESENTE DO INDICATIVO	IMPERATIVO AFIRMATIVO	PRESENTE DO SUBJUNTIVO	IMPERATIVO NEGATIVO
Eu mando	——————	Que eu mande	——————
Tu mandas →	Manda tu	Que tu mandes →	Não mandes tu
Ele manda	Mande você/ele ←	Que ele mande →	Não mande você/ele
Nós mandamos	Mandemos nós ←	Que nós mandemos →	Não mandemos nós
Vós mandais →	Mandai vós	Que vós mandeis →	Não mandeis vós
Eles mandam	Mandem vocês/eles ←	Que eles mandem →	Não mandem vocês/eles

A conjugação do **imperativo afirmativo** segue a conjugação do presente do indicativo (segunda pessoa do singular e do plural sem o *s* final) e do subjuntivo (terceira pessoa do singular e do plural e primeira pessoa do plural). O **imperativo negativo** segue a conjugação do presente do subjuntivo. No quadro acima, observe as setas que indicam as relações entre esses modos verbais.

ATIVIDADES

RETOMAR E COMPREENDER

1. Os cartuns costumam fazer uma crítica a um comportamento. Leia o cartum a seguir.

Adão Iturrusgarai. *Folha de S.Paulo*, São Paulo, 30 ago. 2014.

a) O que o menino quer fazer com os animais do zoológico? Que comportamento ele critica?
b) Qual é o plano do garoto para que esse desejo se realize?
c) Que oração indica que, no momento, o menino ainda não pode realizar seu plano?
d) Em que tempo e modo está conjugado o verbo dessa oração?

APLICAR

2. Leia a tira a seguir e responda ao que se pede.

Mauricio de Sousa. *Turma da Mônica*. Disponível em: <http://turmadamonica.uol.com.br/tirinhas/index.php?a=19>. Acesso em: 11 ago. 2018.

a) Quais recursos não verbais possibilitam ao leitor entender a tira?
b) Além dos recursos não verbais, uma frase ajuda a construir o sentido da tira. Qual?
c) A forma verbal da frase está em que modo? O que esse modo verbal pode expressar?
d) Pelo comportamento de Cascão, de que maneira ele interpreta esse modo verbal?
e) Que alteração verbal poderia ser feita na frase para levar Cascão a entrar? Explique.

3. **APLICAR** Faça as **atividades interativas** para colocar em prática seus conhecimentos.

247

A LÍNGUA NA REAL

O MODO SUBJUNTIVO NA CONSTRUÇÃO DE ARGUMENTOS

1. Leia o trecho a seguir, retirado de uma entrevista com a escritora Eva Furnari.

↑ Capa do livro *Drufs*, de Eva Furnari.

Entrevista: Eva Furnari fala sobre seu novo livro
Drufs é o novo título da autora

Por Maria Clara Vieira – atualizada em 07/11/2016 14h55

Não existe regra quando o assunto é família: todas elas são bonitas e especiais, quaisquer que sejam suas configurações. Essa é a mensagem que fica após a leitura do livro *Drufs* [...], escrito e ilustrado por Eva Furnari. Na obra, a autora deu vida a personagens criados com seus próprios dedos.

[...]

Em entrevista à CRESCER, Eva Furnari contou sobre sua nova obra.

Como foi o processo criativo?

Foi meio sem querer. Eu tinha mania de fazer esses dedinhos de brincadeira, então me ocorreu a ideia de fazer um livro ilustrado com eles. Todo o livro foi criado em função das ilustrações. Comecei criando os personagens.

↑ A escritora e ilustradora Eva Furnari.

De quem são os dedinhos?

São meus! Só tem um que é do meu filho – ele estava dormindo no sofá enquanto eu maquiava o dedo dele. Fui a lojas de ferragens, comprei tampinhas, arruelas e outras bobagens e aí comecei a criar. Para fazer os rostos, usei material de maquiagem, como batom, lápis de olho e pintura facial de palhaço. Fui descobrindo o que funcionava e o que não funcionava. Quase desisti no meio do caminho. Demorou um ano para o livro ficar pronto.

Por que falar de diferentes configurações familiares?

Me ocorreu a ideia de que as próprias crianças poderiam falar sobre o assunto. Assim, o tom fica mais puro e inocente, e as questões vão surgindo naturalmente no meio da história. O mais importante é educar na democracia, preparar a criança para a multiplicidade de pessoas e de pensamentos, para que haja a aceitação do ponto de vista do outro. O livro pode funcionar como um gatilho para uma conversa: a minha família é assim, a do outro é assado.

Maria Clara Vieira. Entrevista: Eva Furnari fala sobre seu novo livro. *Revista Crescer*, São Paulo, nov. 2016. Disponível em: <http://revistacrescer.globo.com/Diversao/noticia/2016/11/entrevista-eva-furnari-fala-sobre-seu-novo-livro.html>. Acesso em: 13 ago. 2018.

a) Segundo a introdução da entrevista, qual é a mensagem do livro *Drufs*?

b) Na frase inicial do primeiro parágrafo, há duas ocorrências de um mesmo verbo conjugado no tempo presente do modo indicativo. Qual é esse verbo?

c) Qual é o efeito obtido com o uso, nessa frase, desse tempo e modo verbais?

d) No primeiro parágrafo, qual verbo está no tempo presente do modo subjuntivo?

e) No contexto, o que o uso desse tempo e modo verbais expressa?

2. A entrevista é composta de três perguntas.

a) Que perguntas questionam o modo como o livro foi criado?

b) Em que resposta Eva Furnari opina sobre o tema tratado no livro?

c) Na terceira resposta, a autora expressa um desejo. Transcreva esse trecho.

d) Que forma verbal é utilizada para expressar esse desejo?

e) Essa forma verbal está flexionada em qual tempo e modo?

f) Por que a expressão desse desejo é essencial na argumentação?

3. Leia este trecho de uma entrevista do ator baiano Luís Miranda:

> Fazer cinema na Bahia eu já acho uma grande vitória em meio ao caos que está a cultura baiana. [...] Eu espero muito fazer cada vez mais cinema na Bahia, eu moro aqui, trabalho muito fora, mas moro aqui. Então, espero que o cinema cresça cada vez mais. E eu vou fazer o que puder para o cinema baiano crescer.

Disponível em: <http://www.cinepipocacult.com.br/2011/07/
entrevista-exclusiva-com-luis-miranda.html>. Acesso em: 13 ago. 2018.

a) Qual é a opinião do ator sobre a cultura e o cinema baianos na atualidade?

b) Luís Miranda menciona uma expectativa positiva em relação a fazer cinema na Bahia. Copie no caderno essa frase.

c) Na resposta ao item *b*, que forma verbal indica o desejo a ser concretizado?

d) Como está flexionado o verbo da resposta ao item anterior?

e) Pelo contexto, o que o uso desse tempo e modo verbais expressa?

f) De que modo a expressão desse desejo colabora para a argumentação?

4. Leia este trecho de uma entrevista com o contador de histórias Fábio Lisboa:

> **Em um mundo onde os celulares e outras tantas mídias dominam a atenção das crianças, o que fazer para que elas não percam o gosto pela leitura?**
>
> Nada supera o poder da imaginação. Nem as novas mídias. Especialmente, para quem descobre o gosto pela leitura e, assim, aprende a usar o seu poder imaginativo. [...] O problema é que muitas crianças e mesmo jovens não chegam a ter incentivos suficientes para que se tornem leitores fluentes e aprendam a usar o seu próprio imaginário. Então o segredo para que os livros sejam amados é, independentemente dos novos recursos audiovisuais, que os pais e professores incentivem as crianças e os jovens a descobrirem, em si mesmos, o recurso inigualável da leitura e da imaginação.

Thiago Barreto. Disponível em: <http://www.contarhistorias.com.br/2014/08/
viagem-literaria-2014-entrevista-com-o.html>. Acesso em: 13 ago. 2018.

a) Segundo o entrevistado, o que a descoberta do gosto pela leitura possibilita?

b) Segundo Fábio, o que é preciso fazer para que as crianças amem os livros?

c) Na última frase, o entrevistado indica a ação necessária para formar leitores. Em que tempo e modo está o verbo que indica que essa fala é um desejo?

d) Reescreva a frase no caderno, iniciando-a desta forma: "É necessário que os pais e professores incentivem as crianças e os jovens a descobrirem em si mesmos o recurso inigualável da leitura e da imaginação para que...".

ANOTE AÍ!

No processo argumentativo, para **reforçar a opinião** (expressando o desejo de mudança) e **formular argumentos** (indicando a finalidade de determinada ação), é possível usar verbos no **tempo presente do modo subjuntivo**.

AGORA É COM VOCÊ!

ENTREVISTA ORAL

PROPOSTA

Você e os colegas vão entrevistar uma pessoa que goste de ler ou que goste de ouvir música. A entrevista será registrada em áudio ou vídeo para depois ser compartilhada com a turma toda.

GÊNERO	PÚBLICO	OBJETIVO	CIRCULAÇÃO
Entrevista oral	Professor e colegas da turma	Produzir entrevista com pessoa que goste de ler ou de ouvir música	Entrevista em áudio ou vídeo para ser exibida na sala de aula

PLANEJAMENTO E ELABORAÇÃO

Leandro Lassmar/ID/BR

1. A turma deverá se organizar em trios para produzir a entrevista.

2. Escolham a pessoa que vão entrevistar. Pode ser alguém que goste de ler ou que goste de ouvir música.

3. Façam o convite e informem à pessoa convidada o contexto do trabalho, dizendo por que e para que ele será realizado. Expliquem que a entrevista será apresentada à turma, por isso peçam à pessoa que assine um termo de autorização para o uso do material gravado em sala de aula.

4. Conversem previamente com essa pessoa sobre o tipo de leitura ou o gênero musical de que ela gosta. Isso lhes ajudará a formular as perguntas que vão estruturar a entrevista. Fiquem atentos às dicas a seguir.
   - Se a entrevista for relacionada à leitura, procurem descobrir: os autores e livros preferidos do entrevistado, quais conhecimentos podem ser obtidos por meio dessas leituras, quais livros ele indica, etc.
   - Se a entrevista for relacionada à música, procurem descobrir: o estilo musical, os cantores e as canções favoritas do entrevistado, histórias de como se interessou por esse estilo, se coleciona algo relacionado a esse gênero, etc.

5. Formulem o roteiro de perguntas. Para elaborá-las, selecionem as informações coletadas na conversa e pesquisem um pouco mais sobre os livros ou os cantores que o entrevistado citou previamente.

6. Façam questões que levem o entrevistado a argumentar a favor do tipo de leitura ou gênero musical de sua preferência. Por exemplo, em vez de perguntar "Quais são os seus cantores preferidos?", peçam-lhe que responda: "Por que X e Z são seus cantores preferidos?" ou "De quais cantores desse gênero musical você não gosta? Por quê?".

7. Após redigir as perguntas, elaborem o texto de introdução da entrevista. Para isso, utilizem as informações obtidas na conversa: nome completo do entrevistado, idade, local de nascimento e curiosidades sobre ele.

8. Em seguida, o trio deverá escolher um integrante para ser o entrevistador.

9. Quando tudo estiver pronto, o entrevistador deverá treinar a apresentação do texto de introdução e a leitura das perguntas. Uma sugestão é gravar esse treino para verificar o que pode ser aperfeiçoado. Lembrem-se de que o roteiro de perguntas é uma orientação, não é preciso ficar restrito a ele.

⑩ Escolham o local para a gravação da entrevista e verifiquem se o ambiente é adequado, ou seja, sem barulhos que comprometam o áudio.

⑪ Verifiquem, com antecedência, se o equipamento de gravação (celular, gravador portátil, câmera de vídeo, etc.) está funcionando adequadamente, com bateria carregada e com memória suficiente para armazenar a gravação.

⑫ Sejam pontuais e solícitos, pois o entrevistado estará prestando um favor.

MÚLTIPLAS LINGUAGENS

ANALISAR Antes da gravação, assistam à **entrevista** para observar algumas características próprias desse gênero oral e seus efeitos de sentido.

1. Como são a impostação de voz e a postura corporal de quem entrevista?

2. Na entrevista, a jornalista aproveita duas palavras mencionadas pela escritora para fazer a pergunta seguinte. Que palavras são essas e por que ela as escolheu?

No momento da entrevista, fiquem atentos às pausas, às expressões faciais e à entonação. Observem também os pontos de vista do entrevistado e os momentos que poderão redirecionar a conversa.

⑬ No início da conversa, o entrevistador deve introduzir o entrevistado de forma natural, usando o registro de linguagem adequado à situação, tendo em vista seu interlocutor e a quem a entrevista será apresentada. O entrevistador deve estar com o roteiro de perguntas em mãos. Durante a entrevista, se for o caso, poderá aproveitar as falas do entrevistado para improvisar outras questões. Se o entrevistado sair do tema, o entrevistador deverá retomar as perguntas do roteiro.

⑭ Na conclusão da entrevista, agradeçam ao entrevistado.

⑮ Verifiquem se a gravação ficou adequada. Se necessário, façam uma edição com o auxílio de programas gratuitos disponíveis na internet.

AVALIAÇÃO

❶ Com o áudio ou o vídeo da entrevista pronto, avaliem o que produziram com base nas perguntas do quadro abaixo.

ELEMENTOS DA ENTREVISTA ORAL
Escolheram um entrevistado que gosta de ler ou de ouvir música?
Por meio de uma conversa prévia com o entrevistado, produziram o texto introdutório e obtiveram informações para formular as perguntas do roteiro?
Produziram perguntas relacionadas com os objetivos da entrevista?
Antes da entrevista, o entrevistador ensaiou o texto introdutório e as perguntas?
Foi escolhido um local adequado para a gravação?
As perguntas elaboradas levaram o entrevistado a expressar suas opiniões e justificá-las?

CIRCULAÇÃO

❶ Combinem com o professor e com a turma uma data para cada grupo apresentar a entrevista produzida em áudio ou em vídeo.

❷ Respeitem a apresentação dos demais grupos e escutem com atenção as entrevistas para depois comentar o que acharam.

❸ Após as apresentações, avaliem os pontos positivos e negativos da atividade.

COMPREENDER
Assista ao recurso digital **entrevista com o entrevistador** e entenda como é essa profissão.

PASSAPORTE DIGITAL
Cultura Brasil
No *site* da TV Cultura, há várias entrevistas disponíveis com artistas relevantes para a história da música brasileira. Acesse a página e conheça alguns músicos e suas composições.
Disponível em: <http://linkte.me/q93i6>. Acesso em: 13 ago. 2018.

251

Capítulo 2
CONVERSA COM ESCRITOR

O QUE VEM A SEGUIR

A entrevista com o escritor angolano Ondjaki que você vai ler a seguir foi publicada no jornal *A tarde*, de Salvador, Bahia. Leia o título da entrevista e imagine por que o escritor fez essa afirmação acerca dos escritores negros no Brasil. Em seguida, leia o texto.

TEXTO

CULTURA| Literatura

Sinto falta de autores negros no Brasil, diz Ondjaki

Daniela Castro

 Ondjaki, escritor angolano.

Aos 37 anos, o escritor angolano Ondjaki tem 19 livros publicados e mais de dez prêmios literários. Mas é preciso cuidar do ego, ele diz. De passagem pela Bahia, o autor integrou uma das mesas da Flica (Festa Literária Internacional de Cachoeira), no último sábado, 1º, ao lado do também escritor Dênisson Padilha Filho. Depois de atender a uma longa fila de autógrafos, ele conversou com nossa reportagem sobre a origem de seu pseudônimo, as razões que o trouxeram a viver no Brasil em 2008 e sua opinião sobre a chamada literatura negra. O autor também falou de tristeza e pessimismo, marcas de sua personalidade, e confessou: sente saudade de casa. Confira trechos.

Qual é a parte menos bacana da sua rotina de escritor?
Sinceramente, é o vício que se criou ultimamente de as pessoas registrarem a imagem. Eu não me dou bem com fotografias. Às vezes as pessoas vêm pela mera curiosidade da imagem. Eu não trabalho com a minha imagem, trabalho com imagens escritas. Se a pessoa tem curiosidade em relação ao meu trabalho é só ler os meus livros, não precisa ter uma foto comigo no Facebook. O que mais me incomoda é a mania que se gerou de que tem que se tirar foto com o escritor. Não entendo isso. A foto é para você ou é para mostrar aos outros? Quando a pessoa diz que quer ter uma recordação, eu entendo. Mas há pessoas que só querem a foto pra pôr no Facebook. [...].

De onde vem seu pseudônimo?
É um nome do sul de Angola, que significa guerreiro. Adotei no primeiro livro. Eu deveria me chamar Ondjaki mesmo, mas minha mãe mudou de ideia. Quando comecei a escrever fiquei pensando em um pseudônimo e pensei: "não preciso inventar porque já tenho um outro nome". Isso me dá um conforto, porque publicamente sou Ondjaki, mas tem uma forma como as pessoas me tratam em casa. É bom porque dá pra descansar. Quando chego em casa, tenho outra pessoa pra ser.

Para alguém que nunca leu um livro seu, qual você recomendaria para conhecer a essência de sua obra?

Acho que é o *Bom Dia, Camaradas*. É sobre a minha infância em Luanda, meus professores cubanos, meus pais, minhas irmãs. É uma literatura de ficção muito autobiográfica.

Por que escolheu o Rio de Janeiro para viver?

Me mudei por razões absolutamente pessoais, não foram nem políticas nem literárias. Qualquer dia acaba minha missão e vou para Angola. Faltam quatro ou cinco anos pra ir-me embora. [...]

Como é a sua relação com a literatura brasileira?

Eu sempre tive uma relação especial com o Brasil, mas que vem a propósito de uma coisa maior. Eu lia muitos autores europeus e de repente comecei a exceder à literatura latino-americana. Primeiro foram os contos e a poesia de Borges, depois Carlos Fuentes, e depois cheguei aos brasileiros, Graciliano Ramos, Érico Veríssimo. Mais tarde Clarice, Guimarães. E depois, finalmente, Manoel de Barros. Quando cheguei a Manoel de Barros eu disse "meu Deus, quem é este homem que tem esta poesia incrível?". Mas o Brasil é um país com dimensão continental. A gente não pode terminar de ler o Brasil. Literatura brasileira se frequenta, não se termina. A maneira de contar brasileira nos diz muito sobre a forma angolana de estar no cotidiano. É uma literatura com a qual nos identificamos pela festividade, pela musicalidade. Também leio autores mais jovens como João Paulo Cuenca, Daniel Galera. A literatura brasileira está muito bem, tem muita diversidade, mas há uma coisa da qual eu sinto falta.

O quê?

A divulgação e publicação de autores negros. Vá a qualquer livraria, pegue as principais editoras e veja quantos autores negros elas publicam. Num país que tem a quantidade de negros e descendentes de índios que tem, não é possível. Alguma coisa de esquisito se passa que só os brasileiros não vêm ou não querem ver.

O que você faz é literatura negra? O que acha desse conceito?

Acho que esse conceito se perdeu muito no tempo. Países como o Brasil e Estados Unidos tratam a questão da negritude e da literatura negra de outra maneira. Em Angola, a maioria da literatura é negra, então essa questão não se coloca. Não faz sentido falar de literatura negra dentro da literatura angolana porque a literatura angolana já é feita por autores negros ou mestiços, o que é normal num país de maioria negra. O que não é normal é neste país não ter governador, senador, juiz negro. E quando a gente liga a televisão e só vê brancos. Eu não tenho absolutamente nada contra brancos. Só não acho normal num país de negros que a publicidade, os programas, as telenovelas tenham 2% ou 5% de negros. Acho que isso é um absurdo. É um problema com o qual o Brasil tem que lidar. [...]

E como você lida com os prêmios que já recebeu?

Não sei se são positivos. Acho que são mesmo fruto do acaso. Muitas vezes é só o encontro de um livro que você escreveu com um corpo de jurados. Se um livro ganhou um prêmio é porque chamou atenção de um determinado grupo de pessoas, mas não quer dizer mais nada. É preciso ter muito cuidado com o que os prêmios fazem ao ego. Aceito com naturalidade e simplicidade.

Tem algum livro novo sendo produzido?

Estou idealizando o próximo romance, mas não sei quando vai sair. Mas deve ser outra vez em Luanda e outra vez nos anos 80.

É saudade de casa?

Sim, é um pouco isso. E também acho que nós precisamos nos contar a nós próprios para apaziguar nossos medos. Há coisas que precisamos dizer aos outros e coisas que precisamos dizer a nós mesmos. O livro é uma maneira. [...]

Daniela Castro. Sinto falta de autores negros no Brasil, diz Ondjaki. *A Tarde*, 3 nov. 2014. Disponível em: <http://atarde.uol.com.br/cultura/literatura/noticias/1636138-sinto-falta-de-autores-negros-no-brasil-diz-ondjaki-premium>. Acesso em: 10 ago. 2018.

TEXTO EM ESTUDO

▪ PARA ENTENDER O TEXTO

1. A hipótese que você levantou acerca da afirmação feita pelo escritor angolano Ondjaki, apresentada no título da entrevista, se confirmou após a leitura? Converse com os colegas sobre isso.

2. Releia o texto de introdução presente na entrevista.
   a) Que informação da introdução revela que Ondjaki é um escritor reconhecido?
   b) Por que a informação é apresentada nessa parte do texto?

3. Releia o título da entrevista.
   a) Esse título está relacionado a quais perguntas da entrevistadora?
   b) O título da entrevista resume uma das colocações de Ondjaki feitas durante a entrevista. Você concorda com essa afirmação? Justifique.
   c) Em sua opinião, por que a entrevista com Ondjaki recebeu esse título?

O GUERREIRO ESCRITOR

Ondjaki nasceu em 1977, em Luanda, capital de Angola. Sua trajetória literária inclui a escrita de romances, poemas e literatura infantojuvenil, traduzidos para várias línguas. Ondjaki também escreve para teatro e cinema. Em 2010, ganhou um dos mais importantes prêmios literários brasileiros, o Jabuti, na categoria Juvenil, com o romance *AvóDezanove e o segredo do soviético*.

> **ANOTE AÍ!**
>
> Uma das funções do **título** é chamar a **atenção do leitor** para o conteúdo da entrevista. Ele pode destacar uma das falas do entrevistado ou uma informação que faça o interlocutor se interessar em ler o texto na íntegra.

4. Ao falar sobre o que o desagrada em sua rotina de escritor, Ondjaki apresenta uma situação relacionada ao uso das imagens.
   a) A que situação é associado esse incômodo?
   b) Qual é a justificativa de Ondjaki para esse desagrado?

5. Ondjaki é o pseudônimo literário de Ndalu de Almeida.
   a) Em sua opinião, por que a jornalista pergunta sobre a origem do pseudônimo?
   b) Segundo Ondjaki, qual é o benefício de ser chamado de duas formas?

6. Em uma de suas respostas, Ondjaki revela ser um leitor da literatura brasileira.
   a) Quais são os autores brasileiros citados por Ondjaki?
   b) Quais desses escritores você conhece?
   c) A afirmação do escritor de que "a gente não pode terminar de ler o Brasil" está em sentido figurado. De acordo com o contexto, qual é seu sentido?

7. Ao tratar da representatividade dos negros no Brasil, Ondjaki utiliza dados objetivos para argumentar e fundamentar sua opinião.
   a) Copie no caderno o trecho no qual ele apresenta esses dados.
   b) Você concorda com a afirmação de Ondjaki sobre a representatividade dos negros e dos indígenas no Brasil? Por quê?

8. Na última resposta da entrevista, Ondjaki discorre sobre a necessidade de contar histórias. Qual é o ponto de vista dele a respeito desse assunto?

↑ Capa do livro premiado em 2010.

> **ANOTE AÍ!**
>
> Os **argumentos** usados para convencer o interlocutor de um ponto de vista podem ser **objetivos**, baseados em fatos concretos, em dados. Também podem ser **subjetivos**, elaborados com base na vivência ou na observação pessoal pela ótica de um indivíduo.

254

O CONTEXTO DE PRODUÇÃO

9. O trecho da entrevista apresenta dez perguntas. Observando o contexto, é possível perceber que algumas delas foram preparadas previamente pela entrevistadora e outras surgiram no momento da entrevista.

a) Enumere as perguntas no caderno e indique quais delas foram previamente elaboradas e quais surgiram no momento da entrevista.

b) Como foi possível diferenciar as perguntas elaboradas previamente daquelas produzidas no momento da entrevista?

c) Por que a entrevistadora criou novas perguntas durante o diálogo?

> ## ANOTE AÍ!
>
> Ao realizar uma entrevista, o entrevistador tem uma **intencionalidade** em relação ao que deseja descobrir. Uma entrevista pode abarcar mais de um **objetivo**, como: conhecer o trabalho do entrevistado, seus gostos, sua opinião sobre assuntos que domina, entre outros. As **perguntas** feitas pelo entrevistador relacionam-se com esse(s) objetivo(s) e com os interesses do **público leitor**. Geralmente, o entrevistador **prepara com antecedência** as perguntas que fará ao entrevistado. Ainda assim, dependendo das respostas, podem surgir **novas perguntas** no decorrer da entrevista.

A LINGUAGEM DO TEXTO

10. A entrevista lida foi feita oralmente e transcrita para publicação em um jornal de Salvador. Ao observar a forma como a entrevista é apresentada, é possível afirmar que as marcas de oralidade foram mantidas? Justifique.

COMPARAÇÃO ENTRE OS TEXTOS

11. Compare as duas entrevistas lidas nesta unidade.

a) Que aspecto da vida dos entrevistados é abordado em cada uma delas?

b) Onde cada uma das entrevistas foi veiculada?

c) Compare as marcas de oralidade presentes em cada uma delas.

d) Nas duas entrevistas, há textos de introdução. Qual deles apresenta mais informações sobre o entrevistado, sua vida e sua obra? Por quê?

12. Os dois escritores entrevistados vivem no Brasil, mas apresentam diferentes experiências e preocupações quanto à realidade atual. Essas particularidades foram abordadas adequadamente pelos entrevistadores? Justifique.

DIVERSIDADE CULTURAL

Ao longo da entrevista, Ondjaki revela apreciar diversos escritores brasileiros. Originário de um país onde se fala a língua portuguesa, Angola, ele conheceu a literatura produzida no Brasil e observou aspectos de nossa cultura, como a falta de autores negros e indígenas, por exemplo. Agora, discuta com os colegas e o professor as questões a seguir.

1. Qual é a importância de conhecermos mais sobre a realidade de outros países falantes de língua portuguesa?

2. **ANALISAR** Ondjaki critica a sociedade brasileira em relação à falta de representatividade dos negros e dos indígenas, tanto na literatura como na política e na televisão. Assista ao vídeo sobre o **espaço do negro na mídia** e discuta essa questão com os colegas e investiguem maneiras para aumentar a visibilidade dos negros e dos indígenas no país.

PASSAPORTE DIGITAL

Kazukuta

O *site* de Ondjaki, que tem como título o nome de um ritmo angolano, *kazukuta*, apresenta, além da biografia, inúmeras informações sobre o autor: a bibliografia de prosa, poesia e juvenil, e também vídeos. Acesse o *link* a seguir para saber mais sobre esse autor. Disponível em: <http://linkte.me/oma49>. Acesso em: 10 ago. 2018.

255

LÍNGUA EM ESTUDO

PERÍODO COMPOSTO POR COORDENAÇÃO

1. Releia o trecho a seguir, que faz parte da entrevista com o escritor Ondjaki.

> **Qual é a parte menos bacana da sua rotina de escritor?**
> Sinceramente, é o vício que se criou ultimamente de as pessoas registrarem a imagem. Eu não me dou bem com fotografias. Às vezes as pessoas vêm pela mera curiosidade da imagem. Eu não trabalho com a minha imagem, trabalho com imagens escritas. Se a pessoa tem curiosidade em relação ao meu trabalho é só ler os meus livros [...]

a) Nesse trecho, Ondjaki indica uma ação para quem quer conhecer o seu trabalho de escritor. Que ação é essa?

b) De acordo com o escritor, que atitude do público costuma incomodá-lo?

c) Qual frase dita pelo escritor justifica o incômodo que ele sente em relação a essa atitude do público? Transcreva-a.

d) Essa frase é composta de duas orações. Quais são elas?

e) Que sinal de pontuação separa as duas orações?

f) Observando o sentido dessas orações, copie a alternativa que indica a relação estabelecida entre elas.

　I. Explicação de uma ideia.

　II. Somatória de ideias.

　III. Oposição de ideias.

g) Ao observar o sentido das duas orações, pode-se afirmar que elas são independentes uma da outra. Explique essa afirmação.

Conforme visto na atividade anterior, há períodos formados por mais de uma oração, os quais recebem o nome de **período composto**. Observe o esquema abaixo, que mostra a diferença entre o período simples e o período composto.

Exemplo: "Eu não me **dou** bem com fotografias."

Exemplo: "Eu não **trabalho** com a minha imagem, **trabalho** com imagens escritas".

Quando as orações que compõem o período composto são independentes entre si, ou seja, cada oração tem um sentido completo, temos o **período composto por coordenação**. As orações que formam esse tipo de período são chamadas de **orações coordenadas**.

ANOTE AÍ!

O **período composto por coordenação** é formado por orações independentes que podem ser separadas por sinais de pontuação (vírgulas, ponto e vírgula e dois-pontos), os quais estabelecem relação de soma, oposição, alternância, explicação ou conclusão entre as orações.

RELACIONANDO

Em textos do gênero entrevista, é comum utilizar períodos compostos por coordenação. Veja esse trecho de uma resposta de Ondjaki: "Vá a qualquer livraria, pegue as principais editoras e veja quantos autores negros elas publicam. [...]". Entre as três primeiras orações do período, é estabelecida a relação de soma: a separação entre a primeira e a segunda oração é indicada por vírgula.

ATIVIDADES

RETOMAR E COMPREENDER

1. Leia a tira a seguir para responder às questões.

Alexandre Beck. *Armandinho*.

a) De acordo com a resposta de Armandinho, o que você supõe que menina lhe perguntou?
b) Nessa tira, que ações Armandinho atribui às mães?
c) Essas ações estão apresentadas em um único período. Quantas orações há nele?
d) Que relação essas orações estabelecem entre si? Copie no caderno a alternativa correta.
   I. Adição de ideias.   II. Oposição de ideias.   III. Conclusão de ideias.
e) Em que tipo de período essas orações estão organizadas? Justifique sua resposta.

APLICAR

2. Leia o texto a seguir e responda ao que se pede.

> **GAME REAL**
> A febre dos chamados *eSports* (*games* eletrônicos em que os jogadores competem entre si) é o motor de "Heróis de Novigrath". No livro, o jogo do título é febre no país, arrasta milhões de competidores, inspira filmes e outros produtos e é tema de campeonatos em todos os lugares. Escrita pela brasileira Roberta Spindler, a história fala como Pedro passou de um grande competidor do *game* para um rapaz que mal sobrevive fazendo vídeos na internet – até que o jogo se materializa na vida real. [...]
>
> Bruno Molinero. 10 dicas de leitura para o Dia do Livro Infantil. *Era outra vez*, 18 abr. 2018. Disponível em: <https://eraoutravez.blogfolha.uol.com.br/2018/04/18/10-dicas-de-leitura-para-o-dia-do-livro-infantil/?loggedpaywall>. Acesso em: 13 ago. 2018.

a) De acordo com as informações apresentadas, qual parece ser o objetivo do texto?
b) Para apresentar o enredo do livro, o autor explica a influência do jogo Novigrath na trama. Transcreva o período em que essa informação é narrada.
c) Classifique as orações desse período e indique as relações entre elas.

3. Leias as orações do quadro abaixo.

Ele foi à feira com os avós	estudaram em casa e foram dormir.
Provei todos os doces	faltava verdura para o almoço.
Hoje as crianças brincaram no parque	não gostei de nenhum.

- No caderno, associe as orações das duas colunas para construir períodos compostos por coordenação. Em seguida, indique o tipo de relação que foi estabelecida.

4. **APLICAR** Faça as **atividades interativas** para colocar em prática seus conhecimentos.

RELAÇÕES DE SENTIDO ENTRE ORAÇÕES COORDENADAS

A entrevista a seguir foi realizada pelo jornal *Folha de S.Paulo* com uma menina de 11 anos, para uma edição comemorativa do Dia das Crianças. Leia o texto atentamente.

"QUERO BATALHAR IGUAL MINHA MÃE, MAS TER UMA VIDA MELHOR", DIZ VITÓRIA, 11

PAULO SALDAÑA
DE SÃO PAULO

Vitória olha com admiração para a história da mãe, diarista, e da avó, que vende temperos na feira e é apontada como sua confidente. Quer ser batalhadora como as duas, mas espera para si um futuro melhor. "Acho que a gente tem que pensar em coisas grandes", diz. "Eu acho muito fundamental as pessoas que têm oportunidade de estudar, olhar assim pro caderno e ver uma fonte de aprendizagem."

Aluna do 6º ano da escola municipal de ensino fundamental do CEU Três Pontes, no Jardim Romano, zona leste de São Paulo, Vitória Railane Nobre Santos tem 11 anos. Mora no mesmo bairro com a mãe, avó e a irmã mais velha.[...]

Você mora com sua mãe, seu pai e sua irmã?

Antigamente, eu morava lá no Ceará com a minha vó. Só que aconteceu uns negócios e eu tive que vir pra cá, pra São Paulo. Aí neste ano, perto de abril, eu comecei a morar com minha mãe. Hoje, mora eu, a minha mãe e as minhas duas irmãs. Às vezes, o meu padrasto também vem, tipo assim, nos final de semana, mas ele mora bem longe, mora lá em Tucuruvi.

Mas você nasceu no Ceará?

Não, eu fui pro Ceará quando tinha 1 ano de idade. Aí eu fiquei lá até os meus seis. Eu me considero uma cearense, no caso. O meu pai veio do Ceará, minha mãe veio do Ceará, a família todinha do meu pai veio do Ceará, então sangue de cearense está aqui em mim, né?! Às vezes minha mãe reclama porque eu falo do jeito igual eles falam. Mas foram seis anos num lugar aprendendo a viver da maneira daquele estado. É muito difícil chegar aqui e, de uma hora pra outra, aprender a falar igual eles fazem. [...]

Você acha que a escola é importante pro seu futuro?

Sim. Eu penso no meu futuro, na minha carreira, em aprender mais lições, aprender coisas mais novas. E ter uma carreira que me dê um bom salário, alguma coisa melhor. Mas a gente ainda tem vários anos para depois fazer a faculdade. Mas o meu sonho é participar do "The Voice Brasil".

É mesmo? Você canta?

Um pouco. Do jeito que eu gosto da Ivete Sangalo, eu quero participar mesmo do *The Voice Brasil*. É um desafio, igual o desafio no campeonato de *game*, que a gente acabou perdendo.

Sério? Era muito importante pra vocês ganhar esse jogo?

Era. Era importante pra nós porque a gente acabava perdendo todos os anos. Então eu ia ter orgulho por vencer assim, só que não foi dessa vez. [...]

Você vê muita criança como você na televisão dando entrevista?

Muito difícil, mas na internet, como tem *blogs*, é mais fácil de ver criança da minha idade [...]. Mas tem crianças que têm vergonha, igual eu estava antes de fazer a entrevista. Então, não é muita criança que aparece, mas agora com *blog* as crianças saem, desafiam, brincam, mostram o dia a dia delas. [...]

Paulo Saldaña. "Quero batalhar igual minha mãe, mas ter uma vida melhor", diz Vitória, 11. *Folha de S.Paulo*, 13 out. 2017.

1. No começo da entrevista, Vitória conta sobre a origem de sua família.

   a) Copie no caderno o período em que a garota enfatiza sua origem cearense.

      I. "Antigamente, eu morava lá no Ceará com a minha vó."

      II. "É muito difícil chegar aqui e, de uma hora pra outra, aprender a falar igual eles fazem."

      III. "O meu pai veio do Ceará, minha mãe veio do Ceará, a família todinha do meu pai veio do Ceará [...]"

   b) Nesse período, há quantas orações? Como elas são classificadas?

   c) Que sinal de pontuação demarca a separação entre elas?

   d) Qual é a relação de sentido estabelecida entre essas orações?

   e) Vitória demonstra ter orgulho da origem de sua família? Explique.

   f) Durante a entrevista, Vitória revela que sua mãe implica com a maneira como ela fala. Na sua opinião, por que isso acontece?

2. Em determinado momento, Vitória comenta sobre seu sentimento em relação a uma possível vitória em um campeonato de *game*.

   a) Transcreva o período em que é feita essa afirmação.

   b) Que expressão relaciona as duas últimas orações desse período?

   c) Qual é o sentido dessa expressão? Leia as alternativas abaixo e copie no caderno a alternativa correta.

      I. Oposição.

      II. Conclusão.

      III. Explicação.

   d) Reescreva esse período, substituindo essa expressão por uma vírgula.

   e) Ao utilizar a vírgula no lugar da expressão presente no texto original, o sentido do período foi mantido? Justifique sua resposta.

3. No final do trecho, Vitória comenta sobre a presença de crianças em *blogs*.

   a) Copie no caderno o trecho em que ela explica como as crianças revelam seu universo nos *blogs*.

      I. "[...] as crianças saem, desafiam, brincam, mostram o dia a dia delas."

      II. "Mas tem crianças que têm vergonha, igual eu estava antes de fazer a entrevista. Então, não é muita criança que aparece [...]."

      III. "Muito difícil, mas na internet, como tem *blogs*, é mais fácil de ver criança da minha idade."

   b) Releia o trecho da fala de Vitória que você indicou no item anterior. Você percebeu que há um período composto por coordenação? Quantas orações estão presentes nesse período?

   c) No trecho da fala de Vitória que você indicou no item *a*, a menina utiliza orações coordenadas separadas por vírgula. Reescreva o trecho, substituindo a última vírgula por uma palavra, mantendo o mesmo sentido.

   d) Ao fazer essa adaptação, o trecho ficou mais próximo da modalidade oral ou da modalidade escrita da língua? Explique.

ANOTE AÍ!

As **orações coordenadas** podem ser conectadas por meio de **sinais de pontuação** ou por **palavras** ou **expressões de ligação**. De acordo com a construção do período composto, são estabelecidas diferentes **relações de sentido** entre as orações.

ESCRITA EM PAUTA

EMPREGO DO G E DO J

1. Os trava-línguas são uma espécie de brincadeira com palavras que consiste em dizer corretamente frases com sílabas difíceis de se pronunciar ou com sílabas formadas por sons que se repetem. Leia em voz alta o trava-língua abaixo.

Nas jaulas o jaguar girando, javalis selvagens, jararacas e jiboias gigantes. Girafas gigantes gingando com jeito de gente.

Tradição oral.

a) Observe as consoantes das palavras que compõem esse trava-língua. De qual letra é o som que se repete?
b) Quais são as letras que representam esse som?

> **ANOTE AÍ!**
> As letras *g* e *j* apresentam o mesmo som quando a letra *g* é utilizada antes das vogais *e* e *i*.

Observe, nos esquemas a seguir, alguns fatores que determinam o uso de uma letra ou de outra.

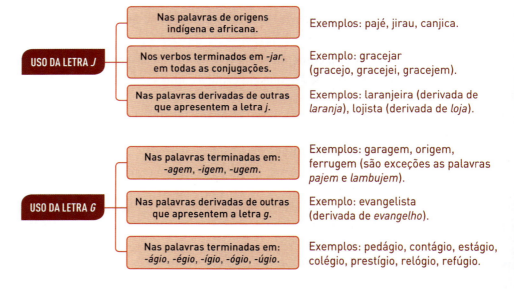

USO DA LETRA J
- Nas palavras de origens indígena e africana. — Exemplos: pajé, jirau, canjica.
- Nos verbos terminados em *-jar*, em todas as conjugações. — Exemplo: gracejar (gracejo, gracejei, gracejem).
- Nas palavras derivadas de outras que apresentem a letra *j*. — Exemplos: laranjeira (derivada de *laranja*), lojista (derivada de *loja*).

USO DA LETRA G
- Nas palavras terminadas em: *-agem, -igem, -ugem*. — Exemplos: garagem, origem, ferrugem (são exceções as palavras *pajem* e *lambujem*).
- Nas palavras derivadas de outras que apresentem a letra *g*. — Exemplo: evangelista (derivada de *evangelho*).
- Nas palavras terminadas em: *-ágio, -égio, -ígio, -ógio, -úgio*. — Exemplos: pedágio, contágio, estágio, colégio, prestígio, relógio, refúgio.

> **SÉTIMA ARTE**
> *Língua*: vidas em português. Direção: Victor Lopes. Portugal/Brasil, 2002 (105 min). Neste documentário, o diretor moçambicano conta como a língua portuguesa tomou rumos distintos nos países colonizados pelos portugueses. Há depoimentos de escritores de diferentes países lusófonos, que expressam sua visão da língua portuguesa.

2. Copie estas frases no caderno e complete as lacunas com as letras *g* ou *j*. Depois, justifique sua resposta.
   a) A ★iboia estava escondida no meio da floresta.
   b) Pedro não veio à escola, pois estava com farin★ite.
   c) A cozinheira despe★ou o caldo na panela.
   d) A chuva era tanta que ele não teve cora★em de sair de casa.
   e) O acara★é estava com um sabor muito bom.
   f) O marinheiro via★ou por vários lugares do mundo.

3. Observe as palavras do quadro. Depois, complete as frases, adaptando-as coerentemente, isto é, de forma adequada ao contexto.

> gesso   majestade   loja   algema

a) O rapaz chegou ao trabalho com o braço ★.
b) O entrevistador apresentou-se ★ ao público.
c) Ele é um ★ muito conhecido na região.
d) Eles foram encaminhados ★ à delegacia.

4. Leia as capas dos livros a seguir.

← Capa do livro *Berinjela se escreve com J*, de Josimar Melo. São Paulo: DBA, 1999.

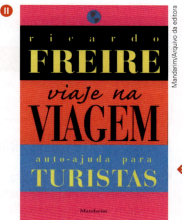

← Capa do livro *Viaje na viagem*, de Ricardo Freire. São Paulo: Mandarim, 2000.

a) Qual é o título do livro I? E o título do livro II?
b) O nome do legume da capa do livro I pode gerar confusão no momento da escrita. Por que isso acontece?
c) Consulte o dicionário e responda: O nome do legume representado no livro I é escrito com *g* ou com *j*?
d) No livro II, por que a palavra *viaje* está escrita com a letra *j* e a palavra *viagem* está escrita com a letra *g*?
e) Você já teve dificuldade com palavras que contêm essas letras representando o mesmo som? Comente.

5. APLICAR Faça as **atividades interativas** para praticar seus conhecimentos.

ETC. E TAL

A língua portuguesa no mundo

Além de ser a língua oficial no Brasil e em Portugal, a língua portuguesa é falada em cinco países africanos: Angola, Cabo Verde, Guiné-Bissau, Moçambique e São Tomé e Príncipe, convivendo com outras línguas. Na Ásia, o português é língua oficial no Timor-Leste, porém a língua dominante nesse país é o tétum.

Em 1996, foi criada a Comunidade dos Países wampliar a cooperação e a troca cultural entre os países falantes de língua portuguesa.

1. Brasil 3. Cabo Verde 5. São Tomé e Príncipe 7. Moçambique
2. Portugal 4. Guiné-Bissau 6. Angola 8. Timor-Leste

261

AGORA É COM VOCÊ!

ENTREVISTA ESCRITA

PROPOSTA

Você vai entrevistar um profissional de uma área de seu interesse com o objetivo de conhecer melhor as diferentes possibilidades de atuação no mundo profissional contemporâneo. Pode ser um professor, um engenheiro, um técnico em mecânica, um artista plástico, entre outros. Essa pessoa pode ser da sua família ou alguém próximo que esteja disposto a ser entrevistado. Registre sua entrevista em áudio e depois transcreva as perguntas e as respostas, edite o texto e publique em um guia de profissões da turma.

GÊNERO	PÚBLICO	OBJETIVO	CIRCULAÇÃO
Entrevista escrita	Comunidade escolar	Realizar entrevistas que possibilitem às pessoas conhecer diferentes profissões	Guia de profissões para ser doado à biblioteca da escola

PLANEJAMENTO E ELABORAÇÃO DO TEXTO

1. Forme uma dupla para realizar a entrevista. Selecione, com o colega, uma pessoa que trabalhe com algo que lhes desperte interesse. Em seguida, convidem a pessoa para ser entrevistada.

2. Façam uma pesquisa sobre a profissão do entrevistado. Consultem *sites* de universidades e guias de profissão. O acesso a informações sobre a profissão facilitará a formulação de perguntas mais específicas.

3. Elaborem um roteiro de perguntas. Algumas possibilidades de questões são:
   - Qual é seu nome e quantos anos você tem?
   - Quando e por que decidiu seguir sua profissão?
   - Comente como aprendeu a exercer sua profissão: precisou fazer um curso técnico, uma graduação ou aprendeu de outro modo?
   - Há quanto tempo atua profissionalmente?
   - Quais são os pontos positivos e os pontos negativos dessa profissão?
   - Que dicas você daria para quem deseja seguir a mesma profissão?

4. Evitem elaborar perguntas cujas respostas possam ser "sim" ou "não". Por exemplo: em vez de perguntar "Como fotógrafo, você consegue ter uma rotina?", prefira "De forma geral, como é a rotina de um fotógrafo?".

5. Lembrem-se de que o roteiro de perguntas é uma orientação para guiá-los no momento da entrevista. No entanto, aproveitem as falas do entrevistado para improvisar novas questões e conhecer mais sobre o assunto.

6. Marquem a data da entrevista e escolham um local que seja calmo e sem muito ruído, para não atrapalhar a gravação do áudio.

7. Antes do dia da entrevista, decidam quem fará as perguntas, quem cuidará da gravação e quem fará as fotos do entrevistado para ilustrar o texto. As fotos podem, por exemplo, mostrar o local e os instrumentos de trabalho do entrevistado ou o momento da entrevista. Lembrem-se ainda de pedir autorização ao entrevistado para utilizar as imagens e as declarações feitas na entrevista.

8. No dia da entrevista, verifiquem se o equipamento de gravação de áudio está funcionando adequadamente. É importante chegar ao local combinado com antecedência para deixar tudo arrumado e iniciar a entrevista no horário.

9. Durante a entrevista, sigam o roteiro, aproveitando as oportunidades para inserir novas questões. Ao final, agradeçam a colaboração do entrevistado.

10. Com a entrevista concluída, é o momento de ouvir a gravação e transcrever com cuidado e atenção cada uma das perguntas e das respostas.

11. Em seguida, façam a retextualização da entrevista, cortando as marcas de oralidade, como frases repetidas e palavras como *né*, *aí*, *daí*, *então*. Algumas dessas expressões podem ser eliminadas sem prejuízo do conteúdo. Outras, porém, precisam ser substituídas para que o sentido seja mantido.

12. Caso alguma resposta tenha fugido do tema, vocês podem retirá-la do texto final. No entanto, estejam sempre atentos para que as ideias e os conteúdos expostos pelo entrevistado não sejam alterados, distorcendo o que ele disse.

13. Após transcrever a entrevista e adequar o texto, escrevam a introdução. Indiquem o nome do entrevistado, a idade, a profissão, alguma curiosidade, etc.

14. Selecionem uma fala marcante do entrevistado para ser o título da entrevista e, abaixo do título, insiram o nome e o sobrenome de cada integrante da dupla.

COMPREENDER
Retextualização é a produção de um novo texto a partir de um ou mais textos base. Acesse o recurso digital e conheça mais sobre como retextualizar as falas da entrevista para a modalidade escrita.

AVALIAÇÃO E REESCRITA DO TEXTO

1. Troquem a entrevista e o áudio da gravação com outra dupla. Após uma leitura atenta da produção dos colegas e a escuta do áudio que deu origem ao texto, respondam às questões a seguir em uma folha avulsa.

ELEMENTOS DA ENTREVISTA
A introdução apresenta as informações necessárias para conhecer o entrevistado?
As perguntas estão relacionadas ao objetivo da entrevista? Expliquem.
As perguntas elaboradas levaram o entrevistado a expressar suas opiniões e justificá-las?
As falas do entrevistado não sofreram distorções?
O título da entrevista está de acordo com a fala do entrevistado?

CIRCULAÇÃO

1. Combinem com o professor a confecção do *Guia de profissões*, que apresentará as entrevistas elaboradas pelas duplas. Sigam as orientações abaixo.
   - Produzam a capa. Para isso, utilizem imagens que remetam ao universo das profissões e insiram o título do guia, que deve estar em destaque.
   - Escrevam uma apresentação para o guia. Esse texto deve vir antes do sumário e tem como objetivo informar aos leitores quem o produziu e quando.
   - Organizem a ordem em que os textos devem aparecer e as imagens que vão acompanhar cada entrevista.
   - Para o sumário, listem as profissões contempladas em ordem alfabética e indiquem o número da página correspondente ao início de cada entrevista.
   - Por fim, montem o livro, juntando: capa, apresentação, sumário e entrevistas.

2. Com a publicação pronta, deixem o *Guia de profissões* na biblioteca da escola, para que as outras turmas conheçam o que vocês produziram.

ATIVIDADES INTEGRADAS

O texto a seguir é uma entrevista com o escritor e ilustrador brasileiro Fernando Vilela. Depois da leitura, responda às questões.

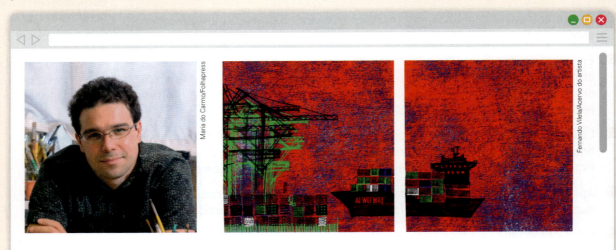

"Ilustrador é um autor que escreve com imagens", diz Fernando Vilela; leia entrevista

POR BRUNO MOLINERO

"A ilustração ganhou o estatuto de arte contemporânea", repete o autor e ilustrador Fernando Vilela. Se é assim, ele lançou duas "exposições" importantes neste ano: uma inédita e uma baseada em seu mais famoso trabalho.

A nova é "Contêiner", livro publicado pela editora Zahar em abril deste ano, com uma história que passa por portos e navios de carga no mundo todo. A outra é o relançamento do premiado "Lampião e Lancelote", pela mesma editora.

Vencedor de três prêmios Jabuti, a obra havia sido lançada em 2006 pela Cosac Naify e fala do encontro e da batalha entre esses dois personagens – ambos heróis de muitos folhetos de cordel. "Receber um prêmio é muito estimulante, reforça o trabalho. Mas, ao mesmo tempo, é muito relativo", diz Vilela em entrevista ao *blog*.

FOLHA – O que mudou na ilustração de livros no Brasil nos últimos anos?
Fernando Vilela – Houve uma grande mudança. Primeiro porque a impressão gráfica evoluiu bastante no Brasil. Agora há uma preocupação maior das editoras em fazer trabalhos sofisticados esteticamente. O livro infantojuvenil, que eu prefiro chamar de livro ilustrado, está nesse barco de sofisticação e busca por novas estéticas. Muitos artistas acabaram entrando nesse universo, o que acaba dando ao livro uma força gráfica que não existia antes.

O ilustrador hoje é um mestre da arte narrativa. Não deixa de ser um autor que escreve com imagens. No Brasil, especificamente, o livro ilustrado tomou caminhos muito experimentais, com identidade própria, apropriando-se de elementos estéticos indígenas, afro-brasileiros, da gravura do cordel. A ilustração ganhou o estatuto de arte contemporânea.
[...]

O que vem primeiro na hora de criar um livro: o texto ou a ilustração?
A história. É como em um filme: aparece uma sequência narrativa. No livro "Contêiner", tive ideias de várias sequências. Em "Lampião e Lancelote", pensei primeiro no duelo. Sempre muito visual, com o Lampião inserido na imagem do cangaço, e Lancelote com uma armadura. Só depois veio o texto.

Nesse caso específico, depois do texto pronto, precisei refazer muitas das ilustrações. Porque percebi que tinha ilustrado cenas que acabaram sendo escritas. Para não ficar redundante, criei outras imagens.

"Contêiner" fala sobre o mundo globalizado a partir dos navios de carga. Faz sentido falar disso para crianças com a explosão da internet?

A cultura tem peso. A gente vive em um mundo virtual do ponto de vista da informação, mas, ao mesmo tempo, transportamos nossas culturas pelo mundo: computadores, geleias, petróleo, o que seja. A gente vive em um mundo globalizado, onde matérias se deslocam. E os navios são os principais transportadores dessas matérias, dessas culturas. Acho que a gente não pensa muito nisso. Principalmente as crianças. No supermercado, você jamais se pergunta qual caminho aquela nectarina que veio da Espanha percorreu. Ou a maçã que veio da Argentina, o damasco da Turquia. Acho isso fascinante. "Contêiner" abre uma possibilidade de leitura do mundo contemporâneo. Tanto que, no final do livro, fiz questão de colocar o tempo de deslocamento entre os países e as distâncias percorridas. São curiosidades interessantes. [...]

Está trabalhando em novos projetos?

Sempre, mas nunca sei se eles vão sair do papel ou quando vão ser lançados. Sou meio supersticioso. Se falo sobre uma ideia inédita, acho que ela pode não dar certo.

> Bruno Molinero. "Ilustrador é um autor que escreve com imagens", diz Fernando Vilela; leia entrevista. *Folha de S.Paulo*, 17 nov. 2016. Disponível em: <http://eraoutravez.blogfolha.uol. com.br/2016/11/17/ilustrador-e-um-autor-que-escreve-com-imagens-diz-fernando-vilela-leia-entrevista/>. Acesso em: 13 ago. 2018.

cangaço: denominação dada a grupos armados que atuam no sertão nordestino.

contemporâneo: do tempo ou da época atual.

estatuto: similar a *status*, posição de prestígio.

experimental: aquilo que se baseia em experiências novas, inéditas.

ANALISAR E VERIFICAR

1. Responda às questões a seguir, que tratam do título da entrevista.
   a) Observe o uso das aspas no título. O que ele indica?
   b) O título faz referência a uma declaração de Fernando Vilela. Em qual parte da entrevista ele desenvolve essa ideia?

2. Sobre o texto de introdução da entrevista, responda às questões.
   a) Por que o entrevistador utiliza aspas na palavra *exposições*? Explique.
   b) Quais informações são apresentadas sobre a obra relançada?
   c) Qual é a relevância dessas informações na introdução da entrevista?

3. Em uma das respostas, Vilela faz uma comparação com o cinema.
   a) Escreva no caderno o período em que ele faz essa afirmação.
   b) Nesse período, há quantas orações? Como elas são classificadas?
   c) O que demarca a separação entre elas?
   d) Qual é a relação de sentido estabelecida entre essas orações?

CRIAR

4. Imagine que você vai entrevistar o ilustrador Fernando Vilela. Quais seriam as cinco perguntas do seu roteiro de entrevista?

5. Realizar e editar entrevistas, ao longo desta unidade, fez com que sua opinião sobre o compromisso do jornalista em ser fiel à palavra do entrevistado fosse alterada? Converse a respeito com os colegas.

● PASSAPORTE DIGITAL

Fernando Vilela
Para conhecer o trabalho desse ilustrador e artista plástico, acesse o *site* oficial dele no *link* indicado a seguir. Disponível em: <http://linkte. me/d6o3k>. Acesso em: 13 ago. 2018.

IDEIAS EM CONSTRUÇÃO – UNIDADE 8

Gênero entrevista
- Seleciono características conhecidas das entrevistas para ouvir, ler e compreender entrevistas orais e escritas de forma autônoma?
- Interpreto os efeitos de sentido da entrevista, identificando: principais temas e subtemas, além de opiniões e teses defendidas?
- Reconheço a estrutura de uma entrevista (introdução, perguntas e respostas)?
- Analiso uma entrevista, reconhecendo sua estrutura e a função da introdução, que é apresentar e contextualizar o entrevistado e o tema?
- Analiso ideias defendidas e refutadas em entrevistas e me posiciono com polidez?
- Ao assistir a uma entrevista ou ouvi-la, analiso os efeitos de sentido produzidos por gestos, hesitações, entonação, entre outros elementos?
- Compreendo o contexto de circulação de uma entrevista?
- Ao produzir uma entrevista, defino o recorte temático e o entrevistado, pesquiso sobre o tema da entrevista, busco informações sobre o entrevistado e elaboro previamente um roteiro de perguntas?
- Transcrevo uma entrevista oral, editando o texto para adequá-lo à modalidade escrita e ao contexto de circulação?
- Ao editar o texto da entrevista, preservo o sentido original da fala do entrevistado?
- Ao participar das atividades coletivas, expresso minha opinião com polidez, respeitando a dos colegas?

Conhecimentos linguísticos
- Analiso a função e a conjugação de verbos no modo subjuntivo e no imperativo?
- Identifico os efeitos de sentido provocados pelos modos verbais, levando em consideração o contexto de uso?
- Identifico períodos compostos por coordenação?
- Reconheço os efeitos de sentido provocados pelas orações coordenadas?
- Identifico e compreendo algumas convenções da escrita em que palavras sejam grafadas com *g* e *j*?

RETOMAR
Veja o **mapa de conteúdos** da unidade 8.

INTERAÇÃO

GRÊMIO ESTUDANTIL

Para aqueles que desejam ter seus interesses representados dentro da escola, em um espaço de debate, trabalho em grupo e de manifestação de novas ideias, o Grêmio Estudantil é o caminho! E nesta seção vocês vão organizar uma entidade desse tipo. Em um grêmio, é possível discutir, fortalecer e planejar ações visando melhorias tanto para o ambiente escolar quanto para a comunidade como um todo. Além disso, formar um Grêmio Estudantil é uma oportunidade para que vocês explorem um canal de participação dentro da escola, exercendo a cidadania e se mobilizando em busca de melhorias nas áreas de comunicação, cultura, esporte, política e integração social.

A escola é um dos lugares mais importantes da nossa trajetória. É nela que passamos boa parte do tempo, convivendo com colegas, fazendo amigos, conhecendo outras realidades, aprendendo e nos preparando para o futuro. Por isso, é fundamental que, nesse espaço, vocês tenham a oportunidade de opinar sobre o que ocorre nele, de discutir sobre o que desejam e de planejar ações.

Fundo: enjoynz/iStock/Getty Images.
Ilustrações: Vanzyst/iStock/Getty Images; mustafahacalaki/iStock/Getty Images

Criar e integrar um Grêmio Estudantil é uma maneira de participar mais ativamente do ambiente escolar, garantindo que aquilo que vocês pensam e desejam seja levado em consideração. A finalidade do grêmio, portanto, é debater os problemas da escola, pensando em caminhos para resolvê-los, bem como discutir os projetos dessa instituição, ajudando a transformá-los em realidade. Dessa maneira, vocês se tornam parceiros da escola e, junto com os professores e a direção escolar, podem lutar por melhorias para todos.

Objetivos

- Discutir sobre a importância da criação de uma agremiação dentro da escola.
- Organizar um Grêmio Estudantil na escola com a colaboração de professores e direção escolar.
- Reconhecer-se como cidadão capaz de agir em prol do coletivo e participar do dia a dia escolar.
- Desenvolver a autonomia, impulsionando a busca de realizações individuais de acordo com seus valores, sem deixar de respeitar o próximo.
- Envolver-se nas questões escolares e na criação do grêmio, desenvolvendo o protagonismo e a criticidade.
- Incentivar a participação de colegas no exercício democrático justo, organizado e útil à vida escolar.

Planejamento

Organização da turma

- Na primeira parte da atividade, sob orientação do professor, todos vão participar de uma roda de conversa cujo objetivo será discutir a função e a importância de um grêmio no ambiente escolar.
- Na sequência, a turma vai definir uma comissão composta de alguns estudantes para conversar com a direção sobre a organização de um grêmio na escola.
- Em grupos, vocês vão se dedicar à produção de um estatuto com as normas necessárias para a criação do grêmio.
- O estatuto deverá ser discutido posteriormente com toda a turma e com representantes das outras salas. Para que isso seja possível, uma assembleia geral será realizada.
- Na assembleia, uma comissão deve ser definida para organizar todo o processo eleitoral do grêmio, desde a campanha das chapas até a eleição e a divulgação dos resultados.
- Após definida a comissão, ela ficará responsável por divulgar o prazo e as regras para a formação das chapas que concorrerão ao grêmio, ou seja, para a organização da relação de candidatos aos cargos do Grêmio Estudantil.
- As chapas inscritas deverão divulgar suas propostas para toda a escola, por meio de debates, entre outras ações.
- Por fim, a eleição do grêmio será realizada e os resultados dela serão divulgados pela comissão eleitoral.

Procedimentos

Parte I – Discussão sobre a importância do Grêmio Estudantil

1. A fim de iniciar os preparativos para a criação do Grêmio Estudantil, formem uma roda de conversa com o objetivo de discutir quais as necessidades da escola no momento atual e de que forma a criação de um grêmio poderia ajudar a supri-las. Por exemplo, reflitam sobre as situações a seguir.
   - Quais eventos culturais existem na escola? Como e por quem eles são organizados?
   - Como e quando os campeonatos esportivos ocorrem? Eles envolvem todos os alunos da escola?
   - Que atividades lúdicas e recreativas acontecem na escola? Elas são realizadas de forma programada?
   - Quais ações sociais costumam ocorrer no ambiente escolar?
   - De que forma as atividades extracurriculares que ocorrem na escola são divulgadas para os alunos? Quem cuida dessa tarefa?
   - Há atividades educativas extracurriculares como palestras, debates, etc.?

2. Escolham um representante da sala para ficar encarregado de anotar as opiniões da turma e formular um pequeno texto explicando as necessidades apontadas e a importância de se criar um Grêmio Estudantil, dentro da escola, para ajudar a suprir essas necessidades.

3. Decidam quais serão os alunos encarregados de entregar esse documento à direção escolar. A finalidade é a aprovação da criação do grêmio pela direção e a definição de uma data para as eleições.

Parte II – Criação do Estatuto do Grêmio Estudantil

1. Após a aprovação da criação do grêmio pela direção escolar, é chegado o momento de produzir o Estatuto do Grêmio Estudantil, um documento que estabelece as normas sob as quais o grêmio vai funcionar. Para decidir quais serão essas normas, dividam-se em grupos e reflitam sobre os itens listados a seguir. É importante escolher um encarregado para anotar as conclusões do grupo e depois compartilhá-las com o restante da turma.
   - **Objetivos:** O que é o grêmio e qual a sua finalidade?
   - **Patrimônio:** Onde as reuniões do grêmio vão ocorrer? Que objetos e recursos serão necessários para a manutenção desse espaço?
   - **Composição:** Quais cargos (presidente, vice-presidente, secretário, tesoureiro, diretor social, diretor de imprensa, diretor de esportes, diretor de cultura, diretor de saúde e meio ambiente, etc.) vão compor a diretoria do grêmio? Quais serão as funções atribuídas a cada um deles?
   - **Regime eleitoral:** Quem pode fazer parte do grêmio? Como ocorrerão as inscrições das chapas, as campanhas e a eleição? Como os alunos que não forem da chapa eleita participarão das decisões?
   - **Associados:** Quem poderá auxiliar o grêmio e de que forma isso vai ocorrer?
   - **Regime disciplinar:** Se possíveis infrações ocorrerem durante o mandato, quais serão as consequências para elas?
   - **Disposições gerais:** De que maneira e em que situações o estatuto do grêmio pode sofrer alterações?

2. Cada um dos itens acima será um capítulo do estatuto. Dentro dos capítulos, haverá subdivisões chamadas de artigos. Os artigos, por sua vez, também podem ser divididos em incisos (numerados com algarismos romanos), parágrafos (iniciados com o símbolo §) ou alíneas (identificadas por letras minúsculas).

3 Após as discussões, os grupos devem se organizar novamente para produzir os textos de cada capítulo, descrevendo e explicando de forma objetiva cada item. Vocês podem se estruturar da maneira que julgarem melhor. Uma opção é distribuir a produção dos capítulos entre os grupos.

4 Em seguida, cada grupo deve expor o que produziu a toda a turma para que os textos possam ser avaliados e melhorados. É muito importante que todos participem, opinem e contribuam nessa etapa, de maneira que o estatuto seja uma obra coletiva.

5 Por fim, sob orientação do professor, vocês devem digitar os capítulos e juntá-los para formar um único documento, o **Estatuto do Grêmio Estudantil**.

Parte III – Assembleia geral

1 A finalidade dessa primeira assembleia geral é decidir o nome do grêmio, aprovar o estatuto e definir os membros da comissão eleitoral.

2 Escolham um aluno para ficar encarregado da ata da assembleia geral. Nessa ata, todas as ações ocorridas e decisões tomadas devem estar descritas. Posteriormente, esse documento ficará disponível na sede do grêmio da escola para o acesso de qualquer pessoa que queira ter conhecimento dele.

3 Com a direção escolar e o professor, definam uma data na qual a assembleia ocorrerá. Após defini-la, um grupo de alunos deve passar em todas as salas para divulgar, além da data, o local e o objetivo da convocação da assembleia.

4 A maneira como a assembleia será composta deve ser decidida por vocês. Uma sugestão é a de que cada turma escolha alunos representantes para comparecer a essa reunião. Os alunos escolhidos devem comunicar às suas respectivas turmas o que ficou definido.

5 No dia combinado, o primeiro assunto da pauta pode ser o nome oficial do grêmio. Os participantes podem dar sugestões e, na sequência, por meio de votação, o nome mais representativo e significativo será adotado. É interessante que os representantes escolhidos levem para a assembleia os nomes sugeridos pela turma.

6 Feito isso, inicia-se a apresentação do estatuto produzido em sala. Ele deve ser lido para que todos tomem conhecimento das informações nele contidas. Concluída a leitura, abre-se espaço para tirar dúvidas, fazer sugestões, críticas e apontamentos. Nesse momento, caso a maioria concorde, alterações podem ser feitas no documento. Depois, o estatuto deve ser aprovado e, enfim, consolidado.

7 Ainda durante a assembleia, deve ser formada uma comissão eleitoral que dará início aos preparativos da eleição. Qualquer um dos presentes pode fazer parte dessa comissão. No entanto, é preciso esclarecer que as pessoas que participarem da comissão eleitoral não poderão ter seus nomes inscritos em uma chapa para concorrer a um cargo no grêmio.

8 Formada a comissão eleitoral, em comum acordo, a data de eleição deve ser definida, bem como o período que as chapas terão para realizar a campanha.

Parte IV – Campanha eleitoral

1. Encerrada a assembleia geral, é hora de vocês organizarem as inscrições das chapas. Divulguem essa informação afixando cartazes com os seguintes dados:
   - período de inscrição das chapas;
   - local das inscrições;
   - período de campanha das chapas e dia da eleição.

2. Ao produzirem os cartazes, coloquem uma mensagem bem chamativa, incentivando os colegas a participar da inscrição. Também procurem lembrá-los de que qualquer informação sobre o grêmio pode ser encontrada no estatuto.

3. Produzam, na sequência, um formulário de inscrição para que os participantes de cada chapa preencham. Nessa ficha, devem constar os nomes dos participantes, a turma em que estudam, o cargo que cada um ocupará (de acordo com o estatuto) e as propostas e planos de ação que pretendem cumprir caso vençam a eleição.

4. Recebidas as inscrições, a comissão eleitoral deve promover uma reunião para orientar as chapas inscritas a iniciar a campanha na escola. Nessa reunião, que também deverá ser registrada em ata, os participantes precisam saber em que dias poderão divulgar suas propostas aos alunos e de que forma poderão fazê-lo.

5. Com autorização da direção da escola e orientação do professor, as chapas podem passar de sala em sala apresentando-se e divulgando suas intenções nos dias combinados e pelo tempo definido.

6. Por fim, deve-se organizar um debate na escola para que todas as chapas discutam suas propostas, o que deve ajudar os alunos a definir seus votos. Agende um dia com a direção e o professor para realizar esse debate.

7. Em dia e local definidos, as chapas devem se apresentar brevemente. Na sequência, e por sorteio, uma chapa deve iniciar as perguntas. Todas as chapas terão o direito de responder. É importante que seja definido um tempo para perguntas e um tempo para respostas, a fim de que todos tenham a mesma oportunidade de fala. O número de perguntas que cada chapa poderá fazer será decidido pela comissão eleitoral.

8. É importante que os alunos que vão assistir ao debate também possam fazer perguntas às chapas. Ressaltem que o respeito nesse momento é fundamental e as perguntas devem ter a intenção de promover um debate produtivo e não difamatório.

9. O debate também deve ser documentado em ata.

Compartilhamento

1. Antes de iniciar a eleição, algumas providências precisam ser tomadas. Para isso, organizem-se em grupos e sigam as instruções.
   - O primeiro grupo produzirá uma cabine de votação. Dentro dela, o grupo deve deixar uma caneta azul ou preta.
   - Caso a escola não tenha uma urna para depositar as cédulas, outro grupo deverá produzir uma com caixa de papelão. A caixa deve ser encapada e ter uma abertura em cima, pela qual serão depositados os votos. No dia da eleição, a urna deve ser posicionada ao lado da cabine e ficar visível a todos.

Fundo: deepblue4you/iStock/Getty Images. Ilustrações: mustafahacalaki/iStock/Getty Images; korhankaracan/iStock/Getty Images; apartment/iStock/Getty Images

- O terceiro grupo, por fim, deverá produzir a cédula de votação com o nome da escola, o nome do grêmio e, logo abaixo, o nome das chapas seguido de espaços para assinalar. As cédulas devem ser impressas em quantidade suficiente para todos os alunos da escola.
- Um quarto grupo deverá organizar a lista com os nomes dos alunos por turma, visto que, ao entrar na sala para votar, cada aluno deve assinar ao lado de seu nome, evitando, assim, falhas ou votação duplicada.

2. Um dia antes da eleição, agendem com a direção da escola uma sala para realizar a votação.

3. No dia da eleição, alguns membros da comissão eleitoral devem fazer o papel de mesários, que são pessoas responsáveis por compor as mesas receptoras de votos, coletar a assinatura de cada eleitor, entregar uma cédula para a pessoa e direcioná-la para a cabine de votação.

4. Outros membros devem ficar responsáveis por organizar a chegada dos eleitores até a sala de votação. A liberação dos alunos para votar pode ocorrer de forma escalonada, uma turma por vez e em fila.

5. Finalizada a eleição, a comissão eleitoral deve recolher a urna para iniciar a contagem dos votos, que será acompanhada por dois representantes de cada chapa e pelo professor. No final da apuração, uma ata de eleição deve divulgar os resultados.

6. Uma nova assembleia geral precisa ser convocada para que os resultados da eleição sejam informados e a chapa vencedora tome posse.

7. Por fim, a chapa eleita poderá iniciar suas atividades, participando ativamente das decisões tomadas na escola. É importante que os integrantes da chapa se reconheçam como representantes de todos os alunos e, sempre que possível, recorram à opinião dos colegas para tomar decisões. O costume de produzir atas em reuniões da chapa e em assembleias gerais também deve ser constante, proporcionando a todos o acesso às informações.

Avaliação

Após a criação do Grêmio Estudantil, é chegado o momento de vocês avaliarem o processo todo, destacando os pontos positivos e os negativos.

1. Durante as discussões iniciais, foi possível definir a relevância da criação do grêmio para a escola?
2. A direção da escola foi consultada sobre a criação do grêmio e auxiliou nesse processo?
3. Os alunos puderam participar da criação do Estatuto do Grêmio Estudantil? A opinião de todos foi respeitada?
4. As informações apresentadas no estatuto atenderam aos objetivos propostos?
5. A assembleia geral contou com a participação dos representantes de todas as salas?
6. As decisões tomadas na assembleia geral foram amplamente discutidas?
7. A campanha eleitoral ocorreu de forma respeitosa e produtiva atingindo toda a escola?
8. Durante a eleição, os eleitores foram recebidos com cordialidade?
9. Todas as atas do processo foram devidamente produzidas e poderão ser consultadas pelos alunos caso exista interesse?
10. O que pode ser melhorado nos próximos eventos referentes ao grêmio?

INTERAÇÃO

FEIRA DE HQ

Gibis, almanaques, mangás, *graphic novels*: o universo dos quadrinhos comporta personagens, enredos, traços e estilos para todos os gostos. Nesta seção, vocês vão organizar uma feira temática sobre HQs, com espaço de troca entre os visitantes, para compartilhar esse rico universo com a comunidade escolar.

Uma das primeiras histórias em quadrinhos surgiu em 1896, nos Estados Unidos, quando o ilustrador Richard Felton Outcault decidiu incluir, em uma seção de humor do jornal *New York World*, elementos que, na época, foram grandes surpresas, mas que hoje são muito conhecidos: uma personagem fixa, uma ação fragmentada em quadros e balõezinhos de texto. Assim nascia o *Yellow Kid* (*Menino Amarelo*), que logo virou uma sensação entre os americanos. No Brasil, a febre dos quadrinhos começou por volta de 1906, quando a revista *Tico-Tico* começou a publicá-los.

Desde essa época até hoje, os quadrinhos são fontes de prazer e conhecimento para leitores de todas as idades. Alguns colecionam edições de suas HQs favoritas; outros acabam trocando com amigos as edições que já leram. Seja como for, além da leitura, os amantes das histórias em quadrinhos normalmente compartilham também o prazer de dividir essa paixão com os outros.

Richard Green/Alamy/Fotoarena

Objetivos

- Organizar uma feira de HQ com a colaboração de toda a turma para a produção de uma atividade prazerosa e divertida.
- Posicionar-se criticamente em relação ao conteúdo de resenhas em vídeo sobre personagens, cartunistas ou histórias em quadrinhos que possam servir de tema para as quatro salas da feira.
- Produzir resenhas em vídeo sobre o conteúdo pesquisado.
- Criar um sistema de troca de HQs que será implementado na feira.
- Criar um texto que contenha as normas de conduta que devem ser seguidas pelos frequentadores da feira.
- Estruturar uma feira que comporte quatro salas temáticas e um espaço reservado à troca de HQs, promovendo uma interação entre a comunidade escolar e familiares.
- Cuidar das salas temáticas e do espaço de troca durante o evento, mantendo a organização e recepção dos convidados da feira.
- Ampliar o acervo de HQs da biblioteca da escola.

Planejamento

Organização da turma

- Na primeira parte da atividade, sob a orientação do professor, a turma vai pesquisar resenhas em vídeo que abordem o gênero HQ.
- Em duplas, vocês vão escolher o tema de que mais gostaram e produzir resenhas em vídeo para serem exibidas primeiramente aos colegas da classe e depois aos visitantes da feira. Em seguida, vocês vão eleger os quatro temas para compor as salas temáticas do evento.
- Na segunda parte da atividade, a turma será dividida em cinco grupos, dos quais quatro ficarão responsáveis por organizar as salas temáticas e um por organizar o espaço e o sistema de troca de HQs. Durante a feira, esses mesmos grupos serão responsáveis pela recepção e orientação dos visitantes em cada um desses espaços.
- Na terceira parte da atividade, a turma se organizará novamente para decidir as regras de convivência que deverão ser seguidas pelos grupos e também pelos visitantes no dia do evento. Além disso, a turma vai trabalhar na montagem dos espaços.
- Por fim, todos devem se reunir novamente para avaliar a experiência e entregar para a biblioteca da escola as HQs arrecadadas durante a feira.

Procedimentos

Parte I – Mergulho no universo das HQs e definição das salas temáticas

1. Para iniciar a preparação da feira, a turma selecionará os temas que vão compor as salas temáticas. Para isso, deverá realizar os passos indicados a seguir.

- Com o professor, retomem as características (verbais e não verbais) que compõem o gênero HQ, as personagens conhecidas das histórias em quadrinhos, os cartunistas renomados no meio, os vários tipos de HQs que surgiram com o tempo, etc.
- Em seguida, organizem-se em duplas para pesquisar resenhas em vídeos que abordem esses ou outros temas relacionados ao universo das HQs. Procurem assistir a vários vídeos para criar um bom repertório sobre o assunto.
- Escolham o tema de que mais gostaram ao assistir às resenhas em vídeo: uma personagem do passado ou do presente, um cartunista consagrado ou muito original, uma história em quadrinhos que conquista muitos fãs, um tipo de HQ que se diferencia das tradicionais, etc.
- Elaborem um roteiro para uma resenha em vídeo considerando que ela será vista pelos colegas da escola e demais visitantes da Feira de HQ, que, portanto, serão o público do evento. Na resenha, descrevam o tema escolhido pela dupla de forma sintetizada, guiando e convidando o espectador a conhecer na íntegra o assunto sobre o qual vocês escolheram falar. Leiam trechos das HQs relacionadas ao tema e procurem mostrá-las ou indicá-las no vídeo. Ao final, façam uma análise sobre o tema escolhido, explicando ao espectador por que vocês resolveram fazer uma resenha sobre ele.
- Gravem o vídeo da maneira mais criativa, fazendo uma edição interessante, vinhetas, entre outros recursos de audiovisual. Inspirem-se nas resenhas assistidas.

2. Na sequência, combinem com o professor uma data para assistir às resenhas em vídeo produzidas pela turma.

3. Após assistirem a todos os vídeos, nos quais cada dupla fala sobre o tema predileto, elejam os quatro assuntos que irão compor as salas temáticas.

4. Respeitem a opinião dos colegas e aceitem a decisão da maioria. Isso é essencial para que a sequência da atividade ocorra de forma organizada e produtiva.

Bubbers13/iStock/Getty Images

Parte II – Organização das salas temáticas e do espaço de troca

1. Em data previamente combinada e com o auxílio do professor, a turma se organizará em cinco grupos, dos quais quatro ficarão responsáveis por organizar as salas temáticas e um por organizar o espaço e o sistema de troca de HQs.
2. A primeira etapa de organização será a do espaço reservado para a troca de HQs. Cada aluno deverá trazer para a sala HQs que poderão ser compartilhadas na feira.
3. Troquem informações sobre essas HQs. Descrevam as características das personagens e dos enredos e compartilhem curiosidades sobre elas. É importante que o grupo responsável pelo espaço de troca conheça bem as informações sobre as histórias que os alunos trouxeram a fim de auxiliar os visitantes da feira. Toda a turma deve ajudá-los nessa tarefa!
4. Em seguida, pensem em elementos para compor cada sala temática, desde a decoração e montagem de cenários até quadros com trechos de histórias em quadrinhos, entrevistas, etc. Lembrem-se de que a ideia é que cada sala apresente aos visitantes um mundo específico dentro do universo das HQs. Por isso, a ambientação do lugar também é importante: vocês podem trabalhar com som, iluminação e até mesmo *performances* ou vídeos sobre o tema.
5. Divididos nos cinco grupos, façam uma lista de todos os materiais que vocês vão utilizar em cada espaço e determinem as funções de todos os integrantes. O grupo responsável pelo espaço de troca também deverá pensar na ambientação do local, com o objetivo de facilitar a interação entre os visitantes.
6. Pensem na possibilidade de apresentar, de alguma forma, as resenhas em vídeo que vocês fizeram. Isso certamente enriquecerá muito a experiência da feira.
7. Com a ajuda do professor, definam um cronograma de tarefas e entrega de materiais, a data para a montagem das salas e a data do evento.
8. Escolham um lugar seguro para guardar as HQs e os materiais para montagem das salas temáticas até o dia da feira. O grupo responsável pelo espaço de troca cuidará da organização do lugar escolhido. Além disso, tentará angariar novas HQs para serem trocadas.
9. Após finalizar o planejamento do evento e definir uma data para ele, reúnam-se novamente para produzir os convites que serão utilizados para divulgar a feira a toda a comunidade escolar. Esse convite deve conter o nome da escola, o nome do evento, o dia, o local, o horário e um comunicado solicitando que os visitantes levem HQs para trocar durante a realização da feira. A mensagem deve ser atraente e convidativa.
10. Os convites devem ser impressos e distribuídos na escola para as outras turmas, em estabelecimentos comerciais do bairro, aos familiares e amigos mais próximos. É importante que todos os grupos participem da divulgação.
11. Outra ideia para divulgação do evento, que pode complementar o convite, é compartilhar as resenhas em vídeo, com a supervisão do professor, nas redes sociais da escola.

Bubbers13/iStock/Getty Images

Parte III – Montagem da feira

1. Após decidirem a data com o professor, reservem os espaços necessários para o evento: cinco salas ou, então, quatro salas e o pátio.
2. Na data combinada para a montagem, levem todos os materiais necessários para a organização dos espaços.
3. Antes, porém, de realizar o trabalho de montagem, reúnam-se com o professor para decidir as normas de convivência que os grupos e os visitantes devem seguir durante a realização do evento.
4. Cada grupo ficará responsável por elaborar um cartaz com um texto contendo as normas de comportamento da Feira de HQ. Com a ajuda do professor, elaborem um texto único. É importante que, na entrada de cada uma das salas temáticas e também no espaço de troca, apareça um cartaz com as normas de convivência.
5. Por fim, dividam-se nos grupos estipulados e comecem a decorar as salas temáticas. Não deixem de retomar as anotações e o planejamento feito na etapa de organização.
6. O grupo responsável pelo espaço de troca das HQs, além de organizar o lugar para expô-las e receber os visitantes, deve confeccionar as fichas de troca. Elas devem conter algumas informações fundamentais, como as indicadas abaixo.

NOME DO LEITOR	DADOS DA HQ DOADA (AUTOR, EDIÇÃO, ANO)	DADOS DA HQ RECEBIDA (AUTOR, EDIÇÃO, ANO)

Além dessas informações, vocês podem inserir outras que julgarem necessárias. As fichas de troca devem ser impressas e entregues aos visitantes no dia da feira. Qualquer pessoa que realizar uma troca deve preencher a ficha e devolvê-la a um membro do grupo. Tenham em mente que as HQs arrecadadas serão doadas para a biblioteca da escola, portanto as informações devem auxiliar na organização dessas revistas ou livros na biblioteca.

7. Também caberá a esse grupo definir um sistema justo de troca de HQs, prevendo possíveis situações. Por exemplo, o visitante que levar uma HQ poderá trocá-la por um almanaque ou uma *graphic novel*? Organizem essas informações em um texto e distribuam-no para todos os integrantes do grupo, de maneira que eles tenham conhecimento de como ocorrerão as trocas.
8. Após finalizarem as etapas descritas, a Feira de HQ pode começar!

Compartilhamento

1. No dia do evento, cada um dos cinco grupos que participou dos processos de planejamento e procedimentos deve se dirigir ao espaço pelo qual ficou responsável. A essa altura, todos vocês já estarão ambientados com os temas apresentados e com a função que vão exercer.
2. Os alunos que ficaram encarregados de receber as HQs doadas pelos frequentadores devem manuseá-las com cuidado e garantir que todos façam o mesmo. Além disso, devem estar preparados para apresentar informações sobre o gênero HQ e sobre as revistas, livros e almanaques disponíveis, de modo a ajudar os visitantes na hora da troca.
3. Não deixem de informar os visitantes so-

bre as fichas e o funcionamento das trocas, estipulando "valores de troca" (decidido anteriormente pelo grupo) para cada item.

4. Os integrantes de qualquer grupo devem estar preparados para esclarecer as normas de convivência, quando necessário. É importante comentar que tais regras são essenciais para que o evento ocorra de maneira satisfatória e segura. É possível que as salas temáticas, por conta da decoração, também apresentem as suas próprias regras de visitação. Nesse caso, um membro do grupo deve ficar na porta apresentando as informações necessárias aos frequentadores.

5. É primordial que os integrantes das salas temáticas se preparem para explicar o tema selecionado, o objetivo da montagem e até mesmo o processo de produção.

6. Comuniquem aos visitantes que, as HQs, ao final do evento, serão doadas à biblioteca da escola.

Avaliação

Após a realização da feira, é hora de comemorar, mas também de analisar o trabalho realizado. Com a turma toda reunida e o professor como mediador, conversem sobre as questões a seguir.

1. Ao analisar as resenhas em vídeo, vocês fizeram novas descobertas a respeito dos quadrinhos que já liam? Em caso positivo, contem o que descobriram.

2. As informações que os colegas trouxeram para a sala de aula com as resenhas em vídeo que produziram também proporcionaram novas descobertas? Contem sobre essas descobertas.

3. Durante o planejamento das salas temáticas e do sistema de troca os grupos trabalharam com cooperação e respeito, cumprindo as tarefas atribuídas a cada integrante nos prazos combinados?

4. A montagem das salas temáticas e do espaço de troca foi executada de acordo com o planejamento? Vocês ficaram satisfeitos com o resultado?

5. O trabalho dentro dos grupos foi dividido de forma adequada, de modo que ninguém ficasse sobrecarregado?

6. As regras de convivência foram produzidas com cuidado e atenção, possibilitando que todos pudessem compreendê-las de forma simples e objetiva?

7. Durante a feira, os visitantes das salas temáticas foram recebidos com cordialidade, atenção e respeito? Em geral, como eles reagiram aos elementos expostos?

8. O sistema de troca de HQs funcionou satisfatoriamente, ou seja, os participantes da feira conseguiram efetuar as trocas sem dificuldade?

9. A comunidade escolar se divertiu durante a feira? Quais foram os principais comentários de quem esteve presente?

10. O que pode ser melhorado, caso o evento seja realizado novamente?

Ao final da avaliação, organizem uma maneira de todos levarem as HQs arrecadadas para a biblioteca. É importante que, depois, vocês aproveitem para ler e conhecer mais exemplos desse gênero textual.

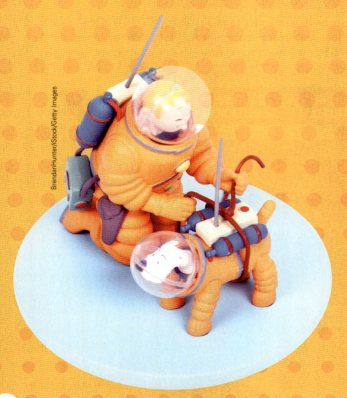

DE OLHO NO ENEM PARTE 1

Questão 1

Porém, de repente, um urso monstruoso começou a urrar às minhas costas, emitindo um som que mais parecia um trovão. Eu me voltei e, notando que a besta estava pronta para me devorar, segurei nas mãos a bexiga com licor e, pelo medo, apertei-a com tanta força que, ao explodir, o licor acabou por ser arremessado nos olhos do animal, tirando-lhe a visão. De imediato ele deu meia-volta, afastou-se correndo confuso e logo adiante caiu por uma fenda no gelo até o mar, e não foi mais visto.

[...]

Rudolf Erich Raspe. *As surpreendentes aventuras do barão de Munchausen em XXXIV capítulos*. Tradução de Claudio Alves Marcondes. São Paulo: Cosac Naify, 2014.

O antagonista é uma personagem que se opõe ao protagonista, trazendo ameaças para a concretização dos objetivos desse herói. No excerto acima, as palavras que evidenciam o inimigo como perigoso são

a) "confuso" e "medo".

b) "força" e "pronto".

c) "gelo" e "trovão".

d) "monstruoso" e "besta".

e) "urso" e "animal".

Questão 2

A vida de Antonio Candido em 7 momentos históricos

O crítico literário morreu hoje [12 de maio de 2017], aos 98 anos – e viu tudo o que aconteceu no mundo desde a 1ª Guerra. Entenda a vida de Candido no conturbado século 20

Bruno Vaiano. A vida de Antonio Candido em 7 momentos históricos. *Superinteressante*, 12 maio 2017. Disponível em: <http://super.abril.com.br/historia/a-vida-de-antonio-candido-em-7-momentos-historicos/>. Acesso em: 5 fev. 2019.

Com base no título e na linha fina acima, é possível inferir que a notícia vai

a) explicar a obra de Antonio Candido.

b) comentar as causas de sua morte.

c) classificar sua obra como imprescindível.

d) relacionar a vida do crítico a fatos históricos.

e) expor fatos históricos do século 20.

Questão 3

Depois de andar cerca de duas horas sem que nada de extraordinário acontecesse, Xisto chegou a uma larga clareira onde havia uma cabana em ruínas.

Bastante intrigado, aproximou-se, depois hesitou e teve ímpetos de voltar. O desejo de esclarecer o mistério e de ser útil à gente daquele reino o impeliu para a frente, entretanto.

De coração aos pulos, entrou cautelosamente pela porta entreaberta. Sua sombra desenhou-se logo, imensa e negra nas paredes da cabana, que a luz da lanterna mostrou serem de madeira escura, carcomida pelo tempo. O assoalho estava cheio de fendas, e as traves do teto ameaçavam ruir a cada momento. Dois morcegos voavam de um lado para outro, e um rato escondeu-se numa fresta.

Firmemente decidido a cumprir sua missão até o fim, Xisto se dispôs a passar a noite naquele horrível lugar. Retirou a grossa capa que trazia nas costas, estirou-a no chão e deitou-se, disposto a ferrar no sono o mais depressa possível.

Afinal de contas, disse ele pra si mesmo, nada houve de anormal. [...]

Lúcia Machado de Almeida. *Aventuras de Xisto*. São Paulo: Ática, 1982. p. 35-36.

Em narrativas de aventura, a caracterização do espaço compõe a ambientação do enredo, ajudando na criação dos desafios impostos ao protagonista. No trecho, o espaço é caracterizado como

a) um ambiente sombrio em ruínas.

b) um espaço repleto de morcegos.

c) um lugar iluminado com ruínas.

d) uma casa com paredes negras.

e) uma floresta extraordinária.

280

Questão 4

Mon Bijou (Bombril). Agência W/Brasil, 1998.

O anúncio de publicidade acima estabelece uma intertextualidade com o quadro *Mona Lisa* (1503), de Leonardo da Vinci. A relação entre os recursos verbais e não verbais nesse texto tem como finalidade

a) associar a maciez da pele da Mona Lisa ao efeito proporcionado pelo produto.

b) comparar a beleza da obra de arte com a qualidade do produto anunciado.

c) gerar um debate sobre o uso de referências artísticas no discurso publicitário.

d) incentivar a apreciação artística por meio de uma paródia da obra *Mona Lisa*.

e) reforçar a perfeição do produto anunciado ao compará-lo com a obra de arte.

Questão 5

O beija-flor

Eram um homem e uma mulher que tinham uma filha muito bonita. Então, com medo de que algum rapaz a roubasse, traziam-na trancada a sete chaves. A pobrezinha só vivia escondida pelas camarinhas e pelos cantos da casa. Não chegava à janela, não ia ao quintal, não aparecia em lugar nenhum.

Um dia, uma escrava da casa foi à fonte buscar água para botar na panela da comida que estava no fogo cozinhando e, chegando ali, viu um beija-florzinho cantando em termo de se arrebentar, sentado num galhinho seco, lá num olho de pau [...].

A negra achou aquilo tão bonito que arriou o pote, sentou-se e pôs-se a escutar o bichinho, admirada, sem se lembrar de mais nada.

Demorando muito a escrava na fonte, a mãe da moça mandou outra negra ver por que motivo era que ela não vinha com a água. Foi e ficou também sentada, ouvindo o passarinho. Assim, afinal de contas, foram todas as escravas e escravos, grandes e pequenos, ficando todos na fonte, de boca aberta, escutando o beija-flor cantar. [...]

Henriqueta Lisboa. *Literatura oral para a infância e a juventude*: lendas, contos e fábulas populares no Brasil. São Paulo: Peirópolis, 2002. p. 135.

O trecho acima é um conto popular recolhido por Henriqueta Lisboa. Uma característica desse gênero textual presente no trecho é

a) o emprego de marcador de tempo que não indica com exatidão quando os fatos ocorreram.

b) a estrutura repetitiva para facilitar a memorização do conto.

c) a transmissão de ensinamento para o leitor ou ouvinte, por meio da história narrada.

d) a presença das características do falar da região da qual se originou o conto.

e) a expressão de julgamentos de um povo de determinada cultura.

DE OLHO NO ENEM

Questão 6

Texto I

Novo acordo ortográfico é obrigatório a partir de hoje no Brasil

As regras do Acordo Ortográfico da Língua Portuguesa são obrigatórias no Brasil a partir de hoje (1º). Em uso desde 2009, mudanças como o fim do trema e novas regras para o uso do hífen e de acentos diferenciais agora são oficiais com a entrada em vigor do acordo, adiada por três anos pelo governo brasileiro.

Assinado em 1990 com outros Estados-Membros da Comunidade de Países de Língua Portuguesa (CPLP) para padronizar as regras ortográficas, o acordo foi ratificado pelo Brasil em 2008 e implementado sem obrigatoriedade em 2009. A previsão inicial era que as regras fossem cobradas oficialmente a partir de 1º de janeiro de 2013, mas, após polêmicas e críticas da sociedade, o governo adiou a entrada em vigor para 1º de janeiro de 2016. [...]

Luana Lourenço. Novo acordo ortográfico é obrigatório a partir de hoje no Brasil. *EBC Agência Brasil*, 1º jan. 2016. Disponível em: <http://agenciabrasil.ebc.com.br/geral/noticia/2016-01/novo-acordo-ortografico-e-obrigatorio-partir-de-hoje>. Acesso em: 5 fev. 2019.

Texto II

O novo acordo ortográfico

[...]

Todavia, as alterações introduzidas na ortografia da Língua Portuguesa, pelo atual acordo ortográfico, parecem-me mais político-comerciais que linguísticas. Elas pouco têm a ver com o modo de escrever das pessoas nativas dos países que aderiram a tal acordo. [...]

Roberto de Queiroz. O novo acordo ortográfico. *Diário de Pernambuco*, 18 fev. 2016. Disponível em: <http://www.diariodepernambuco.com.br/app/noticia/opiniao/46,97,43,74/2016/02/18/interna_opiniao,137751/o-novo-acordo-ortografico.shtml>. Acesso em: 15 maio 2017.

Os textos I e II abordam o Novo acordo ortográfico da Língua Portuguesa. Comparando ambos os textos, é possível inferir que a sociedade considerou as novas regras

a) bem-humoradas.
b) especiais.
c) oficiais.
d) polêmicas.
e) simples.

Questão 7

Governo do Estado de São Paulo.

Se você tem **60 anos ou mais**, chegou a hora de se proteger contra a gripe. Procure um posto de saúde de **8 a 21 de maio**.
VACINE-SE!

A linguagem verbal e a não verbal desse cartaz evidenciam que o público-alvo da campanha de vacinação promovida pelo governo do estado de São Paulo são

a) adolescentes.
b) crianças.
c) homens.
d) idosos.
e) mulheres.

Questão 8

Bill Watterson. *Calvin*.

Sobre a tira de Calvin, é correto afirmar que

a) a falta da linguagem verbal compromete o entendimento da tira.
b) o uso da linguagem verbal colabora para o entendimento da tira.
c) a ausência da linguagem não verbal dificulta a compreensão da tira.
d) o emprego das linguagens verbal e não verbal ajuda na leitura da tira.
e) o uso da linguagem não verbal permite a compreensão da sequência da tira.

Questão 9

Fernando Gonsales. *Níquel Náusea*.

O adjetivo pode variar em grau. No superlativo, eleva-se ao máximo uma característica. Na tira acima, o superlativo *originalíssima* expressa o desejo da aranha de chamar a atenção para seu

a) senso crítico.
b) egoísmo.
c) plano de caça.
d) talento artístico.
e) desejo de solidão.

Questão 10

Texto I

Manka, a esperta

Era uma vez um fazendeiro rico muito ganancioso e mesquinho. Sempre cobrava caro por tudo e levava a melhor sobre seus vizinhos pobres. Um deles era um humilde pastor a quem o fazendeiro devia um bezerro. Quando chegou o dia do pagamento, o fazendeiro se recusou a dá-lo [...].

Ethel Johnston Phelps (Org.). *Chapeuzinho Esfarrapado e outros contos feministas do folclore mundial*. São Paulo: Seguinte, 2016. p. 126.

Texto II

A noiva do lorde

Há tempos, viveu um lorde muito rico que era dono de uma fazenda enorme e tinha muita prata no baú e muito ouro no banco. Mas havia algo que ele não tinha: uma esposa.

Um dia, a filha de um dos vizinhos do lorde trabalhava nos campos de feno dele. O lorde gostou bastante dela e, como era filha de um pobre fazendeiro, achou que bastaria mencionar casamento para ela aceitar a proposta, feliz da vida.

[...]

Ethel Johnston Phelps (Org.). *Chapeuzinho Esfarrapado e outros contos feministas do folclore mundial*. São Paulo: Seguinte, 2016. p. 181.

Os dois trechos são parágrafos de abertura de contos populares. As expressões "Era uma vez" (texto I) e "Há tempos" (texto II) indicam a seguinte característica desse gênero textual

a) ausência de linearidade na ordem de narrar.
b) ênfase em uma época passada precisa no tempo.
c) falta de exatidão temporal dos acontecimentos.
d) predominância do tempo histórico dos fatos.
e) destaque para o tempo específico da narrativa.

Questão 11

Texto I

Neymar se tornou um grande passador no Barcelona

ESPN, 14 nov. 2016.

Texto II

Simplicidade e aconchego para fugir da cidade grande

O Globo.

Texto III

15 ideias para ocupar os miúdos nas férias grandes

Observador, 4 jun. 2016.

No dia a dia, emprega-se a palavra *grande* em diferentes situações. Nos textos I, II e III, *grande* apresenta os seguintes sentidos, respectivamente,

a) alto, extremo, dilatado.
b) corpulento, violento, excessivo.
c) excelente, populoso, longo.
d) extremo, extenso, enorme.
e) sério, notório, fundamental.

Questão 12

Faça alguém nascer de novo. Seja um doador de órgãos. Quando decidir, converse com sua família.

Secretaria de Saúde – Governo do estado do Espírito Santo. AQuatro, 2011.

Considerando que esse texto faz parte de uma campanha governamental, pode-se afirmar que a função principal dele é

a) descrever o processo de doação de órgãos.
b) instruir sobre a doação de órgãos.
c) explicar o que é a doação de órgãos.
d) incentivar a doação de órgãos.
e) relatar um caso de doação de órgãos.

Questão 13

Tem "mineirês" no Facebook, uai, e pão de queijo

Prefeitura de Belo Horizonte — 2016

Uai, cê não sabia desse trem novo no Facebook não? A Prefeitura de Belzonte publicou um guia pra causdiquê cê num tenha tendido.

Traduzindo... Não conhece o novo recurso do Facebook? A Prefeitura de Belo Horizonte publicou um guia visual explicando em "mineirês" as novas maneiras de reagir às publicações na rede social.

Nem o bom e velho (e tradicional) pão de queijo ficou de fora. Será que o quitute vale mais que um *like*?

Bol Notícias, 26 fev. 2016. Disponível em: <https://noticias.bol.uol.com.br/ultimas-noticias/entretenimento/2016/02/26/e-tem-mineires-no-facebook-uai-e-pao-de-queijo-claro.htm>. Acesso em: 5 fev. 2019.

A notícia acima tem como assunto principal o lançamento de um guia de "mineirês" publicado pela prefeitura de Belo Horizonte. Para abordar esse assunto, o autor do texto empregou uma linguagem marcada por

a) vocabulário antigo.
b) termos científicos.
c) expressões regionais.
d) construções poéticas.
e) desvios da norma-padrão.

Questão 14

Ao estudar emojis, psicólogos querem desvendar comportamento humano

[...]

No fim das contas, os emoticons e emojis podem ser muito mais do que o reforço de que algo foi satisfatório ou agradável (use um "coração" com "S2" ou "<3") ou a manifestação de segundas intenções por trás de uma conversa casual.

Essas "palavras", como resume Luli Radfahrer, especialista em comunicação digital e professor da USP, não têm um significado fixo. Embora algumas como notas de dinheiro voando e o emoticon de espanto (:-O) sejam bem claros em resumir até frases inteiras, outros vão ganhando significados diferentes segundo quem os utiliza — especialmente os jovens.

É o caso do "joinha". Para a velha guarda, o significado pode ser um singelo "OK", mas entre os mais jovens ele assumiu um significado mais rude, como um desinteressado ou rude "ah, tá", como explica Ronaldo Lemos, diretor do Instituto de Tecnologia & Sociedade, do Rio de Janeiro, e colunista da Folha.

Gabriel Alves. Ao estudar emojis, psicólogos querem desvendar comportamento humano. *Folha de S.Paulo*, São Paulo, 24 jan. 2017. Equilíbrio e Saúde. Disponível em: <http://www1.folha.uol.com.br/equilibrioesaude/2017/01/1852473-ao-estudar-emojis-psicologos-querem-desvendar-comportamento-humano.shtml>. Acesso em: 5 fev. 2019.

Os *emoticons* e os *emojis* são linguagens não verbais muito utilizadas na comunicação digital. Os *emoticons* são representações gráficas compostas de sinais de escrita que costumam representar emoções humanas, enquanto os *emojis* são imagens que transmitem a ideia de uma palavra ou frase. De acordo com a notícia, é possível concluir que os *emoticons* e os *emojis*

a) mudam, com frequência, de uma geração a outra.
b) escondem as segundas intenções da mensagem.
c) variam de significado segundo o contexto.
d) têm sentidos fixos em qualquer situação.
e) resumem ideias e frases inteiras sem clareza.

DE OLHO NO ENEM

Questão 15

Ziraldo. *Menino Maluquinho*.

Nas tiras, o leitor conhece os sentimentos das personagens não só pela linguagem verbal, mas também por elementos da linguagem não verbal, como traços, setas, expressão das personagens e recursos gráficos. No último quadrinho da tira acima, foi utilizado o recurso do destaque na palavra *roupa* com a finalidade de

a) enfatizar a surpresa da personagem.
b) indicar a agressividade da personagem.
c) mostrar a alegria da personagem.
d) ressaltar a tristeza da personagem.
e) sinalizar o sussurro da personagem.

Questão 16

Mariah Carey compra mansão de 90 milhões

A nova casinha da cantora tem 15 quartos, sala de cinema e pista de atletismo!

É uma das casas mais caras do mundo, mas a cantora Mariah Carey não conta os tostões e planeja mudar-se para lá em breve com seu marido, o actor e "rapper" Nick Cannon. O valor da mansão, implantada mesmo no centro de Beverly Hills, em Los Angeles, ascende a 90 milhões de euros. [...]

Sapolifestyle, 24 ago. 2011. Disponível em: <https://lifestyle.sapo.pt/fama/noticias-fama/artigos/mariah-carey-compra-mansao-de-90-milhoes>. Acesso em: 5 fev. 2019.

A notícia acima foi publicada em um *site* português, na seção "Celebridades". Os manuais jornalísticos de redação recomendam uma visão imparcial, mas em alguns casos é possível observar a opinião do autor. No trecho, o uso da palavra *casinha* expressa o ponto de vista do autor em relação ao fato, indicando

a) carinho em relação à casa nova da cantora.
b) ironia em relação ao tamanho da casa da cantora.
c) desprezo pela casa milionária da cantora.
d) indiferença em relação ao gasto da cantora.
e) raiva pelo gasto desnecessário da cantora.

Questão 17

Mascherano comemora grande número de torcedores e lembra de passagem pelo Corinthians

O volante Javier Mascherano elogiou neste domingo a grande quantidade de torcedores que saíram da Argentina para acompanhar a estreia de sua seleção na Copa do Mundo, contra a Bósnia, no Maracanã.

"Foi quase como jogar em casa. Só temos que agradecer pela quantidade de gente que veio torcer por nós. Foi lindo ver o Maracanã com tantos argentinos", declarou Mascherano, que também lembrou com carinho sua passagem pelo Corinthians. [...]

ESPN, 16 jun. 2014. Disponível em: <http://espn.uol.com.br/noticia/418496_mascherano-comemora-grande-numero-de-torcedores-e-lembra-de-passagem-pelo-corinthians>. Acesso em: 5 fev. 2019.

No título e no primeiro parágrafo da notícia acima, o adjetivo *grande* contribui para

a) mostrar o sentimento da torcida.
b) caracterizar o fato relatado.
c) desconfigurar o gênero notícia.
d) manter o sentido dos substantivos.
e) revelar a euforia do autor.

Questão 18

Superlua ilumina o céu de domingo. Saiba como observar

Uma bela superlua poderá ser vista de todos os pontos do Brasil na noite de domingo. O fenômeno em que a Lua parece maior e mais brilhante será melhor observado a partir das 21h, quando o astro começa a aparecer no horizonte Leste do céu. A recomendação dos astrônomos é observar o satélite nesse momento inicial da noite para aproveitar uma "ilusão de ótica" que a faz parecer maior. [...]

Rita Loiola. Superlua ilumina o céu de domingo. Saiba como observar. *Veja.com*, 15 out. 2016. Disponível em: <http://veja.abril.com.br/ciencia/superlua-ilumina-o-ceu-de-domingo-saiba-como-observar/>. Acesso em: 5 fev. 2019.

Nas notícias, os adjetivos oferecem aos leitores detalhes sobre o fato relatado. No texto acima, as palavras e expressões que caracterizam a superlua são

a) "astro" e "ilusão de ótica".

b) "bela" e "maior e mais brilhante".

c) "fenômeno" e "pontos do Brasil".

d) "ilumina" e "noite de domingo".

e) "satélite" e "Leste do céu".

Questão 19

[...] Questionado sobre por que o Tricolor, em sua visão, é mais cobrado que os demais, Maicon foi sucinto. "Porque é o maior. Quando somos grandes, somos mais cobrados do que os outros", bradou, antes de ponderar. "Estamos acostumados. Quem não quer cobrança, que fique em casa no sofá, mas em certos pontos há um certo exagero", avaliou. [...]

"Sempre vai ter cobrança no São Paulo, independentemente se teve investimento ou não. [...]", concluiu.

Fox Sports, 7 abr. 2017. Disponível em: <http://www.foxsports.com.br/news/299321-maicon-rebate-criticas-manda-indireta-para-rivais-e-explica-cobrancas-porque-o-sao-paulo-e-o-maior>. Acesso em: 5 fev. 2019.

Os verbos *avaliar* e *concluir* foram utilizados para

a) refletir a formalidade do jogador.

b) expressar a opinião do jornalista.

c) marcar a declaração do atleta.

d) julgar o depoimento do jogador.

e) introduzir o ponto de vista do jornal.

Questão 20

Texto I

Vênus e Júpiter "se encontram" no céu nesta terça-feira

O fenômeno deve durar até o mês de julho, de acordo com o Observatório Nacional

Desde o início do mês de junho, é possível ver os planetas Vênus e Júpiter se aproximando no céu. O fenômeno ocorre porque os planetas estão "convergindo" e terá o seu ápice nesta terça-feira (30/6). Isso não significa que os planetas estão se aproximando de fato, apenas a forma como ambos são vistos da perspectiva da Terra é que muda.

[...]

Correio Braziliense, 30 jun. 2015. Disponível em: <http://www.correiobraziliense.com.br/app/noticia/ciencia-e-saude/2015/06/30/interna_ciencia_saude,488449/venus-e-jupiter-se-encontram-no-ceu-nesta-terca-feira.shtml>. Acesso em: 5 fev. 2019.

Texto II

Encontro mágico

Eis que encontro na rua uma das moças mais
[lindas do mundo.
Vestida simplesmente, parecia no entanto uma
[princesa
Um meigo olhar, um sorriso que parecia uma
[aurora dentro de nós.
Não pude, não pude mais e lhe indaguei de súbito:
"Como é teu nome, minha querida?"
E ela respondeu-me simplesmente: AUSÊNCIA.

Mário Quintana. *Velório sem defunto*. São Paulo: Globo, 2009. p. 51.

No título da notícia (texto I) e no primeiro verso do poema (texto II), o verbo *encontrar* é empregado no presente. Em ambos os textos, esse recurso visa

a) dar objetividade ao registro de um encontro.

b) destacar um encontro que ocorre em um tempo diferente do tempo da escrita do texto.

c) enfatizar a efemeridade e a banalidade de um encontro casual.

d) registrar um encontro que ocorre simultaneamente ao tempo da escrita do texto.

e) restringir a relevância de um encontro ao momento em que ele acontece.

DE OLHO NO ENEM — PARTE 2

Questão 1

Expresso para a Índia

[...]

Voei de Katmandu para a poluída Nova Délhi. Queria conhecer a moderna capital antes de voltar ao Brasil, especialmente o mausoléu dedicado ao segundo imperador mongol, Humayun, e Jamia Masjid, a maior e mais bela mesquita da Índia. Desejava, também, após percorrer as mais arcaicas e desconfortáveis aldeias do interior, sentir um pouco da vida cosmopolita indiana.

Inaugurada pelos britânicos, em 1931, sobre os escombros da antiga Délhi, a nova cidade, com suas embaixadas, lojas de grife internacional e a presença dos executivos das multinacionais ocidentais, vinha expondo a grande contradição pela qual passavam os indianos, espremidos entre o avanço tecnológico e um sistema religioso extremamente rígido. Sua democracia política, orgulho da República da Índia — único país asiático a nunca ter sido governado por ditadores — vivia em constante conflito com os dogmas ortodoxos religiosos, especialmente a divisão das pessoas em castas sociais, alicerces da doutrina hindu.

[...]

Airton Ortiz. *Expresso para a Índia*. Rio de Janeiro: Record, 2011. p. 13.

Extraído de um relato de viagem, o trecho acima apresenta uma das principais características temáticas deste gênero textual, que é

a) a resistência do viajante aos costumes do local visitado.
b) o perigo enfrentado pelo viajante ao conhecer novos lugares.
c) o olhar do viajante para a cultura e os costumes do local visitado.
d) a solidão vivida pelo viajante por estar em local desconhecido.
e) a saudade sentida pelo viajante de sua terra natal.

Questão 2

Encontrei uma mesinha num café ao ar livre no Zócalo. A catedral, nobre, dilapidada, fica à minha esquerda, e esta praça viva e encantadora está repleta de cafés e de gente jovem e bonita. À minha frente, velhas índias de poncho e chapéu de palha vendem ícones religiosos e quinquilharias ao pé da catedral. As árvores (loureiros índios, como são chamados, embora sejam uma espécie de figueira) estão bem verdes, e o céu e o ar são primaveris. [...]

Oliver Sacks. *Diário de Oaxaca*. São Paulo: Companhia das Letras, 2012. p. 48.

Nesse trecho de diário de viagem, os adjetivos apresentam a relação do narrador com o ambiente. Essa relação é caracterizada por

a) estranhamento.
b) inspiração.
c) decepção.
d) encantamento.
e) saudosismo.

Questão 3

O que os olhos não veem, a natureza sente. Greenpeace, 2018. Disponível em: <https://www.greenpeace.org/brasil/participe/divulgue-o-greenpeace/midia-impressa/>. Acesso em: 7 fev. 2018.

Após a leitura dos elementos verbais e não verbais do anúncio do Greenpeace, é possível afirmar que

a) sentimos a natureza mesmo sem enxergá-la.
b) os animais possuem sentimentos.
c) os animais fecham os olhos para a natureza.
d) a falta de consciência afeta a natureza.
e) a imagem contradiz a mensagem de que é preciso abrir os olhos para os problemas ambientais.

Questão 4

Meu Oxente

Esse tal de rocambole
Esfirra, nissin, miojo
Quer-me ver cuspi com nojo
Ofereça-me um rizole
Prefiro uma fruta mole
Beliscada do vem-vem
Feijão de corda xerém
Canjica com leite quente
Eu não troco o meu oxente
Pelo ok de ninguém.
[...]

Marcílio Siqueira. Disponível em: <http://blognoticiasemdestaque.blogspot.com.br/2014/04/poesia-eu-nao-troco-o-meu-oxente-pelo.html>. Acesso em: 5 fev. 2019.

No poema, o eu lírico recusa substituir *oxente* por *ok*, interjeição usada na língua inglesa para indicar concordância. Essa recusa em substituir os termos expressa

a) resistência ao ensino da língua inglesa.
b) preconceito em relação à língua inglesa utilizada.
c) respeito à gramática da língua portuguesa.
d) desconhecimento da gramática da língua inglesa.
e) crítica ao uso de estrangeirismos.

Questão 5

Texto I

Veja: Num país como o Brasil, onde os negros não avançaram tanto quanto nos Estados Unidos, as ações afirmativas não fazem sentido?

Walter Williams: A melhor coisa que os brasileiros poderiam fazer é garantir educação de qualidade. Cotas raciais no Brasil, um país mais miscigenado que os Estados Unidos, são um despropósito. Além disso, forçam uma identificação racial que não faz parte da cultura brasileira. Forçar classificações raciais é um mau caminho. [...]

Reinaldo Azevedo. Veja.com, 10 mar. 2011. Disponível em: <http://veja.abril.com.br/blog/reinaldo/um-negro-contra-cotas-e-contra-as-leis-que-proibem-a-discriminacao-sua-crenca-individualismo-escola-de-qualidade-igualdade-perante-a-lei-e-liberdade-de-expressao/>. Acesso em: 5 fev. 2019.

Texto II

Veja: Você é a favor das cotas?

Alexandra Loras: É muito confortável para o branco falar em meritocracia, dizer que somos todos iguais e ser contra as cotas. Mas em 127 anos após o fim da escravidão, a sociedade brasileira ainda não resolveu seus problemas de forma orgânica, natural. As cotas são humilhantes, mas são necessárias. É uma etapa para reequilibrar a sociedade.

Diego Braga Norte. Veja.com, 7 out. 2016. Disponível em: <http://veja.abril.com.br/complemento/entrevista/alexandra-loras.html>. Acesso em: 5 fev. 2019.

Comparando essas opiniões sobre o tema das cotas raciais, conclui-se que os entrevistados

a) ignoram aspectos históricos do Brasil.
b) acreditam que as cotas são a melhor maneira de diminuir a desigualdade social no Brasil.
c) argumentam com base em impressões pessoais.
d) divergem sobre racismo e desigualdade social.
e) resistem a medidas de inclusão social baseadas em critérios raciais.

Questão 6

Ministério da Saúde. Governo Federal, 2009.

Nesse cartaz, o emprego do modo imperativo busca

a) convencer o leitor a tomar medidas preventivas.
b) criticar o comportamento do leitor.
c) convencer o leitor a comprar caixas-d'água.
d) intimidar o leitor sobre suas ações.
e) tranquilizar o leitor sobre a dengue.

DE OLHO NO ENEM

Questão 7

Charles Schulz. *Snoopy*.

Ao substituir o artigo indefinido *um*, ligado ao substantivo *cachorro*, pelo artigo definido *o*, Snoopy

a) provoca a garota.
b) deseja reconhecimento.
c) faz uma brincadeira.
d) refere-se a outro cão.
e) ironiza a primeira fala.

Questão 8

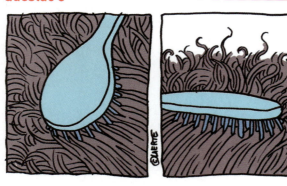

Laerte. *Manual do Minotauro*, 23 nov. 2017. Disponível em: <http://manualdominotauro.blogspot.com/>. Acesso em: 7 fev. 2018.

A oração é uma frase que tem como núcleo um verbo ou uma locução verbal. Nessa tirinha de Laerte

a) "Adeus!" é oração.
b) "Volte sempre!" não é oração.
c) "Escreva!" e "Adeus!" são orações.
d) "Escreva!" e "Volte sempre!" são orações.
e) "Escreva!", "Volte sempre!" e "Adeus!" são orações.

Questão 9

Pé para pajé

Um pajé com falta de pê
Não é pajé. No máximo, um ajé
Correndo atrás de um pê:
Quando vai para pé ante pé
Pegar um pê ante pê.

Pé para pajé

Sérgio Capparelli. *Tigres no quintal*. 4. ed. São Paulo: Global, 2008. p. 93.

É possível afirmar que o poema acima

a) apresenta versos sem rimas.

b) é construído com a aliteração da consoante *r*.

c) cria um efeito sonoro com a palavra *correndo*.

d) ganha ritmo com a repetição da consoante *p*.

e) tem ritmo marcado apenas pela assonância.

Questão 10

E com passaporte, diário e livros de bordo debaixo do braço subi os degraus gelados da escadinha de ferro e fomos atrás da única luz acesa no porto. O oficial da Imigração, especialmente arrancado da cama para a ocasião, e com cara de quem não estava muito acostumado a madrugar, colou as estampilhas, carimbou e finalmente assinou os meus papéis. E assim, às seis horas do dia 10 de junho de 1984, uma gelada manhã de domingo, eu estava oficialmente autorizado a deixar o porto de Luderitz, na Namíbia (antiga África do Sudoeste), com destino ao Brasil, remando.

Amyr Klink. *Cem dias entre o céu e o mar*.
São Paulo: Companhia das Letras, 2005.

As orações que compõem o período composto por coordenação são independentes entre si, embora sua relação seja responsável por vincular sentidos. No trecho "colocou as estampilhas, carimbou e finalmente assinou os meus papéis" as orações estão coordenadas e estabelecem relação de

a) soma.

b) oposição.

c) conclusão.

d) explicação.

e) alternância.

Questão 11

O ônibus

Logo na esquina
desceu o primeiro.
Seguiu o motorista
mais quatro passageiros.

O quarto desceu
em frente à estátua.
Caiu-lhe sobre a cabeça
uma espada de prata.

Desceu o segundo
no ponto seguinte.
Levou um susto:
a rua estava diferente.

Desceu o último
tranquilo na calçada,
queria sentir o vento,
passear e mais nada.

Desceu o terceiro
na casa de Raimundo
que carrega no nome
tanta raiva do mundo.

Ficou só o motorista
nenhum passageiro.
Agora sim — ufa! —
podia ir ao banheiro.

Fernando Paixão. *Poesia a gente inventa*. São Paulo: Ática, 1996.

No poema, algumas palavras indicam a ordem em que os passageiros desceram do ônibus. Esses termos são

a) adjetivos.

b) artigos.

c) numerais.

d) substantivos.

e) advérbios.

291

DE OLHO NO ENEM

Questão 12

Jânio Quadros foi convidado, alguns anos após a renúncia, a dar uma palestra na Universidade Mackenzie, em São Paulo. O auditório estava lotado. Assim que entrou, o ex-presidente percebeu que o clima não seria nem um pouco favorável — foi recebido com uma vaia estrondosa pelos estudantes. Jânio falou durante uma hora, sem se importar com as piadinhas, assobios e outras zombarias dos estudantes. Quando terminou de falar, o reitor abriu para as perguntas. Um rapaz de cabelos compridos e chinelos, sem nenhuma cerimônia, perguntou:

— Você renunciou por quê?

O auditório ficou em silêncio. Jânio ajeitou os óculos, olhou bem para o garoto e respondeu, provocando gargalhadas:

— O senhor já deve ter ouvido falar em Benjamin Franklin. Ele dizia que a intimidade gera dois tipos de problemas: filhos e aborrecimentos. Como não quero ter nenhum dos dois com o senhor, dobre a sua língua ao se dirigir a um ex-presidente!

[...]

Maria Tereza de Queiroz Piacentini. *Não tropece na língua*. Curitiba: Bonijuris, 2012. p. 232-233.

Os pronomes de tratamento revelam o grau de intimidade entre interlocutores, dependendo da situação de comunicação. No episódio relatado no texto acima, a causa da irritação de Jânio Quadros foi

a) a insinuação de que o ex-presidente fora covarde ao renunciar.
b) o vestuário do rapaz, inadequado à ocasião.
c) a vaia estrondosa feita pelos estudantes.
d) a zombaria feita ao ex-presidente.
e) a informalidade do rapaz ao formular a pergunta.

Questão 13

Guardiões da Galáxia Vol. 2 | Entrevistamos James Gunn

Publicado em 5 de dezembro de 2016 às 19h10 por Marina Val

Durante a CCXP 2016, tivemos a oportunidade de conversar com James Gunn, diretor de Guardiões da Galáxia e Guardiões da Galáxia Vol. 2, em uma mesa-redonda junto com outros jornalistas. [...]

Qual é o maior desafio em se fazer a trilha sonora do segundo filme funcionar tão bem quanto a do primeiro?

JG: Eu acho que, bem, a trilha sonora do primeiro funcionou muito bem enquanto trilha sonora e eu acho que essa do segundo também funciona e funciona bem no filme também. Mas eu tenho de pensar no que é melhor para o filme, é o meu trabalho pensar nisso e pensar nas músicas que serão melhores no sentido emocional do filme, e eu acho que temos algumas músicas que fazem isso muito bem e são músicas melhores do que algumas músicas do primeiro, algumas músicas que funcionam como um prazer culpado, elas são um pouco mais maduras do que as músicas do primeiro filme. [...]

Jovem Nerd, 5 dez. 2016. Disponível em: <https://jovemnerd.com.br/nerdnews/guardioes-da-galaxia-vol-2-entrevistamos-james-gunn/>. Acesso em: 5 fev. 2019.

O gênero entrevista costuma ser transcrito da forma oral para a escrita. Por isso, dependendo do contexto, é comum que a entrevista apresente marcas de oralidade. No texto acima, essas marcas servem para

a) conservar a vivacidade da entrevista.
b) manter o registro formal usado pelo entrevistado.
c) criticar o uso do registro informal.
d) explicitar as emoções do entrevistado.
e) censurar o uso da norma-padrão na imprensa.

Questão 14

No auge do verão de 1918, nasce um menino na aldeia de Mvezo. Seus pais irão chamá-lo Rolihlahla. Ele não demora a pastorear carneiros ou a cortar galhos para ser o rei do arremesso de bastão. Rolihlahla ama seus numerosos primos como irmãos. Gosta de derreter o quibebe de abóbora na boca e fazer graça dos cabelos brancos do pai cobrindo a cabeça com as cinzas do borralho! Mas o que Rolihlahla gosta mesmo é de beber nas tetas das vacas. Nas verdes colinas da África do Sul, o leite das pastagens tem o gosto doce da liberdade. [...]

Alain Serres. *Mandela*: o africano de todas as cores. Tradução de André Telles. Rio de Janeiro: Pequena Zahar, 2013. p. 5-7.

O texto acima apresenta um fragmento da biografia de Nelson Mandela, líder político vencedor do prêmio Nobel da Paz. Sobre esse trecho, é possível afirmar que

a) apresenta a vida de uma pessoa pouco relevante.

b) indica os fatos de forma imprecisa.

c) descreve fatos ficcionais da vida de Mandela.

d) narra fatos da vida de Nelson Mandela com humor.

e) relata trechos da infância de Nelson Mandela.

Questão 15

As bênçãos

Não tenho a anatomia de uma garça pra perceber
Em mim os perfumes do azul.
Mas eu recebo.
É uma bênção.
[...]

Manuel de Barros. *Poesia completa*. São Paulo: Leya, 2010. p. 478.

Poemas criam novas possibilidades ao leitor para ampliar sua percepção do mundo e da vida. A expressão "perfumes do azul" gera sentido incomum ao misturar

a) emoções.

b) sons.

c) cores.

d) sensações.

e) pensamentos.

Questão 16

Um belo dia, quando voltava de uma sessão de cinema, Noel entrou na sala de sua casa e se viu frente a frente com o piano. Nesse momento, o espírito aventureiro se associou à paixão musical. E ele, proibido que era de tocar no caro instrumento, não resistiu. Aproximou-se dele, levantou a tampa, que guardava o teclado, e suavemente começou a dedilhar. Uma tecla, duas, três... a música foi entrando em sua mente e, sobretudo, em sua alma.

— Noooel, larga o piano! — gritou dona Martha.

[...]

Clóvis Bulcão e Márcia Bulcão. *Noel, o menino da Vila*. Rio de Janeiro: Escrita Fina, 2010. p. 12.

No trecho da biografia acima, observa-se

a) a indicação do tempo dos fatos de forma direta.

b) o uso de aspas para indicar a fala do biografado.

c) o uso de recursos da oralidade na fala de Martha.

d) a descrição minuciosa do lugar.

e) a apresentação do perfil psicológico do biografado.

Questão 17

O escolhido por João Lara foi o violão, não o tradicional de seis cordas, mas o de sete, introduzido na época por Arthur de Souza Nascimento, o Tute, e por Otávio Viana, o China, do lendário conjunto Oito Batutas, capitaneado por seu irmão mais novo, que entraria para a história como um dos maiores compositores do país de todos os tempos, Pixinguinha. [...]

Lucas Nobile. *Dona Ivone Lara*: a primeira-dama do samba. Rio de Janeiro: Sonora, 2015. p. 11-12.

No trecho "um dos maiores compositores do país de todos os tempos, **Pixinguinha**", o termo destacado faz referência

a) ao lendário conjunto Oito Batutas.

b) ao irmão mais novo de Otávio Viana.

c) a João Lara.

d) a Arthur de Souza.

e) aos jovens amadores.

Questão 18

Se essa rua fosse minha

Se essa rua
Se essa rua fosse minha
Eu mandava
Eu mandava ladrilhar
Com pedrinhas
Com pedrinhas de brilhante
Para o meu
Para o meu amor passar

Nessa rua
Nessa rua tem um bosque
Que se chama
Que se chama solidão
Dentro dele
Dentro dele mora um anjo
Que roubou
Que roubou meu coração
[...]

Domínio público.

Na cantiga popular acima, o uso do verbo *ser* no modo subjuntivo expressa

a) a relutância do eu lírico em residir na rua.
b) os desejos do eu lírico de manter a estrutura da rua descrita na letra da canção.
c) os conflitos do eu lírico em residir em uma rua em que ele não pode mudar nada.
d) a vontade de mudanças hipotéticas que o eu lírico gostaria de fazer na rua.
e) as alegrias do eu lírico por ser o dono da rua.

Questão 19

todateen: Garotas, como vocês definiriam o *cyberbullying*?

Paula: Eu definiria como um *bullying* numa versão 2.0, a prática do *bullying* é a mesma, só que pra quem pratica agora, as vantagens são maiores (tipo o anonimato ou a forma como as coisas se expandem mais rapidamente).

Isa: Acho que é uma forma covarde de praticar *bullying* (não que a prática seja um ato heroico), mas pela internet as pessoas falam o que pensam e bem entendem, então, acho que é uma forma fácil de violentar os outros verbalmente. [...]

Disponível em: <http://todateen.com.br/todatech/entrevista-paula-e-isa-garotas-geeks-falam-sobre-cyberbullying/>. Acesso em: 5 fev. 2019.

A marca de oralidade é percebida na entrevista por

a) "acho".
b) "tipo".
c) "rapidamente".
d) "*on-line*".
e) "coisas".

Questão 20

Alguns economistas defendem que, ao melhorar a Educação, melhora-se a economia e todos se beneficiam...

Mario Segio Cortella: O Brasil é a 10ª maior economia do planeta e, segundo o *ranking* da Organização para a Cooperação e Desenvolvimento Econômico (OCDE), uma das piores no *ranking* mundial de Educação. Se essa relação fosse tão automática, não seríamos um país em condições de miserabilidade educacional. Independentemente disso, os economistas não são nossos adversários, são nossos parceiros. [...]

Disponível em: <http://educarparacrescer.abril.com.br/politica-publica/entrevista-mario-sergio-cortella-410464.shtml>. Acesso em: 6 jan. 2017.

Para argumentar contra a ideia de que melhorar a educação implica melhorar a economia, Cortella

a) baseia-se em sua experiência como professor.
b) contesta a validade de dados internacionais.
c) cita contrastes da realidade brasileira.
d) refere-se ao *ranking* internacional econômico.
e) baseia-se na ideia de "milagre brasileiro".

Bibliografia

ABREU, A. S. *Curso de redação*. 12. ed. São Paulo: Ática, 2004.

_____. *Gramática mínima*: para o domínio da língua padrão. 2. ed. Cotia: Ateliê, 2006.

ARAÚJO, J. C. (Org.). *Internet e ensino*: novos gêneros, outros desafios. Rio de Janeiro: Lucerna, 2007.

BAGNO, M. *Nada na língua é por acaso*: por uma pedagogia da variação linguística. São Paulo: Parábola, 2007.

BAKHTIN, M. Os gêneros do discurso. In: BAKHTIN, M. *Estética da criação verbal*. 6. ed. São Paulo: WMF Martins Fontes, 2011.

BARBOSA, J. P. (Coord.). *Trabalhando com os gêneros do discurso*: relatar – notícia. São Paulo: FTD, 2001 (Coleção Trabalhando com os Gêneros do Discurso).

BAZERMAN, C. *Escrita, gênero e interação social*. São Paulo: Cortez, 2007.

BECHARA, E. *Moderna gramática portuguesa*. 37. ed. Rio de Janeiro: Nova Fronteira, 2009.

BENVENISTE, E. *Problemas da linguística geral*. Campinas: Pontes, 2005.

BRANDÃO, H. N. (Coord.). *Gêneros do discurso na escola*: mito, conto, cordel, discurso político, divulgação científica. 4. ed. São Paulo: Cortez, 2003 (Coleção Aprender e Ensinar com Textos, v. 5).

BRONCKART, J.-P. *Atividade de linguagem, textos e discursos*: por um interacionismo sociodiscursivo. 2. ed. Trad. Anna Rachel Machado e Péricles Cunha. São Paulo: Educ, 2008.

CITELLI, A. *O texto argumentativo*. São Paulo: Scipione, 1994 (Série Ponto de Apoio).

_____. *Outras linguagens na escola*: publicidade, cinema e TV, rádio, jogos, informática. 4. ed. São Paulo: Cortez, 2004 (Coleção Aprender e Ensinar com Textos, v. 6).

CUNHA, C. F.; CINTRA, L. F. L. *Nova gramática do português contemporâneo*. 5. ed. Rio de Janeiro: Lexicon, 2008.

DIONISIO, A. P.; MACHADO, A. R.; BEZERRA, M. A. (Org.). *Gêneros textuais e ensino*. São Paulo: Parábola, 2010.

GEBARA, A. E. L. *A poesia na escola*: leitura e análise de poesia para crianças. São Paulo: Cortez, 2002 (Coleção Aprender e Ensinar com Textos, v. 10).

ILARI, R. (Org.). *Gramática do português falado*: níveis de análise linguística. 4. ed. Campinas: Ed. da Unicamp, 2002.

_____. *Introdução ao estudo do léxico*: brincando com as palavras. 4. ed. São Paulo: Contexto, 2006.

_____; BASSO, R. *O português da gente*: a língua que estudamos, a língua que falamos. São Paulo: Contexto, 2006.

KARWOSKI, A. M.; GAYDECZKA, B.; BRITO, K. S. (Org.). *Gêneros textuais*: reflexões e ensino. São Paulo: Parábola, 2011.

KOCH, I. G. V. *A coesão textual*. 21. ed. São Paulo: Contexto, 2007.

KOCH, I. G. V.; TRAVAGLIA, L. C. *A coerência textual*. 17. ed. São Paulo: Contexto, 2006.

_____; BENTES, A. C.; CAVALCANTE, M. M. *Intertextualidade*: diálogos possíveis. São Paulo: Cortez, 2007.

_____; ELIAS, V. M. *Ler e compreender*: os sentidos do texto. São Paulo: Contexto, 2006.

LEITE, L. C. M. *O foco narrativo*. 11. ed. São Paulo: Ática, 2007.

MARCUSCHI, L. A. *Da fala para a escrita*: atividades de retextualização. 10. ed. São Paulo: Cortez, 2010.

_____; XAVIER, A. C. (Org.). *Hipertexto e gêneros digitais*: novas formas de construção do sentido. 3. ed. São Paulo: Cortez, 2010.

NEVES, M. H. M. *Gramática de usos do português*. 2. ed. São Paulo: Ed. da Unesp, 2010.

SAUSSURE, F. *Curso de linguística geral*. São Paulo: Cultrix, 2004.

SCHNEUWLY, B. et al. *Gêneros orais e escritos na escola*. 2. ed. Trad. e org. Roxane Rojo e Glaís Sales Cordeiro. Campinas: Mercado das Letras, 2010.

VILELA, M.; KOCH, I. G. V. *Gramática da língua portuguesa*: gramática da palavra, gramática da frase, gramática do texto/discurso. Coimbra: Almedina, 2001.

Créditos obrigatórios

p. 46   Os dois papudos. Ruth Guimarães (Org.). *Lendas e fábulas do Brasil*. 4. ed. São Paulo: Cultrix, 1972. p. 87.

p. 51   Óia eu aqui de novo. Antônio Barros. Warner Chappell Edições Musicais Ltda. Todos os Direitos Reservados.

p. 65   © Mauricio de Sousa Editora Ltda.

p. 67   Gabi Monteiro/Abril Comunicações.

p. 70   LISBOA, Henriqueta. O homem pequeno. In: *Literatura oral para a infância e a juventude*: lendas, contos e fábulas populares no Brasil. São Paulo: Peirópolis, 2002. p. 105.

p. 87   "Cidadezinha qualquer" – In: *Alguma poesia*, de Carlos Drummond de Andrade, Companhia das Letras, São Paulo; Carlos Drummond de Andrade © Graña Drummond. www.carlosdrummond.com.br.

p. 120   Fábio de Castro. Entre cientistas do ano, uma brasileira. Metrópole. *O Estado de S. Paulo*, São Paulo, 20 dez. 2016.

p. 126   Continho, de Paulo Mendes Campos, publicado no livro *Para Gostar de Ler*: Crônicas, Editora Ática, São Paulo; © by herdeiros de Paulo Mendes Campos.

p. 127   Paloma Oliveto. Cientistas fazem lista com top 10 de novas espécies "queridinhas". *Correio Braziliense*, 21 maio 2015. Disponível em: <http://www.correiobraziliense.com.br/app/noticia/ciencia-e-saude/2015/05/21/interna_ciencia_saude,483987/instituto-internacional-de-exploracao-de-especies-lista-seres-top-10.shtml>. Acesso em: 6 fev. 2017. Crédito: Paloma Oliveto/CB/D.A Press.

p. 160   Poema "O que se diz" – In: *O poder ultrajovem*, de Carlos Drummond de Andrade, Companhia das Letras, São Paulo; Carlos Drummond de Andrade © Graña Drummond. www.carlosdrummond.com.br.

p. 172   © Infância – In: *Alguma poesia*, de Carlos Drummond de Andrade, Companhia das Letras, São Paulo.

p. 183   O retirante resolve apressar os passos para chegar logo ao Recife – In: *Morte e Vida Severina*, de João Cabral de Melo Neto, Alfaguara, Rio de Janeiro; © by herdeiros de João Cabral de Melo Neto.

p. 186   © Ritmo – In: *Apontamentos de história sobrenatural*, de Mário Quintana, Alfaguara, Rio de Janeiro.

p. 188   © VM Cultural. VM Empreendimentos Artísticos e Culturais Ltda.

p. 189   Noite de São João – In: *Poesia completa*, de Jorge de Lima, Nova Aguilar, Rio de Janeiro; © by Maria Thereza Jorge de Lima e Lia Corrêa Lima Alves de Lima.

p. 245   Portal ESPN.com.br.

p. 248   Maria Clara Vieira/Editora Globo. Disponível em: <http://revistacrescer.globo.com/Diversao/noticia/2016/11/entrevista-eva-furnari-fala-sobre-seu-novo-livro.html>. Acesso em: 13 ago. 2018.

p. 253   Sinto falta de autores negros no Brasil, diz Ondjaki. Disponível em: <http://atarde.uol.com.br/cultura/literatura/noticias/1636138-sinto-falta-de-autores-negros-no-brasil-diz-ondjaki-premium>. Acesso em: 1º jun. 2017. © by Ondjaki.

p. 265   Bruno Molinero/Folhapress.

p. 281   Henriqueta Lisboa. O beija-flor. In: *Literatura oral para a infância e a juventude*: lendas, contos e fábulas populares do Brasil. São Paulo: Peirópolis, 2002, p. 135.

p. 286   Agência EFE.

p. 287   Encontro mágico – In: *Velório sem defunto*, de Mario Quintana, Alfaguara, Rio de Janeiro; © by Elena Quintana. Rita Loiola/ Abril Comunicações S/A.

p. 289   SIQUEIRA, Marcílio. Meu Oxente. Disponível em: <http://blognoticiasemdestaque.blogspot.com.br/2014/04/poesia-eu-nao-troco-o-meu-oxente-pelo.html>. Acesso em: 29 mar. 2019.

p. 293   As bênçãos – In: *Poesia completa*, de Manoel de Barros, Leya, São Paulo; © by herdeiros de Manoel de Barros. SERRES, Alain. *Mandela*: o africano de todas as cores. Trad. André Telles. Rio de Janeiro: Pequena Zahar, 2013. p. 5-7.